大学生
心理健康教育

王旭　王鹤　付国华

主编

参　编：谢　林　徐珊珊　李婧雯

包洪亮　姚　聪　董　琛

教育科学出版社

·北　京·

出 版 人　郑豪杰
责任编辑　胡　嫄
版式设计　点石坊工作室　郝晓红
责任校对　张晓雯
责任印制　叶小峰

图书在版编目（CIP）数据

大学生心理健康教育 / 王旭，王鹤，付国华主编. —北京：教育科学出版社，2023.6
ISBN 978-7-5191-3507-2

Ⅰ. ①大… Ⅱ. ①王… ②王… ③付… Ⅲ. ①大学生—心理健康—健康教育—高等学校—教材 Ⅳ. ① G444

中国国家版本馆 CIP 数据核字（2023）第 114187 号

大学生心理健康教育
DAXUESHENG XINLI JIANKANG JIAOYU

出版发行	教育科学出版社		
社　址	北京·朝阳区安慧北里安园甲9号	邮　编	100101
市场部电话	010-64989009	编辑部电话	010-64989564
总编室电话	010-64981290	出版部电话	010-64989443
传　真	010-64891796	网　址	http://www.esph.com.cn
经　销	各地新华书店		
制　作	点石坊工作室		
印　刷	三河市兴达印务有限公司		
开　本	787毫米×1092毫米　1/16	版　次	2023年6月第1版
印　张	23.5	印　次	2023年6月第1次印刷
字　数	446千	定　价	53.00元

图书出现印装质量问题，本社负责调换。

前言

大学阶段是人生中既美好又特殊的时期，是个体的生理、心理迅速发展的阶段。随着社会的转型与发展，大学生面临着学习、情感、人际交往、就业等诸多困惑与压力，因此良好的心理素质是大学生实现人生理想的内在动力。心理健康教育是提高大学生心理素质、促进其身心健康和谐发展的教育，是高校人才培养体系的重要组成部分，是高校思想政治工作的重要内容。

本教材是高校公共基础课程大学生心理健康教育的配套教材，以《普通高等学校学生心理健康教育课程教学基本要求》为基础，以《高等学校课程思政建设指导纲要》为导向，结合心理健康基本原理，围绕大学生心理特点和生活实际，从心理健康成长的角度全面解读大学生遇到的各种困惑和挑战，帮助他们找到心理健康的共性和个性问题，拓宽认识问题的角度和自我教育的途径。

本教材定位符合心理健康教育课程建设要求和全面推进课程思政建设要求。教材编撰注重将“价值塑造＋知识传授＋能力培养”融为一体，系统地组织教育资源，形成教育合力。在价值目标方面，本教材将育心与育德相统一，培育大学生自尊自信、理性平和、积极向上的健康心态，促进其心理健康素质与思想道德素质、科学文化素质协调发展。在知识目标方面，本教材使大学生了解心理学相关理论和知识，明确心理健康的标准及意义，了解大学阶段人的心理发展特征及异常表现，掌握自我调适的基本知识。在能力目标方面，本教材使大学生掌握自我探索技能、心理调适技能及心理发展技能。

心理健康教育主要是从人的需要、动机、兴趣、情感、意志、性格等心理因素开展，其学习内容蕴含着丰富的思政元素。本教材着重于以下内容建设。一是大力推进习近平新时代中国特色社会主义思想进教材，在知识阐述中紧密结合习近平总书记关于教育、传统文化、家风、创新创造等方面的重要论述，以及系列重要讲话和重要回信精神。二是强化思政元素的融入和运用，深度挖掘知识点中蕴含的思政元素，结合专业知识教育，在提高大学生心理素质的同时，注重落细落小落实社会主义核心价值观教育，潜移默化地对学生进行思想引导和价值引领；梳理整合三观教育、爱国主义教育、道德法治教育、传统文化教育、社会责任教育、人文精神教育六大类思政元素，如图1所示，以名家名言、案例导读、知识链接、延伸阅读、好好学习等多种灵活的形式与教学内容紧密结合；聚焦现实问题，以典型事件和案例为行动导向，以分析问题和原因引导思考，以模拟体验和演练深化感受，增加大学生学习的兴趣和动力，提高培育积极心理品质的自觉性和自主性。三是设计“理实一体”的教学内容，系统总结心理健康教育的理论与实践，以“基础理论知识＋心理训练活动”的形式组织教学内容。主题活动、素质拓展、心理游戏等多样的心理训练活动为大学生心理健康实践提供了有效参考；同时，丰富的教学案例、心理常识、心理游戏、自我测评等相关内容满足教师日常教学及大学生自我学习的需要。

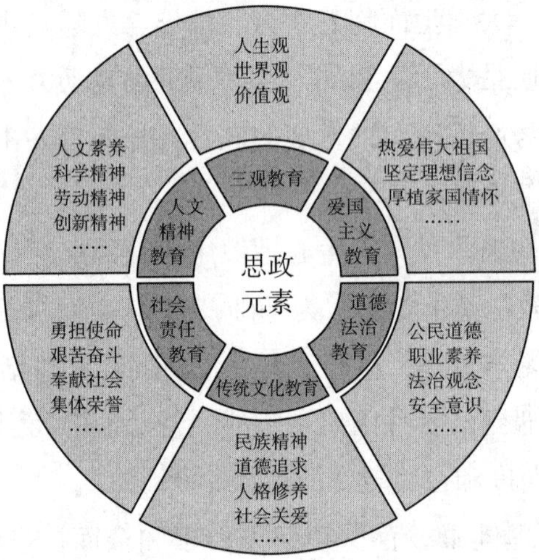

图1 教材思政元素分布

本教材既是一本讲授知识的教材，又是一本体验练习的学材，具有以下特性。一是通用性，大学生心理健康教育是面向全体大学生的公共基础课程，本教材在编写中强调通识性，内容新颖、信息量大、案例丰富，适用于各类高等学校学生使用。二是实用性，理论联系实际，从大学生心理发展阶段的特点出发，教授大学生心理健康的策略、方法和技巧，既满足服务大学生心理发展的需要，也满足教师教学需求。三是延展性，通过拓展资源的综合运用，提高大学生的自我意识与心理素质，延伸阅读栏目为大学生自学提供了引导。四是互动性，讲授知识的同时强调互动与参与，在教师带领下开展的丰富多样的主题活动，使大学生在心理训练和心理体验中不断地感受和领悟，学会心理调适，增强心理发展能力。五是自评性，各章最后的反思与探究栏目能够帮助大学生完成自我评估测验，为他们提供自我审视的机会。

目录

第一章
幸福之源：大学生心理健康

章前导读

大学阶段是人的一生中发展的重要时期，培育健康的心理状态是大学生成长的基础保障，是大学生全面发展的基本要求，也是大学生顺利成才的重要前提，对其健康成长具有重要作用。

本章将系统介绍心理健康基础知识、大学生心理发展特点、大学生心理健康教育的意义，加深对心理健康的认识、理解和感悟，形成健康的心理意识，学会独立地面对生活、自主地解决人生难题，从而在人生过程中保持良好的心理素质。

学习目标

知识目标：了解心理健康、大学生心理发展的特点；理解大学生心理健康教育的意义，以及心理健康教育是驱动大学生人格发展的基本动力；掌握大学生心理健康的路径和方法。

能力目标：区分正常心理和异常心理；对感受、记忆力、思维发展、意志水平和情绪情感的特点进行探索，全面提高综合素质。

价值目标：正确认识自己的情绪和情感，保持积极乐观的心态，提高自我认识、自我管理、自我教育的能力，从而改造主观世界，树立正确的世界观、人生观和价值观，促进良好思想道德素质的形成。

第一节 心理健康概述

名家名言

青年者，人生之王，人生之春，人生之华也。——［中国］李大钊

坚持意志伟大的事业需要始终不渝的精神。——［法国］伏尔泰

拓展阅读

1-1 心理学的发展

良好的个性、健康的情感、坚强的意志力、广泛的兴趣、乐观的心态及较强的心理适应能力是迈向成功的基石。健康的发展是身体和心理有机和谐的统一，身体健康与心理健康不可分割。拥有健康心理状态，个体才能以高度的责任感和良好的道德品质适应社会发展的要求，不断提高个人工作水平和生活质量，从而实现自身的人生价值。

一、心理健康的概念和标准

世界卫生组织提出，健康不但是肌体的强健和没有疾病，而且是生理、心理和社会方面的完好状态。随着社会发展和人民生活水平的提高，人们的健康观也不断发生着变化。人们对健康有了较全面的认识，并在不断发展的健康思维的推动下，形成了整体的、积极向上的健康观。由此可见，心理上的健康与生理上的健康一样重要，这就是现代关于健康的较为完整的科学概念。

拓展阅读

1-2 24 项积极心理品质

健康是人类生存的根本因素。现代的健康概念包含生理健康、心理健康和社会适应三个方面，在生理—心理—社会模式下，心理健康是生理健康的基础，而生理健康是心理健康的有力保障。其中，社会因素是联系心理健康和生理健康的重要桥梁，三者的和谐统一构成了人类健康的基础。大量医学实践表明，多数疾病并不是仅由

纯生物学因素造成的，还是由社会压力等多方面因素导致的。随着人们生活水平的提高和物质生活条件的改善，由恶劣生活条件所导致的疾病，如结核、痢疾等多发病率大幅减少，而情绪紧张与承受压力等原因造成的疾病的发病率却大幅增加了。心理问题如今已经成为一个普遍的社会问题，严重影响着人们的健康生活，而心理健康也已经成为健康概念和范畴中的重要组成部分。可见，健康是一种心态，是人生的第一财富。

（一）心理健康的概念

心理健康作为健康的一个重要组成部分，代表了一种持续的、积极的心理状态，一般从广义和狭义两个角度进行理解。

广义上讲，心理健康是指一种高效而满意的、持续的心理状态，在这种状态下，人能做出良好的反应，具有生命的活力，而且还能发挥其潜能。狭义上讲，心理健康是指人的心理活动的基本过程内容完整，协调一致，即认知、情感、意志、人格、行为完整和谐，社会适应性良好。

（二）心理健康的标准

明确地界定个体的心理健康与否是非常困难的，因为心理上的健康与不健康的差别是相对的，二者在一些情况下会有本质的区别，但在更多的情况下可能只是程度上的不同，所以，目前仍没有一个公认的心理健康标准。但国内外的一些专家学者从各自不同的角度，以不同的尺度和标准对此进行了阐述。目前，许多心理学家从不同角度对心理健康进行积极探索，将其提出的各种观点归纳起来，大致包括以下 7 条标准。

1. 正常智力水平

正常的智力水平是人们生活、学习、工作、劳动所需的最基本的心理条件，人的智力主要由五种能力组成：观察能力、记忆能力、思维能力、想象能力和操作能力，这五种能力要相对平衡。需要注意的是，智力水平测验需要与同龄人的智力进行比较。

2. 健康的情绪

情绪稳定与心情愉快是情绪健康的重要标志。情绪稳定表明一个人中枢神经系统处于相对平衡的状态，心情愉快则表示个体身心活动处于和谐及满意的状态。一个人心理上的快乐可使整个身心均表现为积极向上和充满希望。当然，人生难免遇到不幸境遇，但情绪健康的人，即便遭遇不幸，也能很快重新适应，不至于长期处于悲观心境中。

3. 健康的意志

行动的自觉性与果断性是意志健康的重要标志。自觉性是指人在行动中有明确的目的性，与它相反的是盲目性。果断性是指人能够适时做出决定并执行，与它相反的是优柔寡断和草率。经常性盲目与优柔寡断是意志不健全的表现。意志顽强性是指人可以长时间保持专注，并控制行动去符合既定目标的个性特征。

案例导读

女 排 精 神

1981 年到 2019 年，中国女排先后 10 次在世界女排三大赛上夺得冠军，是中国三大球中的最好成绩，并且放眼世界体坛，在不到 40 年间十夺世界冠军，也是不多见的。

2021 年 9 月，党中央批准了中央宣传部梳理的第一批纳入中国共产党人精神谱系的伟大精神，女排精神被纳入其中。

女排精神是中国女子排球队顽强战斗、勇敢拼搏精神的概括总结，具体表现为扎扎实实、勤学苦练、无所畏惧、顽强拼搏、同甘共苦、团结战斗、刻苦钻研、勇攀高峰。她们在世界排球赛中，凭着顽强战斗、勇敢拼搏的精神，五次蝉联世界冠军，为国争光，为人民建功。她们的这种精神给予全国人民巨大的鼓舞。国务院及国家体委、共青团中央、全国青联、全国学联和全国妇联号召全国人民向女排学习。从此，女排精神广为传颂，家喻户晓，各行各业的人们在女排精神的激励下，为中华民族的腾飞顽强拼搏。团结协作、顽强拼搏的女排精神始终代代相传，极大地激发了中国人的自豪、自尊和自信，为我们在新征程上不断奋进提供了强大的精神力量。

解析 女排精神就是心往一处想，劲往一处使，拧成一股绳，同圆中国梦。实现中华民族伟大复兴是全体中国人民共同的追求，我们要像中国女排一样，将国家荣誉和集体利益放在最高位置，团结一致，密切协作，同心同德，甘于奉献，把个人的理想追求融入实现民族复兴伟大梦想的实践中，形成同心共筑中国梦的千钧合力。在逆境中决不放弃，在低谷中坚持拼搏，在挫折后勇于奋起，始终保持昂扬向上的奋斗姿态。我们要从女排精神中汲取力量，坚定信心、勇毅笃行，不畏强手、敢打敢拼，以强大闯关实力奔向中国梦的光明未来。

思考 当代大学生应如何拥有健康心理状态，以高度的责任感和良好的道德品质适应社会发展的要求，从而实现自身的人生价值？

4. 行为协调

一个心理健康的人的思想与行为是一致的、统一的，行为表现是有条不紊的，做事也是按部就班的。心理不健康的人的思想与行为则是矛盾与分裂的，做事有头无尾、语言支离破碎、思维自我矛盾、注意力不集中。

5. 人际关系的适应

人类心理病态的主要原因是人际关系失调。原始人的人际关系非常单纯，随着社会的发展，人际关系逐步复杂，人的心理适应就不再像从前那样单纯，病态心理也从此成为引人注意的严重问题。人的交往活动往往能反映其心理健康状态，人与人之间正常的、友好的交往不仅是维持心理健康必不可少的条件，也是获得心理健康的重要途径。如果一个人渐渐远离朋友，开始孤独地生活，这往往是心理不健康的苗头。

6. 反应适度

人的反应存在个体差异，有些人反应敏捷，有些人反应迟缓，这种差别是有一定限度的。反应敏捷绝不是过敏的表现，反应迟钝也并不是不反应。人反映的心理变态表现为对反应的异常兴奋或者异常淡漠。例如，一个人听到一声响声，表示稍有震惊，这是正常的心理反应，但是，如果有人因此大喊大叫，便是过度反应。如果一个人一遇到困难，情绪就一落千丈，稍有一点挫折就无法容忍，憎恨他人，这往往是心理失常的先兆。

7. 心理特点符合年龄阶段

人在不同的年龄阶段，有不同的心理特点，就像孩子天真活泼，青年人朝气蓬勃，老年人沉着老练。假如年轻人出现了老年人的心理特征，如记忆力不断减退、孤独感等，则是出现了心理健康问题。

二、正常心理和异常心理的区分

（一）正常心理活动的功能

正常的心理活动具有三种功能：一是保障人顺利地适应环境，健康地生存发展；二是保障人的正常人际交往，能够在家庭、机构、社会团体中肩负责任，使社会组织正常运行；三是保障人正常地认识客观世界的本质及其规律性。

（二）正常心理与异常心理的区分

1. 医学标准

区分正常心理与异常心理的医学标准是将心理疾病作为躯体疾病一样看待，是指以生理病理性变化为根据的标准。医学标准认为，人的心理之所以出现异常，其大脑、神经系统、内分泌系统或其他系统必定存在着生理病理性变化的过程，人体生理病理性变化的存在是判断心理正常或异常的可靠标准，因而医学标准十分重视物理、化学和生物的技术检查及心理上的测定。

2. 统计学标准

在普通人群中，心理特征在统计学上服从正态分布。基于此，一个人的心理正常或者异常，可根据其偏离平均值的程度来决定。用统计数据作为依据确定正常心理与异常心理间的界限，多以心理测验（量表）为工具。

3. 内省经验标准

内省经验包含两个方面：一是本人内省的经验，如自觉出现抑郁、焦虑或说不出明显原因的不适感，觉得不能够控制自己的行为等；二是观察者的内省经验，如观察者把被观察者的行为与自己以往经验相比较，从而对被观察者做出心理正常还是异常的判断。这种判断具有很大的主观性，不同的观察者有各自的经验，所以评定行为的标准也会各不相同。

知识链接

天使效应：待人如待己，真心换真心

实验人员让两组被试向同一位女士打电话，并告诉第一组被试：对方是一位冷酷、呆板的女人；告诉第二组被试：对方是一个热情、活泼、有趣的女人。结果发现，第二组被试与那位女士的交谈非常投机，通话时间也明显比第一组要长，而第一组被试则很难与那位女士顺利地交谈下去。天使效应说明：把他人想象成天使，你就不会遇到魔鬼。你对他人的态度和他人对你的态度实际上是一样的，我们往往能够从他人的脸上读到自己的表情。每个人都希望在交际中获得成功，都希望遇到天使，那么成功的关键在哪里呢？就在于调整自己的心态，学会将他人想象成天使。

4. 社会适应标准

正常情况下，人们可以维持生理和心理活动的稳定状态，可以依照社会生活的需要适应环境及改造环境。因此，正常人的行为符合社会的准则，并能根据社会要求和道德规范行事。这时，我们称其行为是一种社会适应性行为。个体的社会行为能力如果因器质的或功能的缺陷而受到损伤，不能按照社会认可的方式行事，那么我们就认为此人的心理出现异常。这一判断是将个体的行为与社会行为相比较之后得出的。

（三）正常心理与异常心理的辨别

1. 客观世界与主观世界的统一性原则

心理是人脑对客观现实的主观反映，任何正常的心理活动、行为，它们在形式及内容上都应与客观环境保持一致。假如一个人坚信他看到或听到了什么，而在客观世界中并不存在能够引起他这种感觉的刺激物，我们就可以认定他的精神活动不正常，他产生了幻觉。假如一个人的思维内容脱离现实，或思维逻辑背离客观事物的规定性，并且还坚信不疑，我们就可以认定他的心理出现了异常，产生了妄想。假如一个人的心理冲突与实际处境不相符，并且长期持续无法自拔，我们就可以认定他的心理出现了异常，产生了神经症性的问题。这是我们观察及评价人的精神与行为的关键，我们又它称为同一性（统一性）标准。人的精神或行为只要与外界环境失去同一性，就必然不能够被理解。临床上会把有无“自知力”“有无现实检验能力”作为判断精神障碍的指标，其实，这两个指标均已涵盖在上述的标准之中。

2. 心理活动的内在协调性原则

人的精神活动可以分为知、情、意等部分，它自身是一个完整的统一体。各种心理过程之间具有协调一致的关系，这种协调一致性能够保证个体在反映客观世界过程中的高度准确及有效。当一个人遇到一件令人愉快的事情，就会相应产生愉悦的情绪，比如手舞足蹈、欢快地向其他人诉说自己内心的体验等，这样我们就可以说他有正常的精神与行为。反之，如果个体用低沉的语调向其他人诉说令人愉快的事，或者对痛苦的事做出快乐的反应，我们就可以称其心理过程失去了内在协调一致性，出现心理异常状态。

3. 人格的相对稳定性原则

人生道路上，个体会形成自己独特的人格心理特征，这种人格心理特征一旦形成，就具有相对稳定性，在外界环境没有发生重大变化的情况下，通常是不易改变的。一旦在没有明显外部原因的情况下，人格的相对稳定性出现了问题，我们便要考虑其心理活动是否出现了异常，即我们可以将人格的相对稳定性作为区分心理活动正常与异常的标准之一。例如，一个用钱谨慎的人，突然间开始挥金如土，或者一个待人接物很热情的人，突然间变得很冷漠；如果我们在其生活环境中找不到足以促使其发生改变的原因，那么，我们就可以称其心理活动已经偏离了正常轨道。

主题活动

回顾过去的经历，憧憬未来的人生，思考余下的人生旅程将如何进行规划。

（一）活动设计

活动名称	活动目标	活动流程	活动要求
人生刻度尺	正确认识自我，探索生命的意义和价值，给自己积极的情绪体验	准备一张象征人生长度的纸条，标注年龄刻度，为它打分、标注评语	找出、标注自己的人生年龄刻度，思考之后即将要开始的人生

（二）活动流程

1. 准备一张象征人生长度的纸条，标注年龄刻度。

2. 找到自己现在的年龄刻度，把它撕下来。

3. 拿起已经走过的人生，请为它打分（0～10 分，非常不满意：0 分；非常满意：10 分），并用三个关键词来标注对它的评语。

4. 如果这段人生可以重来，最希望改变的是什么（人物、事件，还是自我品质……），请思考并做简单记录。

5. 拿起自己未来的人生刻度尺，找出自己人生可能结束的刻度。撕去生命结束后的部分，手中只留下即将要开始和面对的人生，再找出退休的刻度，然后撕去退休后的时光。

6. 算一算，从现在开始到退休，还剩下多少年？这几十年中，有多少时间要用来睡觉休息（1/3）？有多少时间要用来吃饭、娱乐休闲？撕掉这部分时间刻度。

7. 想一想，还剩下多长时间？你打算怎样度过？请与其他同学相互讨论。

（三）活动分享

通过相互讨论与积极分享展开充分思考：我们应如何拓宽生命？在人生奋斗的过程中，最重要的是什么？

（四）活动反思

看似漫长的一生，其实留给自己可以为梦想拼搏奋斗的时间并不多。十年、二十年之后，我们将在不同的领域奋斗。你可曾想过一个关于人生的问题：是什么导致了每个人人生路径的不同？

第二节 大学生心理发展特点

名家名言

古之立大事者，不惟有超世之才，亦必有坚忍不拔之志。——［北宋］苏轼

幸福的人希望大家都幸福。——［法国］雨果

大学阶段是个体从青春期逐步向成年期转变的一个重要时期，是大学生自我认知能力与人格发展和完善的重要时期。大学生的自我认知能力与人格发展会经历一个比较明显的转化、矛盾、分化、稳定和统一的过程。自我认知能力是主观自我对客观自我的认识与评价。自我认知能力与人格发展在自我意识中具有基础地位，其内容广泛，涉及个体自身的方方面面。

一、大学生认知能力的发展特点

与一般个体心理现象一样，大学生的心理现象也可划分为心理状态、心理过程、心理特征、心理倾向性及心理构成物等形态。大学生作为一个特殊的社会群体，因其生活环境、活动的主要目标和特点、所处的社会地位及对社会的认识等方面的不同，在心理状态、心理特征、心理倾向、心理发展等方面亦会表现出自己的特点。个体的认知过程包括感知、记忆、思维与想象等。大学生的认知能力在其学习与实践生活中起到了极大作用，知识的掌握、信仰的形成、技能的应用、问题的解决、观念的创新等，均与认知水平密切相关，因此，了解大学生认知能力的发展特点十分必要。

（一）大学生感觉的发展与特点

同其他心理过程相比较，感觉能力较多地取决于感官生理状况，较少地取决于个体的学习与经验累积。与其他器官相比，感觉器官的生理状况既成熟较早，又衰退较早。因此，人的感觉既是较早发展的心理过程，又是较早衰退的心理过程。

心理学家麦尔斯对此类问题进行了研究，综合了各种研究感觉过程的资料，随后他发现，如果以 100 作为感觉发展的最高水平，那么，个体在 10 ～ 17 岁时处于最高水平；在 50 岁之后会发生急剧衰退。大学生的感觉能力与 18 岁以前的相比虽有所下降，但是仍然处于一生之中的较佳水平。“动作及反应速度”不仅反映个体的劳动技能，也反映个体的“运动感觉”，还反映个体“平衡感觉”的发展水平。麦尔斯的研究证明了并不是“年龄越大，动作越笨拙；年龄越小，动作越灵巧”，大学生的动作及反应速度均远超中学生。大学生的这种感知特点对于他们掌握职业技能非常有利。

（二）大学生记忆力的发展与特点

记忆是人脑对过去经验的存储、组织与提取。日本学者大西诚一郎对于不同记忆进行了研究，发现个体的机械记忆发展最早，在个体 17 岁左右几乎达到顶峰，维持一段时间之后便开始下降；形象记忆发展稍晚，在个体 14 岁左右急速发展，在 17 岁后有所下降。由此可见，大学生的机械记忆及形象记忆在此阶段均有所下降。个体的逻辑记忆发展最迟，直到 17 岁时才急速发展，维持几年上升趋势后衰退。据此可知，大学生正处于逻辑记忆的发展期。一项关于逻辑记忆的研究发现，个体逻辑记忆能力在 20 ～ 25 岁达到最高峰，随后便逐渐下降。麦尔斯在综合了个体的各种记忆能力与年龄的关系后，发现大学生的综合记忆能力处于最高水平。

心理学家吉尔福特通过研究发现，个体记忆的衰退年龄也会因记忆材料的不同而不同。如果记忆材料中含有比较多的旧材料，那么记忆能力直到四五十岁还能处于较高水平；如果记忆材料主要是由新材料构成的，那么记忆能力在 20 岁以后就会急剧衰退。

（三）大学生思维的发展与特点

思维可分为三种类型：直观动作思维、直观形象思维和抽象逻辑思维。直观动作思维和直观形象思维是建立在直观操作和头脑中表象的基础上的，抽象逻辑思维则是建立在抽象概念和推理的基础上的。大学生以思维能力为核心的智力处于高峰水平，其主要特点有以下几点。

1. 大学生的抽象逻辑思维处于一生之中的顶峰

心理学家经研究发现，大学生的逻辑思维水平与神经系统的发育水平和认知结构中抽象概念的数量有较高相关性。通常情况下，伴随年龄的增长与教育的累积，个体的神经系统发育逐渐成熟，个体通过教学活动获取的抽象概念会逐步增多，利用这些抽象概念的机会逐步增多，能力也越来越强，这些因素从总体层面导致大学生的抽象逻辑思维水平处于他们一生之中的顶峰。

由于大学生抽象逻辑思维水平的迅速发展，他们关心的问题也由较低级的具体问题逐渐转为较高级的抽象问题，他们比中学生更加关心政治、经济、文化、法律、伦理等领域的问题，看待问题的角度也较为深刻。例如，同样看一部电影，中小学生通常喜欢看故事，更关注情节，而大学生则喜欢将具体内容上升为理论，从政治经济背景、艺术手段、伦理道德观念等层面进行思考，从而发表见解。对待生活中的任何问题，大学生不满足于就事论事，而是对它进行深层次的思考，探索其对社会的各种影响及对策。因此，大学生喜欢讨论政治、社会问题的倾向与其抽象逻辑思维水平的提高密切相关。

2. 大学生的思维发展方向具有极大的系别差异

如果在大学生之间进行横向比较就会发现，大学生的思维发展方向具有极大的系别、专业差异。许多理工科学生（如化学、数学、物理专业的学生）和一些文科学生（如逻辑学、经济学、哲学专业的学生），其学习内容很抽象，且几乎全部由抽象概念组成，“形式”已经从“内容”中完全解脱出来，只需要按照逻辑关系展开，因此，这些大学生习惯且擅长抽象逻辑思维，逻辑思维水平极高；而其他专业的学生（如中文、艺术、体育专业的学生），他们的学习内容要求具备较高的形象思维，包括较高的视觉表象、动觉表象的感知、存储能力等，从而促使他们的形象思维水平有了较高发展。

3. 大学生的辩证逻辑思维趋向成熟

心理学家的研究发现，辩证逻辑思维属于较为高级的思维形式，它的形成时间晚于形式逻辑思维的形成时间。大学生的形式思维已经基本完善，辩证逻辑思维已经达到相对成熟的水平，思维方式具备一定的独立性和自主性，能够客观而全面地看问题，能够把握事物发展的基本要素和要素的重点内容，并做出个人的分析和判断。哈佛大学学者佩里通过研究发现，大学生思维发展可分为以下四个阶段。

（1）两重性阶段。处于此阶段的大学生还有着相当程度的具体形式推理，而辩证逻辑推理能力则有待提高，他们的思维还处于“非对即错，非此即彼”的水平，并想寻求什么是“正确的答案”。

（2）多重性阶段。处于此阶段的大学生的思维正在向较抽象的形式推理过渡，他们的思维具备一定程度的辩证逻辑推理能力，能够认识到事物具有多样性与复杂性，不可能“非对即错，非此即彼”，开始接受答案的多样性。

（3）相对性阶段。此阶段是形式推理的前期，大学生的思维具备较高程度的辩证逻辑推理能力。在他们看来，真理并非是固定不变的，一切结论都要视当时的具体情况而定。

（4）约定性阶段。此阶段是形式推理的阶段，大学生的思维同时具有较高水平的辩证逻辑推理能力，对各种现象的解释能够持有相对客观的态度，且意识到所有事物均具有运动和变化性质，既能坚持约定俗成的思想与方法，也可以改变自己的思维方式，会采用一套更加适合的方法进行推理。较高的辩证逻辑思维导致大学生喜欢探索较为深刻的理论问题，喜欢听富有逻辑与哲理的演说与报告，喜欢开展热烈的辩论。然而，辩证逻辑思维能力的发展不能够使大学生的认知达到十全十美的状态。大学生作为一个社会群体，活动范围还是局限于从家门到校门，通常没有更多的机会深入自然、深入社会，缺少实践经验，这使他们容易陷入理想主义、空想主义的窠臼。

4. 大学生的思维更具独立性与批判性

大学生的思维能够离开客观事物和具体形象，从具体现实中解放出来，触及事物的本质，并通过抽象的理论体系把认识与解答统一起来。抽象推理与形式思维使大学生具备了反省思考的能力，具有了独立性与批判性。在大学生看来，反省思考似乎是全能的，似乎世界也应该服从于一个观念的格式，而不应该服从于现实的格式。

案例导读

感动中国人物：“千手观音”邰丽华

邰丽华，中国残疾人艺术团团长，中国特殊艺术协会会长。邰丽华两岁失聪，但她以独特方式创造艺术，以艺术与心灵之美赢得人们的广泛赞誉，被誉为“美与人性的使者”，被世界残疾人代表大会称为“全球六亿残疾人的形象大使”，被联合国机构指定为“联合国教科文组织和平艺术家”。凭借着完美诠释千手观音慈悲和善良的舞姿，邰丽华荣获2005年的“感动中国”年度人物，写给她的颁奖词是“从不幸的谷底到艺术的巅峰，也许你的生命本身就是一次绝美的舞蹈，于无声处展现生命的蓬勃，在手臂间勾勒人性的高洁，一个朴素女子为我们呈现华丽的奇迹，心灵的震撼不需要语言，你在我们眼中是最美”。

解析 邰丽华没有抱怨命运的不公，而是以一种积极、乐观的态度笑对人生，并且用残缺创造出一种特殊的美丽。很多人或许不相信在邰丽华的成长过程中并没有太多的痛苦，她是在爱和快乐的环境中长大的，而正是这种乐观的人生态度让她一直有一颗感恩的心来回报社会。

思考 作为一名大学生，如何学会全面评价和接纳自己，做一个能清醒认识自己，同时又喜欢自己、认可自己的人？

二、大学生情绪情感与意志水平的发展特点

情绪与情感是人们都很熟悉的心理现象，是人类重要的心理活动形式，大学生正处于青春期向青年期过渡的时期，在生理发育逐步趋向成熟时，心理也同时经历着急剧变化，尤其是情绪情感。大学生的情绪情感趋于深刻与丰富，情绪情感的变化也逐渐趋于稳定，但仍存在着许多不成熟的地方，有其自身发展特点。

（一）大学生情绪情感发展特点

大学阶段是个体非常关注自我、注重个性表达、情绪体验丰富、情绪波动起伏的一个时期，被称为人生第二个“心理断乳期”。大学生常见情绪有快乐、兴趣、羞愧、内疚、羞涩、悲伤、惊奇、敌意、厌恶、愤怒、恐惧、蔑视等，其情绪情感的发展特点如下。

1. 复杂性与丰富性

大学生自我意识的不断发展，各种新需要的强度逐渐增加，他们的情绪情感日益丰富，主要体现为自我情感即对自我认识的态度体验具有多样性，如自卑、自尊等；还表现在两性情感上，即对爱情的情绪体验。大学生的情绪既丰富又复杂，体现出特定群体的情绪特点。从自我意识的发展看，他们出现较多的是强烈的自我体验和自我尊重的需要，容易产生自卑、自负等情绪；从社交层面看，他们的交往范围日益扩大，与朋友、同学和师长之间交往频繁，还有的开始恋爱了，情绪表现得更为细腻、复杂。这一阶段，大学生通过各种活动了解社会，学习社会的道德规范，对自己的角色、身份、志向、价值等问题有了更深入的思考，理智感、美感、集体荣誉感等高级情感也同样有所发展。

2. 冲动性与激情性

大学生有着丰富、强烈而又复杂的情感世界，喜怒哀乐常常一触即发，具有一定的冲动性，虽然随着自身知识和认知能力的提高，对自己的情绪控制有所增强，但情绪一旦被激发有时难以自控，也常因情绪失控而造成冲动性行为。心理学家常把青年期形容为“疾风怒涛”时期。同时，大学生兴趣广泛并且对外界事物较为敏感，情绪特点表现在情绪体验上十分强烈，从众心理较强且富有激情，有时甚至会受外界环境的影响表现出一定程度的过度激动、欣喜和盲目狂热。例如，一些大学生的犯罪行为与自杀行为就是情绪冲动性的直观表现。大学生情绪的冲动性一般表现为对外部环境或他人的不满，情绪失控，语言、行动极富攻击性，如果不予以引导，会给大学生本人及社会带来危害。一些大学生对社会事件具有较高的关注度和参与热情，但因社会经验不足容易受热点事件的网络舆情影响和不良言论的煽动蛊惑，有时在判断具有一定偏差的情况下盲目参与其中，借助网络虚拟身份肆意传播不当言论和发泄个人不良

情绪，如果不加以正确引导，将对其价值观养成造成极大的不良影响。

3. 阶段性与层次性

在大学阶段，不同年级的学生，情绪情感的特点也不同，表现出阶段性和层次性的特点。初入大学时，个别新生自视过高，渴求他人的认同和关注，表现为过度自信、自负，但也有学生由于主、客观各种原因，陷入厌学的困境。新生的自豪感与自卑感混杂、放松感和压力感并存、新鲜感和恋旧感交替，情绪波动较大。即使是相同年级的学生，由于社会、家庭及自身要求不同、期望不同，能力及心理素质有所差异，也会表现出不同的情绪状态和层次差别。大学高年级学生由于已经适应了在校生活，情绪情感比较稳定，所以独立性、主动性得以发展。

4. 掩饰性与不稳定性

随着大学生自身知识水平的提高，思想内涵的丰富，在情绪反应上也逐渐趋于隐晦。他们已具备在一定情境下压抑控制自己愤怒、悲伤等情绪，将真实情绪掩饰起来的能力，形成外在表现和内心体验不一致的特点；他们会根据一定的条件来表达情绪，如对一件事情或对某人明明是厌烦的，但由于种种原因，可能会表现出较好的或不在意的态度。由于大学生的人生观和价值观还没有完全定型，认知能力还有待提高，大学生的情绪活动通常强烈而不持久，情绪活动会随着认知标准的改变而改变。大学生情绪常见的现象可表现为喜怒哀乐无常，风平浪静之后可能就会疾风暴雨，他们的情绪很容易从一个极端走向另一个极端，高兴时就忘乎所以、看什么都顺眼，消沉时就心灰意冷、看什么都不顺，情绪呈现不稳定的状态。

知识链接

詹森效应：因得失心过重，而表现失常

有一位叫詹森的运动员，平时训练有素、实力雄厚，但在赛场上却接连失利，让自己和他人失望。不难看出，这是压力过大、过度紧张所致，因此，人们把这种平时表现良好，但由于缺乏应有的心理素质，而导致正式比赛失败的现象称为詹森效应。有些人平时战绩彪炳、众星捧月，无形中就形成了一种心理定式：只许成功，不许失败。而赛场上的特殊性，社会、国家、家庭等方面的期望，容易加剧患得患失的心理，极易造成比赛状态失常。另外，个体可能缺乏自信心，产生怯场心理，束缚了原有水平的发挥。丹·詹森本人经过八次失利后终于摆脱赛场魔咒，职业生涯最终获得七枚世界锦标赛奖牌，打破过七项世界纪录，最终以一枚奥运金牌为自己的运动员生涯画下圆满句号。

（二）大学生意志水平发展特点

意志是人们独有的心理过程，它与人们的行为相联系。大学生的意志水平是实现大学生意志行动的基础，主要体现在大学生能否自觉地确定个人学习生活和工作的目标，并根据目标调节、支配自身的行动去实现预定目标的心理倾向，以及在行动过程中克服困难的水平和能力。大学生的意志水平发展主要有以下几个特点。

1. 主动性提高

随着大学生心身健康的发展、自我认同的提升、知识经验的累积，其行为的目的性更加积极和明确。总体看来，大多数学生都能明确树立个人学习和生活的目标，做好整体规划并分步实施，能够积极努力战胜实施过程中遇到的困难，但个别学生仍较盲目，学习、生活缺乏规划性。

2. 果断性提高

随着大学生专业知识的丰富、能力素质的提升，大学生的自信心增强，选择力和行动力上的表现也更为果断。一般情况下，大学生在日常的学习、生活和工作层面可以单独快速地做出确定和判断，但面临关键的、重要的选择时，仍会优柔寡断、犹豫不决、相对草率、容易后悔等。可见，大学生作为行为者的意志果断性的培养还需要进一步提高。

3. 抗压性增强

当代大学生对逆境引起的心理压力和负性情绪的承受力与调节力明显增强，能够正确面对并努力克服学习和生活中遇到的困难和挫折。他们能够降低期望值，接纳不完美的自己，更多地去关注个人综合素质的进步和提升，并能够积极找寻合理渠道释放和缓解压力，具有一定的适应力、容忍力和抗压性。但是，大学生对社会的认识和感受还不完全成熟，在实现目标的过程中有时仍存在忽略客观性标准、多从个人主观现实考虑的情况。

4. 自控能力增强

随着专业知识和工作经验的提升，大学生可以较为理性地思考、行动和自我调节，能够积极地树立人生目标，控制个人欲望，面对紧张、焦虑、烦躁等情绪问题主动转移注意力、控制负面情绪，自控能力明显增强。同时，大学生注重与人沟通，学会了表达和倾诉，遇到困难时能够积极寻求家人、朋友的理解和支持，增进与周围人的感情和信任。但是，也有个别大学生容易受到个人心态和外界环境因素的影响，抵抗外界诱惑及控制自身行为习惯的能力较弱。

总之，意志的关键特点在大多数大学生身上已基本构成并逐步完善。但是，个人意志水平发展是具有差异性的，受学习、实践及理想、信仰、人生观、价值观等要素的影响，因此，大学生意志水平的提升和顽强意志的培养还有待重视和提高。

（三）大学生情绪情感与意志水平发展的具体影响

1. 对大学生健康的影响

俗话说："笑一笑，十年少；愁一愁，白了头。"有研究表明，良好的情绪状态如开心、快乐、满意等，是心理健康的保证，也是个体促进生理健康的有效途径。这些良好的情绪不仅能保持身心平衡，使个体精神振奋，激活神经系统，使之兴奋、协调，还能调节内分泌系统的平衡，提高人体对疾病的抵抗力。相反，不良的情绪如忧郁、恐惧、过度兴奋等，如果得不到及时的调适或宣泄，就会削弱人的生理抵抗力，引起生理疾病。

《黄帝内经》对于这一观点有详细论述，"故喜怒伤气，寒暑伤形。暴怒伤阴，暴喜伤阳"，"喜怒不节，寒暑过度，生乃不固"。大学生的学习生活总的来说是紧张的，如果大学生不能适应竞争性环境，或对自己期望和要求过高，精神长期处于紧张状态，极易导致各种身心疾病，如紧张性头痛、神经衰弱、心律不齐、哮喘、神经性皮炎、十二指肠溃疡、月经不调等。

根据现代生理学、心理学和医学的研究成果表明，情绪对人的身心健康具有直接影响。若能保持愉快的心情，为人开朗乐观、积极向上，则人体免疫功能活跃旺盛，患病风险降低，有益健康。不仅如此，良好的情绪不仅使大学生对生活充满希望、对自己满怀自信，还使他们的求知欲增强、思维敏捷、富于创造力、爱好广泛、建立良好的人际关系，促进他们全方位发展。相反，消极的情绪对大学生心理健康的危害极大。

知识链接

蔡格尼克记忆效应：未完成的事，总是让人念念不忘

德国心理学家蔡格尼克通过一项记忆实验发现了一个心理现象：她让实验参与者做22件事，但是其中有些在完成前就会被打断。之后让参与者回忆自己所做的，结果显示，更多的人想起的是那些未完成的事情。造成这一结果的主要原因是未完成的事所引起的心理紧张系统还没有得到解除，所以人们会对此耿耿于怀。很多人有与生俱来的完成欲，对于尚未处理完的事，会有较强的意愿和动机去继续完成，要做的事一日不完结，则一日不得解脱。对大多数人来说，蔡格尼克记忆效应是推动他们完成工作的重要驱动力。但有些人会走向极端：一种是过分自我强迫，面对任务非得一气呵成，甚至偏执地将其他人和事都置身事外；另一种是驱动力过弱，做任何事都拖沓啰唆，时常半途而废，永远无法彻底地完成一件事情。这两种人都需要调整自己的“完成驱动力”。

2. 对大学生学习的影响

学习情感主要是指学习方面的兴趣动机、意志、毅力和学习习惯等品质。在教学中，加强对大学生学习情感的培养有利于激发其学习兴趣和学习动机，有利于培养其良好的意志品质和学习习惯，对于培养其终身学习欲望、独立思考能力、探索精神、开发智能等都是十分重要的。所谓意志，就是人们为了实现某种目的，在行动中自觉的克服困难表现出来的心理过程。情感情绪与意志水平的发展不仅与大学生的身心健康有关，而且还与大学生的潜能开发、工作效率等有关。良好的情绪往往能使大学生乐于行动，开阔思路，注意力集中，富有创造性。

心理学家经过大量研究发现，心情舒畅、精神愉快、紧张而轻松是思考和创造过程中的最佳状态，可帮助个体有效进行智力活动。情感是在认识的基础上产生并发展起来的，它既可以推动和加深个体的认识，也可能阻碍个体对事物的进一步认识甚至产生错误的认识。大学生的学习热情是在学习过程中培养起来的，丰富的知识可以使其产生丰富的情感。教师应引导大学生用理智支配情感，做情感的主人，克服消极的情感，防止消极的情感对学习活动产生阻碍作用。

心理学的大量实验研究表明，情感的产生虽然与生理上的激活状态紧密相连，但并非单纯地由生理激活状态所决定，而是必须通过人们认识活动的“折射”才能产生，对客观事物没有一定的认识就不可能产生任何情感。人的情感会随着认识的发展而发展，认识越丰富、越深刻，情感也会越丰富、越深刻。

3. 对大学生人际关系的影响

情绪表达是大学生人际沟通的重要方面，是与语言一样重要的人际交往工具。人际沟通是人类社会交往最初的、极为重要的形式和起点。我们通过面部表情向交往的人提供刺激，反映自己的意愿，赋予情绪特殊的意义，使情绪更具有可理解性。同时，我们也可通过对他人面部表情的观察和体验来了解周围人的态度。只有体验他人的情绪、情感与处境，才能设身处地地为他人着想，因此，情绪表达是大学生在人际交往过程中加深理解与认识，以达到更有效沟通的一个重要途径。人们的面部情绪表达应适时适度、目的明确、方式恰当，这更有利于与人沟通，建立起和谐美好的人际关系，增进人际关系的亲密度。此外，研究还发现，正面情绪大于负面情绪的人，在人群中更受欢迎，更容易获得他人的赞赏与肯定，较容易形成良好的人际关系。

案例导读

残奥冠军平亚丽：人生就像接力赛

平亚丽，女，1961年生，北京人，B2级盲人田径运动员，是为我国在残奥会上夺得首枚金牌的运动员。由于患先天性白内障，注定了平亚丽一降生就无法用眼睛去感觉世界。12岁那年，她进了盲校，她的运动天赋在此得以展现并被加以培养。1984年举办第七届残奥会时，我国首次派队参赛，平亚丽参加了盲人跳远B2级的比赛，并以4.28米的优异成绩夺得金牌，实现了我国在残奥会上金牌“零”的突破，而这枚金牌也成为我国残疾人体育事业的一个里程碑。同时，她还获得一枚短跑项目的铜牌。此外，从1982年到1988年，她曾先后参加过两届全国残运会和两届“远南”运动会，并多次夺得短跑、跳远和400米冠军。平亚丽现为一名高级保健按摩师，2001年创办了平亚丽盲人保健按摩服务部，2003年被评为“北京市盲人按摩行业文明服务标兵”。2008年8月6日这一天，平亚丽担任了北京奥运会火炬手，一个月后，在导盲犬Lucky的引领下，平亚丽点燃了主火炬手侯斌的火炬。

解析 每个人都有自己的优点和不足，只有正确认识自己，发扬优点，克服不足，才能使自己变得更优秀。无论做什么，要想做好，首先要相信自己，正确认识自己，从而促进自我发展。每个人都是独一无二的个体，认识自己的禀赋和独特性，有助于我们增强对自己的信心，更好地发展自己的能力。

思考 作为一名大学生，自我认识可以通过哪些途径？

主题活动

“人贵在有自知之明”，通常情况下，一个人对自己各方面都有比较清晰的认知和了解才可以更好地适应环境，在发展上获得较为满意的结果。正确的自我认知是心理健康的首要条件，我们需要充分认识和了解自己的优势，悦纳自己，培养自尊心和自信心，重塑自我，实现自我价值。

（一）活动设计

活动名称	活动目标	活动流程	活动要求
寻找优势	了解自我优势	通过优势卡片和24项积极心理品质找到自身优势	通过故事引导找出自己的优势并在“优势”卡片上写出来，并向同学们简单介绍优势转盘，最后分享交流

（二）活动流程

1. 参照《24 项积极心理品质》(【拓展阅读】1–2)，准备“优势”卡片（见表 1–1）。

表 1–1 我的优势卡片

我认为我最大的优势	我们认为你还有的优势
1.	1.
2.	2.
……	……

2. 找到你的优势并在“优势”卡片上写出来。

3. 组建 6 人小组，选出小组长。每人轮流被其他同学指出身上具有的优势，然后填写在该同学的优势卡片上“我们认为你还有的优势”一栏，再去发现其他同学的优点，要求表达准确，写出具体明确的优点，不能是套话。小组讨论结束后，请小组长将填好的优势卡片交给下一位同学，直到卡片回到主人手里为止。

4. 分享交流。

5. 请将你的优势卡片随身携带，每天早上都拿出来自己读一遍，一周以后，给自己写一封信，回顾本周以来你的优势带给了自己什么样的变化及感受。

（三）活动分享

请大家在将优势写出来后与同组组员进行交流，教师将随机请几位小组代表进行分享。需要注意的是，如果有不愿意分享自己优势的同学要弄清原因，不要强迫，要灵活应对，以免对其造成伤害，失去活动的意义。

（四）活动反思

了解“优势列表”所展示的积极心理学所研究的24种积极心理品质之后，我们能够认识自己的优势，从而建立自信，为发挥优势奠定基础。通过自我探索、同伴交流等方式，我们能全面了解自身优势，参与课堂活动从而得到启发并有所收获，这不仅可以促进自我认知，更重要的是让我们学会用欣赏的眼光去看待他人。

第三节 大学生心理健康教育

名家名言

百学须先立志。——［南宋］朱熹

那些为大多数人带来幸福的人是最幸福的人——［德国］马克思

心理健康教育对大学生有抵御心理疾病、提高学习效率、完成学习任务、提升人际交往水平、改善生活质量的意义。拥有健康的心理是人全面发展必须具备的条件与基础，良好的心理素质在大学生的素质提高中起着十分重要的作用。因此，作为一名大学生，首先应该具备优良健康的心理素质。

一、大学生心理健康教育的目标及意义

（一）大学生心理健康教育的目标

1. 帮助大学生正确了解和认识心理健康教育的重要性

正确了解和认识心理健康教育的重要性是心理健康教育最基本的目标，包括让大学生懂得究竟什么是心理健康，什么是成长发展中的心理疑惑与问题，什么是程度不同的心理障碍等，从而更加懂得心理健康教育并掌握维护自身心理健康状态、心理保健和自我调节的一般方法与技巧。心理健康教育的目的是让大学生通过学习，改变以往对心理健康教育的忽视与不正确的认识，从而充分认识心理健康教育的重要性和对其身心发展的重要意义，增加心理健康方面的知识。

2. 全面提高大学生心理素质

全面提高大学生心理素质是心理健康教育和素质教育的重要目标和任务之一。心理素质是大学生全面发展中一个极重要的方面，但经验证明，一个人发展的好坏，并不是完全取决于他的智商，还要看其非智力因素的发展，即是否具有一个良好、健康、积极的个性心理态度。心理健康是一门科学，是一种生活的哲学与艺术，大学生如果能掌握它，既可以促进其他素质水平的提高，又可以使自己的人生更加和谐、充实。

3. 开发心理潜能，提高大学生自我意识和社会适应水平

心理健康教育的目的并不仅限于维护心理健康及对现代社会生活和复杂人际关系等周围环境的一般性适应，其最终目标在于开发大学生多方面的心理潜能，促进大学生认知机能、情感机能与人格的发展和完善，充分发挥大学生的创造性，帮助其有效地改造周围的环境并适应现代社会生活。良好个性的形成是一个不断学习、总结、发展和完善的过程，大学生心理健康教育的最高目标，就是要引导大学生有意识地重视自己的内心世界和内心生活，通过自我塑造，形成更为独立、健全、完美的人格，走向成熟和成功。

（二）大学生心理健康教育的意义

1. 心理健康教育是全面推进素质教育与培养高素质人才的需要

我国高等学校担负着培养高素质人才的光荣任务与使命。高素质人才不仅要具有良好的科学文化素质、思想道德素质、身体素质，还要具有良好的心理素质。大学生除了需要具备较强的学习能力、逻辑推理能力、分析综合能力、创造能力外，还要具备健全的人格、稳定的情绪、较强的适应能力、挫折耐受能力、自控自制能力、社会交往能力，以及百折不挠的毅力和宽宏大量、团结友爱、乐于奉献的品质。只有这样，大学生才能在激烈复杂的社会竞争中，在种种人际关系的冲突、困难与挫折中，避免出现严重的心理失衡，以防丧失最基本的生存适应能力。可见，心理健康教育十分有利于促进大学生素质的全面发展，特别是心理素质的提高。

2. 心理健康教育是为了更好地满足大学生成长发展的需要

大学生成人成才欲望十分强烈，自我定位高，但社会阅历浅，心理发展不够成熟，情绪上极易出现波动。尤其是随着经济社会的发展，涉及大学生切身利益的改革措施不断出现，各种环境日益变幻，学习、就业、竞争、经济、情感、责任等压力越来越大，极易产生心理问题。为满足大学生成长发展的需要，高等学校应高度重视和积极帮助大学生疏导、调节、解决心理健康问题。教育的根本目的是开发人的潜能，心理健康教育可以帮助大学生树立自信心，更好地在更高层次上认识自我，实现心理转换及对环境的适应，促进潜能的全面发展。

3. 心理健康教育是思想品德教育的重要需要

大学阶段是个体世界观、人生观、价值观形成发展的关键阶段。大学生所处的生活环境，接触到的各种各样的信息，尤其是对这些环境与信息的态度和了解，对其观念的形成有着重要的决定意义。在成长过程中，现实生活会有许多地方与我们的认识、价值观念、情感态度、行为方式、利益要求相冲突，因此极易产生一定的心理问题，而这些心理问题又会反过来影响我们的认识和判断。心理健康教育有利于消除不良心理问题，有助于帮助大学生形成正确思想品德与价值观念。

案例导读

中国“最美”大学生用梦想成就绚丽青春

刘强，东北师范大学政法学院2015级思想政治教育专业，获评第十四届中国大学生年度人物，首届中国“最美”大学生。他主张学好思政，讲好思政，并创建了“学、讲、用”思政微课交流平台——学“习”社，担任“朋辈青马讲师”；在大中小学宣讲《强国一代》67场，在多所高校巡讲《追逐共产主义的光芒》，带动3000余名青年学生自学自讲思政课，并获全国、全省高校学生讲思政课大赛一等奖。

从吉林省的一个村庄，一路求学到县城双辽，再到省会长春，刘强也迷茫过，但后来他得到了东北师范大学心理学院盖笑松教授的帮助，消除了心中的迷茫，很快适应了大学生活。受到国家资助、社会资助、东师资助的刘强，认为这是自己在求学路上受到的幸运眷顾，同时默默许诺要将温暖延续，于是在他的入职心愿清单上，第一项便写到“每个月要默默资助一名学生”。在2019届毕业典礼上，刘强代表全体毕业生进行发言：一脉贯天涯，芳华报国家。感谢东师与我们同行，将我们的渺小融入祖国的伟大。身处东师，心系祖国，东师的红色底蕴滋养了我们的家国情怀。青年者，东师之青年，时代之青年，中国之青年。青春者，与东师同行，就是与时代同行，与中国同行。身为青年，身为东师青年，身为中国青年，倍感骄傲！

解析 心理健康教育对大学生具有重要意义，良好的心理素质在大学生素质的提高中起着十分重要的作用，刘强不忘初心和理想，心中充满了奋斗的力量。从学好思政到讲好思政，从讲好思政到用好思政，勤学善用、守正创新的他，正一步步走向梦想的彼岸。奋斗是青春最美的模样，刘强开拓创新、砥砺前行，用梦想成就绚丽的青春！

思考 你如何理解心理健康教育对大学生的重要性？日常生活中，大学生要如何保持积极健康的心理状态？

二、大学生心理健康教育的重要性及特殊性

随着社会的发展，我国的教育事业发展迅速，大学生心理健康教育缺陷逐渐显露。近年来，心理健康教育越来越受到人们重视，而大学生心理健康问题尤其受到社会关注。

（一）心理健康教育是提高大学生综合素质的有效方式

大学生的心理素质是主体在心理方面比较稳定的内在特点，包括个人精神面貌、气质、性格和情绪等心理要素，是其他素质形成和发展的基础。大学生的求知和成长过程，实质上是一种持续不断的心理活动与心理发展过程。教育提供给大学生的文化知识，只有通过大学生个体的选择、内化，才能渗透于其人格特质中，使其从幼稚走向成熟。这个过程也是大学生个体的心理素质水平不断上升提高的过程。大学生综合素质的提高，在很大程度上受到心理素质的影响，大学生各种各样素质的形成要以心理素质为媒介，创造意识、自主人格、竞争能力、适应能力的形成和发展也要以心理素质为先导。在复杂多变的社会环境中，保持良好的心理适应状况，是抗拒诱惑、承受挫折、实现自我调节的关键。由此可见，大学生综合素质的强弱，最重要的是取决于他们心理素质的高低，取决于学校心理健康教育工作的成功与否。

（二）心理健康教育是驱动大学生人格发展的基本动力

大学生的心理健康教育与受教育者的人格发展密切相关，并直接影响个体人格水平的发展。一方面，大学生通过在心理健康教育过程中接受的道德规范、行为方式、环境信息、社会期望等来逐渐完善自身的人格结构；另一方面，客观存在的价值观念作为心理生活中对自身的一种衡量、评价和调控，同时也影响着主体人格的发展，并且在一定条件下还可转化为人格特质，从而使人格发展上升到另一个新高度。大学生的心理健康教育不是消极地附属于这种转化，而是在转化过程中引导受教育者调整方向，朝正确方向发展，使个体正确把握自我，对自身行为进行了解、认识和评价，从而达到心理优化、健全人格的目的。

知识链接

拍球效应：有压力的人生，才会有动力

某天一位经验丰富的老船长在货轮卸货后的返航途中遭遇了可怕的风暴。水手们惊慌失措，而老船长则果断命令水手打开货舱并往里面灌水。随着货舱里的水位逐渐升高，船体逐渐下沉，货轮也越来越平稳了。船长这才说道：百万吨的巨轮很少有被打翻的，出事故的往往是根基轻的小船。船在负重时才是最安全的，空船时则是最危险的。当然这种负重也需要根据船舶本身的载重能力而定，适当的负重可以让船只抵挡暴风骤雨的侵袭。拍球效应指的就是类似的现象：人在拍球时，用的力越大，球就跳得越高，人也是如此，适当的压力能够激发个体的潜能。人生的每个阶段都是一次次施压的结果，没有压力的人生，就像风暴中没有负重的货轮，轻易就会被人生中遭遇的巨浪打翻。

（三）大学生心理健康教育的特殊性

大学生的各种认知能力均达到成熟水平，他们思想活跃，抽象逻辑思维能力和思维独立性大大提高，敢于质疑，敢于挑战权威，敢于表达自我见解。但是由于社会阅历尚浅，社会经验不足，大学生对待问题极易受到片面信息的影响，易以己推人，以偏概全，对复杂的事物难以辨别真伪，有时注意了表面却忽视了本质，有时注意了局部却忘掉了整体。

1. 大学生情绪情感发展的特殊性

大学生进入高校的第一种释放感来自情绪情感的体验。进入大学前，沉重的学业压力和升学期望让他们压抑了自己的情绪情感需求。进入大学后，大学生的情绪情感得到了很好的释放，并在释放和选择过程中逐渐成熟。他们积极向上，勇于表白，敢于追求美好的爱情和友谊。

但是，大学生的情绪情感发展还没有完全成熟，仍然存在一些明显的弱点和缺陷，这主要是因为大学生的情绪情感有较大的波动性和情境性，有时这种情绪情感波动和随境而迁的特殊性表现得十分明显，难以控制。大学生的情绪情感与他们的需要、愿望和动机密切相关，需要、愿望一旦得到满足，动机得以实现，他们将时常处于高兴的情绪情感状态，表现出愉悦的表情；反之，若一直十分明显地显露出悲伤和受挫的表情，其消极心境也会持续很长一段时间。

知识链接

踢猫效应：坏情绪会随着社会关系链依次传递

一位父亲在公司受到了老板的批评，回到家就把沙发上跳来跳去的孩子臭骂了一顿。孩子心里窝火，狠狠去踹身边打滚的猫。猫逃到街上，正好一辆卡车开过来，司机赶紧避让，却把路边的孩子撞伤了，这就是心理学上著名的踢猫效应。踢猫效应描绘的是一种典型的坏情绪传染，是指对弱于自己或等级低于自己的对象发泄不满情绪，而产生的连锁反应。人的不满情绪和糟糕心情一般会沿着等级和强弱组成的社会关系链条依次传递。其实，这是一种心理疾病的传染。生活中，每个人都是踢猫效应长长链条上的一个环节，遇到比自己弱的人，都有将愤怒转移出去的倾向，久而久之，就会形成恶性循环。但反过来想，好心情也是一样的。所以，为什么不尝试将自己的好心情传递出去呢？

2. 大学生自我意识的特殊性

大学阶段个体自我意识的特殊性主要是自我肯定与社会认可之间的矛盾，即自我意识与社会意识之间的矛盾。大学生充满了开创未来的热情和理想，并希望借此来体现自我的力量，从而达到自我实现的目的。但是由于社会意识的负面影响，大学生又会停留于生活理想和职业理想的满足之上，这就导致大学生产生为生存而学习，为就业而学习的非发展性理念。因为缺乏人生的目标及自我实现的动力，个别大学生在学习过程中开始动摇、迷茫，甚至丧失信心，失去目标，荒废自己的大学生涯。

3. 大学生性意识的特殊性

大学生的性意识逐渐从朦胧状态发展到了明朗化状态。在这个时期，其生理发育已基本成熟，性接触与性需求也渐渐显现出来。这里讲的性意识不是单纯生理上的性概念，还包括心理上的性别认同、性别悦纳。这个时期性意识的重要特点主要表现为以下两点。

（1）对异性比较关注。感受到来自异性的吸引，总是以直接或间接的方式接近异性，探索异性的秘密，或以各种各样的方式引起异性的注意。

（2）对爱情生活的追求。这种心理发展带来了强烈的按照性别特征塑造个性和形象的精神向往，即自己要成为什么样的人，以及获得什么样的异性吸引。但是大学生还不善于处理与异性之间的关系，或者他们的经济地位及心理成熟程度还不能合理引导和驾驭这种精神向往，因此常常感到不安与烦恼。

4. 大学生智力水平的特殊性

大学生正处于个体发展的第二个飞跃期——青年中期，所以大学生的智力水平在这一时期得到突飞猛进的发展，主要特点如下。

（1）逻辑思维能力迅速发展。随着与社会接触面的增大及社会实践活动的增多，大学生已能从较为全面的角度对事物和社会现象进行分析，把握本质。

（2）具有思维的独立性和批判性。思维能力得到发展的同时，大学生思维的独立性和批判性也得以发展。他们敢于质疑，不盲从书本和权威，有自己的见解和判断，但在缺乏正确引导的时候也容易出现偏执。

（3）思维的敏锐性与灵活性迅速发展。该特点主要表现为大学生能够迅速接受新思想、新观念，并更新其思维认知结构，同时还表现在思维的方向上，大学生能够在不同的角度和不同的方面，用不同的方法思考与解决问题。

（4）创造性思维得到发展。大学生对社会现象处于一种开放式的接受和评价状态，所以他们缺少保守思想且富于想象，经常提出一些新颖的见解，思维中出现较多的创造性成分。

5. 大学生人生观的特殊性

人生观是对人生的最基本看法与态度，是一种高级的心理现象。大学时期是人生观开始形成并趋于稳定的时期，大学生人生观形成有两个突出特点：一是自觉探讨人生问题，二是对人生问题的探讨具有哲理客观性。大学生具有一定的知识和社会经验，喜欢在理论上通过实验与论证去求得答案，而不满足于人生问题的一般描述或泛泛而谈。

主题活动

有坚持不一定成功，但没有坚持，就注定失败。对于成功，坚持的塑造必不可少！凡成大事者都有超乎常人的意志力与忍耐力，碰到艰难险阻或陷入困境，一般人都很难坚持，常常选择放弃或逃避，但有所作为的人往往能够坚持，成为最后的胜者。

（一）活动设计

活动名称	活动目标	活动流程	活动要求
坚持就是胜利	懂得成功来自面对困难时的坚持不懈；锻炼做事坚持到底的恒心和毅力；做一个有目标、坚持不懈的人	向前平举双手，观察自己的意志力；讨论分享自己的感受	向前平举双手坚持5分钟，观察自己的意志力

（二）活动流程

1. 举手仪式：起立，将双手向前平举，坚持5分钟并计时。在这5分钟里，观察自己的表现，坚持不了的时候可以将手先放下。时间到后就座。

2. 讨论分享：在刚才的活动中，你想放弃吗？坚持的过程中，你遇到哪些困难？你是如何克服的？

3. 观看视频：观看视频《马拉松篇——坚持就是胜利》（或类似视频）找榜样，分享看完视频的感受。

4. 选择一个适合自己的有效的方法培养意志力，并与其他人分享。

（三）活动分享

与大家分享交流活动心得，回顾成长过程中克服困难与挫折的经历。通过交流吸取他人经验，学会用积极、乐观、向上的心态成就精彩的人生。

（四）活动反思

坚持是成功的基础，任何事情，如果你半途而废，那就注定只有失败，但反过来，任何事情只要你能坚持做下去，就有了成功的可能。“天将降大任于斯人也，必先苦其心志，劳其筋骨，饿其体肤，空乏其身，行拂乱其所为，所以动心忍性，曾益其所不能。”这段话生动地说明了坚持的重要性，要想实现自己的理想，达到自己的目的，需要具有火热的情感、坚强的意志、勇敢顽强的精神，才能克服前进道路上的一切困难。

||| 反思与探究

1. 如何理解心理健康对大学生的重要性？

2. 你明白心理健康的意义吗？如何实现心理健康？

3. 如何区分正常心理和异常心理？

4. 大学生的心理发展有什么特点？

5. 大学生心理健康教育的特殊性包括哪几个方面？

||| 延伸阅读

1. 格里格，津巴多．心理学与生活 [M]. 王垒，王甦，周晓林，译．北京：人民邮电出版社，2003.

2. 塞利格曼．真实的幸福 [M]. 洪兰，译．沈阳：万卷出版公司，2010.

3. 叔本华 . 人生的智慧 [M]. 韦启昌，译 . 上海：上海人民出版社，2014.
4. 南怀瑾 . 论语别裁 [M]. 上海：东方出版社，2014.
5. 侯玉波 . 社会心理学 [M]. 4 版 . 北京：北京大学出版社，2018.
6. 茨威格 . 人类群星闪耀时 [M]. 张玉书，译 . 北京：人民文学出版社，2012.

好好学习

1. 中国青年要准确把握时代大势

我们要准确把握时代大势，勇于站在人类发展前沿，聆听人民心声，回应现实需要，坚持解放思想、实事求是、守正创新，更好把坚持马克思主义和发展马克思主义统一起来，坚持用马克思主义之“矢”去射新时代中国之“的”，继续推进马克思主义基本原理同中国具体实际相结合、同中华优秀传统文化相结合，续写马克思主义中国化时代化新篇章。

——2022 年 1 月 11 日，习近平在省部级主要领导干部学习贯彻党的十九届六中全会精神专题研讨班开班式上发表的重要讲话

2. 中国青年是有远大理想抱负的青年

中国青年是有远大理想抱负的青年！中国青年是有深厚家国情怀的青年！中国青年是有伟大创造力的青年！无论过去、现在还是未来，中国青年始终是实现中华民族伟大复兴的先锋力量！

——2019 年 4 月 30 日，习近平在纪念五四运动 100 周年大会上的讲话

3. 新时代中国青年要增强学习紧迫感

新时代中国青年要增强学习紧迫感，如饥似渴、孜孜不倦学习，努力学习马克思主义立场观点方法，努力掌握科学文化知识和专业技能，努力提高人文素养，在学习中增长知识、锤炼品格，在工作中增长才干、练就本领，以真才实学服务人民，以创新创造贡献国家！

——2019 年 4 月 30 日，习近平在纪念五四运动 100 周年大会上的讲话

第二章
发现自我：大学生自我意识及成长

章前导读

唐代诗人李白曾将《庄子·齐物论》中“庄周梦蝶”的典故写进自己的诗里：“庄周梦胡蝶，胡蝶为庄周。一体更变易，万事良悠悠。”其实，中国思想家庄周在两千多年前提出的问题至今仍值得探索。

本章将系统介绍自我意识、大学生自我意识及特点、大学生良好自我意识及培养，加深大学生对自我意识的认识、理解和感悟，引导大学生学会健全自我意识，欣然地接受自我，科学地拓展、提升和塑造自我。

学习目标

知识目标：了解自我意识的概念、功能和结构；理解自我意识的形成和发展；掌握大学生自我意识的发展及特点。

能力目标：发现自我、认识自我，形成自我同一性；解决自我意识的冲突；提升、整合自我意识的健全发展。

价值目标：学会培养健全自我意识，接受和纳悦自我，提升和塑造自我，提高参与社会的积极性，协调自己与他人的交往，处理好个人与社会、个人与他人的关系，从而实现健康成长、全面发展的目标，实现自我价值，成为有用之才。

第一节 自我意识概述

名家名言

察己则可以知人，察今则可以知古。——《吕氏春秋·览·慎大览》

人一生的意义，是成为你自己。——［美国］卡尔·兰塞姆·罗杰斯

自我是心理学的古老课题。个体为了更好地适应社会发展的要求，常对自己本身进行思考，思考自己是一个什么样的人，有什么才能，能够为社会发展做出哪些贡献，等等。我们要正确认识自我、接纳自我和评价自我，善于利用每一个能够成长的机会完善自我、改进自我，将我们的人生充实起来！

一、自我意识的概念

自我意识是个体对心理、生理和社会功能状态的觉知和主观评价，指一个人对自己各种身心状况及自己和周围关系的一种认识，是意识发展的高级阶段。自我意识是主体对其自身的意识，是主体感知到自身存在的心理历程，也是衡量个体成熟水平的标准，是整合个性各个部分的核心力量，也是推动个性发展的内部动力。

（一）自我意识的含义

拓展阅读

2-1 认识自己，是世界上最难的事

自我意识是区别人类心理与动物心理的重要标志，包括对自己的认识和对自己身体、心理、社会特征等方面的认识，是通过认识、情感和意志融合构成的完整的心理结构。从自我意识的内容层次上可将其分为生理自我、心理自我、社会自我三个类别。

1. 生理自我

生理自我是自我意识最原始的形态，是其他自我的载体，是个体对自己的躯体、外貌、性别、健康、年龄等生理特质的意识，如“我觉得我自己很美丽”“我睡眠很好”等。

2. 心理自我

个体的态度、信念、价值观及人格特征是心理自我的总和，是个体对自己心理属性的意识，是个体对自己心理世界的意识，包括对自己的性格、态度、信念及行为表现等方面，如“我是一个很幽默的人”“我的性格很内向”等。

3. 社会自我

社会自我处于社会关系和社会身份中，即个体扮演的社会角色，是自我概念的核心，是被个体所意识到的社会对自我的看法，以及对自己在集体中的名望、地位、自己拥有的亲朋好友和经济条件的认知。例如，大学生常用“我长大了，不再是个小孩子了”来表达自己的社会自我，并渴望社会给予肯定。

生理自我、心理自我和社会自我是紧密相连、相互影响的，它们都包含着不同的自我认知、自我体验与自我控制，但由于比例与搭配不同，所以构成的个体自我意识也不同，每个人都会有不同的对自己、对他人、对社会的独特看法和体验。

案例导读

“两弹元勋”邓稼先

1945 年，邓稼先圆满完成大学学业，于国立西南联合大学物理系毕业。回到北京后，他受聘担任北京大学物理系助教，但他一心向往学习掌握更先进的知识，报效国家。1948 年，邓稼先远渡重洋，进入美国普渡大学物理系就读。1949 年 10 月 1 日，新中国成立，面对着百废待兴的中华大地，党和人民倾注了巨大的热情建设这个新兴的社会，邓稼先也怀着对祖国的一片赤子之心，从大洋彼岸的美国冲破重重阻碍，回到了自己热爱的这片土地。当年，美国曾给出优厚的待遇，希望邓稼先能留在美国，但他抛弃了锦衣玉食的优厚生活，义无反顾地投身于一片废墟的祖国。1958 年，当得知要参与原子弹研究时，他激动万分，甘愿隐姓埋名一辈子，就连自己的妻子都瞒着。经过艰苦卓绝的 5 年时间，1964 年 10 月，中国第一颗原子弹成功爆炸，中国再也不用害怕其他国家的核威慑。邓稼先给了中华民族前所未有的自信。

解析 每个人的人生中都有一个使命需要去完成，都有一个空间是属于自己的，不要让任何人及任何事情阻碍我们了解自己最伟大的本性。正确认识自己，调整心态，积极向上地过好每一天；正确认识自己、控制自己、接纳自己和评价自己，利用每一个能够成长的机会完善自己、改进自己，使人生快乐而充实。

思考 什么是自我意识？与他人分享对自我特质的认识与评价，增强自信心。

（二）自我意识的功能

1. 决定个体行为的持续性

人具有社会属性，所以个体的行为既会受到诸多社会因素影响，又在很大程度上与自我意识有着紧密的关系。每个人的现实行为并不是由单一因素所决定的，而是由其所在的情境、自我认知、自我意识共同影响决定的。例如，一个人觉得自己不漂亮，在其生活中就会特别关注长得漂亮的人，不断与她们对比，以此来证明自己的观点。

2. 决定个体对经验的解释

不同的人可能会有完全相同的经验，但是每个人对经验的解释可能有较大的不同。个体自我意识的独特性产生了不同解释的经验方式。例如，自我意识积极的大学生会把考试的失利归因为复习不够认真，并在今后的学习中更加努力；而自我意识消极的大学生则会把失利归因为自己能力不足，不断否定自己，愈加消极。事实上，当个体消极自我意识占主导时，任何行为、经历都会与消极的自我评价相关联；相反，积极的自我意识占主导时，所有的经历都会被赋予积极的含义。

3. 影响个体的期望水平

自我意识对个体现实的行为方式、对过去经验的解释、对未来事情发生的期待都有一定的影响，因为个体对自己的期望是在自我意识的基础上发展起来的，同时与自我意识一致，所以其后续的行为也决定于自我意识的性质。例如，一名大学生脾气变得非常糟糕，这个现象不是孤立存在的，而是这名学生整个行为动力系统都出现了角色偏离的结果，从某种意义上讲，脾气变得非常糟糕是该学生自己“期待”的结果。因此，个体只有具备健全的自我意识才能正确认识、悦纳自己，合理分析自己与周围环境的关系，才能保持良好的社会适应和人际关系，维护自身心理健康。

总之，健全的自我意识通过个体合理的自我认知、良好的自我体验、自觉的自我调控促进自我实现，最大限度地挖掘自身的心理潜能。与自我意识的哲学状态相反，自我意识是对自己的关注，是对个体存在的意识，尽管这两个术语通常可以互换使用或同义使用。当人们意识到正在观看或观察某人时，可能会出现一种不愉快的自我意识感觉，即“每个人都在看着”自己的感觉。不愉快的自我意识感有时与羞怯或偏执有关。

（三）自我意识的结构

自我意识是一种多维度、复杂的心理现象，它由三个心理成分构成：自我认识、自我体验和自我控制。这三种心理成分不仅相互联系还相互制约，并且在个体的自我意识中相统一。

1. 自我认识

拓展阅读

2-2 自我关怀三要素

自我认识是自我意识的认知部分，是指“主体我”对“客体我”的认知与评价，即自我认知和自我评价。其中，自我认知是指个体自己对自己身心特征的认识，自我评价是指个体在自我认知的基础上对自己做出的某些判断。自我认知主要解决“我是一个什么样的人”的问题，比如有人在观察自己的外在形体时，评价自己属于“健壮型”；在分析自己的处世风格时，评价自己是“热情友善”的；用批评的眼光审视自己时，评价自己“脾气暴躁、容易冲动”等。可见，自我认识涉及个体的自我感觉、自我观察、自我分析与自我批评。在客观的自我认识基础上做出正确的自我评价，对于个体的心理活动、行为表现及个体在社会群体中人际关系的协调都具有重大的影响作用。如果一个人在社会生活中把自己看得没有价值、低人一等，那么他就会产生自卑感，做事会缺乏自信心，没有主动性和积极性，无论做什么事情都难以保证质量。相反，如果一个人只看到自己身上的长处，他就会盲目乐观、孤芳自赏、自以为是，不能处理好人际关系，难以与人合作，或被他人拒绝、被群体孤立。

知识链接

出丑效应：优秀而又带有小缺点的人更讨人喜欢

一位非常优秀的成功人士在接受主持人采访时略显羞涩；当主持人向观众介绍他所取得的成就时，他甚至紧张到将桌上的咖啡杯碰倒，咖啡洒在了主持人的衣服上。但在事后的问卷调查中研究者发现，大家纷纷表示了对这位成功人士的好感。这一结果证明，精明的人无意中犯点小错误，不仅瑕不掩瑜，还使人觉得他和他人一样会犯错，让人更加喜爱他。一般人与优秀的人交往时，难免会因为自己不如他人而感到惴惴不安，同时也会觉得对方不够真实，难以亲近。这样失衡的人际关系是难以保持长久的。所以，当优秀的人显露出平凡的一面，不仅不会影响他的形象，反而会让他更具人格魅力。但是，不应故意出丑来哗众取宠，要倡导不过分追求一丝不苟的优秀，这样在不慎犯错时更能用一颗平常心接纳自己。

2. 自我体验

自我体验是通过认识和评价表现出来的情绪上的感受，其中包括满意或不满意、优越感、自尊、自爱、羞怯、自卑、责任感、义务感等。在个体的生活体验中，不仅有肯定的情绪体验，也有否定的情绪体验，而且还要根据自己在社会中的地位或角色体验多种不同的情绪。自我体验主要集中解决“能否悦纳我”“对自我是否满意”等问题。自我体验的产生是环境与个体内部的心理因素相互作用的结果，它是由外在环境的变化引起的，而外在环境能引起一定的情绪状态，又是与情绪经验的积累与概括相联系的。尤其是个体的动机活动受到环境的阻碍或干扰但又无法克制时，情绪就容易激动，这种激动水平的高低又可能随着受到挫折的强弱、范围、过去受挫折次数和可能受到的压力度而有不同的情绪体验。愉快、兴奋、恐惧、愤怒与羞怯都是以动机的形式对自我认识发生作用，激发个体的行动。行为的成与败总是引起一定的积极或消极的情绪反应。例如，大学生如果把考试的优良成绩归因为自己的努力，就可以提高自我价值并增强自尊心：如果把考试的失败归因为自己能力不足时，则会降低自我价值并挫伤自尊心。

3. 自我控制

自我控制通过对自身行为、思想和言语的控制，以达到自我期望的目标，它包括自我激励、自我暗示、自强自律，其核心内容是“我将如何规划自己的人生”。自我控制是自我意识中的最高阶段，其核心是“我应该做什么”“我应该成为什么样的人”“我可以选择如何做”。我们经常讲的“自制力”其实就是自我控制的能力。心理学研究表明，自我控制与大脑额叶的发展密切相关，当我们生理正常时，自我认知与自我体验决定了自我控制，大学生通过发挥主观能动性，选择认知角度，转变认知观念，从而调整自我认知评价体系，感受积极自我。自我控制是自我意识的关键环节，在“知”与“行”之间还有很长的路。有的大学生常常“心动而不行动”，实际上心动是一件容易的事，而真正磨炼意志则需要的是更多的自我控制。自我控制表现在意志方面，就是个体对自己的行为和活动的调节，了解自己在达到目的的过程中，怎样克服外部障碍与内部困难，采用什么手段实现自己的目标。一个具有坚强意志的人，在自我控制方面就会表现出自立、自强、自信、自主、自制、自律等特点，能够发挥独立性、坚定性和责任感，遇到挫折时沉着冷静，果断而富有韧性；而一个人如果意志薄弱，就容易受到暗示，随波逐流，情绪不稳定，不能自控。

二、自我意识的形成和发展

自我意识并不是与生俱来的，而是一个逐渐形成的过程。心理学研究表明，个体的自我意识从发生、发展到相对成熟，要经过20年左右的时间。自我意识形成和发展的过程，也是一个人的人格成长过程。自我意识的形成与发展是人类区别于动物的一个重要标志。

（一）自我意识萌生时期（生理自我形成发展期）

1. 个体生命降生初期

在生命降生初期，个体是没有自我意识的，他们甚至意识不到自己与外界事物的区别，主客体尚未分化，处于这一时期的婴儿会像吮吸母亲乳头般吮吸自己的手指，因为他将母亲当作自己的一部分，还无法分清母亲与自己。

2. 八个月左右

八个月左右的婴儿开始萌生生理自我，这是自我意识的最初形态。一般情况下，个体的生理自我要到 3 岁左右才能成熟。1 岁左右，个体开始有意识地将自己的动作和动作对象区分开来，不会再将外界的事物看成自己身体的一部分，初步将自己当作客体来认识。

3. 二到三岁

二到三岁的儿童开始学会用第一人称“我”和“我的”来代替用第三人称称呼自己，开始有了自我独立的要求，并逐渐意识到自己行为的后果，这标志着自我意识的初步形成。二到三岁的儿童自我意识虽已有一定发展，但他们此时的行为仍以自我为中心，即以自己的想法去解释外部世界，并将自己的想法和情感投射到外界事物上去。

（二）自我意识形成时期（社会自我形成发展期）

三岁到青春期是个体接受社会化影响最深的时期，也是学习角色的重要时期。个体通过在家庭和学校中的游戏和学习，逐步形成各种角色观念，如性别角色、家庭角色、伙伴角色、学生角色等。这一时期，个体的社会自我开始形成，开始意识到自己在人际关系、社会关系中的作用和地位，并有意识地进行调节。但这一时期的个体对自己的内心世界了解不足，个体兴趣和注意通常来自外部世界。

青春期以前，个体的眼光是外向的，他们对自己的内心世界视而不见，他们可以意识到自己是一个主体，并可以充分认识到自己的行为，但却不了解自己的状态。例如，他们常常把自己的情绪看作某种客观上伴随行动而产生的东西，不懂得情绪是自己的主观感受；不善于用自己的眼光认识世界，通常照搬成人对世界的看法。

（三）自我意识的发展时期（心理自我发展期）

青春发育期到青春期后期约 10 年是心理自我发展的时期，在这一时期，个体的自我观念逐渐变得成熟。在青春期，个体不论在生理、认识或情绪等方面，都产生很大变化，如性的成熟、想象力和逻辑思维的发展、感受性的敏感等，都是自我意识发展的基础。此时的自我意识分裂为观察者的我（I）和被观察的我（me），个体能从自己的观点出发，认识和评价自己的心理活动。

这一时期的自我意识经历着明显的矛盾和统一的过程，即主我与客我、理想我与现实我的矛盾，两个“我”不能统一，就会导致个体对自己的评价是矛盾的，对自我的态度常常是波动的，不能客观地看待自己，内心冲突表现明显。

（四）自我意识完善时期（自我意识同一时期）

拓展阅读

2-3 大学生自我意识发展的年级趋势

如果说青春期是自我意识迅速发展并趋于成熟的阶段，那么青春期之后，则是个体自我意识的完善和提高阶段，这是由自我意识的局限性、矛盾性和片面性所决定的。自我意识的局限性是指一个人自我意识的容量是有限的，所包含的知识量很少，这就意味着自我意识的可靠性是经不起实践考验的。自我意识的矛盾性是指一个人的自我意识往往能够不断地吸收和容纳一些互相矛盾的价值观念。自我意识的局限性和矛盾性常常引起“主体我”和“客体我”的互相对立与相互冲突，破坏自我的统一。这种对立和冲突的积极结果是产生正确的思想占主导，从而形成新的自我统一；相反，则会使个体产生自卑感。所谓片面性，是指一个人的自我意识是经验性的，或者是预先打上某种社会烙印的。片面性往往会导致人们只看到自己的优点而看不到自己的缺点，从而产生自以为是、骄傲自满的情绪。

自我意识是人类特有的心理现象，不同的自我意识会引起相应的自我评价和自我追求，对于刚刚走过疾风暴雨般青春期的大学生而言，如果这时其生理自我占优势，那么在自我评价时就会追求其身体外表、物质欲望的满足，很容易出现因为自己“家境不好”或者“长得太胖”而导致的自卑感；如果此时是以社会自我为主导，那么其在自我评价时则会追求他人的重视与关注，追求他人对自己的感情，追求名誉、金钱、地位，因此，这一时期中的学业失利、恋爱失败、人际交往受挫等问题就会让个体遭遇人生困惑甚至心灵痛苦，产生心理健康问题。这一阶段也是人格成长的过程，忽视了其中任何一个阶段的健康成长，都会给人带来终生的遗憾。

主题活动

我们在不同的环境中成长，个性及兴趣爱好各有不同，因此，每个人都有自己独特的地方，自我画像是自我定位，而不是简单地描绘面容。

（一）活动设计

活动名称	活动目标	活动流程	活动要求
自我画像	对自我有更清晰的认知	在一张白纸上画自我画像	可自由发挥，可形象、可抽象，反映出自己最本质的特征即可

（二）活动流程

1. 六个人一组。每人一张白纸和一支铅笔，在三十分钟内完成自我画像。绘画时可以随意发挥，既可以是形象的自己，也可以是抽象的自己，要求反映出自己最本质的特征。

2. 画完后，将自我画像放在桌子上供大家自由观看，其他人不做评论。

3. 由其他同学轮流分享看到这位同学的自我画像时的感受，以积极正面的感受为主。

4. 本人轮流向同伴说明自己画的主题，以及自己听到同学们的发言后所引发的思考和感受。

（三）活动分享

通过分享自我画像，大学生更加全面地了解自我，更加清晰明确地认识自我。

（四）活动反思

自我画像反映着自身最本质的特征，我们可以通过自我画像对自己有一个清楚准确的认知。同时，通过这种交流活动，我们能够看到他人眼中的自己，也能够看到自己眼中的他人，这有利于大学生之间的友好交流，从而提升自我认知。

第二节 大学生自我意识的发展及特点

名家名言

心如水之源，源清则流清，心工则事正。——［明］薛瑄

一个人所能达到的最高境界，是意识到自己的情绪和思想，是认识他自己。——［英国］拜伦

大学阶段是个体从青春期转向成年期的重要时期，也是自我意识迅速发展的特殊时期和关键时期。成熟的自我意识能够促进自我教育，使个体逐渐走向自我成熟，创造最佳的心理品质，从而使人生结出灿烂而美好的果实。

一、大学生自我意识的发展及影响因素

大学生正处于青年初期和中期阶段，这一时期是自我意识形成、发展、完善的跨越时期。在这一时期，大学生的自我意识发展具有鲜明的特点。心理学家埃里克森指出，人的自我发展会持续一生，但会经历不同的阶段，每个阶段都有一种危机或矛盾需要解决，或者说有一种发展任务需要完成。如果危机顺利解决，个体就会获得积极品质，增强自我力量，为下一个阶段的发展创造条件；如果危机未能顺利解决，个体就会形成消极品质，削弱自我力量，影响下一阶段的发展。

大学时期，个体的主要发展任务是形成自我同一性，避免角色的混乱。自我同一性是一种熟悉自身的感觉，是一种知道个人未来生活目标是什么的感觉，是一种从信赖的人们中获得所期待的认可的内在自信，是一个人对他人认可的内在一致性和连续性方面的内在自信，即个体跨时空的内在一致感和连续感。自我同一性发展顺利就会形成自我认同感，自我概念清晰，接纳自我，有生活的目标和前进的方向，为自我未来的发展打下良好的基础；发展不良就会产生角色混乱，常常表现为对自己的认识不清晰、不完整，自我各部分是矛盾的、混乱的、冲突的，从而迷失了自我和生活的方向，难以应对复杂的社会生活。

很多大学生在自我意识发展的过程中品尝到了酸甜苦辣各种滋味，付出了不小的代价，并为解决内心的矛盾冲突进行了不懈努力。大学生的自我意识在自我认知、自我体验和自我控制三者的相互影响、相互作用的过程中逐渐成熟，期间会经历一个明显的分化、冲突和统一的过程。

案例导读

鲁迅弃医从文，笔墨护国

鲁迅，原名周樟寿，后改名周树人，字豫山，后改字豫才，浙江绍兴人，著名文学家、思想家、革命家、教育家、民主战士，新文化运动的重要参与者，中国现代文学的奠基人之一。鲁迅是不朽的战士，他的作品和思想是鼓舞人民从事新的历史创作活动的永具生命力的精神遗产。

光绪三十年，鲁迅入仙台医学专门学校（现日本东北大学）学习医术，立志救治世人。光绪三十二年，有一次在上课前放映的幻灯画片中，鲁迅看到一个中国人被日本军队捉住杀头，一群中国人却若无其事地站在旁边看热闹，脸上写满了麻木。鲁迅受到极大的刺激，这使他认识到，精神上的麻木比身体上的虚弱更加可怕。他想到，如果中国人的思想不觉悟，即使治好了他们的病，也只是做毫无意义的看客，要改变中华民族在世界上的悲剧命运，首要的是改变中国人的精神，而善于改变中国人的精神的，则是文学和艺术。于是鲁迅弃医从文，离开仙台医学专门学校，回到东京，翻译外国文学作品，筹办文学杂志，发表文章，从事文学活动。

解析 鲁迅通过自我探索将个人的人生体验同整个中华民族的命运联系起来，奠定了他后来作为一个文学家、思想家的基本思想基础。他将文学作为自己的目标，用手中的笔作武器，写出了《呐喊》《狂人日记》等许多作品，向黑暗的旧社会发起挑战，唤醒了数以万计的中华儿女，站起来同反动派进行英勇斗争。直到生命的最后一刻，他仍夜以继日地写作。

思考 大学生在养成自我意识的过程中容易出现哪些问题？影响大学生自我意识的因素有哪些？

（一）自我意识的分化

在儿童时期，个体的自我意识是一个尚未分化的整体，其意识内容主要停留在对自己外部行为和自己周围关系的外部特征上。进入青年期，自我意识就从儿童、少年时期的统一不可分割转向了明显的自我分化，出现了两个“我”。一个是理想自我，它是根据主观自我和主观感受形成的，来自社会现实希望自己在未来将要成为什么样的人而要达成的完美自我形象。理想自我处于观察者的位置，即“主体我”（I）。二是现实我，它是当前个体实际达到的自我状态，即我现在是什么样的人。现实自我处于被观察者的位置，是理想自我所要观察的对象，因此它是“客体我”（me）。

大学生因自我意识开始分化，所以能够主动地、迅速地关注到自己的内心世界和行为，开始意识到自己那些从来没有被注意到的“我”的许多方面和细节。这一时期，大学生自我分析、自我沉思、自我反省的时间明显增多，对自我产生新的认识、体验和控制而带来的种种激动、焦虑、喜悦和不安也明显增加，开始认真思考自己应该怎样做、能怎样做、不应该怎样做等内容，这一转变促使他们重新认知自己，开始自我反思，这可能会带来各种烦恼和忧虑，但也会有激动和喜悦。自我意识分化是自我意识开始走向成熟的标志。

（二）自我意识的冲突

自我意识的分化使大学生开始意识到自己不曾注意到的很多“我”的方面和细节，发现理想自我和现实自我的差距。此外，由于处于发展阶段，大学生的自我往往不能统一，自我形象不能很快确立，自我概念不能明确形成，这也加剧了自我的矛盾冲突，导致其内心痛苦并伴有强烈的不安感。由自我意识发展而引起的矛盾冲突并不是偶然的，它是大学生心理迅速走向成熟而又没有完全成熟的集中表现。归纳起来，当代大学生自我意识的冲突主要表现在以下几个方面。

1. 理想自我与现实自我的冲突

理想自我与现实自我的冲突是大学生自我意识冲突最突出、最集中的表现。大学生有理想、有抱负、有追求，成就动机强烈，并对自己的未来充满了信心。很多大学生心中都涌动着成功的梦想，为自己设定了一个个漂亮的“理想自我”，也对大学生活进行了理想化的设定。然而由于他们接触社会较少，不能够很好地将理想与现实有机地结合起来，而且自己的现实条件往往与自己的理想相距甚远，这也会使大学生产生很大的苦恼和冲突。其实，理想自我与现实自我有一定距离是正常的，也正是因为这种冲突和差距激励着大学生奋发进取，积极向上，向着梦想的方向飞奔。但是如果理想自我与现实自我迟迟不能趋近、统一，大学生便会产生各种各样的心理不适，甚至会变得自暴自弃、平庸无为、无所事事、没有动力，情况严重者还会出现自我分裂，导致一系列的心理问题。对理想自我的渴望和对现实自我的失望构成了这一时期大学生自我意识发展的重要组成部分。

2. 独立意向与依附心理的冲突

一方面，大学生在心理上渴望作为独立的个体面对生活、学习和工作中遇到的问题，但长期的校园生活使得他们的社会阅历与社会经验相对匮乏，所以当应激事件出现时，又会盼望亲人、教师及同学能够替自己分忧。另一方面，大学生心理上的独立与经济上的不独立形成了明显的反差。大学生在迫切希望摆脱约束、追求自立的同时，又因其经济的不独立而不可能真正摆脱家长和教师的支持与帮助。过分的独立会使部分大学生认为“不需要社会支持”及“凡事都要靠自己”，从而采取我行我素、孤傲自立的行为方式，但在遭遇挫折时又会出现不知如何寻求帮助的情况；过分的依附则会使大学生缺乏对客观事物的判断能力和决断能力，显得优柔寡断，缺乏主见。

3. 自尊心与自卑感的冲突

自信是一种健康的心理，是自我意识健全与人格成熟的标志。但是，大学生的自我意识仍处于发展过程中，心理尚未完全成熟，因而对自己的认知往往会出现自信的偏差，即自负或自卑。自负是一种过度的自信，拥有这种心理的人缺乏自知之明，往往认为自己对而他人错，把自己的意志强加在他人身上，不能与他人和睦相处。自卑是一种自我否定，表现为对自己缺乏信心、不满和否定，拥有这种心理的个体总认为自己存在各种缺陷、不足与失误，因而遇事总会缺乏主见、胆怯、心虚、逃避、退缩。大学生是同龄人中的佼佼者，优越感和自尊心都很强，他们渴望成功，不甘落后，对成功的渴望与预期较高，但随着大学学习生活的不断深入，他们逐步发现了自身在某些方面的不足，感到“人外有人，天外有天”。在遭遇失败与挫折时，有时甚至是小小的失利，比如考试不及格、恋爱失败等，他们便开始怀疑自己的能力，进而产生自我否定，形成自卑心理。

知识链接

蘑菇效应：蘑菇是把双刃剑，有好也有坏

蘑菇长在阴暗的角落，得不到阳光，也没有肥料，自生自灭，只有长到足够高的时候才会开始被人关注，可此时它自己已经能够接受阳光了，人们将这种现象称为“蘑菇效应”。蘑菇管理是大多数组织或公司对待初入门者、初学者的一种管理方法。从传统观念上讲，“蘑菇经历”是一件好事，它是人才蜕壳羽化前的一种磨炼，对人的意志和耐力培养有促进作用。但如果不注意，不给予及时和应有的关怀引导，也会产生弊病，比如蘑菇可能由于长期得不到阳光和肥料，一直长不大。

4. 交往需要与自我闭锁的冲突

大学生渴望被理解，迫切需要友谊，寻求归属和爱。他们希望能向知心朋友倾吐对人生、生活和学习等方面的看法，有强烈的交往需要，盼望能够有人分享快乐、分担痛苦。但很多大学生也常常感到“与大学同学交往不如与中学同学那么自如和真诚”，因为大学生不仅有交往的需要，也存在自我封闭的倾向。这个时期，许多大学生总是不经意地将自己的内心深藏起来，不愿主动敞开心扉，与同学间有意无意地保持着一定距离，在公共场合也很少发表个人的真实意见，存在着较强的戒备心理。这种交往需要与自我闭锁的矛盾冲突使不少大学生常常感到孤独。

自我意识的矛盾冲突使大学生在心理和行为上出现了某种不适应或适应困难，从而感到苦恼焦虑、痛苦不安，甚至影响其心理发展和心理健康，但这又是迈向成熟的必经之路，是大学生获得自我内在力量的必须一步。

（三）影响大学生自我意识发展的因素

自我意识并非与生俱来，为什么在个体成长到一定年龄之后，不同人的自我意识会有较大差异，其主要受以下因素的影响。

1. 亲子关系

虽然大学生远离家庭，但与父母形成的亲子关系的性质对大学生自我同一性的形成与发展的影响是深远的。在大学阶段，亲子关系出现了重大变化，一方面大学生要求独立、自主，脱离对父母的依赖，获得一定程度上的心理分离；另一方面又要维持与父母亲密的情感依恋关系，这两方面是否平衡将影响大学生自我同一性的发展。这些认知表征形成于早期生活，不为人们觉察，渐渐进入潜意识中，为大学生自我意识的进一步发展奠定了潜在的动力基础，持续地影响大学生对自我的评价。

2. 重要他人的评价

一般情况下，个体很难对自己做出客观、如实的评价。因此，大学生通常会根据父母、教师及好朋友等重要他人的评价来认识和评价自己。在生命早期，个体可能会盲目地接受他人的评价，往往会导致不恰当的自我认识。他人不恰当的评价会使大学生对自己产生过高或过低的自我认识，如果在成长过程中重要他人的否定性评价过多，大学生可能会直接内化为否定性评价，形成“我真的不行”的自我认识。

3. 大学教育的影响

在大学生活期间，大学生可以积极探索各种生活选择，接触到各种思想和价值观，学习并实践各种角色，并尝试做出选择，在反复试验中确定自己的人生观、价值观及自己将来的职业，进而形成自我同一性。有研究证明，进入大学迫使个体为自己设定职业目标，获得稳定的职业承诺。还有研究发现，师生关系、学校对学生的投入和学生自身的投入是影响大学生自我同一性发展的关键因素。师生关系越好，学校对学生投入越多，学生对自己投入越多，自我同一性发展就越好。

4. 其他影响因素

国内研究者对我国大学生自我价值观的研究发现，学习成绩、特长与社会活动、学生职务与文体活动都是影响大学生自我价值感的重要因素。哈特的研究结果也表明，体育运动能力是与大学生自我价值感关系最为密切的因素之一。这些研究结果在一定程度上表明，现在的大学生不再仅仅停留于学习书本知识，而是更注重生存技能与社会实践能力的培养与发展。

二、大学生自我意识的特点及发展问题

大学生是青少年中的一个特殊群体，社会和家长对其的要求、期待都较高，个人成才欲望也十分强烈。大学生强调独立，注重自我发展，许多大学生能够按照自己的方式安排自己的生活，相对宽松自由。但大学生心理发展尚未成熟，缺乏社会经验，社会实践能力较弱，适应能力偏差，情绪不稳定，常常发生心理失衡。这些因素使大学生自我意识的发展有其特殊性。

（一）大学生自我意识的特点

1. 自我认识的特点

在自我认识方面，大学生呈现出的特点主要有三个。

（1）向深度和广度延伸。大学生对自我的认识逐渐从外部走向了内部，并且对社会的关注更为广泛，对事物的看法也更加深入。在经历自我意识分化后，他们对自我的认识不再停留在外貌、身材、气质、风度等外在方面，而是更加注重自己的内在素质、意志品格、社会价值等方面。在回答“你是一个什么样的人”的问题时，大学生不只是局限在自己是“漂亮的”“高个子的”或者“爱干净的”等外在形象的描述，而更倾向于表达自己的性格及社会能力等方面的品质，这使得大学生的自我认识呈现出立体化、多样化趋势。

（2）主动性明显提高。大学是社会的缩影，是大学生走向社会的阶梯。在这里，大学生迫切希望能够正确地认识自己、客观地评价自己、全面地了解自己，给自己找到一个准确的定位，为自己确立一个切合实际的奋斗目标，使自身的潜能得到充分发挥。他们开始主动探讨很多深刻的人生课题，如“我要成为一个什么样的人”“我要成就怎样的事业”“我的未来发展目标如何”等。可见，大学阶段是人生发展的重要分水岭。

（3）自我评价能力明显增强。随着知识和技能的日益增长，生活范围的不断扩大，经验和阅历的逐渐丰富，大学生对自我的评价逐渐变得客观且全面。大学生的自我意识逐步趋于理性和成熟，自我评价能力有所增强。他们能够利用科学的方法评价和分析自己，能够用正确的态度来看待自己的优缺点，同时能够有针对性地进行自我调整。这个时期，大学生相对客观地评价自己，摆脱了“总是有理”的怪圈。当代大学生有着良好的精神面貌、较强的自信心，对未来充满希望，这种状态对他们的人生发展是很有帮助的。然而，如果盲目自信，过高估计自己的能力，看不清自己的缺陷，则不利于他们的发展。

2. 自我体验的特点

在自我体验方面，大学生呈现出三方面特点。

（1）丰富性。大学生的自我体验较为强烈。能够顺利进入大学的学生普遍比较优秀，自我评价较高，他们意识到自我在社会中的地位和作用，社会责任感较强，在学习和生活中有较高的自尊。当自己的成绩或表现受到表扬时，他们就会产生积极的情感体验，甚至洋洋自得；可一旦遇到挫折或失败又会产生内疚和压抑的情绪。随着大学生知识、能力的提高及大学生角色的转换，他们更多地将自我体验与自己的个性品质、认知程度、社会角色等方面联系起来，使自我体验变得更加丰富。例如，在自我发展的过程中产生的成就感、荣誉感、责任感、自豪感、义务感等多种情感体验。这里要特别强调的一点是，情感体验，特别是恋爱情感体验对大学生来说十分重要。

（2）敏感性。处于青春期的大学生情绪相对来说不够稳定，驾驭情感的意志力较为薄弱，因此他们对于涉及自我的任何事物都非常敏感，易多愁善感，易触景生情。所以，对于大学生来说，既有“少年不识愁滋味”的悲秋之词，又有热血青年的豪迈之感。在这一时期，大学生非常希望与他人进行思想和感情交流。由于大学生自我认识水平的提高和自我表达能力的发展，他们的情感体验也逐渐开始打破内心的矛盾，从封闭走向开放，以寻求同龄人的认同，从他人对自己的态度中更好地认识自己。特别是在与异性的接触中，大学生经常出现情绪波动，在行为与自我形象的塑造上往往触景生情，通过想象抒发自己的情感，因而经常流露出一些感触和遐想等。

（3）深刻性。随着自我认识的逐步深入，大学生的自我体验也越发深刻。他们的自我体验不仅与自己的个性特点和兴趣爱好相关联，而且与自己的生活信念和人格倾向相关联。他们在对世界表层认识的基础上，开始探索生命的意义和人生的价值，并随之产生更加深刻的情感体验。这一点，也是大学生形成价值观与信仰的重要心理基础。

3. 自我控制的特点

在自我控制方面，大学生呈现出的特点主要有两个。

（1）自我控制能力和监督能力明显提高。随着知识的逐渐积累、见识的逐步增长及阅历的丰富，大学生的思想和行动更趋于理性和成熟，自我控制能力显著提高。多数大学生能够正确地对待成功与失败、顺境与逆境，通过自觉地调控自己的情绪，从而避免冲动，缓和冲突。这也是大学生心理趋于成熟的重要标志。

（2）独立意识明显增强。大学生的独立意识通常表现得较为强烈，他们希望摆脱依赖和管束，自主安排学习和生活，积极参与各种社会活动；他们关心国家大事，对国家和社会的进步有很强的责任感；他们根据自己的理想进行自我设计和自我规划，通过不断获取新知识培养自己的能力，形成良好的性格与品德，从而逐步走向独立。这也体现了大学生正处于成长的新阶段。

知识链接

标签效应：给一个人贴标签，会对他起到定性导向作用

第二次世界大战期间，美国在兵力不足且兵源有限的情况下，决定组织一批监狱里的犯人上前线作战。由于囚犯十分散漫，目无纪律，政府特派了几个心理学家对犯人进行战前心理建设和动员，并随他们一起到前线。心理学家要求囚犯们每周给自己最亲的人写一封信，而信的内容则由心理学家统一拟定，大体是告诉他们的亲人，自己在前线如何听从指挥、勇敢无畏并建立了赫赫战功。这样坚持半年后，囚犯们竟也变得如同正规军一般服从指挥，英勇战斗。当一个人被贴上一种标签时，无形中会做出自我印象管理，使自己的行为与所贴标签内容相一致。这种现象是由于贴上标签引起的，故名为“标签效应”。心理学认为，之所以会出现这种效应，是因为“标签”具有定性导向作用，无论标签的内容是好是坏，都会对一个人的“个性意识的自我认同”有强烈的影响作用，所以给一个人“贴标签”的结果，往往是使其向标签所暗示的方向发展。

（二）大学生自我意识发展的问题

大学生正处于心理迅速发展但尚未完全成熟的时期，当今纷繁复杂的社会环境和多元化的人生观、价值观对他们的影响巨大，由此导致他们在自我意识发展过程中出现的一系列问题。

1. 自我中心

当今的大学生多数都是独生子女，习惯关注自己，遇到事情容易产生以自我为中心的想法，习惯从自己的利益出发，更希望他人支持和赞同自己的观点和意愿，并希望他人能服从自己、迁就自己。自我中心的大学生不会顾及他人的立场和感受，一旦遭遇挫折，就会产生强烈的情绪反应，长此以往，可能会偏离正常的轨道，产生心理障碍。

2. 自负

自负是指个体对自己估计过高、自以为是、自命不凡的一种情感体验和情绪表现，是一种只关心个人需要、强调个人感受、以自我存在为前提的处事心态。自负的人通常会以自己的情绪变化为中心来支配行为，全然不顾他人的情绪感受。大学生自负的主要表现是自我评价过高、骄傲自满、自高自大、目中无人、固执己见。他们不善于听取他人意见，习惯夸耀自己、贬低别人；在遇到失败或挫折时，不能总结教训，而是愤世嫉俗、怨天尤人，认为是自己怀才不遇，以致造成心理失衡，甚至自暴自弃。自负的大学生总是将自己的观点强加于人，习惯性地抬高自己，认为自己各方面都优于他人，他们通常有极强的自尊心，当他人取得某些成绩并超越自己的时候，就会产生挫败感，因嫉妒心作祟而极力去打击他人、排斥他人；在他人失败时，便会幸灾乐祸、落井下石，以此来维持自己的心理平衡。

3. 虚荣

心理学认为，虚荣心是一种被扭曲的自尊心，是自尊心的过分表现，是一种追求虚荣的性格缺陷，是不正常的社会情感，是人们为了取得荣誉和引起普遍关注而表现出来的，是人类的一种心理状态。当代大学生的自尊心比较强，且具有很强的表现欲，他们希望得到社会和他人的认可，希望受到夸耀和赞扬。个别大学生在同学之间相互攀比、奢侈摆阔、吹嘘夸大、说谎作假，甚至为了满足虚荣心而去从事犯罪活动。例如，一些大学生讲究穿名牌、用品牌、讲阔气、谈享受，甚至还有个别家境贫寒的大学生为了满足虚荣心，不顾父母的辛苦和家庭的困难，一味地与人攀比，过着虚假的奢华生活。可见，虚荣心理会使大学生误入歧途，阻碍其学业和事业的发展，失去他人的尊重和友谊。一旦个体的虚荣心得不到满足，就会导致自卑心理，自暴自弃，严重影响身心的健康发展。

4. 自卑

现代心理学认为，自卑是自我情绪体验的一种形式，是个体由于某种生理或心理上的缺陷或其他原因所产生的对自我认识的态度体验，表现为对自己的能力或品质评价过低，轻视自己或看不起自己，担心失去他人的尊重。很多大学生的身上都存在不同程度的自卑，他们觉得自己事事不如人，对未来缺乏信心，伴有经常性的抑郁、内疚、失望和不安等情绪体验，并出现自责、自怨、自鄙甚至自弃等心理现象。

自卑的表现主要有以下几个方面。其一，过低的自我评价。自我评价是指一个人对自己生活和心理特征的判断，一些大学生往往不能够正确分析自己的能力，他们将自身的缺点和不足无限扩大，觉得事事不如人，在工作或学习中畏首畏尾、逃避退缩，甚至不敢参与任何竞争，因此经常失去难得的机会或遭遇失败的结果。这种不良的后果会加深自卑心理，如此恶性循环，以至难以自拔。其二，消极的自我暗示。存在自卑心理的大学生通常习惯从消极的方面思考问题，同时对世界抱以悲观的态度，遇事先想到的就是坏的结果，经常产生“我不行”之类的自我怀疑，这样就在潜意识中形成了消极的自我暗示，使其自信心逐渐丧失，阻碍积极的行动，导致不良的后果。其三，刻意的掩饰逃避。这一类大学生为了掩饰自卑的心理，往往回避与他人交往，以避免他人发现自己的缺陷和不足。他们在学习、生活和人际交往过程中常常缺乏主见及优柔寡断，经常担心自己的决定和行动会得不到其他人的认可，不敢承担责任。其四，用伪装保护自己。一些大学生为了维护自尊、掩饰缺点，往往表现出孤傲、冷漠的个性倾向。他们对于自己力所不及的事物常常采取藐视的态度，通过不切实际地夸耀自己的优点和长处，以抬高自己贬低他人，而内心却感到不安。这都是为了达到自我心理平衡的掩饰和逃避，是自卑的特殊表现。

5. 从众

从众指个体受到外界人群行为的影响，而在自己的知觉、判断、认识上表现出符合公众舆论或大多数人的行为方式，从而放弃自己的意见而采取与大多数人相同的行为。通常，群体成员的行为具有跟从群体的倾向，这种从众心理在大学生群体中同样普遍存在。一些大学生，尤其是新生，为求得小团体内部的认同，避免被孤立，往往选择放弃自己的意见，随大流，凑热闹；一些大学生由于缺乏自信，不敢肯定自己的判断，总是跟着群体的脚步，渐渐地就会失去自己独立思考的能力。大学校园里的从众现象主要表现在学习从众、消费从众、恋爱从众、作弊从众及择业从众等多方面，严重时会抑制大学生的个性发展，束缚其思维，弱化自我意识，扼杀创造力，使个体缺乏具有自我倾向性的世界观、人生观和价值观，变得无主见和墨守成规。

6. 逆反

大学生具有强烈的寻求自我肯定、强调个人意志的愿望，他们渴望在思想上、行动上及经济上能够尽快独立，从而表现出较强的独立意识，因此在强烈的自我意识和批判精神的驱使下，一些大学生很容易出现逆反心理。逆反的他们通常对事物持否定态度，并带有极端、消极和抵触的情绪，表现出盲目性、放纵性和顽固性等特点。他们对正面的教育表现出怀疑和反感；对社会、人生及个人发展保持一种玩世不恭的态度；易感情用事，主观片面，脱离实际；对于被禁止的事情尤其感兴趣，并不在乎会造成怎样的后果。如果大学生经常、反复出现逆反心理，就会构成一种狭隘、偏激的心理定式，一旦未及时加以正确引导，就会对社会和自我发展产生不利影响。

主题活动

正确地评价自己十分重要。随着经历的丰富和认识的深化，人们需要在对自己进行评价时深刻思考，结合自身的优缺点，做出全面、正确的评价。通过本活动中设计的自我评价与他人赞赏两个环节，希望每位学生能够建立客观的自我认知，并通过他人赞赏环节逐步建立自信。

（一）活动设计

活动名称	活动目标	活动流程	活动要求
我是谁	通过认识自己和他人对自己的赞赏来重新审视自己、建立自信	由指导教师带领两两一组，进行自我介绍，之后记录其他人对自己的看法	说出自己对自己的最真实的看法，并如实说出对他人看法

（二）活动流程

1. 给每位学生分发一张 A4 纸，学生本人进行自我介绍，在说出自己的一个缺点之后，就必须说一个优点。自行组合为两两一组，一人为 A，一人为 B（最好是找不熟悉的同学为伴）。

2. A 先向 B 介绍自己是一个什么样的人，B 在纸上记下 A 说的特质，限时 5 分钟。5 分钟后，A、B 角色互换，时间同样为五分钟，A 做记录。

3. 5 分钟后，请 A、B 两人取回对方记录的纸张，在背面写上自己的名字，然后彼此分享参与活动的心得或感受，并讨论：介绍自己优点和缺点，哪个部分较为困难？为什么会如此？使用了哪些策略度过这 5 分钟？两人之中须有一人负责整理讨论结果。

4. 将三个小组合并为一大组，每大组有 6 人，由负责整理讨论结果的学生向其他学生分享讨论结果。

5. 分享后，请每位学生将有其签名的 A4 纸（空白面朝上）传给右手边的同学，而拿到纸张的学生根据自身对这位同学的了解写下“我赞赏你……是因为……”。写完依次向右传递，直到签名纸张传回到本人手上为止。

6. 互相分享自己看到他人反馈后的感想与收获。

7. 学生分享此次活动的感悟与收获。

（三）活动分享

请大家分享“我是谁”活动中的心得感悟，从而了解并接纳真实的“我”，科学地塑造和培养自我，建立自信心，得到成长。

（四）活动反思

通过以上的活动，我们对自己、对班级同学都有了新的认识，了解到我对自己的看法与他人对自己的赞赏，根据新的认知重新思考并接纳自己，建立自信。世界上没有完全一样的两片叶子，同样，也没有完全相同的两个人。在这个社会上，尽管我们很渺小，很平凡，甚至微不足道，但请记住，你是世界上独一无二的，你也有自己独特的闪光点，这便是你存在的价值。

第三节　大学生良好自我意识及培养

名家名言

一个人只要他有纯洁的心灵，无愁无恨，他的青春时期定可因此而延长。

——［法国］司汤达

坚持意志伟大的事业需要始终不渝的精神。——［法国］伏尔泰

一、自我意识健全的标准

健全的自我意识是大学生健康成长、全面发展、走向成功的必备要素，而自我意识的培养是完善个性、实现自我价值的重要途径。

自我意识对大学生的心理健康起着很重要的作用，它制约着人格的形成及发展，在人格的优化中发挥着强大的动力功能。心理健康的重要标准之一就是拥有健全的自

我意识，它是人类自身内在的一种成功机制，在人才发展中起着重要的作用。健全的自我意识有如下标准。

第一，自我意识健全的人应既知道自己的优势，也知道自己的劣势，有自知之明，能正确评价自我和发展自我，使自我认识、自我体验和自我控制三者协调一致发展。

第二，自我意识健全的人应是积极自我肯定的、独立的、与外界保持一致的人；应是理想自我与现实自我相统一的人；应是有积极目标意识和内省意识、积极进取的人。

二、大学生健全自我意识的培养

（一）正确认识自我

德国著名作家约翰·保罗曾说，一个人的真正伟大之处，就在于他能够认识自我。当大学生对自己的价值观、愿望、动机、个性等特征和自己的所作所为有一个正确而全面的认识和评价时，就能够更好地调控自我、发展自我和完善自我，也能够提高自己参与社会的积极性，协调自己与他人的交往，处理好个人与社会、个人与他人的关系。

1. 自我内省法

内省是指通过自我反思、自我评价来进行自我认识。孔子在《论语》中说“吾日三省吾身”，早上醒来，计划一下当天的时间安排，要完成哪些学习任务？在与他人相处时应该注意调整、改正自己哪方面的问题？白天静下来的时候，也可以想想自己在已经过去的这段时间做了什么，接下来的时间应该做什么；要注意保持平和的心态，对自己的行为及言语保持觉知；晚上睡觉之前，回想一下一天来自己是否完成了任务，及时查漏补缺，思考一下哪些事情做得比较顺利，值得鼓励，哪些事情做得还不到位，需要吸取哪些经验教训，争取下次做得更好。大学生已具备了一定的自我反思和自我批评能力，在自我意识的培养中，要对自己的心理活动进行反思、分析，更要勇于剖析自己、批评自己，在自我剖析和自我批评中不断加深对自己的认识。

2. 自我比较法

自我比较法是通过将目前的自我与过去的自我及所追求的将来的自我相比较，然后进一步认识自我。心理学家曾提出“自尊 = 成就 / 抱负”的公式，这说明个体的自我评价不仅取决于他的成就，还取决于他的抱负水平，取决于二者之间的比较。过去的成就水平越高，个体就越容易积极地评价自己，而指向未来的抱负水平越高，个体就越不容易满足，越难以对自己做出肯定的评价。因此，大学生在进行自我比较时，一方面要超越自我，不满足于现有的成绩；另一方面要设定能实现的目标，不要一味跟自己过不去。

3. 他人评价法

与他人交往，从他人对自己的态度及评价中认识自己，是自我认识的重要途径，它可以帮助我们纠正自我认识的偏差，克服自我认识的主观性和片面性，形成较为客观的自我改变。对待他人的评价和态度需注意四个方面：一是熟悉自己或与自己打交道比较多的人的评价，他们对自己了解得比较全面，评价相对客观；二是要特别重视具有一致性的评价，如果不止一个人都说到自己某些方面的问题，那么可能自己在这方面的问题已经十分明显；三是既要重视与自己一致的观点，也要听取与自己不一致的意见；四是与人交往时，要用开放的心态，这样才能更多地了解自己。

接受他人的评价并不是一件容易的事，有时候他人的评价还带有指责、批评的情绪，可能自己也认为确实存在这样的问题，但紧接着会本能地激发出自己的对抗情绪，不但不愿意承认对方的评价，还会反唇相讥，即使对方心平气和地指出自己的问题，自己本来也知道自己的问题所在，但仍会觉得不舒服，甚至觉得受到伤害。面对他人的批评，个体内心作祟的往往不是自尊心而是虚荣心。能够虚心接受他人的意见和批评，善加分析，从中发现自己真正的问题所在，这正是一个人不断要求进步、希望自我完善的表现。不少大学生会比较在意他人对自己的评价，但应持有一个正确的态度，不要因为过高的评价而骄傲，也不要因为过低的评价而失去自信。

4. 他人比较法

有比较才有鉴别，他人是反映自己的一面镜子，因此可以通过与他人比较来评估自己。与周围的普通人相比较，能认识自己的实际水平及在群体中的地位；与杰出人物比较，则能找出自己的差距和努力方向。与他人比较，最重要的是要选定恰当的参照系，与谁比较、比较什么，往往反映我们看中什么和关注什么。大学生还要学会用发展的眼光、辩证的方法看待自己和他人，比较的视野越广阔、方法越科学，自我定位就越恰当。大学生应多在学习成绩、工作能力、良好的生活习惯、品德及意志行为等方面与他人做比较，而不是在生活的经济条件、家庭背景等方面做比较。经济条件、家庭背景很大程度上并不取决于大学生本身，这也是个人难以在短期内改变的，但是品德、意志行为等则是可以通过自身努力不断提高和完善的，真正反映了大学生的素质和精神风貌。恰当地与他人进行比较从而能够正确地评估自己的人，就可以做到既不妄自尊大，也不妄自菲薄，能合乎实际地确定个人奋斗目标和行动计划。

5. 实践经验法

实践经验是自我认识中实践性原则的应用。社会衡量一个人的价值主要通过其活动的成果，活动成果的价值有时直接代表了自我的价值，是个体了解自己的客观尺度。理想的活动成果可以使个体进一步认识自我的能力，发现自我的价值，从而开发潜能、激发自信。大学生可以通过参与各种活动的动机、态度、在活动中的表现，以及取得的成效、成果来分析认识自己。例如，通过记忆外语单词的速度、准确性、持久性来评价自己的记忆品质；通过经常性地克服实际困难的情况，来认识自己的意志品质；通过在班级、学校的活动或工作中的表现及完成任务的情况，来认识自己的能力。在大学生培养自我意识的过程中，要正确分析自己的活动表现和成果，客观地认识自己的知识才能和兴趣爱好，进一步发挥自己的长处，弥补自己的短处。

知识链接

登门槛效应：人们更乐于接受较小和较容易完成的目标

登门槛效应又称得寸进尺效应，指个体一旦接受了他人一个微不足道的要求，为了避免认知上的不协调，或想给人前后一致的印象，就有可能接受更大的要求，就好像逐级上台阶一般，这样能更顺利地登上高处。登门槛效应是美国社会心理学家弗里德曼与弗雷瑟于1966年在“无压力的屈从——登门坎技术”的实验中提出的。实验者让助手到两个居民区劝人们在房前竖一块写有“小心驾驶”的大标语牌。在第一个居民区，实验者向居民直接提出这个要求，愿意的仅为被要求者的17%。在第二个居民区，实验者先请求各居民在一份赞成安全行驶的请愿书上签字，这是很容易做到的小要求，几乎所有的被要求者都照办了。几周后，实验者向他们提出了竖牌的要求，结果接受者竟占被要求者的55%。人们一旦对于某种小请求找不到拒绝的理由，就会增加同意这种要求的倾向；而当他们参与了这项活动的一小部分以后，便会产生自己是关心社会福利者的知觉、自我概念或态度。这时，如果他们拒绝后来更高的要求，就会出现认知上的不协调，于是内部压力就会使他们继续下去。

（二）欣然接纳自我

自我接纳是指个体对自我及其一切特征采取一种积极的态度，简言之就是能欣然接受现实自我的一种态度。自我接纳包括两个层面的含义：一是能确认和悦纳自己的身体、能力和性格等方面的正面价值，不因自身优点、特长和成绩而骄傲；二是能欣然正视和接受自己现实的一切，不因存在的某种缺点、失误而自卑。

1. 无条件接受自己

首先，以诚实及慷慨的态度举出自己至少 10 项优点或喜欢自己的地方；然后，继续以诚实的态度将不喜欢自己的地方列出来，并把可以改变的地方记上标记，对无法改变且不喜欢的缺点试着接受，对所有能改变的缺点努力去改变它；最后，相信自己是有价值的人，相信"天生我才必有用"。

2. 积极肯定自己

找出自己最近做过的比较成功的事情，用心体会成功的喜悦心情，庆祝自己取得的成功；及时了解自己各方面的发展、进步和取得的成绩，肯定自己的能力；记录他人对自己的积极评价和态度，增加自信心；仔细回忆自己从前的经历，找出各方面比较出色的表现，肯定自己从前就已具备的良好素质。通过以上活动，大学生将注意力集中在自己的优点和成功上，而不是集中在自己的缺点和失败上，有助于建立和巩固良好的自我感觉，悦纳自我。

3. 不苛求自己

改变过去过分追求完美的习惯，不苛求自己。过分追求完美、过分苛求自己，无异于心理上的作茧自缚，会窒息人的活力，使人心情压抑、行为退缩，失去许多展现自己的机会，最终损害自尊，导致自我拒绝。正确的态度是承认自己的不完美，接受自己的全部缺点和优点，接纳真实的自我，在积极的心态中，最大限度将自己的潜能转化为现实。

（三）科学塑造自我

大学阶段是人生的转折时期，也是人才的准备阶段，这个时期的大学生尤其需要注意自我的塑造，为日后在社会竞争中取得成功打下良好基础。

1. 确立明确的行动目标

正确的目标能够诱发人的动机，强化人的行为，并促使其指向预定的方向，因此，有目标指向的行为较无目标指向的行为获得成功的可能性更大。例如，有的大学生能够抵御种种诱惑，刻苦攻读学业，是因为他们将学习成绩与自己未来的发展联系起来了。确立正确的自我目标，关键是将社会需要和个人特点结合起来，大学生应给自己设计只要付出相当的努力就能达到的目标，从而能够在坦然面对自己客观存在的前提下积极地生活。

案例导读

冯如造飞机

飞机是20世纪初由美国莱特兄弟研制成功的，但世人没想到的是，只过了几年时间，中国人就自己研制出了飞机。冯如是农民家庭的儿子，12岁那年，他决定出国谋生，父母舍不得他走，他说："大丈夫四海为家，一辈子守在家里，不是我的志愿！"

冯如来到美国后，刻苦学习机械、电学等各种知识和技术。1904年，他听到祖国的东北被日俄侵略，中国人被任意屠杀的时候，气愤极了。当他听闻美国莱特兄弟发明了飞机就想，如果中国有了飞机，守住边疆海口，就不会被欺负了。他对朋友们说："我决定自己研制飞机，然后驾机回去，报效祖国。如果不成功，我情愿去死。"于是他四处搜寻资料，钻研学习，用筹集到的很少的资金开始研制。父母亲想他，希望他回国探亲，他表示："飞机不成，誓不返国。"

1909年，冯如成功制出了飞机。他驾驶着自己的飞机在美国奥克兰上空飞行，航程超过了莱特兄弟首次飞行的纪录。美国报纸刊登文章写道："中国人的航空技术超过西方。"冯如后来回国筹办航空事业，在一次飞行表演时不幸失事牺牲，年仅29岁。他为振兴中华做出了令人难忘的贡献。

2. 培养坚强的自控能力

在实现人生目标的旅途上，既有各种本能欲望的干扰，又有各种外界诱惑的侵袭。本能的欲望如贪图安逸、追求物欲等，常令人失去理智；名利和物质的诱惑则容易使人偏离正确的前进轨道，丧失奋进的斗志，放弃对远大目标的追求，甚至会把青年学生引向歧途。一个人要想成就一番事业，就必须能够抵制诱惑，主宰自己的行为，这就需要有较强的自我控制能力，以保证能够理智约束自己的情感及把握自己的行为。自我控制的动力来源在于从根本利益和长远利益上看问题，有些诱惑之所以对个体很有吸引力就是因为它充分地显示了表面的、暂时的利益。比如在学习紧张的时候，看一场精彩的球赛可能比枯燥的学习更有吸引力，因为它能使人度过一个更为愉快的时光。类似的种种诱惑每天都可能存在，如果大学生难以抵抗，最终可能在考场上难以过关，或是在未来就业竞争中处于不利地位。相反，如果大学生能想到自己的根本利益和长远目标，就会有控制自己的动力，得以抵抗表面的、暂时的利益诱惑。

个体在决定做某一件事的时候，常会产生各种对立动机的内部斗争，主要是高尚的动机与低级的动机之间的斗争，这种斗争的结果可以看出他自制力的高低。要检验一个人自制力的强弱，可以看他的行为主要是臣服于本能欲望和情感的驱使从而选择“我要做”的事情，还是受理智的制约而选择“应该做”的事情。在自我意识未能达到高度统一时，个体觉得“应该做”的事情与感到“我要做”的事情往往是不一致或者是有差别的。如果有较强的自制力，那么就要注意“应该做”的事情，善于强迫自己去做“应该做”的事情，克服“我要做”的愿望和动机，从而自主地塑造自己。

一个人的个性是发展变化的，其中自我意识可能发生积极作用，也可能发生消极作用。当一个人真正理解了社会主义道德是人类高尚的道德行为时，他会自觉地调节自己的行为，明白应当做什么、不应当做什么，使自己的一切行为符合社会规范的要求。大学阶段是大学生自我意识的转折时期，也是自我意识和自我矛盾表现最为突出的阶段，对个体的人生观、价值观、世界观的形成有着非常重要的意义。健全的人格能够推动良好社会行为的产生，而有缺陷或不健康的人格则可能推动反社会行为产生。因此，积极地促进平衡、协调统一的自我意识的建立，对提高大学生心理健康水平和心理素质具有良好的建设作用。

主题活动

“人不是因为美丽而可爱，而是因为可爱才美丽。”无论什么时候，我们都不要排斥自己，对于那些已经无法更改的客观现实，与其整天抱怨苦恼，不如坦然地自我悦纳，以积极、赞赏的态度接受自己。

（一）活动设计

活动名称	活动目标	活动流程	活动要求
悦纳自己	积极地接纳自己的全部	由领导者带领进行自我介绍，自行填写表格，互相交流	填写对自己最真实的看法，真诚同他人交流

（二）活动流程

1. 每人一张表格，轮流进行自我介绍，然后填写表格内容。

- 我最欣赏自己的外表是________________
- 我最欣赏自己对朋友的态度是________________
- 我最欣赏自己对学习的态度是________________

- 我最欣赏自己的一次成功是____________________
- 我最欣赏自己的性格是____________________

2. 填写完毕后对自己的表格进行公开，与同学进行交流，互相发表观点。
3. 分享此次活动的感悟与收获。

（三）活动分享

请大家与周围的朋友及家长分享自己的表格，分享自身最认可的优秀特质，进行真诚的交流，从而得知自我看法的正确性并获得他人的赞美，进一步悦纳真正的自我。

（四）活动反思

通过以上活动，我们都对自己和同学有了新的认识和更深入的了解，了解到了自我欣赏的各种特质，建立和巩固了良好的自我感觉。在社会中存在形形色色的不同个体，每个人都拥有不同的闪光点，每个人都是独一无二的存在，正确、愉悦地接纳自己，才能保持积极的态度笑对人生。

||| 反思与探究

1. 如何理解良好的自我意识？为什么要培养良好的自我意识？
2. 良好的自我意识如何影响个体未来的幸福？
3. 说出自己具有哪些突出的优势。
4. 如何科学地塑造自己？
5. 如何将理想自我与现实自我统一？

||| 延伸阅读

1. 布朗．自我 [M]. 陈浩莺，薛贵，曾盼盼，译．北京：人民邮电出版社，2004.
2. 阿德勒．自卑与超越 [M]. 杨颖，译．杭州：浙江文艺出版社，2016.
3. 霍克．改变心理学的 40 项研究：第 7 版 [M]. 白学军，等译．北京：人民邮电出版社，2018.
4. 勒庞．乌合之众 [M]. 亦言，译．北京：中国友谊出版公司，2019.
5. 荣格．自我与无意识 [M]. 庄仲黎，译．上海：上海文艺出版社，2021.

好好学习

1. 青年要把小我融入大我，把学习同民族复兴结合起来

我们现在迎来了从站起来、富起来到强起来的阶段，我们要把学习的具体目标同民族复兴的宏大目标结合起来，为之而奋斗。只有把小我融入大我，才会有海一样的胸怀，山一样的崇高。

——2019 年 1 月 17 日，习近平在考察南开大学时的讲话

2. 新时代中国青年要自觉树立和践行社会主义核心价值观

新时代中国青年要自觉树立和践行社会主义核心价值观，善于从中华民族传统美德中汲取道德滋养，从英雄人物和时代楷模的身上感受道德风范，从自身内省中提升道德修为，明大德、守公德、严私德，自觉抵制拜金主义、享乐主义、极端个人主义、历史虚无主义等错误思想，追求更有高度、更有境界、更有品位的人生，让清风正气、蓬勃朝气遍布全社会！

——2019 年 4 月 30 日，习近平在纪念五四运动 100 周年大会上的讲话

3. 青春总是同梦想相伴

青春总是同梦想相伴。中国共产党走过了百年奋斗历程，但我们的初心和梦想历久弥坚。百年恰是风华正茂。在新征程上，我们将继续为实现中华民族伟大复兴的中国梦而不懈奋斗，为促进人类发展进步而不懈奋斗。我们欢迎更多国际青年来华交流，希望中外青年在互学互鉴中增进了解、收获友谊、共同成长，为推动构建人类命运共同体贡献青春力量。

——2021 年 8 月 10 日，习近平给“国际青年领袖对话”项目外籍青年代表的回信

第三章
健全人格：大学生的人格发展

章前导读

大千世界，每个人都有自己独特的人格。人格注定了人生之路，健康的人格是立志成才的大学生必备的条件。大学阶段是人格形成和发展的重要时期，培养大学生具有高尚的道德品质和健康的人格是素质教育的重要环节，也是高等教育的一项重要任务。

本章将系统介绍人格的基本含义、大学生的人格特点、常见人格障碍的类型、诊断及治疗，以及人格教育的基本含义，帮助大学生认识人格及常见人格障碍，对人格教育形成完整的认识，准确了解自我的价值及人生的意义。

学习目标

知识目标：了解人格的含义及其价值体现；熟知常见人格障碍的几种类型及其产生原因；掌握健康人格教育的方法及手段。

能力目标：透过表象认识人格的本质，探索人格价值；避免人格障碍，塑造健全人格。

价值目标：树立正确的价值观念，树立坚定的理想信念，进而对社会做出贡献。

第一节 人格概述

名家名言

做人要有人格，做官要有官德，做事要靠本事。——［中国］郑培民

应当把荣誉当作你最高的人格的标志。——［英国］牛顿

人格是个体在长期的社会生活中逐渐形成的，它不仅是一个人的外在表现，更多的是指一个人内在的心理特征。实际上，人格是一个抽象的概念，所以我们要深入了解人格的内涵、人格的特点及对其的具体分析，才能真正了解人格。

一、人格的基本内涵

（一）人格的概念

1. 人格的来源

人格是构成一个人的思想、情感及行为的特有统合模式，这个独特模式包含了一个人区别于他人的稳定而统一的心理品质。人格主要是指人所具有的与他人相区别的独特而稳定的思维方式和行为风格，是指一个整体的精神面貌，是具有一定倾向性的、比较稳定的心理特征的总和。

人格最早源于古希腊语“persona”，原指古希腊戏剧中演员所佩戴的面具，不同性格的人物角色会佩戴不同的面具，以此来体现人物的性格和特点，就如同我国京剧中的脸谱一样。心理学沿用了其面具的含义并将其转意为人格，借用这个词来说明在人生的大舞台上，人会根据社会角色的不同来换面具，这些面具就是人格的外在表现。面具后面还有一个实实在在的真我，即真实的自我，它可能和外在的面具截然不同。

在伦理学上，人格是指社会成员中的个体在一定的经济、道德、文化关系中所显现的道德品格特征和行为方式；在法律上，人格主要是指作为权利义务主体的资格；在心理学上，人格则是指人的性格、气质、兴趣、爱好、能力等特征的总和。如果我

们从社会人才培养的角度去看，则以上几种含义都兼而有之，可以说是人的社会属性的集中体现。

2. 人格的组成

人格是一种具有自我意识、自我控制能力、感觉、情感、意志等机能的主体，它可以离开人的肉体，离开人所处的物质生活条件而独立存在于人类的精神文化维度里。人格关系是自然人基于彼此的人格或人格要素形成的关系。人格要素是自然人人身不可分离的、没有直接经济内容的要素。

（二）人格类型与特征

1. 人格的类型（见表 3-1）

表 3-1　八种人格类型分类

外向思考型	外向感情型	外向感觉型
偏爱知性生活，尽量让自己的生活活动合乎知性结论	女性居多，生活方式顺应感情，感情也能配合周围的状况，价值观也是一样	具有洞察客观事实背后可能性的能力
外向直觉型	**八种人格类型**	**内向思考型**
外向且偏重直觉，他们力图从客观世界中不断发现和寻找多种多样的可能性		追随理念，在自己的内部建立成一个理念世界，积极地推动发展
内向感情型	**内向感觉型**	**内向直觉型**
以女性居多，感情受内在、主观的要素所支配，感情的深度外人完全看不出来	与所有内向型的人一样，内向感觉型的人也常远离外部的客观世界，沉浸在自己的主观感觉之中	内向且偏重直觉，他们力图从精神现象中发现各种各样的可能性

2. 人格的特征

（1）独特性。个体的人格是在遗传、成熟、环境、教育等先天、后天环境交互作用下形成的。不同的遗传、存在及教育环境，形成了各自独特的心理特点，如有的人开放自然，有的人顽固自守，有的人沉默寡言，有的人豪爽，有的人谨慎等。

（2）稳定性。人格的稳定性是指那些经常表现出来的特点，是一贯的行为方式的总和。一个人的某种人格特质一旦稳定下来，要改变是较为困难的事，这种稳定性还表现在人格特征在不同时空下的一致性。

（3）统合性。人是极其复杂的，人的行为表现出多元性、多层次的特点。人格的组合千变万化，各种人格结构还有不同的组合，因而使人格表现得色彩纷呈。在每个人的人格世界里，各种特征并非简单的堆积，是依据一定的内容、秩序与规则有机组合起来的动力系统。人格的有机结构具有内在一致性，受自我意识的调控。

（4）功能性。人格是一个人生活成败、喜怒哀乐的根源。人格决定了一个人的生活方式，甚至有时会决定一个人的命运。当人格功能正常发挥时，表现为健康而有力，支配着人的生活与成败；当人格功能失调时，就会表现出懦弱、无力、失控甚至变态。

案例导读

爱党爱国的人民科学家——钱学森

新中国的成立使客居美国的钱学森心潮澎湃，10 多年的辛勤准备，终于到了报效祖国的时候。那时，钱学森已是世界著名科学家，夫人蒋英也在音乐界享有盛誉。但祖国的召唤，使他们毫不犹豫地放弃了优越的一切。1950 年，钱学森一家人准备离开美国时，美国国防部以莫须有的罪名通过海关扣留了他。之后，美国司法部签署了逮捕令，钱学森失去了自由。在美国工作的 10 多年间，钱学森为美国航空和火箭技术的发展做出了重要贡献，当得知钱学森要回国时，美海军部副部长立即给司法部打电话："无论如何都不要让钱学森回国，他太有价值了！宁可毙了他，也不要放他回国。"但是钱学森没有屈服，在失去自由的日子里，他一方面继续着自己的科学研究，一方面坚持斗争，寻找回国的时机。1955 年 5 月，他从海外华人报纸上看到一则关于中国庆祝"五一"劳动节的报道，其中有他家熟悉的世交陈叔通和毛主席一起在天安门城楼检阅游行队伍的消息。钱学森立即给陈叔通写了一封请求祖国帮助他回国的信，夹在蒋英写给她在比利时的妹妹的信里。陈叔通接到信的当天，就把信送交给周恩来总理。当时，中美正在日内瓦举行大使级会谈，王大使根据总理的指示与美方交涉。最后，美国政府只得无奈地允许钱学森回国。

解析 钱学森坚定的意志和执着的信念铸就了他高尚的人格品质。他时刻心怀祖国和人民，将祖国和人民的利益放在第一位，临难不屈，保卫祖国，这种优秀的人格品质值得我们学习，这种难能可贵的精神值得我们传承。

思考 作为大学生的你遇到困难的时候应该如何面对？

（三）人格的结构

弗洛伊德把人格结构分为三个层次，即本我、自我和超我。

1. 本我

本我就是本能的我，位于人格结构的最低层次，是人的原始的无意识本能，隐匿着各种为现代人类社会伦理道德和法律规范所不容的、未开发的本能冲动。本我遵循“快乐原则”，它为了满足自己的需要不惜付出一切代价。

2. 自我

自我位于人格结构的中间层次，是在本我的冲动与实现本我的环境条件之间的冲突中逐渐发展起来的。自我是面对现实的我，它是通过后天的学习和环境的接触发展起来的，是意识结构的部分，自我是本我和外界环境的调节者，它奉行“现实原则”，一方面满足本我的要求，另一方面又受制于超我的约束，要制止违反社会规范、道德准则和法律的行为。

3. 超我

超我位于人格结构的最高层次，由社会规范、伦理道德、价值观念内化而来，是个体社会化的结果，遵循“道德原则”。它从自我中分化和发展起来，并通过自我典范确定道德行为的标准，通过良心惩罚违反道德标准的行为，使人产生内疚感。

二、大学生的人格特点

当代大学生是一个特殊的群体，大学生作为国家建设和社会主义发展的栋梁，承载着国家、社会和家庭的期望，但大学生又正处于一个人格、价值观、知识等方面迅速构建与发展的重要阶段，面对众多信息来源渠道和丰富的物质条件，刚成年且未走入社会的大学生可能会对某些不良信息毫无防备，从而影响其健康心理与健康人格的塑造。

大学阶段不仅是吸收与积累专业知识的黄金时期，同时也是大学生进行自我人格塑造和发展的关键时期。在大学阶段，大学生在人格发展上将会经历从青少年状态向成年人状态的过渡和转型，逐渐构建起新的人格构架，形成趋于稳定的人格状态；在心理层面和经济层面上，大学生将逐步脱离对父母和家庭的依赖，逐渐转变为独立且成熟的成年人。结合人格的相关概念分析当代大学生人格发展的基本特征，可以得出以下结论。

（一）人格结构的不稳定性

大学阶段的学习重视培养大学生自主学习和社会实践的能力，通过提高学生的自我学习意识挖掘学生学习的主动性。当大学生离开了高中时期紧张的学习生活氛围，离开了父母与教师的督促与指导，多数新入学的大学生表现出一种不知所措的不适应状态。而且，随着社会的不断进步、科学技术的不断发展、信息量的日益扩大，新时代大学生的思维方式与创新能力也有了显著的提高，大学校园中的学习与校园活动形式与内容也更加丰富，

这一切在为大学生带来丰富校园体验的同时也对其人际交往能力和实践能力提出了更高的要求，此时的大学生还未能完全理解“人的本质”是什么，对于自己面对的相较以前更为复杂的社会关系显得手足无措，对于独立自由的成长方式比较迷茫。进入大学校园后，大学生的心理状态可以大体划分为以下三个阶段。

1. 适应阶段

进入大学后，大学生的生活环境发生了根本的转变，人际关系也变得烦琐复杂，同时需要养成新的生活习惯，适应完全不同的新的教学方法，种种变化打破了大学生原有的心理平衡状态。如果大学新生能适应这样的生活学习氛围，那么整个大学生活就会越来越顺利和愉快，从而建立起乐观、健康的人格的状态；否则，则会干扰大学生的整个大学阶段生活，对大学生人生观和价值观及健康人格的构建造成不良影响。

2. 发展阶段

大学校园中包含丰富的专业课程和社会实践活动，这满足了大学生强烈的求知欲，使大学生的心境和眼界变得更加开阔。与此同时，大学生的自我认知也日益成熟，并且逐渐建立起较为稳定且广泛的交往圈，部分大学生还在此阶段中构建了较为稳定的恋爱关系，这一切的发展与变化使得大学生的人格转变得更为成熟和稳定。大学生在独立面对和解决日常的学习与生活问题的同时，通过一系列的发展和自我完善，形成了具有个人特色的独特人格状态。

3. 角色转变阶段

大学毕业生面临着继续深造或直接就业等各种抉择，由大学生活的轻松状态转化为充满压力与选择的沉重心态，因此心理的矛盾与冲突都非常强烈。虽然多数大学生在经历了几年的专业知识的学习和实践的锻炼后，人格的结构已较为稳定，并且已经拥有了丰富的知识、较为稳定的人生观与价值观，有着良好的自我调节能力，但也会有少数学生因为在学业方面或者求职之路上遭遇挫折，从而产生了悲观自卑的心理状态，就此引发了自身人格结构的强烈变化。

拓展阅读

3-1 人格面具和阴影

（二）人格理想进一步明确

1. 认识现实自我

大学生通过对于专业知识的深入学习和社会实践的开展，已经逐渐形成了个人特有的生活规划、职业目标和社会理想，此时大学生已经开始认识到自己作为“人”这个社会个体的各种现实需要，以及作为个体对于“人的本质”内涵的追求。

大学生群体是一个具有强烈责任感和使命感的群体，他们在生活上的目标是希望自己成为一个强者，注重培养自身良好的品德和习惯，努力追求更加幸福和健康的生活方式；在职业道路上，他们希望把自身能力与社会的需要结合起来，将自己的发展与社会的发展结合起来，希望成为一个对社会发展有用的人；在社会发展方面，大学生心怀天下、志存高远，期待自己在社会中实现个人价值。受新时代对人才需求的影响，大学生会对自己提出更高的要求，希望自己可以从所在的高素质、高学历人才队伍中脱颖而出，以祖国的富强与民族的复兴为己任，在新时代的发展过程中创造自我人生价值。在这些期待和理想的树立过程中，大学生的人格理想不断明确，自我意识得到快速的发展和完善。

2. 设计理想自我

开始全力塑造自身的形象。大学生逐渐融入社会环境中，与校园环境不同，他们将面对各种利益和矛盾的冲突，自由主义、拜金主义等鱼龙混杂的社会思潮，以及多元文化之间的碰撞，使大学生的人格发展倾向也在悄无声息地发生变化，他们自身的思维模式和实践行为都会随之发生变化。历经了在实践中受到的磨砺和挫折后，大学生心理层面中现实的自我与理想的自我会产生落差，一旦遭遇失败或挫折后，就会过低地评价自己，产生怯懦和失望的心理，从而不能正确地认识自己。在这个情况下，如果没有对其给予正确的方向引导，便会与大学生人格健康发展的最好时机擦肩而过，导致他们走入人格发展的误区和陷阱，造成人格缺陷甚至人格障碍，给个人、家庭与社会的和谐发展造成负面影响。

（三）人格发展中有非常丰富的情感和情绪

1. 萌发情感需要

大学生正身处在人格塑造和发展的阶段，需要以“人的全面发展”作为其人格塑造与发展的最终目标，而大学生的人格发展与其生理、心理及社会性发展的不匹配，影响了大学生健康人格的塑造与发展，需要进行合理的调整，使他们能够主动形成健康的思维和行为模式。随着年龄的增长和阅历的丰富，大学生的视野也更加开阔，对于物质和精神的需要也变得更加复杂，他们在追求日常衣食住行的社会生活需求的同时，也迫切地想要满足感情的需要。

2. 产生情感冲突

大学生情感需要十分丰富，在这个过程中，他们重视独立，宣扬个性、自尊和自信，他们善恶分明并极具正义感，这导致他们在社会生活与实践的过程中常常会有浓重的个人色彩，面对挑衅时很容易情绪失控，行为举止也会表现出激烈的偏激和冲动。当个人情绪与社会现实存在矛盾或偏差，并且其生理、心理和存在于社会性中的不和谐与不平衡无法得到正确的疏导时，便会导致其叛逆、狂躁、破坏性强，处于否定自我的消极状态中。这种紧绷的情绪和焦躁的心理状态不仅会干扰其学习，也会对其正常的生活造成负面影响，给其人格结构带来不稳定因素。

主题活动

人格面具的形成对现代人的生活来说十分重要，它的产生与教育背景有着密切的关系，它保证了我们能够与人，甚至是与那些我们并不喜欢的人和睦相处。通过人格面具的主题活动我们能更多地了解自我、理解自我及接纳自我，从而更好地自我成长和自我驾驭，收获我们向往的幸福生活。

（一）活动设计

活动名称	活动目标	活动流程	活动要求
制作人格面具	以温暖、关爱、亲切、宽容和体贴的态度接纳自己	用陶土捏出想象中的自己，感受自己真实的五官，摘下面具讲述内心真实感受	全情投入、真诚分享

（二）活动流程

1. 准备适量的陶土，先将陶土揉成一个球，尝试着捏出眉毛、眼睛、鼻子、嘴巴、耳朵，捏出想象中的自己。

2. 从感受自己的身体开始，感受自己的五官，静下心来去触摸五官，感受五官的存在，感受我们的五官与我们在一起。

3. 对比真实的自我，讲述自己面具下的故事，讲述自我暴露前后的内心感受。

4. 通过展示真实的自己，感受到释放、疗愈的过程，明白真正接受自己时，内在的真实力量才会被释放出来，我们应接受并感谢生命中所有的过程。

（三）活动分享

将人格面具活动分享给身边的人，本着“彼此尊重、全情投入、真诚分享、保守秘密”的原则，彼此敞开心扉交流。

（四）活动反思

1. 通过制作人格面具，探寻面具背后的秘密，从而摘下我们的面具，审视多面的、公开的、秘密的自己，并体会自我暴露前后的内心感受。

2. 反思自己的人际交往模式，体会人格面具的内涵，勇敢地面对真实的自己，体会表里如一的通透和幸福。

第二节 常见人格障碍

名家名言

我有我的人格良心，不是钱能买的。我的音乐，要献给祖国，献给劳动人民大众，为挽救民族危机服务。——［中国］冼星海

患难困苦，是磨炼人格之最高学校。——［清末民初］梁启超

一、人格障碍

（一）人格障碍的含义

心理学对人格障碍定义是从童年或少年期开始，并持续终生的显著偏离常态的人格，是指在没有认知过程障碍或智力缺陷的情况下人格明显偏离正常。所谓没有认知过程障碍或智力缺陷的情况下的人格偏离，是指在没有幻觉、妄想、智力低下的情况下出现的情绪反应、动机和行为活动的异常。

人格障碍是明显偏离正常且根深蒂固的行为方式，具有适应不良的性质，其人格在内容上、本质上或整个人格方面异常，由于这一原因，患者遭受痛苦或使他人遭受

痛苦，给个人或社会带来不良影响，人格的异常妨碍了他们的情感和意志活动，破坏了其行为的目的性和统一性，给人以与众不同的特异感觉，在待人接物方面表现尤为突出。人格障碍通常开始于童年、青少年或成年早期，并一直持续到成年乃至终生，部分人格障碍患者在成年后症状有所缓和。

（二）人格障碍的特征及表现

人格障碍是人格的一种现象，是指人格特征显著偏离正常，使个体形成了特有的行为模式，从而对环境适应不良，常影响其社会功能，甚至与社会发生冲突。

1. 人格障碍的特征

人格障碍可能存在脑功能损害，但一般没有明显的神经系统形态学病理变化，有时与精神疾病有相似之处或易于发生精神疾病，但患者本身尚非病态，不是由于疾病或严重客观事故造成的，主要表现为情感和行为的异常，但其意识状态、智力均无明显缺陷；一般没有幻觉和妄想，可与精神病性障碍相鉴别。人格障碍患者的人格显著地、持久地偏离了所在社会文化环境应有的范围，从而形成与众不同的行为模式；个性上有情绪不稳、自制力差、与人合作能力和自我超越能力差等特征。

2. 人格障碍的表现

人格障碍患者一般能应付日常工作和生活，能理解自己行为的后果，也能在一定程度上理解社会对其行为的评价，主观上往往感到痛苦，但是对自身人格缺陷常无自知之明，并不能意识到这种人格偏离，或者认为自己的行为是理所当然的，难以从失败中吸取教训，屡犯同样的错误，因而在人际交往、职业和感情生活中常常受挫。

对于人格障碍的治疗，各种治疗手段效果欠佳，医疗措施难以奏效。严重躯体疾病、伤残、脑器质性疾病、精神疾病或灾难性生活体验之后发生的人格特征偏离，应列入相应疾病的人格改变。儿童少年期的行为异常或成年后的人格特征偏离尚不影响其社会功能时，暂不诊断为人格障碍。

（三）人格障碍的类型

1. 偏执型人格障碍

偏执型人格障碍是以明显的猜疑或偏执为主要特征的一类人格障碍，表现为固执、敏感多疑、过分警觉、心胸狭隘、自我评价过高、拒绝接受批评、对挫折和失败过分敏感等。这类患者经常处于戒备和紧张状态之中，歪曲他人中性或善意的动作而采取敌意和藐视，对事态的前后关系缺乏正确评价。

2. 分裂型人格障碍

分裂型人格障碍一般从童年早期开始长期存在，主要表现为退缩、孤独、沉默、隐匿，不爱交往情绪缺乏和冷漠，过分敏感而且害羞、胆怯、怪癖，对表扬和批评均反应不良，常表现孤立行为，趋向白日梦和内省性隐蔽，活动能力差，缺乏进取性，对人际关系采取不介入的态度，缺乏亲密和知心朋友。

3. 冲动型人格障碍

冲动型人格障碍的主要特征为情绪不稳定及缺乏控制，暴力或威胁性行为的爆发很常见，在其他人加以批评时尤为如此，这种患者常因微小的刺激而突然爆发非常强烈的愤怒和冲动，自己完全不能克制，行动时体验到愉快，满足或放松。这种突然出现的情绪和行为变化和平时是不一样的，他们在不发作时是正常的，并且对发作时的所作所为感到懊悔，但不能防止再发。

4. 表演型人格障碍

表演型人格障碍是以高度情感性和夸张的行为吸引注意为主要特征的一类人格障碍，主要表现为人格不成熟和情绪不稳定，常以自我表演、过分的做作和夸张的行为引人注意，高度自我中心，极端情绪性，情感变化多端，易激动，难以与周围保持长久的社会联系；长久渴望得到理解和评价，容易受到伤害，往往把想象当成现实。

5. 强迫型人格障碍

强迫型人格障碍以过分要求严格与完美无缺为特征，表现为懒惰、犹豫不决，常以十全十美的高标准要求自己，表现出焦虑、紧张和苦恼，这类患者的道德感过强，过于自我克制，过分自我关注和责任感过强，甚至对生活小事也要程序化，常有不安全感，往往穷思竭虑或反复考虑，对计划实施反复检查、核对，而且考虑过于详细，迂腐刻板，比较专制，沉溺于职责义务与道德规范。

6. 焦虑型人格障碍

焦虑型人格障碍以持久和广泛的内心紧张及忧虑体验为特征，如过分的敏感，常有不安全感及自卑感；一贯感到紧张，提心吊胆，总是需要被人喜欢和接纳，除非得到保证被他人所接受且不会受到批评，否则拒绝与他人建立人际关系；对拒绝和批评过分敏感，常因夸大生活中潜在的危险而回避许多正常社交活动，因而其生活方式受到明显的限制。有研究表明，它和焦虑性障碍如惊恐发作、社交恐怖症、强迫症等显著相关。

7. 依赖型人格障碍

依赖型人格障碍患者常以特有的方式将本人的需要依附于他人，特征是缺乏自信、不能独立活动，在没有他人的反复劝告或保证下便不能做出日常决定，一般难以自己主动确定计划，情愿把自己置于从属地位，一切听他人决定；允许他人对其生活的主要方面承担责任，随时需要有人在身旁，每当独处时便感到极大的不适，当与亲密的人中断联系或孤独时即感到失助或焦虑不安。

8. 反社会型人格障碍

反社会型人格障碍是人格障碍中对社会影响最为严重的类型，多见于男性。此类患者具有高度的攻击性，缺乏羞惭感，不能从经历中吸取经验教训，行为受偶然动机驱使，社会适应不良等特征。

（四）人格障碍产生的原因

1. 生物学因素

心理学界、医学界对人格障碍的产生原因进行探讨时，一个不可忽视的因素就是生物学因素，也就是我们通常所说的遗传因素。如果父母或其他亲属患有人格障碍，则孩子患人格障碍的概率会明显增加。例如，有人研究了分裂性人格障碍在慢性精神分裂个体收养的孩子中的流行；还有人检验了关于抑郁个体和其他家庭成员人格的关系，发现具有情感障碍历史的亲属，其家庭成员更多地表现为神经质、自我批评和依赖性。

2. 家庭环境因素

由于人格障碍通常发生在青少年早期，因此，一个良好的家庭环境可以降低人格障碍的发生率，而一些父母的不良习惯则会在一定程度上刺激人格障碍的发生。人格障碍患者普遍都有较为坎坷的童年，因此，不良的家庭环境也是引发人格障碍的原因之一。

3. 共同作用因素

实际上，人格障碍大多是两种以上因素综合作用的结果，如果其中一种因素得到控制，那么人格障碍的发生率就会大大降低。有研究者认为，大多数具有反社会人格障碍的人同时也会吸毒，可能是这二者受到相似基因的影响，也许是相似环境的影响，也许是共同作用的影响。

二、人格障碍的诊断及治疗

（一）人格障碍的诊断

1. 人格障碍诊断量表

（1）明尼苏达多项人格测验（MMPI）中的人格障碍分量表。该量表共包含 11 种人格障碍类型，是使用最广泛的人格障碍评估工具之一。

（2）临床多轴问卷（MCMI）中的人格障碍量表。MCMI 是一个广泛使用的人格评价工具，以简洁性和适用性著称，其地位仅仅次于 MMPI。除了偏执性指标外，它具有良好的聚合效度。尽管不能单独用于人格障碍类型的临床诊断，但是可以在对人格障碍进行诊断时作为参考。

（3）国际人格障碍检查表。国际人格障碍检查表（IPDE）是一个半定式检查表，要求检查表借助于精神科医生或临床心理学家，旨在帮助检查者判断被试有无人格障碍及人格障碍的类型。

（4）人格诊断问卷。该问卷是根据美国精神病学会的诊断标准编制的自评问卷“人格诊断问卷”。

（5）人格障碍的定式防谈（SCID-Ⅱ）。SCID-Ⅱ是《精神疾病诊断与统计手册》标准的结构化面谈诊断形式，它会受到被试的社会赞许性、被试的同伴、与主试的吸引力的影响。

（6）卡特人格测试分析（CATI）人格障碍量表。该量表的最大目的就是把人格障碍的心理测量推广到非临床诊断团体，它的独特之处在于人格病理学可以用对 CATI 中的 13 个维度的水平、本质和数量的调整和损伤来进行定义。

2. 其他人格障碍诊断或评估工具

除了上面所提到的几种专门的诊断工具外，还可以从一些个体的行为因素或者人格信念来判断人格障碍类型。研究发现，人格信念问卷可用于对回避型人格障碍、依赖型人格障碍、强迫型人格障碍、自恋型人格障碍和偏执型人格障碍的特定障碍进行预测。基于行为的一些细小片段也可以感知人格障碍患者，并能够精确地判断出妄想症、分裂症、依赖性和回避型人格障碍，就如同低外向性一样，并且这些感知可能会影响我们对待人格障碍患者的方式。

（二）人格障碍的治疗

对人格障碍的处理很大程度是根据人格障碍患者的不同特点，帮助其寻求减少冲突的生活道路。治疗计划应包括试图帮助患者避免带来困难的处境，使之更有机会开发人格中的优点；帮助患者避免物质滥用、酗酒或卷入不满意的关系而进一步增加问题；鼓励患者发展业余兴趣、接受继续教育或参加俱乐部的活动。即使没有获得改善，这些基本步骤也可以起到稳定的作用，直到患者生活中的一些偶然转机促使其改善。最终的改善通常来自一系列小小的进步，在努力改变的过程中，可能出现挫折，但可将其建设性用于治疗中。但需要注意的是，人格障碍一般被定义为终身的持久状态，因此人格障碍患者很少会发生变化。

1. 药物治疗

在出现异常应激和情绪反应时少量用药对人格障碍患者有帮助，但是药物治疗很难改变人格结构，难以保证长期有效，所以一般不主张长期用药。

2. 心理治疗

人格障碍患者一般不会主动求医，常常是在和环境及社会发生冲突而感到痛苦或出现情绪、睡眠方面的症状时才会被动地到医院就诊。医生应与患者建立良好的关系，帮助其认识个性缺陷之所在，鼓励他们改变自己的行为模式并对其出现的积极变化予以鼓励和强化。

直接改变患者的行为相当困难，但可以让患者尽可能避免暴露在诱发不良行为的处境之中。找到激发异常行为的场合或因素对于处理和预防有重要意义，如可以让强迫性人格从事紧张程度不高、管理比较宽松的工作等，提供更多的发展正常人格的机会。

3. 心理咨询

心理咨询最有可能帮助那些缺乏自信、有人际交往障碍或不能确定生活目标的大学生，重要的是极力启发他们通过省视自己的态度和情绪去解决他们的问题。心理咨询通常较非指导疗法更有助于改善人格障碍，特别是对边缘型人格和反社会型人格障碍患者。

4. 支持性心理治疗

心理支持常对人格障碍者有帮助，对某些人格障碍者经过数月支持性心理治疗，即可取得一定的有效进展。而对反社会型人格障碍者采用支持性心理治疗可能需要数年之久。治疗可由医生、社会工作者、精神科护士或监督员进行，对于最初不愿接受治疗的反社会型人格障碍患者，监管程序可能是有用的外来控制。

5. 精神动力性心理治疗

人格障碍的精神动力性心理治疗与其他形式的精神动力性心理治疗在侧重点上略有差异。针对人格障碍的精神动力性心理治疗更具指导性，很少强调对既往事件的重建，而更注重如何与人交往、应付外在困难和处理个人内在感受的方式。其中，移情和反移情的分析对于澄清存在于人际关系中的问题至关重要。

6. 认知分析治疗

认知分析治疗是将认知治疗和分析性心理治疗的技术结合起来的一种治疗方式，有研究者将这一治疗用于边缘型人格障碍，然而还未经临床试验确定其价值。

主题活动

信念系统的形成与我们的经验密不可分，它是我们内心的一套对人、事、物的看法和反应模式，我们依据它对外界做出反应。一些信念对我们的生活帮助很大，还有一些阻碍了我们更好地生活。信念系统可以改变，我们需要潜意识的支持，同时，我们每个人都有使自己生活得更好的能力，我们可以挖掘出内心的这份潜能，通过改变原有事物的意义或环境，使个体看到事物不同的意义、不同的价值。

（一）活动设计

活动名称	活动目标	活动流程	活动要求
换框思维	通过改变原有事物的意义或环境，使个体看到事物不同的意义和价值	通过“六步换框法”改写句子	通过“六步换框法”改写句子，从中体会行为的正面动机

（二）活动流程

针对一些自己难以控制的不自觉的行为，通过“六步换框法”，找到该行为的正面动机，寻找新的行为替代原来的行为。“六步换框法”的具体步骤如下。

1. 确定需改变的行为；
2. 与潜意识中负责该行为的部分沟通；
3. 把该行为的正面动机分离出来；
4. 找出新行为的可能；
5. 引导在未来转用新行为；
6. 建立“整体平衡”——确保潜意识内所有部分都一致支持。

例如，原来的话是“因为父母爱唠叨我，所以我不爱跟父母说话”，将句中的结果改为其反义，并在后面补充原因，即改为“父母爱唠叨我，所以我爱跟他们说话，因为……”，通过大量此类练习，使个体相信“所有发生过的事都有其价值和意义，再不幸的事，都能从中有所得，因而成长得更好”，从而能够灵活看待事情。

（三）活动分享

请大家分享“六步换框法”改写句子过程的心理变化和找到新行为时的心情，在这次活动中的感想是什么？灵活看待事物对自己遇事心态的影响是什么？

（四）活动反思

通过“六步换框法”改写句子，能够从中感受到一切行为不都是绝对负面的，从而有意识地将行为的正面动机分离出来，以积极乐观的角度去看待问题，在面对消极行为时努力找到行为的正面动机并导向新行为。

第三节 塑造健全人格

名家名言

把自己的私德健全起来，建筑起“人格长城”来。由私德的健全，而扩大公德的效用，来为集体谋利益。——［中国］陶行知

没有伟大的品格，就没有伟大的人，甚至也没有伟大的艺术家，伟大的行动者。——［俄国］契诃夫

苏格拉底曾说：“人有了人格的尊严，必不甘堕落为禽兽，而品德也必自然提高。”因此，“良将不怯死以苟且，烈士不毁节以求生”。正因人格的巨大力量，人们才可以战胜困难、抵御邪恶，实现“富贵不能淫，贫贱不能移，威武不能屈”的人格坚守，在人生的道路上留下光辉的足迹。

人格影响人自身的行为和认知，人格不健全会导致行为和认知出现偏差，严重时会导致对自己和他人带来伤害的错误行为，拥有健康的人格是一种幸福更是一种财富。大学生接受健康人格的教育，有利于其在学习和生活中保持乐观向上、积极进取的心态，实现自我价值。

一、人格教育

（一）人格教育的概念

1. 历史角度

教育史泰斗夸美纽斯认为人是一个小小的宇宙，人是造物中最崇高、最完善、最美好的。人有无尽的潜能，人的心理在天外、天内都长不出一个界限，但是人只有接受教育，才能使他们的潜能得到发展。人不是良善的，是变良善的，只有受过一种合适的教育，人才能成为一个人。在他看来，人格教育的目标就是帮助人成为一个人，一切教育行为的目标与最高追求，必须为塑造健康人格这一课题服务。

2. 个人角度

从促进大学生心理健康的角度来看，人格教育是为了使大学生形成健全的、日趋完善的人格，并帮助其建立一种完整和健全的心理结构。人格教育是心理健康教育的切入点，培养健康人格是实现心理健康的途径之一。人格教育是培养健康心理素质的和适应现代社会需要的教育，人的发展不仅是身体的成长，知识经验的增多，技能和智力的形成，还是需要动机、态度、价值观、气质和性格等心理特征的全面发展，通过有目的的人格教育可以促进大学生人格的形成发展。

3. 发展角度

从个人与社会发展的角度来看，人格教育是着眼于个体的社会自我的生成与塑造的教育，基本任务是培养人的健全人格、意志信念以及养成人的本质能力和力量，其根本目的是使大学生成为具有主体精神的人。人格教育采用观察和评定方法了解学生的人格的特点，包括他的长处和局限性，并采用各种教育和心理学手段和措施，改进或补救其人格的缺陷，促进其人格的长处或优势的发展，并培养现代社会发展所需要的人格特征，使大学生的人格平衡地发展为健全的人格。

4. 现实角度

人格教育与传统教育有所区别，传统教育偏重于知识技能的传授和培养，而人格教育着眼于人格的全面发展与培养。传统教育包含了部分人格教育的成分或因素，但这种人格教育是没有明确目的的，方法缺乏系统性、科学性，只是一种附带的、无意识的、经验式的人格教育。这种教育不能满足学生人格发展的需要，在一定程度上可能削弱和阻碍学生人格的健康发展。

有研究表明，受传统教育越多的人的人格发展可能越不平衡，出现心理问题或心理障碍的可能性越大。因此，有必要把传统教育转变为以促进学生人格健全发展为目的的人格教育。人格教育更多关心的是学生的人格发展，帮助学生发展潜能、探索自我和环境，以创造人生的价值。

知识链接

人本主义人格理论：自我意识的觉醒与自我发现

人本主义是美国当代心理学的主要流派之一，由美国心理学家马斯洛创立。人本主义反对将人的心理低俗化、动物化的倾向，也被称为心理学中的第三思潮。人本主义学派强调人的尊严、价值、创造力和自我实现，把人的本性的自我实现归结为潜能的发挥，而潜能是一种类似本能的性质。人本主义最大的贡献是看到了人的心理与人的本质的一致性，主张心理学必须从人的本性出发进行研究。人本主义强调爱、创造性、自我实现、自主性、责任心等心理品质和人格特征的培育，对现代教育产生了深刻的影响。马斯洛充分肯定人的尊严和价值，积极倡导人的潜能的实现。罗杰斯同样强调人的自我实现、情感与主体性接纳，他认为教育的目标是培养健全的人格，必须创造出一个积极的成长环境。

5. 价值取向角度

人格教育的价值取向着眼于每个受教育者的身心得到全面和谐的发展，而要真正达到发展的全面与和谐，就不能不着眼于每个人的人格塑造与提升，因为在哲学的层面上，人格作为人的本质的存在状态或生存样式，是人的最高生存方式的表征。人格教育着眼于发展受教育者的心理、道德和精神品质，运用各种心理影响训练及心理建构培养的方式与方法，提高大学生整体心理发展水平，培养大学生全面和谐发展的教育观念，使受教育者最大限度地发挥自己适应社会和改造社会的巨大潜力，把个人价值的最大体现和对社会的最大影响作为人生的追求与乐趣，使每个受教育者的人格都得到塑造与提升，最终形成健全优良的人格。

案例导读

永葆初心、矢志奋斗的布衣院士——时代楷模卢永根

卢永根同志一生学农、爱农、为农，全心全意奋斗在祖国最需要的地方，把毕生精力献给了祖国的农业科学和教育事业。他主持完成的《中国水稻品种的光温生态》，成为我国水稻育种工作者最重要的参考书之一，获得全国科学大会奖。他和助手提出的水稻“特异亲和基因”的新学术观点及相关设想，被认为是目前对栽培稻杂种不育性和亲和性比较完整系统的新认识，对水稻育种实践具有指导意义。他常年跋山涉水寻找野生稻，在继承导师丁颖生前收集的7000多份野生稻种基础上，逐步扩充到1万多份，为我国水稻种质资源收集、保护、研究和利用做出巨大贡献。他担任华南农业大学校长12年间，始终把党的教育事业放在首位，以身作则公而忘私，大刀阔斧推动改革，不拘一格选人用人，深受广大师生的崇敬和爱戴。他坚持“科学家有祖国”，把爱国之情、报国之志自觉融入中华民族伟大复兴的历史进程中。他穿不讲究、吃不挑剔，家中一床简席、四壁白墙，却将一辈子省吃俭用积攒下的880余万元全部捐献给华南农业大学，用于支持农业教育事业，还申请了遗体捐献，去世后将遗体无偿捐献给医学科研事业。

解析 卢永根院士信念坚定、忠诚如山，始终不忘初心、牢记使命对党和国家忠诚不渝、矢志奋斗，与共和国共同成长，是一名永葆初心的优秀共产党员。他献身科研、勇挑重担，毕生致力于水稻遗传育种研究，始终站在科学研究第一线，为国家农业发展做出了卓越贡献。卢永根身上集中体现了为党和人民事业奋斗终身、献出一切的家国情怀。

思考 作为大学生的你将如何坚守自己的热爱和事业？你应怎样将个人理想同祖国命运相连呢？

（二）人格教育的特征

人格教育包括自我教育与外界教育两个方面，具有以下特征。

（1）人格教育强调自我调节与控制能力的培养和提高人格的塑造过程，实质上是个体心理结构的自我组织过程，教育的因素只有内化为学生的理性信息并在心理结构内发挥有效的调控作用时，教育才表现出实际的效果。因此，应培养个体具备较高的自我意识水平，主动发挥能动机制去分析自我、攻克自我、再造自我。

（2）人格教育强调道德认知、道德情感、道德行为统一的人格教育，要求学生不仅能灵活运用语言开展创造性思维和想象，树立正确的人生观，而且具有高尚的情操，能用正确的社会行为规范和价值标准来控制自己的行为，追求知情行的统一，避免知情形相互冲突的多重人格。

（3）人格教育强调对人本身的尊重。以往的道德偏向以政治教育、纪律教育向学生正面灌输，这是一种治标不治本的消极方法，不利于学生身心发展。人格教育不是工具主义的教育，它强调对人本身的尊重，把学生当作教育的主体，侧重于培养学生的自我调节与控制能力，坚持启发诱导，让学生独立思考、自主判断，从而引发学生明理觉悟和警醒，由此使学生逐渐形成健全的个性和独立的人格。

（4）人格教育强调学生智力因素与非智力因素的协调发展。人格教育把知识的获得、智力发展技能的形成看成人格培养的组成部分，人类已有的文明成果与语言艺术、道德哲学等所展示的人性具有十分丰富的内容，由它们所构成的有机整体真正体现了人格的深度和广度，这些文明成果是人格培养中认知教育的源泉。同时，人格教育更重视非智力因素的培养，能够充分认识到人的非智力因素，包括情绪、情感、气质、性质、动机、兴趣等对智力发展的影响是巨大的。

（三）人格教育的目标

人格教育的总目标是培养适应现代社会发展的健全人格。所谓健全人格，就是健康和完善的人格，是与现代社会发展相适应的人格。什么样的人格才是健康、完善和适应现代社会发展的呢？美国心理学家马斯洛归纳出了心理健康者或自我实现者的12个特征，见表3–2。

表3–2　自我实现者的12个特征

不过分关注自己，而以问题为中心	具有超然于世的品格和独处的需要	独立自主
时时常新的新鲜感	常常能体会到狂喜、惊异和崇高等所谓“高峰体验”	对人类充满深厚的爱
其亲密朋友不多，但感情深厚	具有民主的态度	具有很强的道德感
幽默感	创造性	不盲从

以上人格特征具有一定的理想性，世界上多数人并不完全具备这些特征。但是，我们可以把这些特征作为人格教育的最高目标。参照这些特征，并根据人格教育目标制订的原则，我们把人格教育的总目标具体化为三个子目标，并以具体的心理或行为特征来确定每个子目标。同时，对于不同的年龄发展阶段，人格教育的目标应在水平上从低到高有所变化，见表3–3。

表3–3　人格教育目标

	子目标	心理或行为特征
人格教育目标	自主坚强的人格	①自信心：认识自己、接受自己和相信自己； ②目的选择性：能够选定自己的目标，根据目标选择实现目标的有效途径； ③独立性：依靠自己解决问题，不轻易接受他人的帮助和支配； ④勇敢：敢于挑战，不胆小怕事，不怕苦累； ⑤成就动机强：力争上游、尽力做好事情，争取成功； ⑥责任心强：敢于承担责任，对自己和自己所做之事负责； ⑦坚持性：做事彻底、有耐心
	爱的品格（社会兴趣和社交技能）	①爱人：同情、关心和帮助他人（父母、师长、同学）； ②爱环境：爱护环境卫生、热爱大自然、具有环保意识； ③爱集体和社会：热爱班级、学校、家乡、祖国； ④交往技能：懂得同情、倾听、表达、礼节等
	乐观开朗的人格特征	①乐观的人生态度：常常看到生活的光明面，对前途充满希望和信心； ②心理承受力：对待挫折和困难处境具有的正确态度和方法； ③幽默感：自主的幽默表达能力和对幽默的识别能力； ④美感：乐于和善于欣赏自然美和艺术美

（四）人格教育的原则

1. 超前的社会适应性原则

学校教育的目的就是培养社会所需人才。社会正在迅速发展变化，如果眼光短浅，教育目标没有一定的超前性，只是根据当前社会，甚至是过去社会的需要来制定教育目标，培养出来的大学生将难以适应未来社会。因此，人格教育要面向社会、面向未来，选择有利于适应今后社会的人格特征作为教育的目标。

2. 发展性原则

发展性原则指教育目标的制定要符合大学生心理发展的规律，每个年龄阶段都有其相应的教育目标，达到这样的目标可以一步一步地促进大学生的人格健康完善地发展。

3. 可操作性原则

可操作性原则指教育目标不能过于空泛，要具体化为可以观察评定、训练培养的行为特征。例如，我们不能泛化地把“完善的自我”“道德高尚”和“合理健康”等作为人格教育的目标，而应该把这些抽象的概念具体化为可观察、可测验和可评定的各种心理和行为特征，并能通过一定的教育手段和措施加以训练和改造。这样，人格教育的可行性才能得到一定保证。

4. 个性化与社会化相协调的原则

个性化就是随着身心的发展和成熟，一个人显现出与他人相区别的、独特的人格特征。社会化是指特定的社会通过各种措施，使个人形成该社会所规定的具有一定共同性的行为模式或人格特征。个性化和社会化是人格发展过程中相辅相成的两个方面。因此，在人格教育中，应遵循个性化与社会化相协调的原则，既重视大学生的社会化，培养社会发展所需的共同性人格特征，又不能忽视大学生的个性化特点，要通过个别性教育促进其独特性的发展。

5. 渗透性原则

人格教育是一个全方位和长时期的熏陶、教育和训练的过程，任何课程都不能单独实现人格教育的目标，人格教育应渗透到教育的各个方面和环节之中。教育者是受教育者的榜样和效仿的对象，教育者人格水平的高低在一定程度上决定了人格教育的成功和失败。因此，教师应该自觉加强自身的人格修养，提高人格水平，在各门具体课程中，从人格教育的角度考虑教育者、教育环境、课程和教学方法等，不仅要传授专业知识和相关能力，而且要有意识地引入人格教育，以此培养大学生的人格；要训练大学生勇敢、坚强的人格特征，培养其美感和幽默感，强化其严谨求实的科学态度、灵活创新的思维方式等。总之，要把人格教育渗透到学校教育的全过程和各方面。

6. 认知教育与行为训练相结合的原则

人格特征既不是单纯的思想观念，也不是单纯的行为方式，而是认知与行为紧密联系的综合体或心理行为结构。培养这种内在心理和外显行为表里一致的结构，要从思想观念入手进行认知教育，从外在行为方式入手进行行为训练，把两种人格教育方式有机结合起来，才能有效地促进大学生人格特征的形成发展；要把强调道德观念的认知教育和大学生行为方式训练结合起来，促进知行合一。

7. 自我、学校、家庭和社会协同教育的原则

在人格发展中，不仅家庭、学校和社会环境有重要作用，个人也同样起到重要的作用，特别是自我在形成的过程中，对个人人格的结构及其发展都会起到一定的调节作用。我们要通过家庭、学校和社会共同教育来促进大学生人格发展，要通过自我教育来调控和建构人格结构，把外控转化为内控，引向自尊、自爱、自强、自我完善和自我实现。在大学生人格发展过程中，人格教育的标准要一致，各种形式相互之间要协调，避免受教育者产生不必要的心理冲突，影响健全人格的形成和发展。

（五）人格教育的意义

1. 历史意义

人格教育是以发展学生人格为中心的教育，在人格教育中，人格概念的含义就是指心理学层次上的含义。对于人格形成的根源学术界有不同的看法，有人强调遗传因素，有人强调环境教育的因素。但多数人主张人格不是由任何单一因素决定的，人格的形成发生于遗传、环境教育和自我等多因素相互作用的过程中。“一个人生下来就具有一定的遗传素质，这种素质不能预先确定人格发展的方向和结果，它只是一种发展的可能性和条件。”阿德勒创造性自我的观点、埃里克森的自我论及马斯洛的自我实现论等都强调自我在人格发展中的作用。在儿童早期，人格的结构初步形成。初步形成后的人格不是一成不变的，它具有终身的可变性和可塑性。后天的环境教育和自我的作用使人格发展的遗传潜力和可能性转变为现实性。正因为这种作用的存在，使得人格教育具有可能性。

2. 现实意义

在我国的现代化进程中，人格教育是必要的且可行的，它对于大学生心理的发展和社会的进步都具有十分重要的意义。人格教育应该遵循个性化与社会化相协调，渗透性、认知教育与行为训练相结合，以及自我、学校、家庭和社会协同教育等基本原则。它通过各种人格教育的手段和途径促进学生对自己内心世界的了解，保持对周围环境的客观和全面的认识，使学生能自行把握自我的价值、人生的意义，自己解决自己的问题，从而自立、自主地向健全的人格发展。人格教育是一个复杂的科学问题，也是一项高度技术性的“教育工程”，许多问题还需要深入探讨，全面规划。

二、健全人格

（一）健全人格的标准

1. 心理学角度与标准

从心理学角度而言，健全的人格是具备独立自主能力，充满幸福感与激情，具有不断自我革新能力的人格特征。具备独立自主能力是指心理上达到高度自足，摆脱对所有外在事物的依赖，具备这种人格特征的人是精神上的“富豪”，从自己的内心汲取生命的全部能量，无须以外在事物装点自己，更不会由于内心匮乏而产生焦虑。一般人之所以对外在事物产生依赖，是由于内心贫乏，感受不到内心的力量，所以不得不靠外在事物来“证明”或“显示”自己，比如，有些人过度追逐权势或虚荣就是由于内心匮乏。而充满幸福感与激情、富于自我革新精神是内心充满活力的表征，如同生命在于运动，精神生命在于同世界之间保持丰富而密切的内心联系。老年人精神衰败往往是肉体衰败的先兆，这一点可以从反面说明上述观点，只有强大丰富的内心世界才能达到精神上的独立自主与内心的激情与生机勃勃。

2. 社会学角度与标准

人格是决定人在社会中角色与地位的一切特性的综合，可以说，健全的人格必然在社会和人与人的关系中表现出崇高的道德自我与深厚的智慧。

3. 个体角度与标准

健全的人格不会由于内心焦虑而歪曲对事物的看法，会表现出对事物强大的洞察力。健全的人格足以协调生命的不同侧面，保持内心平衡，使内心处于最佳的协调与平衡状态，否则，就很难说是健全的人格。

（二）健全人格的特征

1. 客观的认知和正确的自我意识

具有健全人格的大学生能够以客观的态度去认识自己、认识他人、认识周围世界，不带任何个人主观偏见去看待现实，能够按照事物的本来面目来认识，这样更能发现事实真相。对自己则有恰如其分的评价，充满自信，扬长避短，在日常生活中能有效地调节自己的行为，与环境保持和谐、平衡。

知识链接

荣格八维认知：探索你的认知优势和弱点

瑞士心理学家卡尔·荣格提出人们有四种心理功能，今天我们通常称为认知功能，分别是我们注意力方向和收集信息的方式是实感（S）还是直觉（N），以及我们组织经验和做出决定的倾向是思考（T）还是感受（F），再根据它们是在内在世界（i）还是外部世界（e）发生作用，总共分为了八种认知功能。

Ni：内在直觉	Ti：内在思考	Si：内在实感	Fi：内在感受
Me：外在直觉	Te：外在思考	Se：外在实感	Fe：外在感受

几乎每个人都有使用八种认知功能的基本能力，不过，由于先天因素和后天经历的影响，每一种认知功能在我们身上的体现并不是均衡的，其中的一些认知功能的发展状态更为发达和复杂。我们总是倾向于发展自己喜欢和擅长的认知功能，而对自己不擅长的则倾向于忽略和回避。

2. 良好的情绪控制能力

人格健全的大学生能够调节和控制自己的情绪，经常保持轻松愉快、开朗的心境，并且具有幽默感。当产生消极情绪时，他们能合情合理地宣泄、排解、转移、升华，无论成功或失败，始终能保持一种稳定平和的心态，不因外部环境的变化而发生情绪的大起大落。

3. 良好的社会适应能力

人格健全的大学生能和社会保持良好的接触，以一种开放的态度主动关心社会、了解社会，观察所接触到的各种事物现象，能看到社会发展的积极面和主流，具有社会责任感并勇于承担责任。在认识社会的同时，他们能与时俱进，融入社会，使自己的思想、行为跟上时代的发展，与社会的要求相符合，表现出能适应新的环境。

4. 和谐的人际关系

人格健全的大学生乐于与他人交往，交友圈子广大，能与他人建立良好的关系，不自我封闭在狭隘的空间里；与人相处时，尊敬、信任等正面态度多于妒忌、怀疑等消极态度；当与他人交往产生摩擦时能够灵活地化解，及时进行交流与沟通，消除误会与隔阂；人格健全的大学生常常以诚实、公平、信任、宽容的态度对待他人，同时也受到他人的喜爱和接纳，得到社会的接受和容纳。

5. 乐观向上的生活态度

热爱生活常常能看到生活的光明面，对前途充满希望和信心，对自己所从事的工作或学习抱有浓厚的兴趣，并在工作和学习中发挥自身的智慧和能力，获得成功。即使生活中遇到困难和挫折，也能敢于面对，不畏艰险，勇于拼搏。

6. 健康的审美情趣

健康的审美情趣对于大学生树立审美观、人生观、科学的世界观、塑造健全的人格具有重要作用。人格健全的大学生具有高尚、健康的审美情趣，能自觉抵制各种不健康思想的侵蚀，追求更高的人生价值，实现人的自我完善和提高。在日常生活中能处处反思自己的行为，以力求符合健康的审美标准。

（三）健全人格的教育内容

1. 认知教育

认知教育包括对自我的认知及除我以外的世界的认知，自我认识及自我意识是人形成独立人格的基础。当代大学生应该多拓宽社交活动范围，亲近自然和社会，多参加社会实践来增长自己的阅历和经历，在实践中学习和感悟人格教育的重要性，不断扩宽视野，开阔胸襟。

2. 情感教育

高等教育在知识传授基础上，还要培养大学生良好的心理情感素质，通过情感教育使学生学会正确处理与他人的情感关系，尽量减少或避免矛盾，保持亲切友好的关系，树立正确的情感观念，接受积极正面的人格教育，避免误入歧途。

3. 道德教育

道德教育是培养健全人格的基础性内容，应该注意把基础文明的教育与尊崇社会公德的教育纳入道德教育的内容之中，使大学生真正把立志成才与成事结合起来，避免不良思想倾向。

4. 理想信念教育

当代大学生接受中华优秀传统文化教育、社会主义核心价值观教育、中国特色社会主义和中国梦教育、职业理想教育、马克思主义哲学教育等理想信念教育，能够使大学生自觉将个人前途与国家命运相连，保持头脑清醒，努力学习科学文化知识，增强自身技能，完善自我人格。

（四）健全人格的教育方法

健全人格的教育方法主要有以下四点。第一，培养良好的认知结构，全面地认识自己；第二，丰富人生经验，提高认识水平，增强对挫折的抵抗能力；第三，建立和谐的人际关系；第四，培养乐观向上的生活态度，积极主动。

主题活动

拥有健全的人格才能更好地把握自我价值、找寻人生的意义，我们要在实践中不断完善人格，培养高尚的人格品质。

（一）活动设计

活动名称	活动目标	活动流程	活动要求
践行高尚人格	在实践中感悟高尚人格的魅力，不断健全人格	参与参访敬老院、街边清扫公益及校园爱心帮助等活动	策划主题实践活动；每位同学畅谈本次活动的所思所想所得

（二）活动流程

1. 参与参访敬老院、街边清扫公益及校园爱心帮助等活动。
2. 在实践中探索和领略高尚人格到底能够给我们带来什么，请积极思考并记录。
3. 请同学们畅谈感想，亲身理解高尚人格的魅力。
4. 树立高尚的、健全的人格，分享人格教育的重要性。

（三）活动分享

1. “勿以善小而不为，勿以恶小而为之。”人格教育的点点滴滴都影响着一个人的成长进步，你做到努力完善自我人格了吗？

2. 本次活动中，你发现自己哪些人格方面的不足或缺陷？你认为人格教育对你而言的收获是什么？你打算如何改正和完善？

（四）活动反思

拥有健全人格能够使我们有正确的、客观的自我意识，良好的控制情绪的能力，和谐的人际关系，乐观向上的生活态度，人格教育的意义不言而喻，我们应在生活、学习和实践中不断认清自我，完善自我人格，才能够获得精神上的丰富和满足，能够使我们更好地生活。

反思与探究

1. 如何正确认识人格教育的重要性?

2. 应通过哪些途径和方法完善人格?

3. 人格教育对我们有什么影响?

4. 请结合自己的实际情况谈谈人格教育的意义。

延伸阅读

1. 迈尔斯 I，迈尔斯 P. 天生不同：人格类型识别和潜能开发 [M]. 闫冠男，译 . 北京：人民邮电出版社，2016.

2. 荣格 . 心理类型 [M]. 魏宪明，译 . 北京：民主与建设出版社，2016.

3. 武志红 . 走出人格陷阱 [M]. 北京：北京联合出版公司，2020.

4. 黄国胜 . 隐藏的人格 [M]. 北京：群言出版社，2020.

5. 马斯洛 . 动机与人格 [M]. 刘晓丹，译 . 北京：团结出版社，2021.

好好学习

1. 明德修身展信念，人格力量赢民心

廉洁奉公，就是保持共产党人艰苦朴素、公而忘私的光荣传统，从不以功臣自居，不计较个人得失，不贪图享受，守纪律、讲规矩，生动体现了共产党人应有的道德风范。共产党人拥有人格力量，才能赢得民心。全党同志都要明大德、守公德、严私德，清清白白做人、干干净净做事，做到克己奉公、以俭修身，永葆清正廉洁的政治本色。

——2021 年 6 月 29 日，习近平在“七一勋章”颁授仪式上的讲话

2. 人格是一个人精神修养的集中体现

人格是一个人精神修养的集中体现。光明磊落、坦荡无私，是共产党人的光辉品格，也是干部应该锤炼的品质修养。要坚守精神追求，见贤思齐，见不贤而内自省，处理好公和私、义和利、是和非、正和邪、苦和乐关系。

——2019 年 3 月 1 日，习近平在中央党校（国家行政学院）中青年干部培训班开班式上的讲话

第四章
提升情商：大学生的情绪管理

章前导读

每个人都有情绪失控的时候，我们应控制负面情绪，不让我们的学习、工作和生活受到影响。面对负面情绪，无论是愤怒或是悲伤，都有不同的应对方法，而最好的方法就是找到疏导感情的渠道。我们无法掌控他人，但是我们可以掌控自己，学会觉察自我情绪，并能管理自我情绪，有助于我们保持鲜活的心情面对人生。

本章将系统介绍情绪及其种类、大学生情绪困扰、大学生情绪管理对策，探寻掌握情绪的方法，了解情绪的生理和心理机制，学会识别、探索情绪并且养成积极情绪，以积极的心态拥抱人生，拥抱理想，实现人生价值。

学习目标

知识目标：了解情绪的含义和种类，了解情绪的功能，掌握情绪的实质和特点，理解常见的不良情绪。

能力目标：识别、探索和管理情绪，调节不良情绪。

价值目标：培养积极情绪，树立正确的人生观，勇于面对当代大学生的使命与担当，担负起青年人的责任。

第一节 情绪及其种类

名家名言

有时，外面下着雨心却晴着；又有时，外面晴着心却下着雨。世界上许多东西在对比中让你品味。心晴的时候，雨也是晴；心雨的时候，晴也是雨。

——［中国］汪国真

感时花溅泪，恨别鸟惊心。——［唐］杜甫

诗句中有“感时花溅泪，恨别鸟惊心”，有“人有悲欢离合，月有阴晴圆缺”，有“人非草木，孰能无情”。人是一种有着丰富情绪的动物，而经过了青春期的大学生，情绪虽然开始趋于成熟，但是冲动性的特点也十分明显，特别是一些负面情绪对大学生的身心、学习、人际关系甚至人格都会造成危害。

一、情绪与情感

（一）情绪

情绪是一系列主观体验的统称，是客观事物与个体相互作用产生的一种心理过程，是由于复杂的感觉和行为而产生的心理表现，是人类心理的一个重要方面。最普遍、最好理解的情绪有喜、怒、哀、乐等，都是人对客观事物的态度体验和相应的行为反应。情绪的变化与心情、脾气、性格有关，也与身体激素分泌有关，无论是正面情绪还是负面情绪，都会引发个体行为，尽管个体做出的一个快速动作看似没有经过大脑思考，但实际上也是受意识影响的，意识是情绪产生的主要因素。

（二）情感

情感是一种主观体验、主观态度或主观反映，属于主观意识范畴，是人内心的各种感觉、思想和行为的一种综合的心理和生理状态，是对外界刺激所产生的心理反应，以及附带的生理反应，与情绪相似。情感产生于幼儿时期，是随着心智的逐渐成熟而产生的社会性需要。

（三）情感与情绪的区别

情感与情绪看起来比较相似，其实是有区别的。情绪先于情感出现，与人的生理性能相联系；而情感后于情绪出现，主要与人的社会性相关。个体的情绪表现多伴随生理反应而发生，可受阳光、空气、水、食物等影响；而情感随着生理、心智的变化而变化，随着生理、心理的成熟而更成熟，随着社会化程度的提高而更复杂。情绪多为外在表现，个体在情绪的引导下会有一定的语言、表情和肢体表现；而情感往往内隐于心，深沉而久远，不宜表现。情感与情绪有区别，但又密不可分，二者相互依赖，情绪的变化可受情感的控制，情绪的内部是情感，不同的情绪可能由同一种情感产生，情感的稳定是由大量的情绪累积形成的。

案例导读

坏脾气的张同学

张同学动不动就跟身边人发脾气，只要碰到不顺心的事，他就难以控制自己的情绪，总爱拿身边的人或东西出气。例如，张同学若上课受到老师的批评，就会跟老师怄气一整天，在与同学的相处中一旦有不顺心的事情，他就会跟其他人发脾气，总而言之，就是脾气十分不好。而且，他还有个特点，那就是总是把其他人当成他的“出气筒”。比如，上课玩东西被没收，他就会跟老师发脾气说“小心你家的窗户，哪天我就用石头砸它”；同学扫地时，扫把不小心碰到了他的脚，他就直接破口大骂，若是其他人反抗就直接动手。久而久之，人人都躲着他，并且把他当成班级的不定时炸弹。

刚上大学时的张同学也曾满腹雄心壮志，希望在大学里有一番成就，能够成为优秀学生干部，能够为社会做出贡献。但现在张同学自己也很苦恼，不明白为什么大家都躲着他，不愿意与他接触，交不到朋友，对自己的人生也十分迷茫。

解析 个体如果不会自我调节和疏导情绪，就能被一件微不足道的小事所俘获，造成情绪“喷发”，从而伤害到自己和亲朋好友。大学像一个小社会，大学生的生活丰富多彩，也伴随着各种压力和情绪，因此要学会科学地管理情绪，控制情绪，成为自身情绪的主人。

思考 作为一名大学生，你应如何控制自己的情绪？控制情绪的意义是什么，对学习和人生又有哪些影响？

二、情绪的种类

人的情绪复杂多样，很难对于情绪进行精确的分类。关于情绪的类别，长久以来各有说法，中国古代就有“五情”“七情”“九情”等情绪分类法。《礼记》中记载了情绪有“七情”的分法，即喜、怒、哀、乐、爱、恶、欲，是我国最早的情绪分类思想，其中《白虎通》还记载，情绪可以分为“六情”即喜、怒、哀、乐、爱、恶。古希腊亚里士多德将情绪分为欲望、愤怒、恐怖、欢乐和怜悯五种。当然，在日常生活中，人的情绪更加丰富多样且表现形式不尽相同，尽管如此，人们还是有很多共通的情绪和情绪表达方式。

（一）基本情绪

1. 快乐

快乐是个体渴望或追求的目的达到以后，随之而来的一种满足、欢愉的情绪体验，因为愿望得以实现，紧张、迫切感消除，并产生轻松愉快的感觉。一个目标越难达到，个体取得成就后所获得的快感就越强烈。与此同时，当个体在意想不到的时候得到满足时，也会产生更大的快乐体验。对快乐的诠释看似是一种情绪的心理状态，实际上是个体不同领域生活多项目标合并的产物。

2. 愤怒

愤怒是指由于受到外界事物的阻碍或干扰，使个体所追求的目标受到阻止，而产生的情绪体验。个体会因受干扰的事物不同而愤怒程度不同，可能会单纯地不快乐或者气愤，也可能产生急剧的愤怒，根据愤怒的强度，可分为不满意、生气、愠怒、激愤、狂怒等多个等级。能够引起愤怒的原因很多，比如利益受损，生活中、工作中受到挫折或伤害，被重要的人忽略，自主权受到侵害，等等。愤怒情绪会对人体健康造成伤害。一般认为，出生三个月的婴儿就有愤怒的表现，这主要是由婴儿在探索外界时世界受到限制引起的。愤怒常会引起攻击性和暴力性行为，所以如果愤怒的方式表达不当则会带来消极的破坏性作用，后果不堪设想，因此人们应该学会适当表达愤怒的方式。

3. 悲哀

悲哀是在失去所热爱的事物或盼望的事物破灭时产生的情绪体验，可以分为失望、遗憾、难过、悲伤、悲痛等多个等级。目标事物的价值会决定个体的悲哀程度，心理价值越大，引起的悲伤感会越强烈，常会伴随哭泣来对紧张情绪进行释放。尽管悲伤令人难过，但悲哀情绪也有一定的积极作用，能使人产生改变生活的动力，适度表达悲伤会得到外界的帮助，悲伤还能够增进团体的凝聚力。

4. 恐惧

恐惧是由威胁或有潜在的威胁环境引起的，是个体试图摆脱或者躲避某种危险情境又苦于无力应对而产生的情绪体验。恐惧的情感体验与个人经历有关，有的人因为没有坐过船，会因惊涛骇浪而产生恐惧的心境，而经验丰富的水手则会泰然处之。有研究表明，危险与伤害类，未知和不确定事物类，失败、惩罚、错误类，动物类，社会关系类是引起恐惧的五个主要方面。从个体角度来说，恐惧是从儿童时期发展分化出来的一种基本情绪，对人的成长及发展起到重要作用。从社会角度来看，恐惧也是人类社会生活的必要组成部分。

知识链接

好 / 坏心情效应：利用好情绪时机

好 / 坏心情效应是指人们在心情好时更容易接受他人的请求或者主动帮助他人，在情绪不好或低落时更容易拒绝他人的请求，或者说不愿意主动帮助他人，这种常见的心理效应即为好 / 坏心情效应。心情效应体现在传播活动中，表现在对特定信息是否愿意接受：心情好时，人们更愿意接受在平时不愿意接受的某些信息；心情不好时，人们则倾向于排斥这些信息。

（二）复合情绪

复合情绪又称次级情绪，由若干种基本情绪复合而成，表达了人与客观事物之间极其复杂的相互关系。例如，美国心理学家普拉切克认为，一种基本情绪可能与相邻情绪混合而产生某种复合情绪，也可能与相距更远的情绪混合而产生某种复合情绪。例如，接受与恐惧混合而成屈从，而忌妒可能是由爱、愤怒和恐惧混合而成的。实际上，人的情绪比普拉切克所研究的要复杂得多，如人的情绪与不同的情感结合在一起就产生了无数种情绪。

三、情绪的功能

（一）信号功能

日常生活中，我们除了通过言语、手势等方式交流以外，还可以通过情绪流露来传达自己的思想。情绪是机体适应环境与成长的一种重要方式，比如在遭遇不测时通过哭泣表达悲伤，婴儿时期通过哭闹表达饥饿和难过，在听朋友讲述不幸时会落泪表示同情，得到赞许或表扬时会微笑表达满足。所以，情绪可以通过表情来传递自己的思想或意图。表情具有信号传递的功能，不用通过语言来传递信息或意愿。

在许多社交场合中，很多人的表达不一定要用言语，有时表情也可以起到信息传递的作用。比如在课堂中，教师的一个表情、眼神就会引起学生的注意，对学生起到警醒、提示的作用。距离较远的人不需要言语表达，互相微笑示意也可以打招呼。表情对比言语来说拥有更多的表现力，在语言表达不清时，表情更是起到了补充的作用，且更具感染力。成年人的情绪可直接反映出其生存状态，是心理活动的信号表达。

（二）组织功能

人的认知受情绪影响，同时伴有积极和消极两个方面。当人处在积极、乐观的情绪状态时，容易注意事物的美好方面，其行为比较开放，愿意接纳外界的事物。当人处于消极情绪状态时，容易失望、悲观，放弃自己的愿望，甚至产生攻击性行为。良好的情绪可以提高大脑的工作效率，情绪是脑内的一个检测系统，它可以协调积极情绪，也可以瓦解消极情绪，这就是情绪的组织功能。

（三）动机功能

情绪具有激励作用，也称为情绪的调节功能、动机功能，常以生理性动机或社会性动机而对人产生引导作用或是激发行为。有的时候，我们会用全力去完成某件事，完成这件事可以使我们高兴，这便是情绪动机功能的体现。情绪对人的行为起发动、促进和调控的作用。适当的情绪兴奋可以使身心处于最佳状态，使人们在能力范围内最快地完成任务。

情绪分为积极增力的情绪和消极减力的情绪。快乐、热爱、自信等积极增力的情绪会提高人们的活动能力，而恐惧、痛苦、自卑等消极减力的情绪则会降低人们活动的积极性。有些情绪同时具备增力和减力两种动力性质，如悲痛可以使人消沉，也可以使人化悲痛为力量。

（四）健康功能

情绪对健康的影响众所周知，情绪调控的好坏会直接影响我们的身心健康，有增进或损害的效能。积极的情绪有助于身心健康，消极的情绪也会影响我们的身体技能。作为心理因素的一个重要方面，情绪同身体健康的关系早已受到人们的关注，我们也能很明显地感觉到，当情绪发生波动时，身体会发生一系列的生理反应。例如，当我们患病就医时，医生常常告诉我们要保证好的睡眠质量，保持良好的心情，许多疾病就与人的情绪有关，如胃溃疡、哮喘、生理痛等。

我国古代医书《黄帝内经》中就有怒伤肝、喜伤心、思伤脾、忧伤肺、恐伤肾的记载，也有谚语“笑一笑十年少，愁一愁白了头”。一项长达30年的关于情绪与健康关系的追踪研究发现，年轻时性情压抑、焦虑和愤怒的人患结核病、心脏病和癌症的比例是性情沉稳的人的4倍。可见，愉悦的心情能使我们身体的免疫系统长期处于一个稳定的状态，从而增强我们的身体抵抗能力。

美国心脏病学会将易患上心脏病的人群定义为A型性格人群，认为这类人群的特征是生活压力过大、自我要求过高、性情暴躁、易发脾气。一些临床医学研究也证明，长期受不良情绪困扰，会导致各种身心疾病。因此，对不良情绪进行控制、引导，代之以积极乐观的情绪，不但能提高生活质量，也能有效地防治身体疾病。所以，积极而正常的情绪体验是保持心理平衡与身体健康的条件。

美国心理学家艾克曼曾做过一个实验，要求被试演出惊讶、厌恶、忧伤、愤怒、恐惧和快乐等表情，结果发现他们的身心状态也随之发生了变化。当被试演出害怕时，他们的心跳加速，皮肤温度也降低了，表现其他五种情绪时，也有不同的变化。

好心情是好身体的基石，是好工作的关键，是好生活的秘诀。人心情不好时，会不自觉把坏心情抱得更紧；不跟人说话，嘟着嘴生闷气，锁着眉头胡思乱想，结果心情更坏、更难过。所以人要学会放下坏心情，拒绝受其折磨，才能从原有的坏心情中开脱，从烦恼的死胡同中走出来。

拓展阅读

4-1 调整好自己的心态

主题活动

情绪在个体的心理活动中起着非常重要的作用，影响着个体的学习和生活。尝试结合自己的情绪体验画出情绪图，认识情绪的变化规律，回顾过去，想一想曾经有哪些事情引起了自己的情绪波动，又对自己的生活造成了哪些影响。

（一）活动设计

活动名称	活动目标	活动流程	活动要求
情绪图绘画	认识情绪变化的规律，学会控制自己的愤怒情绪，积极面对人生	谈谈自己的情绪体验，在一张白纸上画出情绪图	根据自己的情绪体验在白纸上进行绘画

（二）活动流程

1. 了解故事背景：最近一周，周丽的心情都特别不好。她经常感到同学和室友在忽视自己，尤其是自己最好的朋友竟然交了男朋友，与自己在一起的时间减少了，这使周丽更加郁闷，所以最近情绪波动很大，不愿意参加团体活动，上课也经常迟到、早退。

2. 参照影响周丽的情绪事件，谈谈自己在大学生活中经历了哪些情绪体验，有哪些感受？

3. 每人准备一张白纸，回忆大学生活中引起你情绪波动的事情，绘制出自己认为能代表情绪的图。

（三）活动分享

参照活动案例及所绘的情绪图进行分享讨论，展示自己的作品，并根据所画内容讲述背后的故事，感受情绪的力量。并与小组成员讨论情绪的波动对自己的生活造成了哪些影响？

（四）活动反思

1. 画情绪图能够帮助我们更好地理解情绪及情绪的种类，明白不同情境下，不同个体产生的情绪不同。

2. 通过反思过去的情感经历，学会看待问题、处理情绪，将消极情绪对生活的影响降到最低直至化解。

第二节　大学生的情绪与情绪困扰

名家名言

事实上，人生就如一本厚重的书，有些书是没有主角的，因为我们忽视了自我；有些书是没有线索的，因为我们迷失了自我；有些书是没有内容的，因为我们埋没了自我。——［中国］莫言

沉舟侧畔千帆过，病树前头万木春。——［唐］刘禹锡

情绪就像空气，无处不在又时刻围绕着我们，生活并不是一帆风顺的，在大学阶段，不顺心的事情是不可避免的，考试的失败、恋人的分手、被人误解等，都会使我们情绪发生波动，但也正是因为喜、怒、哀、乐等不同情绪交杂，我们的生活才会如此丰富多彩。

大学生处于由学校到社会的转折期，心理发展方面正经历着急剧的变化，在面对学业、感情、交友、就业等问题时情绪波动会比较大，也常常出现自卑、易怒等负面情绪，情感体验深刻、复杂。各种情绪交加使青年期的大学生很容易陷入情绪波动的苦恼，造成心情烦闷、人际关系狭窄，甚至做出一些失格、夸张的举动，这些负面情绪严重影响了大学生的身心健康，使其无法正常的学习、工作和生活。

一、大学生情绪特点

人的情绪伴随认知过程产生，是因人的需要是否得到满足而产生的心理活动。因此，若得到满足，个体则会产生兴奋、愉悦等主观体验，也可称为正面情绪；反之，若得不到满足，则会产生愤怒、悲观等情绪，也可称为负面情绪。

大学生步入大学校门前，社交范围比较狭窄，交往对象有限且人员比较固定，社会经验较少；他们的分辨能力和心理调节机制缺乏一定的稳定性，易受外界干扰。因此，大学生遇到事情时情绪极易波动，情绪表达直接，并且他们的情绪表达会真实地反映他们的心理活动，具有冲动性、直接性的特点。同时，与高中时期相比较，随着

年级的增高，大学生的社交范围变广，视野变宽，开始更多地考虑自己的感情、学业、人际关系及就业等问题。在这一过程中，大学生的意识逐渐成熟，也逐渐尝试管理自己的情绪，情绪及其表达开始逐渐趋于成熟。一些心理测试发现，大学生普遍存在的负面情绪有自卑、人际关系敏感、孤僻、焦虑、抑郁、易怒等，这些负面的情绪对大学生的身心和生活造成了不良的影响。

（一）丰富性

大学生的情感世界复杂且丰富，从自我成长来看，大学生出现较多的是自我体验，有着强烈的自我尊重的需要和热情、冲动、奔放、易自卑、焦躁、自负等情绪；从社会交往来看，大学生社交范围日益扩大，有着较强的群体认同感，同时冲动的情绪在群体中也尤为激烈，喜欢仿效、情绪敏感，喜欢渲染氛围，与同学、朋友及教师之间交往频繁。例如，有些大学生恋爱后，情绪变得细腻、复杂；有些大学生通过参与各类实践活动了解社会，学习社会的道德规章，对自己的身份、扮演的角色、职业志趣、价值观等问题有了更深入的思考。

（二）不稳定性

大学生的人生观、价值观处于尚未完全定型的状态，认知能力还有待提高，情绪活动往往强烈而不能持久，因此在生活节奏加快、不断追求自我完善中大学生将承受越来越多的压力。情绪活动随着认知标准的改变而改变，在积极与消极、冷静与冲动之间不断变化，这些是大学生情绪常见的现象。大学生情绪容易从一个极端走向另一个极端，高兴时忘乎所以，消沉时心冷意淡，呈现不稳定状态。个体的情绪状态与家庭、学校、社会都有着紧密联系。

（三）掩饰性

步入大学校园以后，随着大学生认知水平的提高、思想内涵的丰富、自我意识的增强，他们已经不像青少年时期那样坦率直露，在情绪表达上逐渐注意克制。他们越来越具备在一定的情境下控制自己愤怒、悲伤等情绪的能力，常会将自己的情绪隐藏和掩饰，外在表现和内心体验不一致。他们会根据实际情况来表达情绪，或对某种情绪进行克制。例如，对厌烦的某人或某物，因某种原因，可能表现喜好或不在意的态度。对于大学生来说，这是一种心境的成长，但也无形中给其与同学间的相互交流带来了障碍，使其出现孤独和苦闷的情绪。

（四）冲动性

大学生的情绪特点还表现为强烈且富有激情，有人把大学生青年期形容为“疾风怒涛”时期。大学生的情绪往往表现得快而强烈，一旦情绪爆发，自己难以控制，也会常因一点小事振奋不已、豪情万丈。大学生情绪的冲动性一般表现为对外部环境或他人的不满，情绪失控，语言、行动极富攻击性，在处理同学、室友、师生矛盾时极易走上极端，如果不予以正确引导，会给大学生本人及社会带来危害。

（五）层次性

情绪的层次性亦可称阶段性，大学阶段由于对不同年级的学生有着不同的教育方式和课程设置，培养方向和培养重点也有所区别，各个年级学生所面临的是不同的问题和不同的困扰，各个年级学生的情绪特点也不相同，呈现出阶段性和层次性特点。大学新生入学以后面临的是新的环境、新的学习方法、新的交往对象、新的授课方式及新的目标确立等问题。大学新生自豪感、羞涩感、新奇感、自卑感混杂一体，情绪波动起伏大。二三年级的大学生经过了一年级的适应期，熟悉了生活环境，适应了学习方法，有了自己固定的社交圈，已经能够自然融入校园生活中，情绪也比较稳定。毕业年级的大学生面临毕业论文、择业、就业等多方面的问题，压力大，产生的负面情绪多，造成较大的情绪波动。另外，由于社会、成长环境及自身要求，个体的既定目标不同，抗压能力和心理素质也有所差别，所以不同年级的大学生会表现出不同的情绪状态。

案例导读

克服不适情绪，走出心理障碍

小杨，19岁，大学一年级学生，自述“心情忧虑、常感乏力，精神涣散，一点也不想学习，无兴趣、没目标，感到生活没有意义”。在他上高三时，经常会感到胃痛、腹泻，当时医生诊断为“胃肠感冒”，经治疗后有所好转。但进入大学后，加入群体生活，吃饭不规律，无人约束，其腹泻、腹痛的症状有所加重，经胃镜检查诊断为“浅表性胃炎”，服药治疗后效果不佳，常出现旷课情况。到一年级下学期时，旷课情况更严重，无任何业余爱好，从不参加课外动，业余时间常看一些医学书，很多基础课、专业课科目考试不及格。之后，经过教师、家长的沟通，他认识到大学生活的重要性，受疫情影响，他很敬佩那能在国家危难之际逆行而上的社区工作者，因此希望以后能成为一名公务员，为国家贡献自己的力量。他开始认真学习，补习落下的课程，但仍因头、胃部不适而未能坚持。学习之余，也很少与他人交往，养成了孤僻的性格，常常独坐一处，感到孤独、忧郁。

经辅导员老师联系，请来了心理咨询医生与小杨沟通，交流过程中，小杨总是一问一答，回答问题时语调低沉，语速迟缓，与医生沟通兴趣不大。为其测查“SDS”后，医生建议小杨：①胃病并没有想象中那么严重，不要总是百度进行自我诊断；②适当参加课外实践活动，如散步、慢跑、社团活动等；③多与室友、同学、学长学姐交流。经过对其情况进行分析，并联系测查结果，初步考虑其为“抑郁症”，除继续进行心理治疗外，又为其开了抗抑药物。

一段时间后，小杨自觉病情好转，症状明显减轻，能够主动与他人交流，睡眠质量也有所提高，对学习也有兴趣了，常与父母报平安。除继续用药外，医生建议他多做户外活动，多与其他同学、朋友交流。又过了一段时间，小杨症状明显好转，学习及生活基本恢复正常，每周到户外活动 2 ～ 3 次，还坚持锻炼身体，同学们普遍反映对他的印象和态度有所改变，也很愿意与他交往。

解析 初入大学的新生，所处的生活环境、学习环境发生了巨大变化，摆脱高考、离开父母、约束减少，踏入了向往已久的大学校园，常常会表现出各种生理上的不适应，从而产生各种负面情绪，甚至出现心理问题，但只要经过正确的引导和调试，就能克服不适，重新确立正确的人生观，从而步入正轨。

思考 进入大学后你经历过哪些心理变化？哪些事情改变了你、影响了你？

二、大学生情绪困扰的表现

情绪困扰是一种心理状态，主要由于大学生的身心发展和认知能力还未成熟，导致个体面对外界事物、挫折困难时，个体内部发生矛盾、冲突却没有有效解决而产生的一种负面的、消极的情绪体验。这些情绪有可能会产生沉重的心理负担，影响大学生的学习和生活。大学生常见情绪困扰的表现有以下几点。

（一）焦虑

1. 焦虑的产生

焦虑是十分常见的现象，即自尊心受到潜在威胁时或因某种情境而产生担忧、不安、紧张等复杂情绪的情感体验。焦虑是大学生常见的情绪状态，考试焦虑、适应焦虑、健康焦虑、选择焦虑、工作焦虑、社交焦虑等，在面临威胁或预料到某种不良后果时会处于一种无所适从的状态，容易导致心跳加快、坐立不安、手足无措、过度警觉等不良反应。焦虑是个体应对潜在威胁的正常反应，适度焦虑有利于大脑处于活跃状态，保持思维敏捷，能够高效处理事务。而过度焦虑则会使人内心极度紧张不安，注意力不能集中，思维混乱，甚至记忆力减退，同时还容易产生头痛、失眠、胃肠不适等不良症状。焦虑情绪的产生受多方面影响，生物因素上的焦虑会影响身体健康。

2. 心理因素干扰下的焦虑

心理因素上的焦虑会加重个体自卑、怯懦的性格，使个体产生焦虑障碍。环境因素上个体的焦虑可能是生活空间狭窄、学习压力过大、噪声环境等情况导致，长期处于使人焦虑的环境中会极大地影响人的身体健康。焦虑对大学生的影响是复杂的，既可以成为大学生前进的动力，对学业、事业的发展起促进作用，也可能起阻碍作用。

3. 大学生常见焦虑

大学生常见焦虑主要有自我形象焦虑、学习焦虑、情感焦虑等。自我形象焦虑是担心自己容貌欠佳，体型矮小过胖等，也有因为面部问题而引起的自我焦虑。学习焦虑如考试焦虑等，这种情绪反应在大学生群体中最常见。情感焦虑多数是由单恋或恋爱中受挫产生的自我否定、自我怀疑，认为自己不具备爱人与被爱的能力，而引起的焦虑。

（二）自卑

1. 自卑的产生

自卑是由某种心理或生理上的缺陷而引起的自我认知轻视的一种情绪体验。步入大学生活以后，由于生活环境、学习环境发生了巨大的改变，部分大学生由高中时期的“佼佼者”变成大学校园中的“普通一员”，这种转变是造成部分大学生自卑和不适的重要原因，还有一些大学生由于家庭条件欠佳或自身某些不足而自卑。

2. 大学生自卑心理

常有自卑情绪的大学生对自己的学识、能力等自身具备因素评价过低，认为自己什么都欠缺，轻视自己或看不起自己，并且内心惶恐，担心会失去他人对自己的尊重。他们又对自己的能力欠缺或他人的评价意见极度敏感，在公共场合，更是极其注意自己的言行，谨小慎微、畏缩拘谨，害怕出丑给他人带来麻烦，过多地注重他人的表情，这种超乎寻常的“察言观色”，正是自卑情绪的一种反应。

（三）抑郁

1. 抑郁的产生

抑郁的症状不单指感觉，还指情绪、认知和行为特征，是大学生因对自己某一方面的需要得不到满足而引起的一种心理状态，是一种伴随着自卑、痛苦等压抑情绪而产生的复杂情绪。当个体感到无法面对外界压力时，常常会产生抑郁情绪。抑郁最明显的症状是心情压抑，表现为仿佛掉入了一个无底洞或黑洞之中，正被淹没或窒息；常伴随焦虑产生，失去参加活动的兴趣，不愿与他人接触，易怒，易产生负罪感。抑郁的表现主要有兴趣减退、悲伤失望、自我封闭、逃避现实等；心境也会发生转变，看待世界持消极、悲观的态度，对未来感到迷茫；有时也会伴随失眠、头痛、胃痛、肌肉酸痛等生理问题。

2. 大学生抑郁情绪的来源

个别大学生会因在大一时缺乏适应新环境的能力而产生抑郁情绪。由于不喜欢所学专业、没有适宜的学习方法、人际关系处理不当、失恋等问题，大学生情绪低落，甚至萎靡不振、自暴自弃，体会不到大学生活的乐趣，并伴有食欲减退，饮食紊乱、记忆力下降、失眠多梦等现象发生，随之而来的则是体重的激增或骤减。此外，有内向、敏感等个性倾向的大学生更容易陷入抑郁的情绪，不合理的认知观念会使个体悲观地看待世界，从而造成情绪低落。不良的环境也容易引起个体的抑郁情绪。

（四）人际交往障碍

1. 人际交往障碍的产生

初入学的大学生对人际关系的追求往往带有部分理想化色彩，既渴望友谊和交往，又有着人际交往的需要，但有些大学生不愿意同周围人打开心扉，总将郁闷的事情深埋心底，长期的积郁，再加上学业压力、生活压力、人际关系、情感困扰等可能引发人际交往障碍。

2. 人际交往障碍的表现

人际交往障碍在人际交往中表现为紧张、拘束、思维迟缓、讲话没有逻辑性等问题，或是对他人的言行敏感、多疑、不信任，缺乏自信心等，情商相对较低。

3. 大学生人际交往障碍

在大学生人际交往中，存在多种可能阻碍人际关系建立的因素，包括语言文化、教育程度、空间距离、个性因素等都可能成为影响他们人际关系建立的障碍，进而造成大学生在人际交往中产生自卑、嫉妒、多疑、自私、冷漠等不良心理状态。个别大学生在生活中以自我为中心，交际能力弱，缺乏社会适应能力，在与他人交往时，过多注重自己的需求，对他人产生偏见，忽略他人感受。同时，对人际关系的理想化色彩较浓，对自己评价较完美。

（五）易怒

1. 愤怒的产生

愤怒是因客观事物与人的主观愿望相违背，或愿望无法实现时人们内心产生的一种激烈的情绪反应。研究表明，青春期的大学生内分泌系统处于空前活跃时期，大脑神经过程的抑制和兴奋发展不平衡，自制力较差，容易冲动，如有的大学生因为一件小事或一句话便暴跳如雷、出口伤人。有研究表明，人在愤怒时，会出现心跳加快、心率不稳、身体的免疫细胞活性降低、抵御病毒侵害能力下降等生理变化，容易导致身体疾病的产生，同时还会造成人的自制力减弱或丧失，行为迟缓或易冲动。

2. 大学生愤怒的来源

血气方刚的大学生，正处于易情绪激动、易动怒的时期，常因不顺心的事情或刺耳的一句话而暴跳如雷，或因人际关系不协调而恶语相向，因他人意见相左而恼羞成怒，因取得一点成就而得意忘形，而在情绪平缓后又对自己的所作所为愧疚或懊悔不已，如此种种情况正是大学生遇事缺乏冷静分析与思考、图一时之快、逞一时之勇的情绪特点所引起的。

正是这些问题使大学生产生了各种情绪困扰，如果调整不好，可能会产生心理疾病。消极情绪还会干扰人的理性判断，且具有感染性和弥散性，故学会情绪管理对稳定情绪、保持适应能力和心理状态呈健康水平有一定促进作用。大学生要学会情绪管理，有效调节自身心理状态，保持良好、健康、积极的情绪状态，从而提高自身对外界环境的适应能力和心理健康水平。

三、情商

（一）情商的含义

情商也称情绪智商，能够反映出一个人对自己情绪的把控、对他人情绪的驾驭、对外界的抗压能力。心理学家把人的智力分为智商和情商，认为高智商并不一定带来成功，而情商往往会左右人的一生。有研究表明，情商对于人的发展来说比智商更重要。很多家庭认为拥有高智商就能有高成就，“科学知识最有价值”，认为孩子的成长主要体现在智力的增长，智力开发高于一切，将智商看作孩子成才的唯一标准。而过分关注智商，常常会忽视孩子的兴趣、意志、合作能力等方面的发展，导致情商与智商发展不平衡，许多拥有高智商、学习成绩优异的人在工作中却业绩平平，而智商一般情商较高者却成绩斐然。

（二）当代大学生情商问题

1. 缺乏团队协作精神

团队合作精神是当代大学生综合素质的重要组成内容。由于基础教育阶段的教育还存在偏重智商而轻情商的情况，一些大学生在入学以后容易产生不良情绪。他们个性化明显，崇尚自由主义，在生活中愿意独来独往，在学习中会先从利己角度考虑精力和时间的投入，在团队中会不愿意同他人分享交流，缺乏一定的团结合作意识等。

2. 缺乏心理承受能力

处于青年中期的大学生心理形成和发展正在走向成熟而又未完全成熟，正因如此导致了其心理发展的消极特点。一些大学生心理起伏比较大、易冲动、自我控制能力较差、做事情欠考虑；心态浮躁，情绪不稳，难耐寂寞，遇到困难、挫折容易退缩。

3. 缺乏责任感

“不患无策，只怕无心”，一个人的学识、能力很重要，但责任感和责任意识也是必备的能力和素质。当代大学生，大多数能够懂得尊老爱幼、爱护公物、遵守公共秩序、维护公共卫生等基本社会公德，但也存在个别大学生政治信仰不坚定，缺乏政治责任感；学习目标不明确，缺乏学习责任感；遇事容易走极端，缺乏生命责任感；强调以自我为中心，缺乏家庭责任感等现象。

4. 自理自律能力较弱

当代大学生具有成人感、自尊感、自我表现感、自我优越感，希望被他人理解，渴求友谊，喜欢自己设计和组织各种活动，但由于其中小学时代基本上是在教师的关怀和家长无微不至的呵护中度过的，一些大学生较难适应独立生活，自理自律能力差，个别大学生甚至因此荒废了大学学业。

（三）如何提高情商

大学生正处于青年中期，是身心发展的最高峰值期，也是逐渐向成年人过渡的重要时期。情绪智力是大学生人格完善的“锻造器”，良好的情绪可以直接作用于脑垂体，保持内分泌的适度平衡，使全身各系统、器官的功能更加协调、健全，有利于身体健康。良好、愉快的情绪也有助于大学生更好地与他人相处，对学习、工作、生活更富有激情和创造力，更有力量去克服挫折与困难，增进心理健康。情绪智力则恰恰能使大学生通过对自己情绪的认知、调控来保持良好的情绪，促进其身心健康。

情绪心理学的研究证明，一个人事业上的成功及达到有价值的人生目标，主要不是取决于他的智商，而是他的情商，认识和管理自己的情绪不但对与他人建立人际关系有帮助，而且可以促进个体的身心健康。情商是一个人取得成功的极为重要的因素。情商能力不是与生俱来的，而是后天培养训练的结果。情商教育工程被教育界公认为当前教育实践面临的重大课题之一。实践证明，那些自以为是，以自己为中心，不善于合作的人是干不成大事的。因此，如果大学生在学校期间没有形成良好的情商，会对将来的择业和工作产生不利影响。可见，当代大学生除基本技能和专业素养外，更迫切需要加强情商。

1. 提高心理素质

个体的心理素质是伴随着人的成长而形成和发展起来的，受许多因素的影响。很多大学生心理素质差、抗压能力弱很可能是中小学期间被忽视了素质的培养和训练。因此，要想提高心理素质，大学生要学会控制情绪并合理宣泄情绪，增强社会应变力，学会处理现实与愿望的矛盾，学会沟通协调，学会享受，学会自我心理调适和消除心理困惑，提高承受和应对挫折的能力。只有心理素质提高了，大学生才能正视社会不良现象，变压力为动力，更好地争取和把握社会机遇。

2. 建立和谐的人际关系

处理人际关系是一本厚厚的书，可能经历了大学生活走向岗位抑或是走向人生终点的时候，这本书还未读透。那么应怎样处理人际关系呢？首要是学会宽容，宽容是一种美德，是一个人有修养的表现，是当今和未来社会人才必备的基本素质；其次要学会自信，避免自卑心理，充满信心地对待生活，能够接纳他人，使自己的心理处于轻松愉快之中；最后要学会关心，关心犹如一缕阳光，能为他人带来温暖，也会让自己的人生更加豁达明亮。

3. 树立正确的人生观与价值观

大学阶段对于一个人世界观、人生观和价值观的形成至关重要。拥有正确的人生观、价值观可以在潜移默化中提高个人的道德素质和道德水平，能使心智与人格全面均衡发展；能够引导大学生的个性发展，培养独立的人格。同时，正确的价值观可以提高大学生的集体意识、社会公益意识，避免因道德和人格的发展发生偏差而形成某种不健全的心理，并走向极端、狭隘或偏执。所以，树立正确的人生方向，形成正确的世界观、人生观和价值观，可以提高大学生的思想品德素质，增强其公德意识，使其成长为一个心智健全、人格完善的人。

4. 加强角色转换意识

智商显示一个人做事的本领，情商反映一个人做人的表现。已经快要步入社会的大学生必须脱离象牙塔的美好生活，逐步适应走入现实社会，要接受自己生存角色的转换，提升情绪适应、调节力。在职场中，公司员工不仅要会做事，更要会做人，求职者除了要具有高智商外，还需要良好的情商。步入大学生涯的大学生必须要考虑未来的就业问题，要加强就业的心理准备、专业知识技能准备、择业的情感准备等，只有这样，才能在成长的道路上以智服人、以情感人。

情商影响人的一生，对大学生自我发展、自身完善及能力养成有着重要作用，它不是与生俱来的，而是后天培养的。当代大学生所面临的社会充满了机遇和挑战，因此，其所要具备的不仅是较高的专业理论水平，还要有较高的情商，唯有如此，才能在生活、学习、工作中游刃有余，成为一个心智与人格全面发展的对社会有用的人才。

主题活动

日常生活中，我们会经历很多事情，会有很多事情将我们平静的心情打乱，这时的我们就应该合理分析，及时调整心情，从而不被突发事件影响。

（一）活动设计

活动名称	活动目标	活动流程	活动要求
情绪交通灯	通过“情绪灯”活动，使团体成员认知情绪调控，懂得在面对矛盾时如何调控自身情绪，保持积极向上的生活态度	在演出高潮时叫停表演，并根据亮灯指示进行下一步操作	全体成员要在灯亮同时暂停演出，合理分析情绪并有效应对

（二）活动流程

1. 将班级学生分成若干小组，每组 5 名成员。

2. 每组一名编辑人员，创编一个短情景剧，重在展现校园生活中遇到的情绪困扰，每人自选角色。

3. 每组情景剧正常进行，在剧情达到高潮时班长可举手叫停，并喊出“红灯亮”，演出小组各成员停止演出，保持情绪留在原地。

4. 当班长举手喊“黄灯亮”时，其他小组对剧情发展进行小组讨论，或进行角色扮演完成剧情。

5. 当班长举手喊“绿灯亮”时，暂停演出的小组成员继续完成情景剧。

（三）活动分享

在观看或演出结束后，写出自己内心的感受和体会，并分析自己在以后生活中面对此种情况时，应如何应对、处理。通过活动体验，把自己情绪影响程度进行分级比较，从轻到重分为五个等级，同时也了解其他成员心理受影响程度。

（四）活动反思

1. 通过情绪交通灯体验，我们要学会统一协调认知与情绪，并且适度把控情绪，适时合理调节情绪。

2. 我们要学会正确地看待情绪，要懂得如何面对好坏情绪过渡，自我调节情绪，理智解决问题。

第三节　大学生情绪管理的对策

名家名言

怒不过夺，喜不过予。——［战国］荀子

人家帮我，永世不忘；我帮人家，莫记心上。——［中国］华罗庚

一、情绪管理的含义

情绪管理是指掌握自我情绪，对个体与客观事物相互作用而产生的情感体验进行有效管理，以乐观的态度，客观、冷静地缓解紧张的心理状态，使自己的精神面貌总是处于一种积极的状态。如果人们能够在日常学习、工作和生活中有效地进行情绪管理，挖掘和培植自己的情商，培养驾驭自己情绪的能力，建立和维护良好的情绪状态，就能时刻体会到积极的情绪带来的心理和生理上的变化，不断提高自己的身心健康水平，处理事情也将更加得心应手。

二、情绪管理的作用

大学生正处于青年中期（18～24岁）这一特殊的身心发展期，虽已具备成年人的体格及种种生理功能，但其心理尚未成熟，且表现出特定群体的情绪特点。

首先，大学生的情绪具有多样性，随着自我意识的发展，他们所接触的新鲜事物会不断增加，从而形成多样性的自我情感，如自卑、自尊、自负等。其次，大学生的情绪具有冲动性，情绪体验强烈、富有激情，对各种事物都比较敏感，精力旺盛，因此，情绪一旦爆发便难以控制。再次，大学生的情绪具有矛盾性，大学生情绪的外在表现和内心体验有时并不一致，很多特定情境下，会隐藏、掩饰和抑制自己的真实情

感，表现的含蓄、内隐。最后，大学生的情绪易于心境化，即尽管情绪状态已恢复平缓，但情绪状态在很长一段时间内持续存在，可能其余波还会持续更长的时间。

大学生的这些情绪特点会使其产生一定的情绪困扰，如不进行适当的情绪管理会导致行为不当、社会适应能力差或心理疾病，故学会情绪管理对情绪稳定、提高适应能力和保持心理健康有一定的促进作用。通过加强情绪管理，对自身心理状态加以有效调节，保持良好、健康、积极的情绪状态，有助于大学生的成长。

案例导读

软 糖 实 验

心理学家让几个4岁的孩子待在一间房子里，并给他们每人一块软糖，告诉他们若坚持二十分钟不吃掉这块软糖，就能再获得一块软糖。在漫长的等待中，有些孩子控制不住自己想吃糖果的欲望将软糖吃掉；有些孩子控制住了自己，获得了第二块软糖的奖励。这些具有强大自控能力的孩子长大后看待事物的眼光更为长远，能够等待而不急于实现。

解析 一个人的情绪控制能力影响着他未来的成长。大学生正处于情绪管理的敏感时期，受一些外部因素影响，大学生容易出现情绪不稳定的问题，从而产生冲动行为和心理异常。因此，了解并掌握一些常见的情绪困扰及调节方式，将有助于大学生更好地成长，帮助其适应大学生活，树立远大抱负。

思考 结合自身，谈一谈当你受到外部因素影响时，如何稳定自己的情绪，防止坏情绪影响工作、学习和生活？

三、负面情绪的危害

有研究证明，个体长期处于应激状态下，会出现抵抗力下降的生理反应，因此易罹患疾病。我们可以将一切顽固的忧愁和焦虑称为不良情绪或负面情绪，这种情绪若长期存在且反应强烈，就等于给疾病打开方便之门。有研究数据证实，受负面情绪影响而患病者占门诊患者总数的76%。可见，情绪在一些躯体疾病中起着重要作用，而人的疾病状态反过来也可引起情绪波动，二者互为因果。

（一）损害大学生的身体健康

医学研究表明，情绪的波动对人的身体健康具有直接影响，情绪波动能引起生理的一系列反应，因此保持心情愉悦，能增强人体免疫功能，提高自身抵抗力。同理，消极的情绪也会对人体造成不好的影响，人体在抑郁、激动、压抑、恐惧时身体会产生一系列的生理反应，负面情绪正是身体产生疾病的主要因素之一，若负面情绪长期存在，更会影响人的思考能力和自制力。调查发现，大学生中的常见病，如神经性头痛、心律失常、月经失调、过敏性皮炎等，都与负面情绪有关。另外，情绪还与某些疾病的转化有关，正面情绪对某些疾病如癌症的好转有辅助作用，而负面情绪则会导致疾病的恶化。

（二）影响大学生的心理健康

负面情绪会干扰大脑的正常运转，影响人的思考能力，导致各种神经性疾病的产生。据调查，最常见的一些心理问题，如焦虑、抑郁病、神经衰弱等多数都与负面情绪有关。长期处于负面情绪中，且没有对情绪进行适当的调节，就很容易沉浸在痛苦、悲伤、空虚中无法自拔。一些大学生还会通过长时间打网络游戏等不良方式排解负面情绪，对身体造成更大的伤害。

（三）导致大学生学业不良

情绪与大学生的潜能开发也存在强相关。稳定、愉悦的情绪情感往往使大学生乐于行动，保持学习兴趣和正常的生活作息。研究发现，情绪稳定、心情愉快时是个体思考和创作的最佳状态，个体能够有效思考，快速地进行脑力活动。

进入大学后的大学生需要一个适应的过程，在这一过程中可能会出现一系列问题。如果在学习过程中产生消极情绪，大多数大学生通常会将之视为一种痛苦的负担，甚至会威胁到个人的自尊心，因而会在学习过程中出现抵触倾向。虽然一些大学生也会为厌学情绪或逃课等不良行为而感到懊悔，但是一部分自制力较差的学生无法及时调整自己的情绪状态，以各种不良行为来逃避学习兴趣下降给自己的情绪带来的不适，最终导致不能完成学业的恶果。

适度的焦虑能够提升大学生的学习效率，激励其进步，但要注意张弛有度，焦虑程度过高或过低，均难以取得优异的学习成绩，所以要适当控制自己的情绪。

（四）造成大学生人际关系紧张

人与动物的很大区别在于人类的社会属性，在与他人的交往中获得社会归属感、形成和谐融洽的人际关系能使人心情舒畅，工作和学习也更加得心应手。和谐的人际关系是建立在融洽的双方情绪基础之上的，情绪具有感染性与传染性，因此，具有良好情绪，积极、稳定、适度的情绪反应，正面情绪大于负面情绪的人，在人群中更受欢迎，更容易获得他人的赞赏，形成良好的人际关系。而易发怒，缺乏同理心，不能以宽容、友善的态度与他人交往，看不到他人的长处，斤斤计较，不善于调控消极情绪来约束自己行为的人，人际关系就会十分紧张，长此以往，与周围人的关系冷漠，缺乏沟通交流的对象，更不利于宣泄不良情绪，阻碍学业进步。

情绪特征是一个人的个性构成的主要成分，是个体从儿时到青年的成长经历的沉淀，它镶嵌在个体的人格中，无法摆脱。但需要注意的是，负面情绪并非百害无利，在一定条件下，它能够使人保持积极的生活状态和昂扬的斗志，适度地调节情绪就不会影响身体健康。我们可以将一个人长期稳定的情绪表现看作其所具有的人格特质，如多疑、忧郁、自卑等，以这些负面情绪为主导的人格特质不仅对身心、学习、工作具有不利影响，而且大学生若经常以此种心态认识周围的事物，会影响其人生观、价值观的形成，使其未来难以在社会中立足。

四、情绪的自我调适

（一）自我调适情绪

情绪有时就像是奔腾的海浪，那么理智就像是一道稳固的堤坝。在情绪奔涌而来时，我们要学会调适情绪，用理性管理非理性。

知识链接

情绪理论（ABC 理论）：情绪的产生并不是诱发事件本身直接引起的

ABC 理论是指情绪不是由诱发性事件本身引起的，而是由经历了这一事件的个体对这一事件的解释和评价引起的。A、B、C 分别代表诱发事件、对诱发事件的认知和信念、反应结果，传统分析直接在 A 与 C 之间建立关联，而忽略了 B 的作用。而 B 发挥的作用恰是人与一般动物的根本区别所在，及人具有主观能动性。有时我们认为心情不好是环境所致，这可能是因为我们只看到了问题不利的一面，其实我们还应学会转换视角，看到有利的一面。

著名的理性情绪疗法认为，人的情绪和行为障碍不是由某一激发事件直接引起的，而是由经受这一事件的个体对它不正确的认知和评价所引起的信念，最后导致在特定情境下的情绪和行为后果，这也是著名的情绪理论（ABC 理论）。比如，因为做错了某件事，而认为自己很没有用，内心感到愧疚和自卑。在这种情况下，做错的事情就是事件 A；认为自己没有用就是这件事的感受 B；自卑和愧疚就是因为感到自己没有用而引起的情绪体验 C。

（二）正确认识自我

正确认识自我就是对自我的认识要与自我的实际情况相符合。认识自我包括很多方面，有外在（衣着、谈吐、言行举止等）也有内在部分（气质、个性、智商、爱好等），要能看到自己的长处，又能看到自己的不足。认识自我是调节自我情绪和控制情绪的基础，心理健康的标准之一就是个体不但能正确地认识外界客观事物，而且能对自己的行为和心理正确认知，且能传达意图、感觉、情感给自己并接纳自己，从而进行自我调节。心理学认为，自我指对自己存在的观察，即认识自己的一切，这是一个很长的过程，需要不停地反思和探索，包括个体的生理、心理特征及个体与他人的关系。对自我有一个充分、全面、正确地了解有利于个体对自我情绪的有效控制和调整。例如，气质属于急躁类型的大学生，如果意识到了这一点，就会有针对性地对情绪进行控制，始终保持一颗平和心。

（三）培养积极的心态

积极的情绪在心理健康中扮演着重要角色。积极的心理状态有助于大学生建立良好、和谐的人际关系，是构成高情商的关键要素，对社交的成功影响巨大。情绪的产生是一种正常的生理现象，是个体内心的需求是否得到满足的外在表现。一般来说，不良情绪在生活中不可避免，但是我们可以通过某些方式对负面情绪进行克服和消除，减少不良情绪的危害和影响。大学生要清楚地认识到自己的需求是否在力所能及的范围内，以及是否能够达到“我好、你好、大家好”的目标；要善于从负性事件中寻找正向能量，任何事件都会有两面性，内心自卑的人看到的大多是不好的一面，而自信的人能得到更多正向的信息。

（四）正确对不良情绪归因

对不良情绪正确归因应从主观和客观两个方面进行。在遇到困难和挫折时，既要从自身出发找原因，又要在客观世界中寻找原因。很多不良情绪的产生是由于个体缺少经验、社会交往阅历等，如长期生活在家人的保护和他人包办之下的人很难独自面对困难，常会手足无措，情绪低落。客观方面的原因应考虑周围的环境条件，如天气、气候、自然地形、社会文化等因素，这些都是我们每个人无法控制的，是不以我们的主观意愿为转移的。客观存在的困难是每个人都需要面对的，所以我们不应因此而烦恼，而应面对现实，充分地利用客观现实积极的一面，相信通过自己的努力就能获取成功，这样大学生才能够妥善地、合理地处理好现实的困难挫折。

（五）合理进行情绪宣泄

情绪的宣泄有直接和间接两种，直接宣泄就是直接表达情绪。当不适宜直接宣泄时，则可以间接宣泄。例如，找个僻静的地方大声呼喊，找好友哭泣、倾诉等；或是通过竞技运动和体力劳动等方式转移负面情绪；或是在感觉生活压力太大时，通过书写的方式将负性情绪以文字的形式记录。一旦宣泄完毕，个体便能宁心息怒，负面情绪便会得以缓解。在采取宣泄法来调节自己的负面情绪时，要有节制，不要不分时间、场合、对象随意宣泄，要采取正确的方式，坚持不影响他人、不伤害自己的原则，以免产生新的情绪困扰。

大学阶段是个体人格发展、世界观形成的关键时期，情绪从易感性向稳定性过渡，也面临着生活方式改变、专业知识的学习、交友恋爱、择业应职等一系重大的人生课题。由于大学生身心尚未成熟，情绪的自我调节、自我控制能力不强，复杂的自身和社会问题往往容易导致其产生强烈的心理冲突，从而形成较大的心理压力，甚至导致心理障碍和心理疾病。因此，情绪的自我调节能够帮助大学生缓解心理压力，提高身心健康水平，增强信心，减少痛苦，化挫折为动力，变压抑为激励，能够更好地适应大学生活并有助于身心健康发展。

主题活动

喜怒哀乐都是正常的人类情绪，情绪管理的意思并不是让我们抛弃负面情绪，而是学会觉察情绪、表达情绪、分析情绪、用适宜的方法调节情绪。下面我们通过一个活动来体会一下不同个体的情绪表达。

（一）活动设计

活动名称	活动目标	活动流程	活动要求
猜情绪	提高自身的情绪表达和识别能力，树立正确的人生观，学会发现身边美的事物	将想到的情绪词汇写在白纸上，表演者看到词汇后用肢体语言表达出词汇的意思，猜题者进行猜测	每张白纸只写一个词汇；只能用肢体语言表达，不能说话

（二）活动流程

1. 制作情绪词汇卡片。准备几张白纸，将想好的情绪写在白纸上，每页只写一种情绪词汇。

2. 进行情绪词汇表演竞猜。首先进行分组，每组由一人负责表演，其他人负责猜题。表演者根据指导者从制作的情绪词汇中拿出的题目，用肢体动作进行表演。猜对一题计一分，得分最高的小组获得小礼物。

3. 竞猜活动后，可归纳整理“如何以非语言信息判断各种情绪”。表演的题目可以是我很高兴、我很生气、我很难过、我很失望、我很无奈、我很着急、我很困惑、我很害怕、我很担心、我很舒服、我好兴奋、我很不甘心、我觉得丢脸、我觉得厌恶、我好痛苦、我好寂寞、我好满足、我好无助等。

（三）活动分享

请大家一起分享一下自己的情绪故事，在哪种情况下曾产生过何种情绪，是正面的还是负面的？自己又是如何化解和应对的？在分享中，让大家理解不同个体情绪表达的差异，了解情绪的多样性，从而增强情绪识别的能力。

（四）活动反思

1. 用肢体语言对情绪词汇进行表达和猜测，增进了我们对情绪的表达能力和识别他人情绪的能力。

2. 随着对表达情绪的词汇或形容心情的词语储备的增加，个体能够很快地以较适当词汇来形容自己的情绪，这样一方面有助于个体对自己情绪的了解与掌握，另一方面则能促进彼此的沟通。

反思与探究

1. 情绪与情感的含义是什么？情绪状态有哪些分类？

2. 请简述大学生常见的情绪困扰，这些情绪导致了什么后果？

3. 管理好自己的情绪有哪些对策？

4. 举例说明不良情绪对身心健康有哪些影响。

5. 如何理解一个人的情绪不是由客观事物引起的，而是由自己掌握的？

延伸阅读

1. 弗洛姆 . 爱的艺术 [M]. 李健鸣，译 . 上海：上海译文出版社，2011.

2. 卡巴金 . 正念 [M]. 雷叔云，译 . 海口：海南出版社，2009.

3. 孙瑞雪 . 完整的成长：儿童生命的自我创造 [M]. 北京：世界图书出版公司，2010.

4. 老子 . 道德经 [M]. 北京：中国文联出版社，2016.

好好学习

1. 不负时代，不负华年

明天的中国，希望寄予青年。青年兴则国家兴，中国发展要靠广大青年挺膺担当。年轻充满朝气，青春孕育希望。广大青年要厚植家国情怀、涵养进取品格，以奋斗姿态激扬青春，不负时代，不负华年。

——2022 年 12 月 31 日，习近平发表二〇二三年新年贺词

2. 青年人要抓住机遇，牢记使命，勇担重任

一代人有一代人的责任。中华民族伟大复兴曙光在前、前途光明。同时，我们必须清醒认识到，中华民族伟大复兴绝不是轻轻松松、敲锣打鼓就能实现的。我们面临着难得机遇，也面临着严峻挑战。在这个关键当口，容不得任何停留、迟疑、观望，必须不忘初心、牢记使命，一鼓作气、继续奋斗。

——2021 年 2 月 20 日，习近平在党史学习教育动员大会上的讲话

3. 时代属于奋进者，不忘初心、牢记使命，与时间赛跑、同历史并进

时间不等人！历史不等人！时间属于奋进者！历史属于奋进者！为了实现中华民族伟大复兴的中国梦，我们必须同时间赛跑、同历史并进。全党全军全国各族人民要在中国共产党坚强领导下，不忘初心、牢记使命，不畏风浪、直面挑战，以时不我待的奋进姿态，继续向着实现中华民族伟大复兴的光辉目标进发，继续向着推动构建人

类命运共同体的美好前景进发，继续在人类的伟大时间历史中创造中华民族的伟大历史时间！

——2020 年 1 月 23 日，习近平在 2020 年春节团拜会上的讲话

4. 广大青年人人都是一块玉，要时常用真善美来雕琢自己

青年在成长和奋斗中，会收获成功和喜悦，也会面临困难和压力。要正确对待一时的成败得失，处优而不养尊，受挫而不短志，使顺境逆境都成为人生的财富而不是人生的包袱。广大青年人人都是一块玉，要时常用真善美来雕琢自己，不断培养高洁的操行和纯朴的情感，努力使自己成为高尚的人。

——2017 年 5 月 3 日，习近平在中国政法大学考察时的讲话

第五章
成才之路：大学生的学习与发展

章前导读

人和动物的行为有两类：一类是本能行为，另一类是习得行为。刚出生的婴儿会吃奶，刚出生的小鸭子会游泳这些本能行为是通过遗传获得的种族经验，是与生俱来的。人类能够使用工具，动物园里的大象会画画这些行为则被称为习得行为，是在后天环境中通过学习获得的个体经验。行走、语言和知识技能的习得都是经过后天不断的学习获得的。

本章将系统介绍学习的概念、价值，大学生学会学习的重要意义，以及如何有效开展学习，分析大学生学习的特点及常见障碍，引导大学生端正学习态度，形成正确的学习价值观，构建有效的学习策略，提升学习能力。

学习目标

知识目标：了解学习的概念、价值及大学生学习的特点；理解大学生学会学习的重要意义；掌握培养学习能力的方法，构建有效的学习策略。

能力目标：学会处理在学习中遇到的各种问题，对自身学习的价值进行探索，提升学习能力，克服学习障碍，不断丰富知识技能。

价值目标：深入体会学习的价值，弘扬爱国主义情怀，牢固树立正确的价值观和坚定的理想信念，肩负当代青年大学生的责任和使命担当。

第一节　大学生学习的特点

名家名言

人生最值得纪念的是“大学生活”那一段，它是清醒的、意识的、自动的、努力向上的生活，而且是后半世生活的根基。——［中国］老舍

决不要把你们的学习看成任务，而是一个令人羡慕的机会，为了你们自己的欢乐和今后工作所属社会的利益，去学习。——［德国］爱因斯坦

学习是每一个人成长路上必不可少的重要组成部分，大学生在经历过小学、初中、高中的学习生活，步入大学这个崭新的人生阶段后，会发现大学的学习与曾经熟悉的学习有着很大区别。那么大学学习具有哪些特点和规律？我们又应该如何在学习中调试自己的心理状态，以达到最优的学习效果呢？

一、什么是学习

（一）学习的内涵

1. 学习的层次

学习可以分为以下五个层次。广义的学习是人和动物所共有的行为，即人和动物在生活中获得个体的行为经验及行为变化的过程。次广义的学习指人类的学习，即人在社会生活实践中，以语言为中介，自觉地、积极主动地掌握社会和个体经验的过程。狭义的学习专指学生的学习，即学生在教师的指导之下，有目的、有计划、有组织地进行系统的学习。次狭义的学习，即知识和技能的获得与形成，以及智力因素和非智力因素的发展与培养。最狭义的学习专指知识和技能的获得。

2. 学习的定义

长期以来，心理学对学习有种种界说，如加涅认为“学习”是指人的心理倾向和能力的变化，这种变化要能持续一段时间，而且不能把这种变化简单地归结于生长过

程。韩进之在《教育心理学纲要》中指出，学习是个体在生活中通过各种训练和实践的方式获得个体经验，从而引起相对持久的适应性心理变化的过程。潘菽对人类学习的定义为人的学习是在社会生活实践中，以语言为中介，自觉地、积极主动地掌握社会和个体经验的过程。其中，最为广泛的定义是学习是个体在特定情境下由于练习或反复体验而产生的行为或行为潜能的比较持久的变化。

人类的学习与动物的学习之间的差别不仅是学习内容数量上的差别，更主要的是质上的差别。人类的学习多数是在生活中，具有一定的目的性，是自发地、主动地通过人际交往，以语言为媒介进行的。这里探讨的是学生的学习，与广泛意义上的人类的学习又存在着一定的区别。学生的学习是人类学习中的一种特殊形式，学生的学习过程是在各类学校的特定环境中，按照教育目标的要求，在教师的指导下，有目的、有计划、有组织地进行，是一种特殊的认识活动。

（二）学习的意义

著名心理学家弗兰克尔说，寻求意义是人类最重要的动机之一。因此，我们只有真正意识到所学内容对我们充满意义，才会以更饱满的热情投入其中。

案例导读

真理的味道特别甜：陈望道蘸着墨汁吃粽子

1920 年年初，陈望道为了尽快完成《共产党宣言》的翻译工作，将处于老宅角落里的柴房简单打扫了一下作为自己的“书屋”，两条长板凳、一块儿铺板，既是书桌，又是床，每日的三餐由母亲端来，以节省时间。

春节时分，正是一年中最冷的时候，没有什么取暖设备的柴房更加寒冷，即使被冻得手脚发麻，陈望道也没有停止翻译工作。

陈望道每天昼夜不停地工作，累了困了就在书案上眯一会儿，陈望道的母亲看在眼里，疼在心里。一天，母亲特意为陈望道剥了粽子，配着一碟红糖水，拿给陈望道吃，并且一再叮嘱他要趁热吃。过了一会儿，母亲问他：“红糖够不够甜？不够还有。”陈望道随口回答说：“够甜，够甜了。”母亲走进来时却发现，陈望道的嘴上都是墨汁，碟子里的红糖水却一点没少。他竟然蘸着墨汁将粽子吃了，自己还没有发现。

1920 年 8 月，第一部《共产党宣言》中文全译稿在上海问世。至此之后，《共产党宣言》一版再版，不仅改变了无数中国人的信仰，也改变了中国的历史走向。

解析 在中国共产党的百年历史中，有无数先辈的辛勤付出。陈望道在翻译《共产党宣言》时废寝忘食，误将墨汁当作红糖食用，仍觉得特别甜，后来还称：真理的味道非常甜，充分体现了革命前辈的家国情怀。

思考 作为当代大学生，你是在为什么而学习？你学习的意义是什么？

1965年，联合国教科文组织在巴黎召开成人教育促进国际会议，朗格朗正式向会议提交了“关于终身教育”的提案。1972年5月，报告《学会生存——教育世界的今天和明天》指出，由于时代的变化及社会的发展，教育在现代社会中正扮演着前所未有的角色。这就要求教育必须面向现实和人类的新需要，冲破千百年来对教育机构、体制、内容、方法上的种种限制，体现教育的真正本性——完整的终身教育。1976年11月，联合国教科文组织召开了第十九次全体会议，会议通过了《关于发展成人教育的报告》。报告提出了终身学习这一概念，终身学习是通过一个不断支持的过程来发挥人类的潜能的，它激励并使人们有权力去获得他们终身所需要的全部知识、价值、技能与理解，并在任何任务、情况和环境中有信心地、有创造性地、愉快地应用它们。

联合国教科文组织在教育报告《学习——内在的财富》中提出：终身学习的理念告诉人们，人类文明已发展到了一个新的转折点。随着社会的不断发展变化、科学技术的快速发展、社会价值观的不断改变，学习化社会将逐渐形成。知识在社会生活中的地位和作用的不断增强，意味着教育和学习在社会生活中的地位和作用的进一步突出，学会学习对每一个人来说都至关重要，学习能力的强弱将持续影响个人的发展水平。

二、大学生学习的特点

根据智力发展曲线，大学阶段是学习的最佳时机。儿童从出生到成熟的各个年龄阶段，智力的发展是一个连续的、有一定顺序的过程，在11岁、12岁以前发展较快，之后变慢，到20岁左右达到高峰，随后又保持这个高峰，35岁以后开始缓慢下降。大学生正处在个体智力发展的高峰阶段，因此吸收、接受知识的能力较强。如果说从初中到高中，学生学习的改变是量的变化，那从高中步入大学就是质的变化。大学是重要的人生阶段，不同于小学阶段的启蒙教育，初中、高中阶段的应试教育，大学更为注重对学习能力的培养，而不是单纯的知识性学习。因此大学的教育方式相较于初、高中更为宽松，学生有更多自我支配的时间，所以也就形成了与基础教育阶段不同的学习特点。

1. 学习目标分散化

进入大学阶段，学生学习目标有了更多的选择，如升学、就业、出国等，根据不同的毕业出口，学生对于大学阶段的学习目标也会有不同的选择。例如，希望继续读研深造的学生，会加强对相关理论知识的学习，向更深层次进行探索；选择直接就业的学生，会针对就业方向，加强专业素养，提升实践能力；选择出国的学生，会利用大学阶段提升外语能力。

知识链接

羊群效应：从众心理容易让人失去目标

羊群是一种很散乱的组织，总是盲目地左冲右撞，不管不顾，一旦有一只头羊动起来，其他羊也会不假思索地一哄而上，全然不顾旁边可能有狼或者不远处有更好的草。羊群效应也称羊群行为，它比喻人都有的一种从众心理，从众心理很容易导致盲从，而盲从往往会使人陷入骗局或遭受失败。

2. 学习方式多样化

大学学习虽然主要仍以课堂教学的方式传授知识，但大学生的知识来源不再仅依靠教师讲授，而可以通过多种渠道获取知识。大学生可以根据自身需求，采取不同的方式获取所需知识，如通过线上课程、网络搜索、学术讲座等方式获取专业知识。高等教育阶段与基础教育阶段最大的不同是大学阶段更加注重学生社会实践能力的培养，因此，大学生会更多地参与社会实践、社团活动等提升经验和能力。

3. 学习内容系统化

从被大学录取时起，大学生就已经确定了将要学习的专业，并且 4 ～ 5 年的大学学习生活都将要围绕该专业展开。大学的课程可以分为公共基础课和专业课，专业课又可以分为专业基础课和专业技术课。公共基础课为通识教育，专业课则要更为系统地围绕专业开展，使大学生的专业理论知识和实践能力均达到一定的标准。

三、大学生常见学习障碍

大学阶段的学习除了具有不同于其他阶段的特点外，教育教学方式也会从原本的父母、教师耳提面命式，突然间变为自主学习式。学习目标、学习内容和学习方式的转变使大学生在学习方面极易出现学习障碍。大学生常见学习障碍有以下几种。

1. 学习目标不明确

在中学阶段，很多学生的学习目标就是考上大学。而在步入大学后，原本的学习目标已经完成，新的学习目标还未确定，加之大学与中学阶段的学习内容和方式等有所区别，即使没有较高的分数仍可以顺利毕业，所以导致很多新生在入学一段时间后，不知道该学什么，也不知道该怎么学习。另外，由于大学生仍处于世界观、人生观、价值观的形成阶段，很容易受到外界影响，一部分大学生会在周围家长、亲戚、朋友的影响下，盲目地根据所谓的“市场需求”去考取各种证书，事实上他们没有长远的目标，更缺乏对未来的明确规划，存在着“走一步，看一步”的心理，使学习缺乏连续性。

2. 学习动力不足

从中学到大学，学习模式由原本相对被动的方式变为现在相对主动的自主学习模式。这也就是说，大学生将较少受到教师和父母对学习的监管和督促，同时，部分大学生对于自己的奋斗目标并不明确，这些都会导致他们缺乏学习动力，无法找到学习的意义，出现逃避学习、沉迷网络游戏、旷课、散漫的状态。部分大学生在入学初期能够为自己确定奋斗目标，但由于后期自我支配时间较多，且缺乏持之以恒的精神，自制力较弱，盲目跟风，在学习过程中，学习动力逐渐减弱，导致学习注意力下降，不能专心听课，不能集中注意力思考，容易受到各种内外因素干扰，满足于一知半解，对学习渐渐丧失兴趣。

3. 过度紧张焦虑

大学阶段与中学阶段学习模式的差异，导致部分大学生无法较快、较好地适应大学的学习节奏和模式，从而出现学习成绩不理想，无法达到预期结果的情况，而学生家长又予以较高的期望，在不了解大学和学生状态的情况下，盲目地施加压力，加之部分大学生的自我调节能力较弱，从而出现过度紧张焦虑的现象。例如，情绪压抑，怀疑自己的学习能力，惧怕考试，注意力涣散，寝食不安等。尤其是即将毕业的大学生，面对考研和就业的压力，在考研和找工作的过程中，感觉时间少内容多，从而产生急迫感，担心考试失利、丢面子、父母抱怨、找不到好工作等，出现焦虑情绪，严重的甚至转变为心理疾病，出现自残甚至自杀的不良行为。

主题活动

大学学习是人生重要的组成部分，也是我们步入社会的基础，面对不同于高中阶段的学习模式和学习任务，我们都会产生迷茫和困惑，通过绘制表格，对比高中学习和大学学习的异同，探索大学学习的特点，为开启丰富多彩的大学生生活做好准备工作。

（一）活动设计

活动名称	活动目标	活动流程	活动要求
开启大学生活	探索大学学习的特点，树立正确的学习观	在一张白纸上绘制表格，对比高中与大学学习的区别	从不同角度分析高中和大学学习的区别，最大的区别用彩色笔标注

（二）活动流程

1. 请准备好一张白纸，然后再准备一支黑色的笔和一支彩色的笔。

2. 用笔在纸上绘制表格，从左到右依次是项目、高中学习、大学学习。

3. 在项目下列出你能想到的不同的学习项目，例如，学习目标、学习要求、学习自主性、课程内容、教学形式、学习方法、思维方法等。

4. 依次填入你所理解的在高中阶段和大学阶段的学习中，不同学习项目的特点。你觉得最重要的特点和最大的区别用彩色笔标注。尽量完整、详细地填写。

5. 对比你填入的区别，总结概括大学阶段的主要学习特点。

（三）活动分享

请大家以“开启大学生活”为主题进行分享。在分享中，向同学展示自己所发现的高中学习和大学学习的区别，还可以结合自身实际谈谈，一起探寻大学学习的特点，为更好地完成角色转变做好准备工作。

（四）活动反思

通过梳理高中学习和大学学习的特点，我们了解了大学学习的主要特点，以及从中学生向大学生转变的诸多不适应，但是当我们直观地进行对比，并找出区别时就会发现，要想较好地完成大学阶段的学习任务，我们需要做出的转变有哪些。我们要正确地对待不同学习阶段的变化，正确对待困难，虽然转变的过程很困难，但直面困难就是成功的基础。

第二节 学习能力的培养与潜能开发

名家名言

学习要抓住基本知识：即不好高骛远，而忽略基本的东西。喜马拉雅山是世界著名的高山，正因它是建立在青藏高原上，盘基广大高原之上的一个高峰；假如把喜马拉雅山建立在河海平原或江淮平原上，八千公尺的高峰是难于存在的，犹如无源之水是易于枯竭的。——［中国］徐特立

知识是青年人最佳的荣誉，老年人最大的慰藉，穷人最宝贵的财产，富人最珍贵的装饰品。——［古希腊］第欧根尼

一、正确认识及培养大学生学习能力

能力是指人们顺利完成某种活动所必须具备的个性心理特征，它是顺利完成某种活动的必要条件。在快速发展的社会中，学习能力已成为个人生存和发展的关键性能力。所谓学习能力，就是完成学习任务的本领，从心理学的角度讲，学习能力是个体完成学习任务所必需的、稳定的个体心理特征，是衡量一个人是否“会学”的标准。

大学是人生中很重要的阶段，这一阶段的学生开始学习与基础教育不同的内容，开始接触社会，并且具有较高的可塑性，可以积极主动地集中所有精力来充实丰富人生经历。

案例导读

有意义的大学生活

中南大学药学院 2016 级有一位名叫孙晟杰的学生，在校期间被成功保送至中山大学药剂学专业攻读硕士学位。大学阶段，他不仅成绩名列前茅，还积极参与组

织策划学生活动。他身上既有耀眼的成绩，又体现出优秀的个人品质。

由于高中时期就特别喜爱化学和生物这两门课程，在高考时，孙晟杰毫不犹豫地填报了药学专业。和许多大一新生一样，对于大学这个崭新的学习环境，他也有过迷茫，大一的期末考试中，他并没有取得特别优异的成绩，但是他将对药学专业的热爱转换为动力，努力学习专业课程，在大二时将成绩提升至班级第一。

孙晟杰认为新时代的大学生应该有理想、有抱负，面对学习，也应该如此，所以，他在专业课程方面的学习，并不是完全按照教师对某一学科的学习要求，而是有针对性、有目的地开展学习，将学习的内容拓展到药学这一学科所包含的丰富内容上，不断地进行探索和学习，关注每一个学科之间的联系。对于他来说，坚持是让他成功提升学习成绩、全面发展的唯一秘诀。

解析 孙晟杰能不断地超越自己，取得成功，是因为他在大学阶段始终在不断地充实自己。大学生应不断探索发现自己的兴趣点，并根据兴趣点提升主观能动性，不断强化自主学习能力，加深对相关知识领域的认知。

思考 作为大学生要如何成为未来社会和国家的顶梁柱?

（一）自学能力

1. 自学能力的内涵

自学就是根据社会和人的发展需要，借助社会力量充分调动主观能动性，自主学习，不断积累知识、获取技能和培养能力的活动。大学阶段的教育重在培养大学生的自学能力，也就是大学生在大学课堂外，通过自己的学习来获取更多知识的能力。高等教育如果缺少了对大学生自学能力的培养，也将会是不完善的教育。大学生通过大学阶段的学习能够有效提升其独立自主的学习能力，包括自行查找文献的能力，对文献进行归类、提取信息、整合的能力，及自主学习、动手实践的能力等。在大学生步入工作岗位后，这些能力将会直接影响他们在工作中，甚至在社会中的生存发展能力。

2. 自学能力的分类

大学阶段的自学可以分为限定性自学、主动性自学和自主性自学。限定性自学是指大学生根据教师的指导和要求进行自学，包括对课程的预习、复习及完成作业等。主动性自学是指大学生为了强化对所学课程的认识，丰富对课程的理解，主动地查找参考书目、文献进行自学。自主性自学是指大学生根据自己的学习、职业规划，爱好、兴趣等自主地选择学习内容、学习方式，自行查找相关内容进行学习，以达到自我提升的目的。

3. 如何提升自学能力

提升自学能力需要大学生确认自身需求，有针对性地自学，要清楚地知道授课教师对于课程的要求，需要完成的课程作业有哪些，具体的要求是什么，然后根据要求完成任务，以达到最基本的完成学业任务的层次。针对主动性自学，大学生要学会选择课程，可以根据自己的兴趣爱好选择课程，也可以根据未来职业发展选择需要深入学习的课程，找到自己现有认知不足的地方，自主地选择适当的学习方法，加深理解记忆。针对自主性自学，大学生应充分做好大学生涯和职业生涯规划，根据自身规划方向，确定需要学习的内容和种类。

（二）解决问题能力

1. 解决问题能力的内涵

从步入大学校园起，大学生就开始了独立的生活，需要独立面对并解决各种问题。当代大学生想要独立，需要具有思考的能力、发现问题的能力、解决问题的能力。因为一个没有思考能力的人，永远只能盲目地被牵着鼻子走，而拥有独立思考能力的人，往往能够在复杂的社会中做出正确的决策，甚至成为领路人。大学阶段的学生不能再完全依靠父母生活，也不能再完全依靠教师学习。如果说中学阶段的学习是教师帮助学生发现问题、解决问题，那么大学阶段的学习，则需要大学生自己发现问题、解决问题。大学生需要在大学阶段不断提高自己从自然界和社会生活中发现、捕捉和获取各种有价值的信息和感性材料的能力；能够面对各种信息和感性材料进行思维方面的独立加工并上升到理性认识，以及形成人类实践活动的目标、计划、方案的能力；能够在学习、工作、生活中，不断培养自己发现、总结、归纳的能力；能够从中发现需要解决的问题，然后充分调动资源，探索发现一种或多种解决问题的方式方法，并找到最优解，从而不断提升自身解决问题的能力。

2. 解决问题能力的分类

大学生解决问题的能力可分为六种：理解问题能力、识别问题能力、表征问题能力、解决问题能力、反思问题能力和拓展问题能力。

（1）理解问题能力是指理解原文、图表、公式等提供的信息的能力，如能理解案例背景，理解相关概念。问题解决往往首先是问题的理解和识别，是为解决问题提供准备。

（2）识别问题能力是指提取问题中变量及因素的能力。通过理解问题，获得关于问题的信息，接下来就是从这些信息中发现和识别它们所包含的问题。大学生应该学会发现问题，不断地从某一问题出发，提出多个与之相关的问题。有了发现问题的能力，才能有不断研究的基础，才能有不断前进的动力。

（3）表征问题能力是指判断变量关系和各因素导致的结果的能力。

（4）解决问题能力是指能提出解决方案，判断各方案优劣并选择最优方案的能力。事实上，一个人解决问题的能力与他一生的成就有密切关系，解决问题能力越强，成就越大，反之越少。

（5）反思问题能力是指找出错在哪里和错的原因的能力。反思问题要求学习者必须清晰地意识到所学习策略的内容、适用范围，怎样应用、何时应用及应用效果。很明显，解决这几个问题实际上就是学生对自己学习过程和学习结果的反省。大学生的思维方式已经逐步形成，他们可以深入分析问题的深层含义，这是反思活动的重要组成部分。

（6）拓展问题能力是指将解决问题的办法用于其他类似问题的能力。大学生在日常学习、工作、生活中，要善于积累解决问题的方法，在提高理解问题能力、识别问题能力、表征问题能力、解决问题能力、反思问题能力的基础上，加以总结归纳，举一反三，最终可以将这些能力拓展到其他领域，当再次遇到类似的问题的时候，就可以熟练地找到解决方法，及时有效地解决问题。

（三）科学研究能力

1. 科学研究能力的内涵

科学研究能力即有意识、有目的地对某一类自然或社会现象进行调查研究，从诸多个别现象中揭示出一般性规律和普遍联系，从而为人们的实践活动提供理论和事实依据的能力；或者是根据前人已经确立的理论知识，通过对新的个别事实的研究而形成新的技能、技术、方法的能力。科学研究的基本任务就是探索和认识未知。

2. 科学研究能力的内容

党的二十大报告指出："必须坚持科技是第一生产力、人才是第一资源、创新是第一动力，深入实施科教兴国战略、人才强国战略、创新驱动发展战略，开辟发展新领域新赛道，不断塑造发展新动能新优势。"教育部发布的《关于加快建设高水平本科教育，全面提高人才培养能力的意见》要求，高等教育中应充分重视本科生科研能力训练工作，并开展一系列本科生科研能力培养体系改革探索，以激发本科生科研激情，进一步培养学生创造性思维和创新能力。

高等教育与基础教育不同的地方在于高等教育需要培养学生的科学研究能力。大学生应能独立地根据学习、生活、实践中的内容，归纳总结，分析存在的问题，根据已有理论加以研究，从而形成新的理论、规律、解决途径等。高校在教育教学过程中，应强化学生对科学问题的理解和思考，促进其科学研究能力的形成。大学生应主动参与科学研究、学术交流活动，关注国内外最新的科研学术动态，提高自己获取、收集信息的能力。

二、大学生学习潜能的开发

大学学习与中学学习特点不同，大学生需要掌握不同的学习方法，也需要不断地开发潜能，提高学习能力。

（一）激发学习动机

1. 明确学习动机

个体要想拥有良好的学习动力，首先需要具有良好的学习动机。学习动机是人的需要的表现，当某种需要与一定的目标结合时，需要就成为动机。动机与目标有联系，也有区别，同样的学习目标，可能有不同的动机。学习动机有高尚和低级之分，高尚动机同社会责任感紧密联系，如为了祖国而学习；低级动机同低级层次需要相联系，如为了追求个人享受而学习。树立崇高的动机对学习具有特别重要的意义。高尔基说："一个人追求的目标越高，他的能力就发展得越快，对社会就越有益，我确信这也是一个真理。"但崇高的目标是由一个个具体、良好的学习动机逐步积累起来的。

大学生阶段的学习，除了本身的课业要求外，还有很多课外知识与技能的学习，而这些往往需要学生本人主动地开展学习，并非教师要求。激发大学生的学习动机，除了基于以上理论外，还需要学生自己明确学习目标，为达到学习目标而努力奋斗。

2. 强化学习动机

根据马斯洛的需要层次理论，人的需要由生理的需要、安全的需要、归属与爱的需要、尊重的需要、自我实现的需要五个等级构成。马斯洛认为需要层次越低，力量越大，潜力越大。随着需要层次的上升，需要的力量相应减弱。高级需要出现之前，必须先满足低级需要。在从动物到人的进化过程中，高级需要出现得比较晚，婴儿有生理需要和安全需要，但自我实现的需要在成人后出现；所有生物都需要食物和水分，但是只有人类才有自我实现的需要。而学习对于大学生来说，并不是基本的生理的需要，而是更高层次的需要。要强化实现这些高级的需要，就需要不断加强需要的力量，即强化动机。

以美国著名心理学家、行为学家斯金纳为代表的一些学者提出的强化理论认为：个体行为的产生和发展的原因是强化，这里说的强化指的是通过一定的刺激来增强个体某种行为的过程。强化有很多种类别，主要分为两类：正强化和负强化。当个体行为的反应随着刺激的增加而增加时，这种影响就被称为正强化。相反，当个体行为的反应随着刺激的增加而减少时，这种影响就被称为负强化。也就是说，要提升大学生的学习动机，就需要不断地施加正强化，学生本人也要不断地加强学习动机，找到学习对于自身的价值所在，并以此来刺激自己积极开展学习，加强正强化。例如，可以给自己设定几个阶段性的小目标，每达到一个小目标，予以自己某种小奖励，以激励自己不断完成目标，从而强化学习动机。

成就动机理论认为人们希望从事对他们有重要意义、有一定困难且具有挑战性的活动，在活动中能取得圆满优异的结果和成绩，并能超越他人的动机。成就动机是个体在追求个体价值的最大化，或者在追求自我价值的时候，通过方法达到的最完美的状态，它是一种内在驱动力的体现，同时也能够直接影响人的行为活动、思考方式，并且是一种长期的状态。所以，大学生应根据自身情况，不断挖掘自身成就动机，并以此来提升学习动机强度。追求丰富多彩的生活，是宇宙万物与生俱来的天性，所以，当一个人开始朝向富足生活前进时，更多的人和事将情不自禁地依附他、追随他，让他的行动更加高效。要相信我们自己，坚信自己正在进步、正在获得更多的财富，让这种信心注入、渗透到我们的每一个行动中，这样我们就能把“不断进步”的印象留给与我们交往的每一个人。激发大学生的成就动机，还可以增强其学习的自觉性和主动性，从而在学习实践活动中体验获取知识的快乐。

知识链接

强化理论：强化正面作用，弱化负面作用

美国心理学家、行为科学家斯金纳提出了操作性条件反射理论，认为人为了达到某种目的，会采取一定的行为作用于环境。当这种行为的后果对他有利时，这种行为就会在以后重复出现；不利时，这种行为就减弱或消失。人们可以用这种正强化或负强化的方法来影响行为的后果，从而修正行为，这就是强化理论，也叫行为修正理论。

（二）提高注意力

部分大学生在大学阶段学习时不能较好地控制自己，受到学习倦怠情绪的影响，无法集中注意力或者无法持续有效的学习。所谓注意力，就是将心理活动集中指向一定事物的能力。注意力差的人学习时不能集中精力，不能专心致志、全神贯注，在某种客观因素或主观因素的影响下出现注意力涣散。注意力涣散对学习的负面影响是十分明显的，实践表明，只有克服了注意力涣散，才能保证学习活动的正常进行。提高注意力的方法有以下几种。

（1）树立明确的学习目标。目的性是有意注意的主要特征之一，自觉确定目标对调整、指导大学生的行为有重要意义。在学习活动中，为了能够长时间地保持注意，大学生要有明确的学习目标及达到目标的具体步骤，这样即使面对枯燥的学习任务也能够保持很长时间的注意。

（2）养成良好的学习习惯。学习习惯是多方面的，它对注意力的培养开发、良好品质的形成有重要意义。大学生学习习惯的培养主要包括学习态度的形成、学习计划的制订等。

（3）激发广泛且稳定的兴趣。兴趣与注意密切相关，兴趣越强烈，注意越集中；兴趣索然，则会熟视无睹、注意力涣散。兴趣最直接的作用是对活动的直接推动，当人们从事有兴趣的活动时，能体验到满足感和成就感。稳定的兴趣推动人坚持不懈地努力，直至达到目标。因此，激发兴趣是提高注意力的关键。

（4）加强意志力的锻炼。注意力是意志力的具体表现，因此，注意力的培养和开发离不开意志力的锻炼。意志坚强的人才能抵制住诱惑，自主控制自己的注意；而意志薄弱的人则容易走神，盲目从众。

（三）增强学习潜能

大学生要增强学习潜能，还应学会利用好学习时间中能够使用的潜在能力。对于我们来说，能量主要来自四个源泉——身体、情绪、思想和精神，也就是说我们应该充分发挥好身体、情绪、思想和精神的力量。身体是革命的本钱，在学习过程中要充分发挥潜能，就需要保证身体的健康和舒适，因此在学习中需要适当休息、劳逸结合，必要的休息可以有效调节身体状况、缓解疲劳和焦虑，保持稳定、健康的状态，达到更好的效果。情绪的好坏决定着事情完成的效率，当保持愉悦的心情学习工作时，我们往往会感到轻松和舒适；反之则会感到疲惫，所以大学生要学会调整情绪，使自己处于一个相对舒适的情绪空间中。

意识决定形态，思想决定能量，当我们集中思想去做某一件事的时候，往往可以达到超出预期的效果，而当我们同时处理多件事的时候，则会像无头的苍蝇一般抓不到头绪，且每一样工作都不能保质保量地完成。所以学习时，大学生需要提升专注力，集中思想将困难逐条击破。精神上的满足可以提升个人的幸福感，幸福感可以增强一个人的能量，当人做自己擅长或者细化自身的事情时，会有超出平常的幸福感，而这种幸福感会带给人更强的能量、更多的动力。心理学家和精神病学家指出，当意识转化为潜意识时，会在大脑皮层留下生理印记。一旦你的潜意识接受了某种观念，它就会开始实践这种观念，召唤无穷的生命潜力，运用你过去生命中学习到的全部知识和信息去实现目标，有时你会突然发现所有的困难都有了解决方案。

主题活动

大学生的学习是一个过程，是从刚入学时的不适、迷茫到渐渐熟悉适应大学的生活，再到出现倦怠、对未来产生困惑等的过程。因此，大学生的学习能力需要不断培养、不断提高。但究竟应该如何提高学习能力呢？通过发现问题，解决问题，让我们积极思考，并总结出提高学习能力和开发学习潜能的方法。

（一）活动设计

活动名称	活动目标	活动流程	活动要求
我们一起成长	通过活动，明确学习动机，提高学习能力，树立为祖国而学习的远大志向	3～5人为一个小组，各自制定一个一周学习目标，小组内共享，互相监督达成效果	每位参与者需明确自己的一周学习目标，每日填写完成度，记录学习过程

（二）活动流程

1. 学生自由分组，3～5人为一个小组，为每个小组发放统一颜色的彩纸，每人一张。

2. 每位小组成员需在自己的彩纸上绘制表格，写下为自己制定的一周学习目标和每日目标，小组内互相分享，以便互相监督完成情况（见表5-1）。

表5-1 你的专属周计划

目标	目标内容	完成情况	困难与成就
周目标	1.…… 2.……		
Day1	1.……		
Day2	1.……		
Day3	1.……		
Day4	1.……		
Day5	1.……		
Day6	1.……		
Day7	1.……		

注意：制定周目标和每日目标要具体化，并且要根据实际情况，目标不宜过多、过重，以免无法完成影响学习积极性；也不要过少、过于简单，以免无法体会到努力过后带来的成就感。

3. 每天晚上，小组成员要在自己的表格上对应的日期内填写完成情况，并与小组内成员进行分享、交流，谈一谈目标完成度和完成过程中收获成就感的成就事件、遇到的困难和解决方式，遇到无法解决的问题可以在小组内向他人寻求帮助。

4. 一周之后，总结自己的周目标完成情况，总结在完成每日目标和周目标的过程中，有哪些成就事件，有哪些时刻让自己感受到幸福和满足，以及在完成目标的过程中，遇到了什么样的困难，有哪些时刻想过要放弃，又是如何成功克服的，有没有未克服、未完成的目标。总结之后小组成员互相分享。

5. 所有小组都完成任务后，选派代表与其他小组交流自己小组的情况，大家共同分析、总结大学阶段应如何提升学习能力、开发学习潜能。

（三）活动分享

各小组组内分享和最后各小组间的分享，可以让大学生感受不同学习能力的差距，体会到多种学习情况，尤其要注意总结成就故事，突出成就感，以此树立自信心，逐渐形成较好的学习能力。

（四）活动反思

1. 通过自己制定学习目标，强化学习动机，每日填表、报表，完成打卡任务，提升自我管理能力，并从完成目标的过程中感受到成就感和乐趣。最后，将单纯地完成小目标的过程上升到大学阶段如何提升学习能力、培养学习潜能的层面。

2. 学会学习，将学习目标分解、细化，针对不同的学习内容和学习要求能够及时改进学习目标，培养良好的学习能力。

第三节 掌握有效的学习策略

名家名言

善学者，师逸而功倍，又从而庸之；不善学者，师勤而功半，又从而怨之。——《礼记·学记》

学习是劳动，并且应当永远是劳动，是充满了思想的劳动，要使求学的兴趣本身依赖于严肃的思想，而不是依赖于不合乎实际的任何表面文章。——［俄］乌申斯基

一、学习策略概述

（一）学习策略

学习策略存在于每一个学生学习的过程之中。比如当大学生在备考英语四级时，会先思考一下，用什么方法学，怎么学，学什么，才能通过英语四级考试，这样一个大致的计划，其实就是学习策略，并且在学习的过程中，还会为了达到更好的学习效果而不断改进学习策略。

Chamot（1985）等首先将学习策略定义为“学习策略是学习者为提高学习效果和记忆深度而采取的措施、技巧”。Rubin（1987）则认为“学习策略是加速学习者建构语言自我的途径”。Oxford（1989）将学习策略定义为“学习策略是使语言学习者学习更加成功、更加愉快、更加自主而使用的行动或行为”。文秋芳（1995）认为学习策略是学生为有效学习而采取的办法。刘珣（2000）对学习策略的定义更为详细，他认为“学习策略是语言学习者为有效地掌握语言规则系统，发展语言技能和语言交际能力，解决学习过程中所遇到的问题而采取的各种计划、途径、步骤、方法、技巧和调节措施”。

根据前人的总结，学习策略可以概括为在学习情境中，学习者对学习任务的认识、对学习方法的调用和对学习过程的调控。

（二）学习策略的特性

与学习策略相关，又容易让人混淆的是学习方法，二者有相同的地方也有不同的地方。概括地说，学习策略具有宏观性、针对性、灵活性和自觉性。

1. 宏观性

宏观性是指在具体的学习过程中，我们需要通过学习策略来把握如何学习才能让学习的效率更高、效果更好，而不是看具体学习过程中的某一个细节应该如何进行。然而在我们的学习过程中，大多数学生往往将注意力放在了细节上，忽视了对整体的策划和调控。因此，大学生的学习就会出现一些问题，比如，对学业的迷茫，对某一门课程、某一阶段知识的焦虑。步入大学后，不同的学生会对大学的学习及课余生活有不同的理解，有的学生积极参与各种实践活动，有的学生认真学习专业课程，有的学生沉迷网络游戏忘记了学习，等等。出现这些问题的根源就在于学生缺少对大学学习策略的宏观把握，不知道应该怎么协调课业和实践的关系、学习和娱乐的关系等。

2. 针对性

大学学习不再单纯依靠固有的答题经验、公式等，还要掌握理论知识与实践操作，不同的课程会有不同的课程目标，也会有不同的课程要求和考核标准，因此对于偏理论的课程，采取的学习策略与偏实践的课程应有所区别，大学的学习需要根据不同的课程要求有针对性地开展。例如，对于一些专业基础理论课程，大学生可以采取理解+记忆的方式进行学习，通过课堂的学习，结合课后的文献检索，加深对理论知识的理解；对于专业实践类课程，除了掌握基本操作方法外，大学生还要实际动手操作，将理论与实践相结合，理论指导实践，实践强化理论，这样有针对性地选取适合的学习策略开展学习才能提升学习效率。

3. 灵活性

在大学学习的过程中，大学生可以经常与辅导员、任课教师、学长学姐沟通，解决自己对学习方法、学习策略等的困惑。每个人都有最适合自己的方法和策略，可能某一种学习方式适合大多数学生，但未必适合自己。通过沟通，发现问题，及时调整，汲取其他方法策略中对自己有意义、有价值的部分，把自己的学习策略调整到最佳。以备考英语四级为例，有的大学生采用的方式为在做历年真题的过程中培养语感，增长词汇量，有的学生则采取的是反复背诵单词增长词汇量，然后再做题加以巩固的方式。学习策略是多变的，不同的学生选取不同的方式，无法笼统地说哪一种就是好的学习策略，哪一种就是不好的，而需要大学生本人去尝试，然后灵活调整。

4. 自觉性

大学阶段的学习侧重的是主动学习、自觉学习，大学阶段的学习策略也是一样。

在大学阶段，不会再有如同初高中一般的教师、父母的耳提面命，而是要依靠大学生自己，根据教师的要求、课程的考核要求，以及自己的大学生涯规划和职业生涯规划开展学习。每一个大学生的未来规划不同，其学习的侧重点也会有所区别，所以大学阶段的学习策略无法完全的复制粘贴，不能单纯地依靠向他人请教，而是要自觉主动地根据自己的需求进行学习，寻找适合自己的学习策略。比如，有大学生希望能在大学学业结束之后继续读研深造，他们的学习侧重方向为理论型知识，因此学习策略也会是针对学习理论知识的策略；对于希望在大学毕业后直接按照所学专业就业的大学生来说，他们需要依靠更多的专业技能来工作，他们的侧重方向是实践能力，那么他们的学习策略则应注重实践能力的培养。

二、学习策略的应用

大学阶段的学习有其特殊性，注重培养大学生的学习能力，为其步入社会奠定基础，因此，有效学习策略的应用尤为重要。

（一）设计学业生涯规划

1. 大学生学业生涯规划

大学生学业生涯规划是大学生在认识自我、了解社会的基础上，从自身实际和社会需求出发，确定职业发展的方向，制定在大学期间学习的阶段目标和总体目标，拟定实现目标的步骤和具体实施方法的过程。

学业生涯规划的目的在于使学生认识自我，明确自己的目标，并为之不断地挑战自我、超越自我，为将来走向社会做好准备。学业生涯规划有利于学生更好地认识自我，确定发展目标。进入大学后，部分学生面对众多必须由自己做决定的选择时往往不知所措，一部分大学生目标模糊，对自己没有清醒的认识，不知道自己适合做什么；还有一部分大学生目标多变，今天觉得考研有出路，明天又想找工作，到头来目标都没有实现。因此，制定学业生涯规划的前提与关键是做好自我认识与自我评估，要从兴趣、特长、性格、能力、道德水准、自我评估等方面深入了解自我，在充分认识和客观分析自我的基础上确定发展目标。结合学业生涯规划确定的一个个阶段性目标，能够建立一个约束与激励的机制，通过阶段性目标的达成可以激励学生学习的主动性和自觉性，提高自律与自控能力。

2. 学业生涯规划的基本特点

（1）独特性。每个人的生涯发展都是独一无二的，学业生涯也是如此。学业生涯是学生依据自己的人生理想，为了自我实现而逐渐展开的一种独特的学习历程，不同的学生有不同的学业生涯，也许某些学生的学业生涯有某些相似之处，但实质可能是完全不一样的。

（2）发展性。人是生涯的主动塑造者，学业生涯是一个动态的发展历程，学生在校学习的不同阶段会有不同的要求，这些要求会不断地变化与发展，学生也会因此不断地成长。

（3）综合性。学业生涯以学生角色的发展为主轴，也包括其他与学习有关的角色，如父母、亲友、同学等涵盖人生整体发展的各个层面的各种角色。

3. 制定学业生涯规划的基本原则

（1）可行性原则。学业生涯规划是针对学生的实际情况设计的，所谓可行性，就是指制定出来的学业生涯规划应切实可行，具有现实性、可能性和可操作性，每个阶段的目标及达到目标的方法应力求科学、合理，是经过努力能够实现的。

（2）可调节原则，学业生涯规划具有发展性的特点，不是孤立的、静止的，应该能够根据社会需求的发展变化与学生个体主观条件的变化随时修正，比如在阶段性目标上，可以根据进展的程度，酌情提高目标或降低目标。

（3）最优化原则。应力求做到身心和谐，使个人的性格、兴趣、知识和能力等与目标和谐统一，实现优化组合。

（4）共性与个性相结合原则。学业生涯规划既要反映学生发展的共性问题，又要满足学生各种需求，有效地培养和发展学生的兴趣、爱好、特长，使学生的先天禀赋和个性潜能得到充分发展。

（二）提高学习质量和效率

1. 合理利用大脑，提高学习效率

学习是一项复杂的脑力劳动，需要充分发挥人的主观能动性，合理利用大脑，以达到最高的学习效率。科学研究表明，一般而言，人的大脑并无显著差异，也就是说，每个人的智商不存在太大的差别，我们所谓的聪明和笨，主要取决于后天对大脑的使用。研究证明，舒适的环境可使用脑效率提高 15% ～ 30%，光线过于强烈或过于阴暗都会刺激大脑，让大脑释放出疲劳的信号；环境过于嘈杂或者温度偏高或偏低也会让大脑迅速疲劳，不利于大脑进行脑力劳动。因此，学习效率增加的前提是为大脑提供一个安静、舒适的学习环境。

2. 高效读书学习，让大脑充满活力

大脑是人体的一部分，和人体一样需要充分的营养来滋养。大脑在工作的时候需要消耗大量的氧气、蛋白质等，而这些都需要依靠身体的各个器官予以支持，所以，要让大脑更为高效地工作，就需要保持健康的体魄，保证氧气和各种养分的足量供应。

首先，养成健康合理的规律作息，积极锻炼身体，为大脑的工作提供充沛的精力。其次，保证足够的营养供给。大脑对营养的需求是多方面的，因此大学生要按照营养学的基本要求，合理膳食，特别是多摄取豆制品、蛋白、鱼、精肉等，为大脑提供足量的蛋白质；还需要注意吸收维生素，适当添加粗粮，及时给大脑加足“燃料”。再次，注意避免酒精、尼古丁等有害物质的摄入。最后，保持放松、乐观、愉悦的情绪，良好的精神状态有利于我们保持高效的学习状态，提升学习动力。

3. 合理安排时间，不能急于求成

学习是一件长期的事情，所以我们用脑也要张弛有度，即学习与休息要合理安排。大脑可以分为兴奋和抑制两种状态，工作中的大脑处于兴奋状态，疲惫时的大脑则处于抑制状态。兴奋状态下的大脑工作效率更高，兴奋后会自动出现抑制现象，也就是说，当我们学习工作一段时间后感到疲惫，就是我们的大脑需要休息。当然这种休息不是单纯的、静止不动的休息，是从事其他与原先从事的学习工作不同内容、方式的活动，因为大脑皮层的不同区域对不同信息的摄取和吸收是有区别的，即不同信息对大脑不同区域的刺激是有差异的。比如，我们可以将文理科的课程交叉学习，这样可使大脑皮层中的兴奋灶从一个区域转移到另一个区域，在这样的交替学习中大脑皮层的神经系统也随之交替使用，减缓其疲劳的速度，同时也使两种学习内容均得到高效的摄入。还比如，学习理论知识一段时间后，可以进行适当的体育锻炼缓解疲劳。

拓展阅读

5-1 遗忘曲线

大脑需要不断开发才能逐渐达到更好的状态，“脑子越用越灵，不用不灵”，大脑当中的神经元需要不断接受刺激，才能更好地发展，所以我们应该在保证必要的营养供给、身体锻炼和休息的前提下，让大脑经常处于工作学习状态，从而保持最好的学习效果。

（三）综合运用多种手段，提升学习效果

1. 构建积极的学习动机

养成高效率的学习习惯，要充分调动自身积极性，构建积极的学习动机。首先，应树立正确的人生观和学习观，将自己的人生发展与社会前进相联系，把个人的成功建立在为国家和社会做贡献上同时把学习的重点放在掌握学习方法、学会怎么学习上，使自己形成一个可持续发展的态势。其次，将远景性动机与近景性动机有机结合，远景性动机如服从于个人或社会的远大目标等，近景性动机如奖学金、文凭、考研等学习目标，把长远的学习目标与近期的学习计划结合起来，以实现近期目标来逐步达成最终目标。最后，要将内部动机与外部动机有机结合。

合理驱动内外部动机。内部动机主要来源于心理需求，表现为认知驱力（好奇

心)、兴趣驱力、成功驱力、避免失败的驱力和归属与爱的驱力等。外部动机主要受外部情境支配，一般表现为受当前诱因吸引。例如，对教师的敬仰、对教学方式的喜爱，受近期诱因吸引、受未来诱因吸引等。其中，内部动机的稳定性和持久性更大，比如我们熟知的周恩来总理的“为中华崛起而读书”。

案例导读

数学家苏步青：我为什么要热爱祖国

苏步青于1902年9月出生在浙江省平阳县的一个山村里。他在读初中时，对数学并不感兴趣，觉得数学太简单，一学就懂。在他上初三的时候，一位从日本留学归来的数学课老师在课堂上说：“当今世界，弱肉强食，世界列强依仗船坚炮利，都想蚕食瓜分中国。中华亡国灭种的危险迫在眉睫，振兴科学，发展实业，救亡图存，在此一举。天下兴亡，匹夫有责，在座的每一位同学都有责任。”他旁征博引，讲述了数学在现代科学技术发展中的巨大作用。这堂课的最后一句话是为了救亡图存，必须振兴科学。数学是科学的开路先锋，为了发展科学，必须学好数学。老师的话深深地打动了苏步青，他意识到：读书，不仅是为了摆脱个人困境，而且是为了拯救中国广大的苦难民众；读书，不仅是为了个人找出路，而且是为了中华民族求新生。

从那天起，苏步青原本对文学的热爱转到了数学上，并从此立下了“读书不忘救国，救国不忘读书”的座右铭。他在四年中演算了上万道数学习题。17岁时，苏步青赴日留学，并以第一名的成绩考取东京高等工业学校，为国争光的信念驱使苏步青较早地进入了数学的研究领域，在完成学业的同时，写了30多篇论文，在微积分几何方面取得令人瞩目的成果，并于1931年获得理学博士学位。

解析 苏步青在听到老师讲为振兴科学发展、为振兴中国而读书时被深深打动，这帮他构建起了积极的学习动机，为他找到了学习的方向和动力，不断地演算形成了良好的学习方法，这些都为他最终的成功奠定了基础。

思考 你是如何构建积极的学习动机的？如何找到适合自己的学习方法呢？

2. 培养良好的学习兴趣

构建了积极的学习动机之后，要让动机一直保持下去，就需要大学生有较强的学习兴趣。

(1) 以兴趣为基础。兴趣以人们认识或探索某种事物的需要为基础，并通过社会实践而得以体现。当人们对某一事物产生兴趣时，总是表现出极大的积极性，并带着快乐、兴奋的情感去探究事物，全身心地投入对事物的认识中。学习兴趣是指人们在学习过程中积极探索、认识事物并带有强烈情绪色彩的心理倾向。人们总是喜欢做自己感兴趣的事，学习兴趣对学习的影响极大，主要起导向和推动作用，甚至对一个人今后事业的发展有着不可忽视的影响。在学习过程中，学习兴趣可以直接转化为学习动力，激发学习的积极性，推动我们去探求未知事物。要培养良好的学习兴趣，首先要培养大学生的好奇心，有好奇心才会有想要探索未知的兴趣。

（2）以正确目标引导兴趣的建立。要引导兴趣适应变化的形势，不断向更高层次发展。兴趣比较容易受社会思潮和社会环境的影响，在其形成之初，往往具有一定的盲目性和不稳定性。如果大学生尚未具备正确的人生观和价值观，就容易沉迷于低级兴趣而不能自拔。因此，要时时注意使学习兴趣与崇高的生活目标联系在一起，根据国家、人民的需要及个人特长，引导兴趣向正确方向和更高层次发展。

（3）树立中心兴趣。兴趣既要广泛，更要有中心。兴趣广泛是大学生的特点，这表明年轻人具有强烈的求知欲望。广泛的兴趣有利于个体的全面发展，可以使知识面更加广博、生活更加丰富和充实。但是要处理好广博与专深的关系，如果没有中心兴趣，或者说对自己的主攻目标没有兴趣，就会舍本逐末，一事无成。

（4）在学习过程中不断强化和巩固兴趣。在学习过程中不断强化良好的学习兴趣能够使兴趣由偶尔的好奇，向孜孜不倦的追求精神转化。新奇的事物及不曾了解的事物固然容易引发兴趣，在工作中已获得成功的事物也容易引发兴趣。当你为获得成功而感到愉快时也就是兴趣产生或强化之时。学习是成功的途径，成功也是学习的途径，点点滴滴的成功会引导好奇心，并最终成为孜孜不倦的追求。

总之，兴趣是可以培养的，通过努力学习和不断积累知识可以将没有兴趣转变为有兴趣。但是，不顾学习本身的特点，一味追求趣味，想把学习的一切都兴趣化，是不可能的，也是不应该的。学习是一种艰苦的劳动，兴趣能帮助我们更好地学习，但是不能代替艰苦的劳动。学习中必然会有一些枯燥的东西，只要我们对学习目的充满兴趣，那么，当我们为实现学习目的而去完成那些枯燥的工作时也会产生一种间接的兴趣。

3. 营造积极的情绪体验

（1）情绪体验认知。在生活中，所有人都离不开喜怒哀乐等各种情绪体验，不同的遭遇会让人有不同的情绪体验，不同的情绪体验也会给人带来不同的感受。比如，当面对自己的成就事件时，会十分有成就感，也会产生激动、兴奋、愉悦等积极的情绪体验，感到精力充沛，浑身舒畅；当面对自己的失败事件时，会有很深的挫败感，产生难过、心烦、哀伤等消极的情绪体验，感到丧失斗志、浑身乏力。由此可以发现，面对积极的事件会促使我们产生积极的情绪体验；反之则会产生消极的情绪体验。

（2）情绪体验面对。大学生正处于世界观、人生观、价值观尚未完全成熟的时期，心智尚未稳定，因此很容易受到情绪的影响。大学生的情绪往往表现为极端性和矛盾性。随着年龄和阅历的增长，大学生的情绪逐渐趋于稳定，但是也正是由于不多的社会经验和阅历，使其情绪波动相较于成年人还是更为激烈，表现也更为明显，即大学生的情绪同时具有稳定性和波动性。比如，当面对评奖评优时，有部分大学生会受其影响，心中一直想着评选的结果如何，怎么才能评选上，如果评选失败会怎么样等，导致郁郁寡欢，压力重重。大学生的情绪虽然相比于成年人的情绪更加外显，但是大部分大学生也懂得并能够适当地隐藏情绪。比如，当大学生由于课程内容或者授课教师而不喜欢某门课程的时候，他们往往不会在课堂上与教师产生过多的冲突，而是隐藏情绪，因此，大学生的情绪具有外显性和内隐性并存的特点。

（3）情绪体验自控。在外部因素刺激下，大学生很容易感情用事，产生冲动情绪和过激行为。但在大多数情况下，大学生还是表现出理智和自控，尤其是随着年龄的增长、年级的升高，理智越来越占据主要地位。因此，大学生的情绪具有冲动性和理智性并存的特点。基于大学生的情绪特点，要让大学生充分提高学习效率，就需要帮助其不断产生积极情绪，避免消极情绪对大学生的学习产生负面刺激；要让大学生热爱学习，需要让其对所在学校、所学专业产生积极情绪，从收获归属感到热爱并为之奋斗，积极主动地克服各种困难。

知识链接

反馈效应：要用正向情绪体验及时自我激励

反馈原本是物理学中的一个概念，是指把放大器的输出电路中的一部分能量送回输入电路中以增强或减弱输入讯号的效应。心理学借用这一效应的概念，用于说明学习者对自己学习结果的了解，而这种对结果的了解又起到了强化作用，促进学习者更加努力地学习，从而提高学习效率，心理学上把这种现象称为“反馈效应”。举一个生活中的例子，如果我们煞费苦心地为伴侣准备了一个惊喜，伴侣却反应平平，一副无所谓的样子，那么以后你还会这么费尽力气地为他（她）准备惊喜吗？很大可能性不会了，因为他（她）的反馈不及时、不正面，导致我们的积极性受挫，从而提不起精神再次为他（她）做浪漫的事情。

4. 形成良好的意志品质

任何成功都离不开坚忍的意志品质。意志是人类特有的心理现象，是人们意识能动性的集中体现。意志既是人在实现目的过程中克服困难的动力，又是在不断克服困难、实现目标的过程中形成的。

意志品质具有两个特点。一是意志品质具有目的性和驱动性。意志最重要的特征是具有明确的预定目的，并以这个目的来指导自己的行动，目的在先，行动在后。这也是人与动物在行为上的本质区别。实践证明，人们对于行动的目的性及意义认识得越充分越明确，意志就越坚强。反过来，没有目的，也就没有意志。二是意志品质具有驱动性。意志驱动行为，并对其进行调节，根据目标需要有选择地采取或制止某些行为。意志还能维持动机的恒久，长时间地驱动行为指向目标，包括克服各种困难和挫折。

培养经受挫折的能力是良好意志品质形成的重要途径，因此大学生在自我培养上，要达到更好的学习效果，就需要不断对其加以刺激。大学生应该学会正确对待学习之路，甚至人生道路上的种种挫折困难，面对不够理想的学习成绩时，面对难以解决的专业难题时，面对枯燥乏味的题海时，我们应该学会用坚忍的意志品质去调节我们的情绪和行为，从而帮助我们鼓起勇气，振作精神，坚持学习，最终收获学业上的胜利。

主题活动

大学阶段的学习，除了学会理论知识以外，更重要的是要为未来的就业和职业发展打好基础，要想利用大学四年的时光成为德智体美劳全面发展的好青年，用好学习策略很重要。做好学习策略，需要充分了解自己，知道自己的性格是外向还是内向；是喜欢依靠信息来做出判断，还是依靠感觉，只有充分了解自己之后，才能为自己设计一个适合的人生规划。

（一）活动设计

活动名称	活动目标	活动流程	活动要求
做了解自己的人	通过活动充分了解自己的性格特点，形成正确的世界观、人生观和价值观	利用MBTI性格类型测试，确定自己的性格类型，发现适合的学习方式及职业方向	认真回答测试题，根据得到的结果，分析自己的性格类型特点

（二）活动流程

1. 每名学生准备一张白纸、一支笔，按照 MBTI 性格类型测试题，做好测试，在白纸上写清答案。

2. 对照测试的结果，获取自己的四个字母。

3. 根据所得测试结果，结合对自身的了解，分析自己的性格特征、适合的学习方式和职业方向。

（三）活动分享

通过 MBTI 测试，结合自身情况，了解自己的性格类型特征，并和其他同学分享，探索适合自己的学习策略，扬长避短，集思广益，共同进步。

（四）活动反思

心理测试作为一种辅助工具，能够帮助我们进一步了解自己，但是不能完全依赖心理测试的结果，要充分结合自身情况，认真剖析自身特点，结合兴趣爱好、测试数据、成长背景等多方面因素，综合分析，确定适合自己的、动态的学习策略。

反思与探究

1. 你认为学习的意义是什么？
2. 你认为大学学习最主要的特点有哪些？
3. 你认为在大学的学习生活中，你哪一方面的学习能力有所欠缺？应该怎么培养该方面的能力？
4. 你认为学习潜能是否能通过大学阶段的学习、锻炼得以开发？如何开发？
5. 你认为哪些事情是促进你学习的动力？
6. 谈谈你都使用了哪些学习策略。
7. 为自己设计一份大学生涯规划。

延伸阅读

1. 王言根 . 学会学习：大学生学习引论 [M]. 北京：教育科学出版社，2003.

2. 朗曼，阿特金森 . 大学生学习方法十二讲 [M]. 夏慧言，张瑞华，等译 . 北京：首都师范大学出版社，2005.

3. 徐立国 . 大学生学习与心理指导 [M]. 北京：中国人民大学出版社，2014.

4. 沈之菲 . 生涯心理辅导 [M]. 上海：上海教育出版社，2000.

5. 北京师范大学学生心理咨询与服务中心 . 大学生心理健康教育：慕课版 [M]. 北京：人民邮电出版社，2015.

||| 好好学习

1. 广大青年要把与人民同呼吸共命运的情感贯穿学业全过程

立足新时代新征程，中国青年的奋斗目标和前行方向归结到一点，就是坚定不移听党话、跟党走，努力成长为堪当民族复兴重任的时代新人。希望广大青年用脚步丈量祖国大地，用眼睛发现中国精神，用耳朵倾听人民呼声，用内心感应时代脉搏，把对祖国血浓于水、与人民同呼吸共命运的情感贯穿学业全过程、融汇在事业追求中。

——2022 年 4 月 25 日，习近平在中国人民大学考察时的讲话

2. 广大青年要向英雄学习、向前辈学习、向榜样学习

广大青年要做社会主义核心价值观的坚定信仰者、积极传播者、模范践行者，向英雄学习、向前辈学习、向榜样学习，争做堪当民族复兴重任的时代新人，在实现中华民族伟大复兴的时代洪流中踔厉奋发、勇毅前进。

——2022 年 4 月 25 日，习近平在中国人民大学考察时的讲话

3. 广大青年要努力成为有理想、有学问、有才干的实干家

做人做事，最怕的就是只说不做，眼高手低。不论学习还是工作，都要面向实际、深入实践，实践出真知；都要严谨务实，一分耕耘一分收获，苦干实干。广大青年要努力成为有理想、有学问、有才干的实干家，在新时代干出一番事业。

——2018 年 5 月 2 日，习近平在北京大学师生座谈会上的讲话

4. 广大青年抓学习，要惜时如金、孜孜不倦

青年处于人生积累阶段，需要像海绵吸水一样汲取知识。广大青年抓学习，既要惜时如金、孜孜不倦，下一番心无旁骛、静谧自怡的功夫，又要突出主干、择其精要，努力做到又博又专、愈博愈专。特别是要克服浮躁之气，静下来多读经典，多知其所以然。

——2017 年 5 月 3 日，习近平在中国政法大学考察时的讲话

第六章
人际交往：大学生良好人际关系的建立

章前导读

人作为一种社会动物，是不能离开群体独自生存的。大学生是社会中的一个重要群体，他们正处在人生发展的关键时期，因此建立良好的人际关系对他们起着不可忽视的作用。

本章将系统介绍大学生人际交往的含义、结构、功能，以及当代大学生人际交往的特点、常见问题，使大学生不仅学会交往、学会沟通，还能够主动对自身的人际交往和价值观进行反思，及时调试自身存在问题，弘扬社会主义核心价值观。

学习目标

知识目标：了解人际交往的概念；理解当代大学生人际交往的结构和意义；掌握大学生人际交往中常见的问题及调适方法。

能力目标：学会发现人际交往中出现的问题，分析、探索问题成因，找到改善人际交往现状的方法，提高人际交往的能力，构建良好的人际关系。

价值目标：弘扬和践行社会主义核心价值观，增强家国情怀，树立正确的价值观，端正交友理念，构建和谐社会，实现人生价值。

第一节 人际交往概述

名家名言

你要打开人家的心，你先得打开你自己的，你要在你心里容纳人家的心，你先得把你的心堆放到人家的心里去。——［中国］钱锺书

友谊的主要效用之一就在使人心中的愤懑抑郁之气得以宣泄释放，这些不平凡之气是各种情感可以引起的。——［英国］培根

日常生活中，我们每一天都在与他人接触、交流。我们的一生中，人际交往占了大部分的时间，它已经成为我们人生的主旋律之一。人们可以通过人际交往习得社会经验，逐渐成长和发展，形成多样的人际关系，逐步实现社会化，变成一个成熟的个体。

一、人际交往的含义

（一）人际交往

人际交往是指在社会生活中人与人之间传递信息、沟通思想、交流感情等个体间相互作用和相互影响的动态过程。我们日常生活中常见的交往关系有亲属关系、朋友关系、学友（同学）关系、师生关系、雇佣关系、战友关系、同事关系及领导与被领导关系等；交往也可分为物质交往和精神交往。

根据马斯洛需要层次理论，人有生理的需要、安全的需要、爱与归属的需要、尊重的需要和自我实现的需要，其中爱与归属的需要也可以说是一种社交需要。人在社会中，不仅是在出现社交需要时才进行人际交往，在满足低层次需要时也离不开人际交往，只不过在满足低层次需要时，社交是一种手段和方式。例如，为了维持个体生存，就需要从他人那里获取衣食住行的必需品，这样的人际交往属于物质交往。当社交需要得到满足时，社交便成了人社会化的一种重要体现，为了获得自尊心和自信心

的满足，就需要从他人那里获取理解、信任和友谊，通过人际交往，传递和交换各种信息，互相表达情感。这一切，都是通过人际交往才得以实现的。

（二）大学生人际交往

大学生人际交往的概念有广义和狭义之分。广义的大学生人际交往是指大学生和与之有关的一切人的相互作用过程。狭义的大学生人际交往是指大学生在校期间和周围与之有关的个体或群体的相处及交往，它是大学生之间以及大学生与他人之间沟通信息、交流思想、表达感情和协调行为的互动过程。师生之间的交往和同学之间的交往是大学生人际交往中最主要的组成部分，寝室室友之间的交往则是大学生人际交往中较为特殊的一种。

二、人际交往的结构和功能

（一）人际交往的结构

人际关系的结构是指构成人际关系的要素及其相互关系。构成或影响人际关系的要素分为显性要素和隐性要素。

1. 人际交往的显性要素

显性要素是指构成人际关系的外在要素，包括交往主体、交往对象、交往手段、交往环境、交往目的、交往过程、交往内容等。

（1）交往主体。交往主体是指在人际交往活动中处于主导地位的交往者。交往主体既是交往活动的发动者，又是交往结果的首要且直接受益者。交往主体的特点和交往的目的直接影响着交往内容、交往对象、交往环境和交往手段的选择，从而形成不同的人际关系。

（2）交往对象。交往对象是指在人际交往活动中，交往主体活动的指向者或接受者。交往对象的不同在客观上影响着交往主体选择并采取不同的交往方式。交往主体会根据不同的交往对象、不同的交往内容和不同的交往环境选择不同的交往手段。

（3）交往手段。交往手段是交往主体为实现自己的交往目的，将自己的活动施加于交往对象而采取的方式或方法。为了实现交往目的必须运用一定的交往手段，但需要明确以下两点。

一是交往手段决定交往结果。人际交往能否顺利进行并取得成功，关键在于能否恰当地运用交往手段。如果运用的交往手段合理恰当，容易被对方理解接受，那么，彼此之间的交往就会顺利并容易达到预期的目的。否则，交往活动便难以取得良好效果。

二是交往手段决定交往性质。使用何种交往手段来实现交往目的，在一定程度上决定交往的性质。由此可见，交往手段的性质是衡量交往性质的重要标准。一般来说，交往手段可以分为语言手段和物质手段两种，语言手段是最主要的交往手段。

语言手段是指传播活动中所使用的一切具有意义的符号，包括有声语言、书面语言、体态语言和辅助语言，其中有声语言也称口头语言，它在人际交往中最主要的形式是交谈和独白。交谈是指一对一的有声语言交流，它具有两个显著特点：一个是对称性，即交流双方同时互为主体或对象，只要一方不充当主体或对象，交往便会停止；另一个是情境性，即交谈受情境的影响或制约，一般情况下语言比较简洁、精练。独白一般为交往主体的内心活动、所思所想。书面语言是指由字和义结合而成，以写和读为传播方式的语言。体态语言是指将体态与意义相结合，以表现与观察为传播方式的语言符号。辅助语言一般是指不以人工创制的语言为符号，而以其他感官诸如视觉、听觉、嗅觉、味觉、触觉等的感知为信息载体的符号系统。

物质手段是指用以进行人际交往的各种具有价值的物质，如工艺品、烟酒、特产等。为了实现交往目的，一般来说，必须运用一定的交往手段，交往手段的性质是衡量交往性质的重要标准。

（4）交往环境。交往环境包括交往条件和交往情境两个方面。交往条件主要包括交往空间、交往时间、交往频率、交往距离等。交往条件是人际交往环境中的主要内容之一。交往情境通常表现为交往双方的心情及氛围等，如愉快心情、尴尬局面、和谐气氛、紧张气氛、友好意向、矛盾冲突等。交往情境实质上是人的外在环境与内在心情的有机统一。

（5）交往目的。交往目的是指通过交往使参与者达到的目标。不同的社会环境或相同社会环境中不同的人际交往，其目的存在着很大的差异性。人们的需要多种多样，与需要相对应，也会有多种多样的交往目的。交往目的决定整个交往过程的发展方向：一方面，不同的人有着不同的交往目的，出于不同的目的会选择不同的交往对象、交往手段、交往环境、交往内容及交往结果；另一方面，同样的人也会有不同的交往目的，出于不同的目的也会选择不同的交往对象、交往手段、交往环境、交往内容及交往结果。

（6）交往过程。交往过程是指交往起点到交往结果之间的发展过程，可以分为单线式交往和多线式交往。单线式交往是指交往目的、交往对象、交往结果单一的交往。多线式交往又分为两种：一种是放射式交往，即交往主体出于同一交往目的，经过不同的交往路线而达到同一交往结果；另一种是凝聚式交往，即不同的交往主体出于不同的交往目的与同一个交往对象进行交往，从而实现不同的交往结果。

（7）交往内容。交往内容为交往主体与交往对象在交往过程中进行的信息交流。信息交流是指人们在人际交往过程中向对方传递信息并接受对方的信息反馈的行为。

2. 人际交往的隐性要素

隐性要素是指影响人际关系的内在因素，包括利益、情感、尊严等。

（1）利益因素。这里所说的利益泛指金钱、财产、权利、声誉、信息、知识、时间、空间、感情、友情等，在特定的情况下，以上这些内容都可以成为利益。随着市场经济的不断发展，以自然性为主要特点的血缘关系和地缘关系对人际关系的影响逐渐减弱，而经济关系、政治关系、法律关系、师徒关系、同事关系、朋友关系这些以社会性为主要特点的关系对人际关系的影响不断增强。尤其是在工作岗位中，企业为了实现最大利益化，只有将集体利益与个人利益紧密地结合起来，才能调动所有成员的积极性为实现集体目标和个人目标而共同努力。

（2）情感因素。心理学认为情感是人类特有的一种心理现象，是人类对于周围各种物体和现象的一种内在感受；是人们对于环境和条件，对于工作、学习和生活，对于他人行为的一种情感体验。

（3）尊严因素。尊严或者说“自尊”和“受尊敬”是人的本性，是一种精神需要，是马斯洛需要层次理论中的第四层次的需要，属于高层级的需要。人的行为由人格因素和环境因素相互作用决定。人格力量是一种道德力量，是任何物质力量所无法取代的。

（二）人际交往的功能

人际交往的功能是指人际关系在现实生活中，对个人和社会所显示出来的作用。一般来说，人际交往具有以下几类功能。

1. 相互学习，促进个体社会化

每一个个体都需要实现社会化。个体要生存，就需要一定的物质财富作为支撑，要获得物质财富，个体还需要能够创造物质财富的技能和本领，而这些技能和本领必须从社会中获得，通过与他人交流、学习而获得。在满足了生存的需要之后，人们还有进一步的精神层次上的需要。人们在创造物质财物之余，还需要休闲娱乐、创造和获取文化思想等，并将这些传承下去。要满足以上需求，就必然会出现人际交往，因为社会化信息的传递必然需要以人际交往为支撑，人们需要通过人际交往来习得社会规范。

2. 交流情感，有益于身心健康

由于人的社会化属性，每一个人都有群体生活的需要和满足情感的需要，当这些需要不能得到满足时，人们就会感到空虚、寂寞、孤独。而人际交往恰好具有帮助人们交流情感、削减孤独感的作用，良好的人际交往可以起到帮助人们减轻痛苦、增加快乐、减少疾病的作用。

3. 相互影响，有利于自我完善

人际交往过程中，人们一直在发生相互作用，每一个人都会影响其交往的人，也会被交往的人影响，这种影响在一定程度上可以有效促进个人的自我完善。因此，人际交往能够帮助个人形成健全的人格、健康的个性，有利于发展健全的自我意识。

4. 净化心灵，优化社会环境

在需要层次理论中，尊重的需要是第四层次的需要，能够在人际交往中保持真、善、美的特征是人类文明得以发展的重要标志，也对个体形成良好的心理、建立和谐的人际关系及不断优化社会环境发挥着至关重要的作用。

5. 取长补短，增强整体效应

整体效应是指组成群体的所有个体之间相互结合、相互作用而形成的总体作用或效果。当人际关系达到良好的水平时，不同个体之间就能够较好地交流、互动，从而不断提升个体的水平，增强整个群体的整体效应。

案例导读

上海交大党组织：勤学、勤业、勤交友

中国共产党成立后，上海交大党组织为了开展群众工作，大规模培养积极分子，发展组织。党组织根据学校的情况，提出了开展勤学、勤业、勤交友活动。其中的“勤交友”就是积极主动联系群众与学生广交朋友。通过交友活动，积极要求进步的先进同学可以互相联系，结交朋友，增进友谊。1940 年冬，上海环境日趋恶化，中共地下组织和积极分子队伍虽有一定的发展，党员素质亦有提高，但为确保组织的安全，中共江苏省委决定：在内部撤销“学协”党团，停止“学协”执委会活动，但各基层“学协”小组仍在活动。1941 年 5 月 26 日，中共中央书记在“孤岛”环境日益恶化的情况下，在向江苏省委发出的《关于上海党的工作方针》的指示中提出，“将过去因积极参加过抗战工作而暴露了的群众组织化整为零，并转成纯友谊性质的团体”，“少做表面的抗日空喊和暴露工作，多做联系群众、教育群众的埋头苦干的工作”。至 1941 年夏，江苏省委学委决定学校的“学协”小组全部停止活动。但是，交大地下党员和积极分子与学生的联系仍然存在。他们通过个别的、三三两两的形式广交朋友，化整为零，埋头苦干，适应变化着的形势。

解析 中国共产党成立至今，在极其艰苦的情况下仍然能够得以发展和壮大，正是因为我们的党一直坚持走群众路线，鼓励动员党员同志勤交友，与青年群众加强联系，不断提升自身素质，互相督促学习，同时带领更多积极要求进步的青年共同参与党组织活动，使党的队伍不断壮大。

思考 作为一名当代的大学生，人际交往对你有哪些意义？

（三）大学生人际交往的意义

大学阶段正是一个人自我同一性发展的关键时期，人际交往在个人的发展中发挥着举足轻重的作用。人际交往有利于大学生全面发展、有利于大学生个人梦想的实现和个人社会化的完善、有利于社会整体的和谐与发展，推动大学生更好地承担自己的时代使命。大学生人际交往的意义有以下几点。

1. 有助于心理健康发展

建立良好的大学生人际交往关系，有助于大学生的身心健康发展。科学研究表明，不和谐的人际关系是心理疾病的主要原因。因此，良好的人际关系是促进大学生身心健康发展的必要条件。良好的情感交流可以帮助人们消除消极情绪，辅助构建积极情绪。当大学生遇到问题、产生困惑或情绪消极时，难免会出现忧伤、紧张、焦虑、不安等情绪，此时大学生如果能向身边的人倾诉，就会减轻自身痛苦，释放消极情绪，增加积极情绪。认知作为心理过程的基础，对个体的意志和情感都起着重要的作用，更是对个体的行为起着主导作用。积极向上的情感、顽强的意志需要正确的认知；反之，错误的认知就会带来消极的、病态的情感和意志，甚至不良的行为。自我认知是人们对自己的认识或评价。通过与周围人的交往，大学生可以了解自己在他人眼中的样子，形成正确的自我认知。

2. 有助于实践能力提升

随着时代的发展，在社会中生存依靠的不只是专业知识和能力，还需要具备社会适应能力、生存能力和人际交往能力。在大学阶段，大学生通过良好的人际关系，与交往对象互相学习，取长补短，增强与社会的联系，了解社会的实际需要。通过加深对社会的认知和理解，大学生可以将所学的理论与实践联系起来，发现自身不足，减少看待问题的偏差，提升主观能动性，增强综合实践能力。

3. 有助于个性发展

马克思认为，“人的本质不是单个人所固有的抽象物，在其现实性上，它是一切社会关系的总和”。交往是个性发展与人格健全的必经之路，社交是人的正常需求，通过社交人们可以感受到被周围的人和社会接纳，收获爱和尊重。大学生通过自身实践活动同身边的人进行交往，建立良好的人际交往关系，可以使自身处于和谐的交往环境之下，并在交往之中交流情感、宣泄压力、学习技能、获得知识等；还可以促进大学生的自我认知、性格、生活、人生态度等心理品质的形成，从而培养健全的人格。

4. 有助于加速社会化进程

社会化是指人不断学习和掌握充当社会角色必备的知识、技能及特定的社会规范、准则，以获得社会有效成员资格的过程，是个体由自然人向社会人转变的过程。新时代大学生作为个体通过实践活动参与到社会活动中，与社会产生联系从而形成大学生自己的社会关系。高等教育培养的学生不仅要具有一定的知识储备和实践能力，更要与社会接轨，了解社会需求，成为祖国的合格建设者和接班人。因此，大学生需要通过人际交往充分了解社会，逐渐培养出符合社会要求、适应社会角色的必备知识和技能，形成社会需求的心理素质。

主题活动

人际交往是社会活动中不可或缺的一部分，在人生的漫漫长路上，我们会遇见各种各样的人、各种各样的事。大学仅仅是人生中的一个阶段，但这个阶段会为我们未来的人生奠定基础。因此，正处于大学阶段的我们应该想一下，我们是否需要人际交往？人际交往对我们有怎样的作用？人际交往能给我们带来什么样的意义？如果没有人际交往的大学生活会变成什么样？通过思考这些假设来感悟人际交往带给我们的重要作用。

（一）活动设计

活动名称	活动目标	活动流程	活动要求
没有朋友的生活	明白人际交往的意义，感悟朋友的重要，树立正确的交友观	在纸上写下如果没有朋友、没有人际交往会是什么样的	认真思考假设问题，写下可能的情况

（二）活动流程

1. 准备好两张白纸、一支黑色笔、一套彩色笔。

2. 在纸上写上问题：假如没有朋友会怎么样？假如人与人之间不再交往会怎

么样？

3. 认真地思考以上两个问题，然后写下答案。

4. 在另外一张白纸上，用彩色笔画出你想象的没有人际交往的世界的样子，可以选择你觉得与之相匹配的颜色的彩笔。

5. 与大家分享你心中的没有朋友的生活和没有人际交往的世界。

（三）活动分享

请大家分享“没有朋友的生活”，将自己绘制的图画和写下的假设文字与其他同学进行讨论。通过分享，大家可以感受到没有人际交往给人带来的种种消极影响，感受到没有人际交往的世界给人带来的孤独、痛苦、焦虑、无奈等情绪，提醒我们应珍惜现有交往对象和情感，督促自己不断提升人际交往能力，做好从自然人向社会人的转变。

（四）活动反思

1. 通过对“没有朋友的生活”和“没有人际交往的世界”两个假设的设想、反思，明白人际交往和朋友间的交际对人的重要性，从情感上了解人际交往的重要功能和意义。

2. 我们要重视人际交往能力的培养，正视人际交往的重要性，从而积极对待人际交往，在大学阶段不断培养自己的人际交往能力。

第二节 新时代大学生人际交往

名家名言

与有肝胆人共事，从无字句处读书。——［中国］周恩来

如果我们想法交朋友，就要先为别人做些事——那些需要花时间、体力、体贴、奉献才能做到的事。——［美国］卡耐基

一、新时代大学生的特点

当代大学生正处于中国特色社会主义新时代，主要以“00后”、甚至“05后”为主。他们处于社会转型的关键时期，享受着改革开放带来的经济红利和科技迅猛发展带来的技术成果。当代大学生所处的时代环境的特殊性，造就了他们独有的特点。

（一）自我意识凸显

新时代大学生大多生长在“4-2-1”的独生子女家庭模式中，他们的父母也几乎都是独生子女，爷爷、奶奶、姥姥、姥爷、爸爸、妈妈，六个大人共同关注着一个孩子的饮食起居、日常生活，可以说是集万千宠爱于一身。在这样的时代背景和家庭背景中成长起来的孩子，很容易以自我为中心。相比以前的大学生，他们更喜欢追求个性，在自己的言谈举止、兴趣爱好和穿衣打扮上都喜欢标新立异。他们还喜欢追求自由，不喜欢被家长和教师束缚，想做自己喜欢做的事，认为自己能做好自己的事，喜欢向权威挑战。

强烈的自我意识造成一些大学生不能充分融入集体，集体意识薄弱，过度注重自我感受，忽视对他人的关注和尊重。在集体中，如果所有人都将自己视为集体的中心，认为其他人应该完全顺从自己，就无法相互合作、同心协力解决问题，还会相互刁难、推诿，让本该轻易解决的问题变得难以解决、甚至更加困难。

（二）创新意识增强

新时代大学生充分享受了互联网所带来的红利，大多可以轻松地通过网络了解世界各地的风土人情，也可以借助网络学习很多课本上没有讲过的知识，在信息的获取上有着前人所不具备的便捷条件。而且，他们思维活跃，不喜欢墨守成规，具创新意识，敢于向权威挑战，经常有自己的奇思妙想。不过，新时代大学生具有很强的创新意识，但是动手能力较弱，缺少实践经验。

（三）情感体验丰富

风华正茂的大学阶段是人生中情绪体验最为丰富的时期。大学生的情绪波动大，起伏不定，情绪转换十分明显，热情激动、抑郁悲观、沉着冷静、躁动不安等情绪交替出现。他们为学习、生活、爱情的成功而欢乐，为考试的失败、生活中的挫折而忧愁苦恼，为真理和友情奋不顾身，为丑陋和阴暗义愤填膺。在大学生身上自尊与自卑可以并存，闭锁与开放可能共存，强烈粗犷与温柔细腻能够同在。大学生情绪的丰富、情感体验的深刻与其生理与性的成熟、自我意识的发展、社会性需要的发展及面临社会环境的复杂性等密切相关。

人是社会性动物，人与社会的联系是通过一系列人际交往活动来实现的。走出家门，过着集体生活的大学生十分渴望真挚的友谊，渴望情感的沟通与交流，通过人际交往获得友谊是适应新环境的突出需要。对情感交流的渴望，也使很多大学生开始探索爱情，与异性的深入交往丰富了大学生人际交往的经验。

（四）开放心理与封闭心理共存

新时代大学生一般喜欢在网络上获得信息、休闲娱乐、结交朋友，并且因为新时代大学生大多为独生子女，因此他们更希望自己在悲伤时有人倾诉，快乐有人分享。再加上新时代大学生受全球化影响较大，因此他们的思维更加开放活跃。但作为独生子女，他们从小在父母的宠爱下长大，倾向于以自我为中心，所以，一些大学生有时会比较自私和狭隘，不考虑他人感受，甚至在与他人产生分歧时将自己封闭起来以逃避问题，不与他人交流，不想解决问题。

二、新时代大学生人际交往的种类与特点

（一）新时代大学生人际交往的种类

1. 同学关系

大学生的主要生活就是在校园里，他们平时打交道最多的自然是同学。学生与学生之间的人际交往是大学生最频繁和最广泛的人际交往活动。学生与学生之间的交往类型主要可分为三种。

（1）学缘型人际关系。学缘型人际关系是指以学业或所学专业为纽带而形成的人际关系，学生与学生之间的学缘关系主要包括同学关系、宿舍关系等，这种关系是大学生最普遍、最广泛的人际关系，彼此是大学四年中朝夕相处、相互依靠的主要对象。

（2）志缘型人际关系。志缘型人际关系是指双方因具有相同的理想抱负或兴趣爱好而建立起来的人际关系。这种人际关系的特点是交往双方志向、兴趣相同，有一样的抱负和理想，可以在奋斗路上相互帮助和配合，共同实现理想。

（3）地缘型人际关系。地缘型人际关系主要指的是因地域相同或相近而建立的人际关系。大学生的地缘人际关系主要就是同乡关系。同乡关系主要是基于交往双方来自同样的地域，会在异地他乡缩小彼此间的心理距离，并且由于来自同一个地域，有相同的地域习俗和文化习惯，会使彼此更好地相处。

2. 师生关系

师生关系是业缘型人际关系，业缘型人际关系是由共同的职业和事业建立起来的人际关系。在这一人际关系中，教师以教育为职业，学生以学习为职业。

大学的师生关系与中学的师生关系不同。大学阶段的学生比较自由，除了上课时间外，其余时间都可以自主安排，去做自己想做的事情。大学的任课教师一般只对大学生的学业负责，负责给学生讲课和处理学术问题，除了课堂时间以外，基本不与学生有过多相处。大学生在大学期间其他方面的问题一般由辅导员负责，辅导员主要负责学生工作，对学生的思想、学习、工作、生活、心理、就业等进行全面指导。

3. 亲子关系

学生与其父母的人际关系类型为血缘型人际关系。血缘型人际关系是以血缘为纽带建立的人际关系。孩子与父母的交往活动是最频繁的。从出生起，父母就与孩子紧密联系在一起，始终伴随着孩子的成长，父母一言一行对孩子的影响很大。孩子与父母的交往关系应该是所有交往中最纯粹的交往，因为父母和孩子的交往是没有任何的目的和私利的，父母对孩子的爱是发自内心的、无私的、不图回报的，对孩子的帮助和教导也都是最真挚的。

（二）新时代大学生人际交往的特点

1. 交往内容和形式的广泛性和多样性

新时代大学生身处信息化时代，他们通过互联网每天可以获取大量的信息，这就为大学生之间的交往提供了更多话题与内容。大学生正处于精力旺盛、思维活跃、求知欲强、学习能力强的阶段，他们的兴趣爱好涉猎广泛，在学习课堂知识之余，还会学习很多课外知识和参加社会实践活动，以此来提升自己的实践能力、与人沟通的能力和人际交往能力，全方位提高自身素质。新时代大学生交往的内容已经不拘泥于专业知识上的交流，他们的兴趣广泛，交谈的话题不仅停留在自身的专业方面，甚至可以涉及网络、游戏、新闻、历史、体育、娱乐等众多方面。他们还会对学术问题、实践活动问题、技能培训问题等专业领域的内容进行交流，交往内容涉及思想、娱乐、学习和实践活动等，包含生活中可能涉及的所有方面。大学生交往内容的多样性，有助于他们学习更多的知识，提升自身能力，促进自身的全面发展和综合素质的提高。但是交往内容多样也有弊端，多样的交往内容会容易使他们抓不住重点，忽视了自身学业的完成而陷入歧途，本末倒置耽误自身前途。

2. 交往媒介的科技性

新时代大学生充分享受着科技红利，互联网作为大学生的重要交往媒介，是大学生进行交往活动的重要载体。对于以前的大学生来说，书信、电话、手机是主要的交往媒介，而对于新时代的大学生来说则是智能手机、笔记本电脑等电子设备。也就是说，人们交往的方式从以前单纯的文字、语音，变换得更加丰富多彩，如图片、声音、文字、表情等，同时也变得更具科技性，使大学生与他人交往更加方便、快捷。大学生使用电子设备通过网络与天南海北的人进行交流与沟通、学习与讨论，体现了超时空的特性，使大学生信息的获得量与传输量更加丰富。

3. 交往主体的平等性

新时代的大学生大多为独生子女，由于从小的成长环境、社会环境等原因，他们更喜欢在与他人的交往中处于平等地位，追求人格平等与他人尊重。对于一些新时代大学生来说，上大学可能是他们第一次离开父母，独自去一个陌生的地方生活，因此十分渴望融入新的环境和集体，建立新的人际关系。他们渴望平等的交往活动，希望交往的彼此可以相互尊重，尊重自己的地域和文化习惯。

案例导读

别扭的寝室

林某是某高校的大一学生，他从小就不善于与人交流。也是这个原因，一直以来和寝室同学的关系很一般。一天，林某准备去校园里散步，由于当时心理状态不是很好，在离开宿舍的时候，并没有留意到寝室内还有同学在睡觉，就顺手锁上了宿舍的门。等睡觉的室友睡醒后，才发现自己被锁在了寝室里，找了很多人求助，才打开了寝室的门。后来，当他们知道了是林某锁的门后，认为林某是故意将他们锁在寝室里的，与林某的关系更加紧张，寝室矛盾也日益凸显，如故意挑剔林某没有将寝室打扫干净、在寝室里声音过大等。寝室同学不断对林某加以批评指责，而林某也在这样的情况下，心理问题更加严重，濒临崩溃，不想再继续读书，甚至有了轻生的想法。林某在这个过程中向父母述说了心里的苦闷，家长在知道了这一情况后，未及时开解林某，反而来到辅导员办公室吵闹，林某劝阻无果后一直在哭，家长强烈要求必须马上给林某调换寝室，并要求学校承担由此产生的一切后果的责任。

解析 大学生在交往中出现矛盾的原因之一是各不相同的性格特点，如果未能得到及时正确的引导，则会加重矛盾。要想解决矛盾，应该引导大学生增强家国情怀，树立大爱的意识，更好地换位思考，形成团结和谐的社会和校园环境。

思考 你是如何理解家国情怀与个人交往之间的关系的呢？

主题活动

我们每个人都有自己的世界，沟通就像生命里的一束阳光，由此激情和欢乐得以传播，自豪和喜悦得以分享，思想也得以扩展。在这样的环境里，大学生才能更好地发展。

（一）活动设计

活动名称	活动目标	活动流程	活动要求
真实的“我”	明白沟通的重要性，了解真实的自己，从而获得对自己的正确认知，以便更好地与人沟通，构建积极的人际交往能力	7人为一个小组，以小组为单位，每组成员互相标注对各自的认知，最终形成表格，使沟通更有效，扩大公开区，减少隐蔽区、盲点区和未知区	认真填写对于同小组其他成员的认知

（二）活动流程

1. 请每人准备两张白纸、一支笔。

2. 在其中一张白纸的最上方写上自己的名字，并写下两个你觉得最能表现你主要特点的词语。然后将纸对折，顺时针方向传递至下一个人。接到纸条的人，在纸上写下两个最能代表你对他的认识的词语，而后将纸条对折后再传递至下一个人，依次进行，直至纸条回到自己手中。

3. 在第二张白纸上画出如图 6-1 所示表格，将白纸分为四个板块，分别为开放区、盲点区、隐藏区和未知区。开放区是指此信息对自己和他人都是公开的，比如说你今天穿了一件红色外套，毫无疑问其他人看到的也是一件红色外套。盲点区是指他人知道但是自己不知道的信息，比如你的后背上沾到一块油漆，你根本没有发现。隐蔽区就是自己知道，他人不知道的区域，也就是人们通常说的心里的小秘密。未知区就是自己不知道，他人也不知道的区域。未知区是尚待挖掘的黑洞，也许通过某些偶然或必然的机会，得到了他人较为深入的了解，自己对自我的认识也不断深入，某些潜能就会得到较好的发展。制作表格完成后，结合第一张纸上的内容，在第二张白纸的开放区中填入其他同学对你的认知中，你知道并且他人也知道的内容；在盲点区中填入你不知道但他人知道的内容；在隐藏区中填入你知道但是他人不知道的内容；在未知区中填入原本你和他人都不知道，但是你在某种偶然情况下发现的内容。

	你知道	你不知道
他人知道	开放区 你知道并且他人也知道	盲点区 你不知道但他人知道
他人不知道	隐藏区 你知道但他人不知道	未知区 你和他人都不知道

图 6-1　自我测试区间

4. 根据表格中每个区域填写的内容，重新梳理对自我的认知。总结出你和他人都知道的自己、你知道他人不知道的自己、你不知道但他人知道的自己、你不知道他人也不知道的自己。

（三）活动分享

信息整理结束后，每个小组内部进行信息分享，轮流向小组成员展示自己开放区、盲点区、隐藏区和未知区的内容，以便让小组内的成员更加了解自己，然后找部分同学在班级内部进行分享，加强大学生群体间沟通的有效性。

（四）活动反思

1. 通过小组成员间的互相评价，更为清楚地发现真实的自己，从开放区到盲点区、隐藏区再到未知区，每一个区域内所展示出来的都是最真实的自己。我们一直都认为最了解自己的人是自己本身，但是正是由于这样的惯性思维，人会对自己的认知出现偏差，因此更需要我们不断了解真实的自我。

2. 在和他人沟通时，借助乔哈里视窗，思考自己有哪些策略信息可以开放，做到较好地进入双方的公开区，避免痛苦地在隐秘区挣扎，使自己与他人的人际沟通更加顺畅、有效。

第三节 大学生人际交往常见问题及调适

名家名言

友谊需要用忠诚去播种，用热情去灌溉，用原则去培养，用谅解去护理。

——［德国］马克思

理解绝对是养育一切友情之果的土壤。——［美国］威尔逊

大学生的人际交往能力是衡量一个现代人能否适应开放社会的标准之一。不善交往、缺乏交往能力的人就有可能在自己与社会、家庭之间筑起一道屏障。大学生正处于准备步入社会的阶段，各方面能力和世界观、人生观、价值观还在建设中。因此，大学生能否积极地构建人际交往、培养人际交往能力显得尤为重要。

一、大学生人际交往常见问题及成因分析

（一）大学生人际交往常见问题

1. 以自我为中心，忽视他人感受

新时代的大学生独生子女居多，他们从小生活的家庭环境使其习惯了以自我为中心，在与他人的交往过程中可能会习惯性地视自己为主体、他人为客体，希望他人的行为与思维与自己一致。然而世界上不可能有两个完全相同的人，当他人的思维和行为与自身的思维和行为产生矛盾时，个别大学生会试图强行去改变他人的意志，跟对方吵架或者提意见，甚至产生过激行为，造成严重后果。部分大学生获取的交往关系不是平等对话的关系，而是一方压制另一方的压倒式关系，是一种不和谐的人际关系。

自我为中心是自我关注的必然结果，而在人际交往中，越是以自我为中心的，越是想要以他人作为满足自己的工具的人，结果往往并不能如他所愿。自我关注的实质是想受人关注，获得他人的尊重和关心，这是人的基本需要之一，也是人际交往的主要功能之一。但是过度自我关注，就会导致个别大学生将周围的其他人视为陪衬，过度考虑自己的需求，过分注重自己在周围人际交往中的社会地位，从而忽视了其他人的真实需要。

案例导读

马克思与恩格斯的兄弟情

马克思和恩格斯相识与1844年，共同的信仰使他们把对方看得比自己都重要。生活上，恩格斯帮助马克思；事业上，他们互相关怀，互相帮助，亲密地合作。他们之间也曾出现过矛盾，1863年1月7日，恩格斯的妻子玛丽·白恩士因心脏病突然去世，恩格斯以十分悲痛的心情将这件事写信告诉马克思。1月8日，马克思从伦敦给在曼彻斯特的恩格斯回信，信中对玛丽的噩耗只说了一句平淡的慰问的话，却不合时宜地诉说了一大堆自己的困境。生活的困境折磨着马克思，使他忘却了、忽略了对朋友不幸的关切。正在极度悲痛中的恩格斯收到这封信时，不禁有点生气。在此之前他们常常隔一两天就通信一次，这次一直隔了五天，恩格斯才给马克思回信，并在信中毫不掩饰地说出了自己的不满。马克思并没有为自己辩护，而是做了认真的自我批评。随后，在双方都平静下来后，马克思在对恩格斯的回信中，

进行了道歉和解释。两位好朋友和好如初。

解析 马克思和恩格斯出现矛盾，是因为两个人都在向好朋友述说自己的苦闷，但是却忽略了对方当时的心境。但是当矛盾出现时，两人也都能够对自我进行反思，及时解决问题，使友情得以继续。也正是这样的互相理解和关心，使马克思和恩格斯之间建立了伟大的友谊，共同创造了伟大的马克思主义。

思考 当你和你的小伙伴发生争吵和矛盾时，你是怎么解决的呢？

2.“线上”交友成为常态

随着移动互联网技术的发展，网络虚拟交往成了大学生一项重要的交往手段，智能手机和电脑取代了书信、电话成为大学生重要的交往工具，大学生不仅可以在现实社会面对面地与人交往，还可以通过网络与熟人和陌生人进行线上虚拟交往，且网络交往具有开放性、隐匿性、便捷性等特点，使一些性格内向的大学生也开始逐步参与进来，结识网友进行交往。

在虚拟环境中的交往，没有父母的批评、教师的教育、亲友的叮咛，大学生可以和天南海北的陌生人随意探讨自己感兴趣的话题或一起愉快地游戏，却不知道在网络另一端的人是到底是男是女，是白发苍苍的老者还是稚嫩的孩童，双方的交流只能通过文字或语音进行，交流的内容和双方的感情色彩都是通过符号传递与完成的。例如，开心或是悲伤时通过聊天软件的一个表情符号便可以传递自身的情感。

真实的情感并不是一个简单的符号可以传递的，在现实的交往中，一个人开心或是悲伤我们可通过他的行动、表情、言语等综合分析出来，而只通过简单的符号是难以准确传递情感的。在网络交往中，双方都被符号外化，藏在符号下，交往双方看似在彼此交往，但是并没有交往主体之间互相的情感传递，只是简单地通过符号互相交流，可以说其实是符号的交往代替了交往的主体性。

3. 交往动机功利化

个别大学生受网络或外来不良文化的影响，其交往价值取向趋于功利主义和实用主义，丢失了正确的交往精神价值，虽然进行了一系列的交往活动，但很多都忽视了交往的真正意义，只是把交往当作一个实现自身目的和利益的工具。一些大学生的交往不是为了与他人进行情感交流和精神交往而是为了获取利益，他们渴望建立互利互赢的人际关系，通过与他人的交往来满足自身需要和维护自身利益。大学生交往动机功利化的发展，会导致大学生的人际关系物化，使物质交往替代精神交往。

新时代大学生交往动机功利化具体表现在两个方面。一是注重利己主义，忽视利他主义。大学生选择交往对象的标准以对自己有用为主，会选择对自己有好处、能够满足自身需要的人进行交往。在交往中过度重视自身利益，只希望自己可以获得回报，不想对他人付出以满足他人的需要。大学生在与集体和组织进行交往时坚持利己原则，注重实用主义，会使他们表现出无视集体主义，不为集体做贡献，只索取不付出，对集体和组织的利他主义缺失的态度与行为。二是物质交往代替精神交往。大学生在与他人交往时往往通过金钱、物质作为中介进行交往。与朋友关系的好坏不以情感来衡量而是通过物质来进行衡量。同学过生日要送礼物，感情的深浅以礼物的贵重来划分；获得奖学金或当上学生干部要请客吃饭，通过物质消费来维系人际关系。

4. 过度追求完美

虽然“金无足赤，人无完人”，但现实中却有一些大学生用完美的尺度衡量交往中的自我和他人，从而总是使自己在人际交往中处于一种尴尬、被动甚至孤立的境地。过度追求完美表现在对自我的评价上，会使一些大学生不能接受自己的不足。一些大学生或因外貌、身材、家庭、专业等不如他人而感到自卑；或因自己的某些能力和知识稍有欠缺而不敢与人交往，并因此贬低自我价值，在人际交往中变得畏畏缩缩或敏感多疑。自我的不完美使部分大学生在人际交往中踟蹰不前，陷入一种假想的失败困境之中。

理想化色彩浓厚是青年所共有的心理特征，而在大学生身上表现得更为突出。大学生理想化的人际交往认知主要表现为对人际交往的期望值较高和用理想化的尺度来衡量现实。许多大学生将心目中的大学校园描绘成一方净土，他们对大学生活的理想化憧憬包括大学生活和谐、温馨的人际关系等。大学生赋予大学人际关系以理想、完美的色彩，这使得他们对校园里人际关系的复杂性和多样性缺乏足够的心理准备，一旦接触到大学人际交往中的矛盾或不足，就感到与自己的理想相去甚远，从而产生失望与不满的情绪，将本属于正常的矛盾视为异常，将自身交际能力不足所带来的人际不适也归因于人际关系的复杂，现实与理想的冲突积压在他们心中，极易导致出现心理障碍。

（二）大学生人际交往常见问题成因分析

1. 价值观念的差异

所谓价值观，就是人们对价值问题的根本看法，是人们在处理价值相关问题时所持的立场、观点和态度的综合。而对于大学生群体而言，价值观是指他们在所处的特定历史环境下，对待周围现象、事物的立场和基本观点。

大学生思想观念及价值观念的差异会造成人际关系出现问题。“随着全社会价值观念的分化，大学生群体内部价值观念的分歧越来越大，甚至产生巨大的价值观念‘鸿沟’，这是社会价值观念的分化在大学生层面的折射。”而大学生在进入大学之前，由于自身成长环境和经历存在一定的差异，他们身上已经形成了的价值观念一定会呈现出多元化的态势。同时，当前的大学生自我意识较强，很多时候容易出现认知偏差，不能够正确看待自己，也无法正确看待他人，再加上他们的认知能力还不够稳定，往往在交往中会以自己的一套模式来衡量世界，因此他们对待生活、学习中的一些问题就会产生不一样的态度和观点。

大学生个体间价值观念的差异会在交往中暴露出来，面对那些和自己观点类似、价值观相同的人，他们会多交往，而和自己观念不同、价值观有偏差的人，他们会减少交往，甚至不交往。

知识链接

投射效应：不能以个人主观标准做判断

投射效应指常常以为他人与自己具有同样的爱好、个性等，常常认为他人应该知道自己的所想所思。投射效应是一种严重的认知心理偏差，它是由怀疑引起的对他人人格的歪曲。“以小人之心度君子之腹”就是投射效应的典型写照。当他人的想法或行为与我们不同时，我们习惯用自己的标准去衡量他人，从而认为他人是错的，如喜欢嫉妒的人认为每个人都在嫉妒他人。

2. 过度依赖网络

随着科学技术的发展，人们的交往手段越来越丰富，交往范围越来越广，人际交往问题就越来越复杂。当今世界正处于第三次科技革命之中，互联网技术和信息化对人们的生活产生了巨大影响。新时代大学生正是本次科技革命的见证者和经历者，互联网技术的完善与发展丰富了大学生的交往手段，在一定程度上增强了大学生的交往能力，使大学生具有融入社会的感觉。但是与其优势相比，其弊端也十分明显。大学生上网时间的增多使他们在现实生活中的社会关系质量下降，孤独与沮丧的情绪上升，心理幸福感降低。个别大学生沉迷于网络虚拟世界而无法自拔，让虚拟世界代替现实世界，导致与社会的分离、与人的分离，而与人本质的分离，导致了网络交往异化。

3. 大学生交往主体间性意识的缺失

主体间性是主体与主体在交往活动中所表现出来的以“共主体”为中心的和谐一致、相互理解等集体特征。主体性中的主体是相对于客体而言的，主体性是在“主—客”关系中凸显出来的，而主体间性是“主体—主体”关系的内在特质。有些大学生从小受父母的宠爱，认为自己是主体，他人为客体，在与他人发生交往关系时会表现出以“自我”为中心的主观能动性、占有性等个体特征。受这种“主—客”二元模式中主体性思维的影响，有些大学生受自身主体性思维影响，在交往过程中，将他人客体化，与他人的交往关系变成了主体与客体间的占有关系。

有些大学生由于交往主体间性意识的缺失，在与同学相处时，总是使用一些比较不严谨的言辞和欠妥当的行为方式，不考虑他人的感受，只考虑自身的主观意识，凡事以自我为中心，总想维护自身的利益，在交往过程中，做一些对自己有利的事。如果在交往过程中自身想法与他人想法产生矛盾，就与他人产生激烈争吵，甚至采取暴力手段。这种现象的本质就是有些大学生在交往过程中没有承认他人的主体地位，把他人以客体地位对待，当他人发表自己的主观想法时，如果损害了其主体性地位，就会产生不悦，并通过激烈的言行维护自身的主体地位。

4. 家庭对人际交往的教育引导不足

父母是孩子最好的老师，家庭教育对大学生的健康成长至关重要。良好的家庭教育有利于大学生身心健康的发展，但是当今家庭教育存在一个严重误区，即从孩子小时候起，家庭教育对孩子的教育便以知识教育为主，对交往能力与实践能力的培养不足。

（1）过度重视。新时代大学生大多是独生子女，从小就受到家庭的宠爱，父母很重视对他们的培养与教育，希望他们可以成为栋梁之材。

（2）缺少交流。因为大学生大多为独生子女，从小缺少与兄弟姐妹的沟通与交流，加上一些城市子女都居住在楼房小区里，与很多邻居并不熟悉，所以很少与邻居打交道，导致与人沟通的能力较弱，见到不熟悉人不知道该说些什么。

（3）价值导向缺失。父母对孩子过分宠爱、言听计从会养成他们以自我为中心的自私自利的坏习惯，使得他们在与他人的交往中不顾及他人感受，造成人际交往能力低下和人际关系不和谐。

二、大学生人际交往常见问题调适

（一）正确认知自己和他人

对自我缺乏正确的认识是造成大学生认知偏差的主要原因之一。大学生要想在人际交往中避免自我认知偏差，就必须打破自我封闭，拓宽生活范围，增加生活阅历，拓展交往空间，全方位、多角度地认识自我。对于心理和生理正在走向成熟的当代大学生来说，“自我”是他们积极关注的问题。对人生观、价值观的取向及在社会中的自我实现，都使大学生更加强烈地意识到自我，对外界的注意和关心逐渐转向对自身内在世界的关注。客观、全面地认识自我能使大学生将“现实我”与“理想我”进行合理的统一。

1. 自我比较

将现在的自己与过去的自己相比。人们在自我认知时，应把今天的自己与昨天的自己放在同一尺度进行比较，从中发现自己是进步了，还是退步了，或是原地不动。这种纵向比较的方法是认识和评价自我的一种简易的方法，它可以使人们看到自己的成长及在成长道路上仍存在的弱点和缺点，从而在人际交往中正视这些不足，更好地处理各种关系。

2. 社会比较

自我认知不应局限于自己同自己的纵向比较，而应多与他人进行横向比较。美国社会心理学家费斯汀格把这种比较称为“社会比较过程”。社会比较通过以下几种方式进行。

通过分析他人对自己的评价来认识自我。值得注意的是，他人评价这面镜子，并不是指某一个人的某一次评价，主要是指对自己有影响的关系和较为密切的人对自己的某些稳定的评价，这才是自我认知的基础。

通过与社会中和自己地位、条件相类似的人的比较来认识自己。许多研究发现，人们与相比较的对象相似性越高，就越容易在比较中获得对自我的正确认识和评价。大学生作为一个群体，在知识水平、道德品质、个人能力等方面具有很多相似性，因此与身边的同学进行比较，会帮助大学生比较容易且正确地评价自我。

3. 认识他人

在正确认识自我的基础上，还应正确认识他人。对他人的认知应遵循由感性到理性、由外表到内心的认识规律，通过察其言、观其行等综合判断手段来推测和判断他人的内心状态。正确认识他人应做到以下几点。

（1）综合分析他人。一个人的语言通常反映了这个人的内心，但有时人也会掩饰自己的内心，所说的话不直接表露内心所想。这就需要听者善于听“弦外音”，真正了解对方的意图，不要被对方的“花言巧语”所蒙蔽。人的内心活动是可以通过行为表现出来的，一个人的内心控制力再强，其行为也总会有所反应。因此我们评价一个人，应当综合他的一贯行为表现，不应当仅凭一两件事或最初、最近的表现来判断。

（2）发展地看待他人。处在这个不断运动变化的社会中，人也是会变的，所以我们应当用发展的眼光看待他人，而不应当总是采用我们头脑中旧的思维定式来评价人。对于熟悉的人，我们要善于观察他的细微变化，不断改变交往的方式。比如，有位女大学生因为从小娇生惯养形成了自私的性格，做事只考虑自己，从不考虑他人。当她感觉大家都在疏远她时，便觉得非常孤独和自卑。于是，她正在努力改变自己。如果这时我们发现了她的一些细微变化，友好地和她接近，就会促进她的改变，并建立友谊；相反，如果我们仍然用“有色眼镜”看人，就会将她良好的愿望扼杀于萌芽状态。

（3）客观地评价他人。俗话说：“萝卜青菜各有所爱。”每个人都喜欢按照自己的喜好与人交往，在交往中也会不自觉地将个人的爱好强加于他人，这就造成了我们在认识他人时会带有主观的成分。可是，在实际生活、工作中，我们遇到的人并不一定都是我们喜欢的人，如果我们不能从他人的实际特点和具体情况出发去认识他人，对其有一个客观的评价，而是仅凭个人的喜好与他人交往，势必会造成一定的交往障碍，无形中缩小了交际的范围。

（二）遵循人际交往原则

1. 平等尊重

人与人之间的关系是平等的关系，在交往过程中，如果一方居高临下、盛气凌人，那么他很快便会遭到孤立。大学生往往个性很强，互不服输，这种精神是值得提倡的，但绝不能高人一等，因同学之间的客观差异而对人“另眼相看”。尊重能够引发人的信任，缩短交往的心理距离。因此，在人际交往中，尤其要注意不损伤他人的名誉和人格，要肯定他人的能力与成绩。

2. 真诚待人

真诚是人与人之间沟通的桥梁，只有以诚相待，才能使交往双方建立信任感，并结成深厚的友谊。坚持真诚的原则，必须做到热情关心、真心帮助他人而不求回报，对他人的不足和缺陷能诚恳批评。对人、对事实事求是，对不同的观点能直抒己见而不是口是心非，既不当面奉承他人，也不在背后诽谤他人，做到赤诚待人、胸怀坦荡。

3. 互助互利

交往双方的心理需要都能获得满足，其关系才会继续发展。因此，交往双方要遵循互助互利原则，破除极端个人主义，与人为善，乐于帮助他人。同时，又要善于求助他人，他人帮助你克服了困难，也会感到愉快，从而进一步促进双方的情感交流。

4. 诚实可信

大学生要“言必行，行必果”，答应做到的事情不管有多难，也要不遗余力地办到。如果再三努力而没有实现，则应诚恳说明原因，不能有敷衍的思想。守信用者能交真朋友、好朋友；不守信用者只能交一时的朋友或终将被抛弃。坚持信用原则，要做到有约按时到，借物按时还，不胡乱猜疑，不轻易承诺，不信口开河。

5. 宽容大度

大学生个性较强，密切接触时，不可避免地会产生矛盾，这就要求大学生在交往中不要斤斤计较，而要谦让大度、克制忍让，不计较对方的态度，不计较对方的言辞，并勇于承担自己的行为责任，做到“宰相肚里能撑船”。宽容克制并不是软弱、怯懦的表现。相反，它是有度量的表现，是建立良好人际关系的“润滑剂”。

（三）掌握人际交往技巧

1. 正确认识自己，客观评价他人

人要有自知之明，即正确的自我认识、自我评价。一个人在社会中生活，要摆正位置，既不自负清高，也不自卑自贱，要看到自己的长处，也要看到自己的不足。正确认识自我才能自我调适、自我控制和自我完善，才能悦纳自我，从而正确地对待他人。

2. 培养良好的个性特征，把握自己的情感和行为

人的个性是有差异的，具有诚实、正直、热情、开朗、可信等性格特点的人往往具有一种人际吸引力，这样有利于建立良好的人际关系。交往中，要善于把握自己的情感和行为，做到冷静、理智。不论是说话、行为或情感的表达都要注意符合一定的场合和身份。

3. 学习人际交往的方法，培养人际交往能力

有的大学生由于交往方法的欠缺、交往能力不足导致想表达善意却又弄巧成拙，帮助他人却又适得其反，想与他人交往却又不知如何去做，从而影响人际关系。因此，大学生要积极参加各种集体活动，有目的地锻炼自己的人际交往能力。语言是人际交往的工具，人们的言行举止都在传情达意，在交往中运用得好，就能增强交往效果，所以必须加强交际语言的学习，采用艺术的语言准确表达自己的观点和看法。

4. 热情主动交往，表现真实自我

交往双方总有一方处于主动地位，如首先与人打招呼、主动与人说话等。主动交往会使人感到你和蔼可亲、容易接近。如果总希望他人主动接近自己，他人就会认为你妄自尊大、盛气凌人而不愿与之交往。因此，在与人交往中要感情真挚，不虚情假意，敢于承认错误，就会给人留下真诚的印象。

5. 加强彼此沟通，建立密切联系

人际关系是以情感联系为基础的，经常性的交往是维持和增进感情的纽带。同学、朋友之间经常问候或经常相互走动，有助于增进彼此之间感情。

主题活动

大学生的人际交往问题关乎着高校毕业生步入社会后的就业、生活等问题，而对于人际交往能力的提升不能仅是纸上谈兵，我们更需要学会如何解决实际生活中遇到的人际交往问题。

（一）活动设计

活动名称	活动目标	活动流程	活动要求
大家来帮忙	通过解决实际生活中遇到的人际交往方面的困难，将理论实践相结合，学会人际沟通，树立正确的价值观念	提出自己遇到的人际交往中的难题，大家共同出谋划策，提出解决办法	提前思考在自己的大学生活中，遇到过哪些难以解决的人际交往方面的问题

（二）活动流程

1. 请每位同学准备 1 ～ 2 个在大学生活中遇到的人际交往方面的困惑，或至今仍未找到好的解决办法的困难，在纸上写清楚具体的困惑内容，包括问题发生的情境、人物、希望达到的效果、解决方法等。

2. 将写好困惑的纸条交给教师。

3. 依次上前抽取需要解决的问题，以保证每个人遇到的问题都是随机的，然后可以多人讨论解决方法，在规定时间内讨论结束，形成解决方法。

4. 将解决方法写在问题的下方。

5. 教师针对学生的困惑予以现场指导，引导学生学会处理人际交往问题。

（三）活动分享

通过每一位同学的困惑分享，让一些没有勇气提出问题的同学能认识到，每一个人都会有人际交往方面的困惑，但也会有老师、同学能够对此予以帮助。从不同问题上发现不同情况的解决方式，也发现不同性格的学生会采取不同的手段，以此增强学生的相互理解。

（四）活动反思

通过对自己遇到的人际交往问题的回忆，思考如何解决人际交往问题，同时，学会换位思考，增强对自己和他人的认识，减轻以自我为中心的错误认知行为，达到理论与实践相结合的效果，从而探索发现解决人际交往问题的正确方式，正确对待人际交往中存在的问题。

反思与探究

1. 你是如何理解大学生人际交往的？

2. 请简述人际交往都包括哪些方面？

3. 思考当代大学生的人际交往有什么特点？

4. 大学生的主要人际交往对象有哪些？

5. 你是如何更全面地认识自己的？

6. 在你的大学生活中，遇到了哪些人际交往方面的问题？

7. 你是如何增强你的人际交往能力的？

延伸阅读

1. 王秀阁，等．大学生人际交往理论与方法 [M]. 北京：人民出版社，2010.

2. 卡耐基．卡耐基人际交往心理学：别输在不懂人情世故上 [M]. 张然，编译．北京：中国国际广播出版社，2017.

3. 卢森堡．非暴力沟通 [M]. 阮胤华，译．北京：华夏出版社，2016.

4. 陈汉英．学校心理健康教育 [M]. 杭州：浙江大学出版社，2019.

5. 彭贤，马千珉．人际关系心理学 [M]. 3 版．北京：清华大学出版社，北京交通大学出版社，2019.

好好学习

1. 力量生于团结，幸福源自奋斗

力量生于团结，幸福源自奋斗。团结奋斗，这是一百年来中国共产党人、中国人民、中华民族锤炼铸就的宝贵精神品质。让我们高扬理想信念的旗帜，加强中华儿女大团结，凝聚万众一心的伟力，保持勇毅笃行的坚定，展现虎虎生威的雄风，努力争取新的更加伟大的胜利和荣光！

——2021 年 12 月 31 日，习近平在全国政协新年茶话会上的讲话

2. 任何孤芳自赏都会陷入越走越窄的狭小天地

青年的人生目标会有不同，职业选择也有差异，但只有把自己的小我融入祖国的大我、人民的大我之中，与时代同步伐、与人民共命运，才能更好实现人生价值、升华人生境界。离开了祖国需要、人民利益，任何孤芳自赏都会陷入越走越窄的狭小天地。

——2019 年 4 月 30 日，习近平在纪念五四运动 100 周年大会上的讲话

第七章
溯源家庭：大学生原生家庭关系的调适

章前导读

每个人都有自己的原生家庭，世上没有完美的父母，也没有完美的原生家庭。一个舒适健康的家庭关系，需要我们每一个人在漫长的岁月里慢慢打磨。

本章将系统介绍原生家庭的含义、原生家庭对心理健康的影响、原生家庭关系对大学生身心成长的影响及调适原生家庭关系的方法与策略，从而探索大学生心理问题在原生家庭中的根源，引导大学生深刻理解中华优秀传统文化精神，树立正确的世界观、人生观和价值观，成为国家发展需要的人才。

学习目标

知识目标：了解原生家庭的含义及类型，理解原生家庭生活对大学生成长的影响，掌握调适原生家庭影响的方法和策略。

能力目标：学会有意识地将心理健康问题与原生家庭联系起来，积极探索根源所在，采取多种方式，走出心理困境，走向成熟，提高家庭责任感和幸福感。

价值目标：正确认识来自家庭的各种压力因素，避免将自己桎梏在心理压力之中，加强道德修养，树立正确的家庭观念。培育社会主义核心价值观，深化中华优秀传统文化教育。

第一节 原生家庭概述

名家名言

孩子们的性格和才能，归根结底是受到家庭、父母，特别是母亲的影响最深。孩子长大成人以后，社会成了锻炼他们的环境。学校对年轻人的发展也起着重要的作用。但是，在一个人的身上留下不可磨灭的印记的却是家庭。——[中国]宋庆龄

世界上没有一个地方比自己的家更舒适，无论那个家是多么简陋、多么寒俭。——[中国]梁实秋

追溯自己的成长历程对一个人的成长十分有意义。当我们试图探寻自己出生、成长的家庭状况时，便也开始了对自己与父母的关系与交往的探寻，这时你就是在试图探索和拼凑出一个真正的自己，你就会明确自己来自一个什么样的家庭，家庭对你的影响是什么，以及我们怎么样认识和看待原生家庭的问题。

一、原生家庭的含义

每个人的成长都与家庭和父母有关。现实生活中，没有绝对完美的家庭，也没有绝对理想的父母，孩子在家庭中成长，可能都会有心理需求得不到满足、心理受到伤害的经历，成年后他们的许多行事风格都深深地烙上了家庭的印迹，这就是我们了解原生家庭的意义和价值。

（一）原生家庭的内涵

原生家庭是近几年提出的一个社会学概念，也是一个心理学概念，一提出就引起了人们的广泛关注和普遍重视。关于原生家庭，目前还没有一个准确的定义，但有关专家学者对原生家庭内涵的看法基本是一致的。原生家庭是指儿女还未成婚组建新家庭，仍与父母生活在一起的家庭。原生家庭是一个人从出生、童年到成年，所经历的

家庭环境。实际上，原生家庭是一个人出生和成长的家庭，是与新生家庭相对应的概念，新生家庭是一个人成年以后结婚自己组成的家庭。

每个人都有属于自己的原生家庭，原生家庭是一个人生活成长的家庭环境，是一个人开始人际交往的地方。但每个人又都无法选择自己原生家庭的家庭环境、人际氛围、人员组成等，也就是说，一个人出生在一个什么样的家庭，拥有什么样的父母，父母会如何对待自己，这些都是自己不能决定的。所以，每一个人都是在一个对他自己来说独特的家庭环境中成长起来的，父母或其他主要家庭成员赋予他什么样的成长环境和氛围，就会对他的一生产生什么样的影响，尤其是在行为习惯、思维方式、情绪情感等方面。

（二）影响原生家庭的心理指标

荣格曾经说，原生家庭对孩子的影响越大，孩子长大之后就越倾向于按照幼年时的世界观来感受和观察世界。所以，我们希望每个人都拥有一个积极向上的原生家庭。但实际上，父母对孩子的伤害往往是无意的、潜在的。现实生活中，我们经常会遇到这种现象，父母尽心尽力创造条件满足孩子的需要和诉求，但不仅没有得到孩子的认可，反而还会使孩子产生一些心理问题。对此，许多父母也很疑惑，究竟怎么做才能达到最好最理想的效果？什么样的家庭是理想的原生家庭？

从心理学的视角看，父母与孩子的关系归结起来主要是父母满足孩子基本心理需要程度的问题，主要体现在父母与孩子关系需要的满足程度、孩子对独立需要的满足程度、孩子对快乐需要的满足程度、孩子渴望被认可的需要的满足程度上，所以，影响原生家庭的心理指标主要有以下四个方面。

1. 关系需要

人一出生就与家庭、父母产生了关系，随着成长，将逐步与更广泛的人和社会建立关系。人具有社会属性，人际关系是伴随人一生的需要。当家庭能关注到并有效满足孩子的需要时，孩子的成长就是正常、健康的，就不易受到伤害。但现实生活中，由于父母是家庭的主导者和决策者，而且成人的思维较少顾及孩子的感受和需要，因此，孩子在家庭中的需要经常被忽视、被拒绝，有时父母是有意拒绝孩子的诉求，有时是无意对孩子造成了伤害和打击。这种受伤害的程度与被忽视的程度有关，也与孩子的性格有关，生性敏感的孩子更易受到伤害。

2. 独立需要

对身边的世界充满好奇，具有积极探索未知世界的兴趣，是孩子的天性，也是人在成长过程中必须经历的环节。因此，孩子会形成追求独立的心理需要。一方面，人生来就具有了解周边世界的需要，十分希望不受干扰地独立行动，并通过自己的努力完成一件事或实现一个目标，通过这种探索和对外界的认识，孩子会逐步获得安全感；另一方面，孩子对未知世界的探索是其了解世界、认识世界的过程，这一过程的直接结果就是积极寻求独立，并逐渐摆脱对父母、家庭的依赖。然而，实际生活中，孩子的独立探索大多被父母阻止或打断了，父母的限制和控制会影响孩子的独立性，也会使孩子在成长过程中缺少安全感，从而对自身能力产生怀疑。

3. 快乐需要

实际上，不论是孩子还是成年人，都有对快乐的追求。相对来说，孩子的快乐需要更直接、更简单，吃饭、玩游戏、看电视等都能带来快乐，但孩子的快乐也容易终止，很快就由快乐变为不快乐，如孩子看动画片很高兴，家长认为对眼睛不好便直接关闭电视，孩子的快乐马上就转为不快乐，有些孩子还会由笑转变为哭。快乐与不快乐是紧密相关的，所以，引导孩子自己调节情绪十分重要，并要教会孩子处理快乐与不快乐的办法。对于父母来说，严格限制孩子和过度放纵孩子都是错误的，都会对孩子的成长造成消极影响。

4. 认可需要

希望获得表扬和认可，是每一个孩子的天性，也是其能够身心健康成长的重要基础。当一个人逐渐长大，开始认识世界、感知人际关系时，这种获得认可的需要将逐渐成为判断自己是否被接受、是否有价值的主要依据。实际上，成人也有非常高的认可需要，人们总是希望通过他人获得对自身价值的认可。当父母更多地表现出不认可、不接受时，孩子获得认可的需要就更强，希望得到肯定的愿望就更强，而父母若能给予孩子充分的认可，则孩子对认可的需要就相对较弱。

对一个孩子来说，这四种需要都是强烈的，而且四种需要也是互相影响、紧密联系的。每一个孩子都会在成长过程中受到这四种需要的正面或负面的影响，这种影响因人而异，有些孩子能比较顺利地度过孩童时期，健康地成长，在其成人后较少受到以前的影响；而有些孩子就没有那么幸运，他们经历了比较复杂和多样的需要危机，对成人后的心理产生了消极影响，使得这些孩子难以摆脱或不知道如何摆脱童年时期所受的伤害。

案例导读

马克思的家教艺术

马克思非常重视通过游戏对子女进行家庭教育。尽管马克思的工作十分繁忙，但他总是挤出时间花在孩子身上。每天晚餐后，马克思会给孩子们讲故事，做纸剪的轮船，还和孩子们一起把“轮船”放在一个大盆里航行。有一次，小女儿爱琳娜正起劲地玩“航海游戏”，马克思用手轻轻搅动盆里的水，水面顿时“波浪滚滚”，爱琳娜立即惊慌起来，担心翻船。“别慌，用力吹气，让小船顶着风浪，努力向前！”女儿在父亲的热情鼓励下，鼓起小嘴，奋力吹气，小船果真顶着“逆浪”摇摇晃晃地继续向前航行。10岁的爱琳娜在家庭游戏的表格中填写道，她最喜欢的座右铭是“努力向前！”。

马克思夫妇十分注重儿童幼年时的智力发展，他们在孩子们还未学会阅读时就亲自把自己喜爱的《唐·吉诃德》《一千零一夜》《神曲》和莎士比亚的剧本等古典文学作品的精彩片段，富有表情地朗读给孩子们听，不仅丰富了家庭生活，而且培养了孩子对文学的强烈兴趣及良好的读书习惯。

解析 良好的家庭氛围是教育子女的重要条件，更容易养成子女乐观、积极向上的心态。

思考 古人云“子不教，父之过”，所强调的就是家庭教育的重要性。你认为好的家庭教育是怎样的呢？

二、原生家庭影响心理健康的主要因素

（一）家庭氛围

在原生家庭中，家庭的环境、氛围对孩子的成长影响很大。比如，原生家庭中各种关系融洽，父母之间、亲子之间都能比较民主，对事物包容、和谐，那么在这种关系下成长的孩子自然会养成积极向上的心理，并且性格相对平和，沟通能力强，生活态度积极。相反，如果在原生家庭生活中，各种关系紧张，随时产生着争吵、打骂，在这种环境下成长的孩子会养成极端的性格，如暴躁、孤僻等，在生活态度上也会更加消极和悲观，适应新环境和社会生活的能力会更差。家庭氛围对孩子心理健康的影响并不会直接地反映出来，但是会在长时间的潜移默化中给孩子带来心理上的变化，从而影响心理健康质量。在大学生群体中，出现的犯罪问题、社会问题等学生一般都能在其原生家庭的影响中找到根源，而在良好家庭氛围下成长的孩子，一般较少发生重大心理问题，面对生活和挫折更容易以积极的心态进行自我调整。

（二）父母关爱

在孩子成长过程中，父母的关爱不仅能够从心理上更好地安抚孩子的情绪，也能够从生理上为孩子的成长提供安全保障。一般来说，在原生家庭中，如果父母的关系

融洽，对子女的关爱明显，使孩子从小生活在一种爱与被爱的环境中，孩子便会养成良好的心态，更懂得爱与宽容。反之，如果孩子从小就得不到关注和关爱，在心理上会产生不安全的反应，各种负面的消极态度也会加重，甚至出现适应问题。例如，有的大学生容易融入集体环境中，但是有的大学生并不能与其他成员和睦相处，处处表现出不良的生活习惯和生活方式，这大多与父母对其的溺爱和纵容有关，从而产生一系列心理健康问题，影响生活、学习和发展的质量。

（三）父母人格

孩子的很多言行习惯都来自对身边大人的模仿与学习。在原生家庭中，父母的人格特征会直接影响孩子的成长，父母通过说话方式、行为习惯、情绪表达来反映自己的各种人格特点，孩子在与家长的长期接触中，会自然地模仿学习父母的言行，长时间的发展中便会形成其人格特点。在分析大学生的人格特点时，会发现大部分大学生与父母之间存在惊人的相似或极端的相反等特点。父母的人格特点也会对大学生的心理健康产生重要影响。

知识链接

印刻现象：父母对子女的影响是与生俱来的

印刻现象是在对动物行为进行研究时发现的，是指刚出生不久的小动物追逐它们最初看到的能活动的生物，并对其产生依恋之情的现象。

印刻现象和一般的反应不同，它只在一定时期内发生，小鸡“母亲印刻”现象的发生是在其出生后的 10～16 小时，小狗则是在出生后的 3～7 周。已有研究指出，2 岁是个体口头语言发展的关键期，4 岁是形状知觉形成的关键期，4～5 岁是学习书面语言的关键期，少年期以前是第二语言（主要是语音方面）学习及音乐听觉训练的关键期。

（四）父母婚姻

人的成长过程中，原生家庭中父母的婚姻状况会对孩子的婚恋观产生重要影响。父母感情恩爱，能够主动地关怀孩子成长，孩子能够感受到父母的感情和睦，也会将这种融洽的关系运用到今后的婚姻生活中，与恋人之间和谐亲密。如果父母的感情不和，经常争吵或者冷战，会造成孩子在大学时期对异性的态度或冷淡，或热情过度，在面对爱情或者婚姻时出现不良反应，影响大学生活中正常的异性关系建立，造成心理问题的发生。

当前，随着社会压力的不断增加，年轻人群体面对婚姻的态度也在发生着改变，出现越来越多的不婚主义者，离婚率也是逐年升高，这些现象的出现都与早期父母的婚姻关系有关。大学生正处于从学生时代走向社会的关键过渡期，正在建立对各种社会现象和情感态度的认知，如果长期在不良的家庭婚姻关系中生活，大学生心中会存在抵触婚姻、害怕婚姻的潜意识，不利于大学生今后生活的顺利开展。又或者，有的大学生因心理缺失而过分渴望得到关爱，未经慎重考虑便早早地走入婚姻中，往往最后以失败告终，甚至出现严重的心理健康问题。

案例导读

逃离的闺蜜

一位成长在离异家庭中的年轻女孩，虽然母亲后来再婚，但10年后继父又不幸离世。童年期父母的离异和重组家庭的再次破裂对她来说打击很大，使她没有安全感，并且表现出敏感、极端的人格特质。她每天必须见到男朋友，如果打电话男友没接，她会连续打，直到男友回信。她曾有一个非常要好的闺蜜，但是，如今已对她十分回避，因为她给闺蜜的只有压力，她不断地把自己的不安全感施加到闺蜜身上，来弥补曾经的安全缺失。可是，不断地施压、不断地索取，只会导致闺蜜的逃避和远离。

解析 家庭关系的影响导致女孩严重缺乏安全感，时刻害怕失去所有，并且在成长过程中，女孩的不安全感一直没有得到他人的重视和疏解，导致她生活在过往经历中难以自拔，这一问题表现在人际交往上，就会使本来想要的东西离自己越来越远，越想得到反而失去越多。

思考 人与其原生家庭有着千丝万缕的联系，你是否受到过这种联系的影响？

（五）教养方式

在孩子成长的过程中，父母采用不同的教养方式，会收到不同的效果。如果父母一味地溺爱孩子，会造成其对父母产生过度依赖的情感，这类孩子在大学生活中可能出现生活不能自理的极端现象，严重影响其心理健康发展。相反，如果父母对孩子的要求过分严格和苛刻，孩子在长期生活中会形成对各种事物叛逆、恐惧的心理，从而在大学生活的开展中，不能很好地适应大学生活，与同学、教师之间的关系紧张，造成各种问题的发生。

每个家庭的教养方式不可能完全一样，这与每个家长的主观认识、文化程度、性格特点等各方面因素有关，不同的教养方式中，孩子的心理健康状况也是不一样的。对孩子的教育并没有完全固定的模式，要根据具体情况进行，但是要做到有底线的教育，不能过分溺爱或严苛。只有在正常的教育环境下、松紧有度的教养方式中教育的孩子，才能心理健康、三观端正；反之，则可能存在一定的心理健康问题，影响其性格养成和认知发展。

对一个家庭来说，每一个成员都是家庭的重要组成者，每一个人都会与其他成员产生关系。一般情况下，在家庭中能够对孩子产生深刻影响的家庭成员包括三部分：孩子的兄弟姐妹、孩子的父母及父母的兄弟姐妹、祖父母和外祖父母。因而，对原生家庭的孩子来说，核心关系或对孩子产生重要影响的关系有三类，即同胞关系、父母关系和祖父母关系。对孩子产生影响的关系越多，孩子所受的影响就会越复杂。

家庭的主要基本关系即父母与孩子的关系。父母与孩子的关系根据孩子年龄的增长，一般可分为两种关系类型，即亲子关系和子亲关系。孩子 18 岁前，与父母的关系是亲子关系，主要体现为父母如何对待孩子，爱的流动方向是由父母到孩子，父母如何对待孩子可以影响孩子一生的成长。而孩子在 18 岁以后，与父母的关系就变为子亲关系，主要体现为孩子如何对待父母，爱的流动方向是由孩子到父母，从这一阶段开始，孩子就要学会处理好与父母的关系，并通过改变与父母的关系获得成长的动力和可能。所以，对一个人的成长来说，18 岁之前，取决于父母和孩子的关系品质；18 岁之后，则取决于孩子与父母的关系品质。

需要注意的是，除了原生家庭因素的影响，我们也不能忽视社会环境和自我力量对个体成长的影响。虽然我们难以改善原生家庭，也无法选择原生家庭，但可以尽可能地去感受社会散发出的善意、温暖和光亮。

主题活动

了解原生家庭对子女的负面影响及危害，可以从梳理早年影响学生成长的因素入手，通过活动了解原生家庭对自己的影响，明确个人在人际交往中存在的问题，并有针对性地进行调整和改变，提高人际交往能力。

（一）活动设计

通过活动了解原生家庭对亲密关系的影响，尤其是交往主体的原生家庭的影响，梳理双方亲密关系可能产生的矛盾和问题，从而对原生家庭的影响有正确认知，进而正确认识亲密关系。

活动名称	活动目标	活动流程	活动材料
原生家庭对亲密关系的影响	正确认识自己、正确看待亲密关系	了解原生家庭概念，介绍原生家庭父母、兄妹等的行为方式、性格特点等对自己的影响；厘清原生家庭与亲密关系的联系，认识原生家庭对个人的影响；认知原生家庭对自己亲密关系的影响，正确认识自己及亲密关系，绘制原生家庭与亲密关系图	写字板、绘画纸、写字笔、绘画笔等

（二）活动流程

1. 向学生讲解原生家庭概念及其家庭成员的相互影响。

2. 展示图片，帮学生厘清原生家庭与亲密关系的联系。

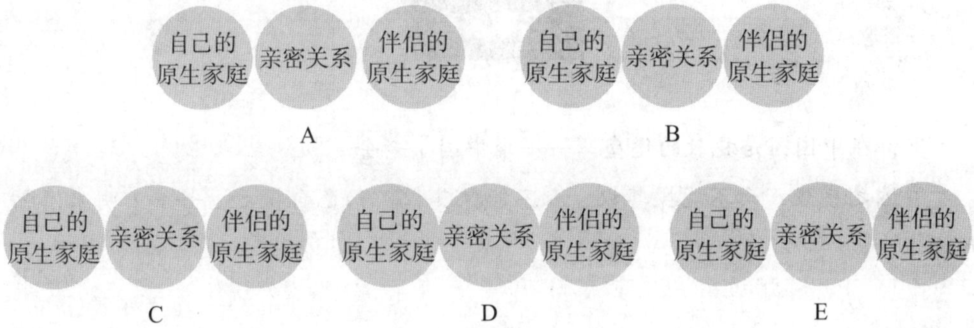

3. 组织学生按小组画动物家庭画，帮助学生明晰自己哪些方面受原生家庭的影响。

4. 分析原生家庭对亲密关系的影响。

5. 帮助学生找出相应的解决办法。

（三）活动分享

活动结束后，谈谈对活动的认识和感受，从而更客观、更认真地看待亲密关系。

1. 对自己原生家庭的认识和感受是什么？（原生家庭属于什么类型？对自己的亲密关系会产生什么样的影响？）

2. 经过活动，你对原生家庭特别是父母的认识有变化吗？（父母哪些行为方式、习惯对你的影响比较大？）

3. 你认为好的原生家庭应该是什么样的？（你能够列举一些事例吗？）

4. 你希望原生家庭对你的亲密关系产生什么样的影响？（你认可的父母影响是什么？你能描述自己理想中的原生家庭吗？）

（四）活动反思

有时候亲人之间并不缺少爱，缺少的是沟通。原生家庭对孩子的影响较大，特别是对亲密关系建立的影响十分显著且不可忽视。但是，亲密关系与原生家庭的关联不能两极化，即完全不干涉或者完全被覆盖。当原生家庭在亲密关系中覆盖的比值越大时，主导权会转移至原生家庭，进而影响亲密关系，从而可能出现矛盾。

第二节 原生家庭关系对大学生身心成长的影响

名家名言

家，在中国，是礼教的堡垒。——［中国］老舍

家运之盛衰，天不能操其权，人不能操其权，而己自操之。——［明末清初］孙奇逢

原生家庭是人出生成长的环境，是人最早开始人际交往的场所，父母及其他家庭成员是孩子最开始的交往对象。大学生产生的心理问题和症状，很多都可以追溯到他们在原生家庭成长中的遭遇和经历，大部分学生的心理问题源于他们的原生家庭。可见，原生家庭中的关系会对一个人的成长产生重要的影响。

一、原生家庭对孩子的影响

人的一生会有两个家庭，一个是从出生到成年的家庭，即原生家庭，也是我们通常意义上的父母的家庭；另一个是人在成年后建立的家庭，也叫再生家庭。原生家庭会影响或决定再生家庭，也就是说，原生家庭对孩子及其成年后都会有影响，这种影响有些会延续人的一生。

（一）原生家庭的亲子关系

人生活在家庭中，无时无刻不在受家庭成员的影响，融洽和睦的家庭关系有利于孩子的健康成长。那么家庭中的亲子关系又对孩子有哪些影响呢？

1. 夫妻关系亲密

夫妻关系亲密有利于孩子的性格形成，同时能帮助其学习男性形象和女性形象。这种模式的夫妻关系很紧密，双方都会给孩子比较均等的爱。在一个健康的家庭关系中，夫妻之间的感情是最重要的，夫妻关系比亲子关系更重要。夫妻关系和睦，能给孩子提供充分的家庭环境，由于父母关系很好，孩子也会对婚姻产生美好的感觉和向往，感受到婚姻就是像父母那样相处，对孩子的成长十分有益。

在生活中，常常会出现“异性相吸”的情形，家庭中也不例外。有时，男孩更倾向于亲近母亲，女孩更倾向于亲近父亲。在夫妻关系亲密的家庭模式中，“异性相吸”也是家庭关系达到平衡的“功臣”：男孩喜欢母亲，就会在潜意识中“嫉妒”父亲：“为什么母亲会喜欢父亲呢？”他就会在观察的过程中以父亲为榜样，学习父亲的很多优点，因此，夫妻关系融洽对孩子的性格形成十分关键。

2. 夫妻关系疏远

夫妻关系疏远可能会导致孩子形成以自我为中心，任性、自私的性格。这种模式与第一种模式比较，相对来说，父母关系较远，两个人离孩子更近，就是人们常说的“以孩子为中心”。

这种模式常发生在夫妻关系一般，虽然没有太大冲突，但时常处于“冷战”状态的家庭中。夫妻之间由于关系比较淡薄，常常到孩子那里寻求补偿，使孩子被溺爱，被过度保护、过度干涉。这种模式会使孩子形成以自我为中心、比较任性和自私等的性格特征，不利于孩子各方面的发展。这样的家庭表面上看起来尚能平稳，但却潜藏着危机。

3. 夫妻关系依靠孩子维系

夫妻关系依靠孩子维系的父母关系模式更有可能使孩子形成以自我为中心、自私自利的性格特征。该模式是第二种模式的极端化，夫妻间距离更远，问题更突出，二人的关系完全依靠孩子维系，孩子甚至成了婚姻的阻隔、障碍。在这种家庭中成长的孩子，常常被极端地溺爱。

4. 女孩男孩分别与同性家长亲近

女孩与母亲亲近，男孩与父亲亲近，这种模式容易造成孩子长大后不知如何与异性相处的问题。该模式常常发生在以下几种情况：第一，母亲长时间照顾女儿，如果在2岁半到3岁时父亲没有介入，常常会出现女儿对母亲过度依赖，与父亲关系越来越远的情况；第二，由于很多人都认为，母亲要给女孩做好榜样，父亲要给男孩做好榜样，所以女孩长大了，应该与母亲更近一些，男孩长大了，应该与父亲更近一些，因此导致同性的亲子关系越来越近；第三，在夫妻关系不和的家庭中，由于父亲和母亲常常相互敌视，总希望把孩子拉入自己的“同盟”中，结果常常是孩子与父母中的一方关系越来越亲近，而与另一方的关系越来越疏远。这种模式可能会导致在孩子心中，父亲或母亲的形象离其很遥远，那么当其长大后就会不知如何与异性相处，或不敢接触异性。

5. 女孩男孩分别与异性家长亲近

女孩男孩分别与异性家长亲近，可能会影响孩子成人后的择偶。男孩与母亲关系较近是比较常见的现象，大多数男孩从出生就由母亲照顾，2 岁半到 3 岁时，由于父亲没有介入，男孩在第一个性格形成的关键期，开始爱上自己的母亲，形成恋母情结。当男孩 4 岁半到 5 岁时，会开始排斥父亲，讨厌父亲和母亲的关系亲密，影响父子关系，从而对成人后的择偶产生影响。

孩子在 3 岁以前，家庭的主要抚养人是母亲，这时母亲怎么给他爱都没问题，但随着男孩慢慢长大，母亲要和他距离远一点，让父亲与他距离近些。如果这一时期男孩与母亲更亲近，他会从母亲身上习得很多女性特质，性别角色可能会出现问题，会过度依赖母亲甚至“恋母”，那么孩子的心理其实是没有得到真正的成长的。所以孩子长到 3 岁左右时，父亲角色应该介入，让一家人的关系相对均衡一些。

另外，有研究发现，个体早年的父女关系对男女关系的质量有很大影响。而且，这种影响比母亲的影响更深远。女儿和男性的第一段关系是父女关系，这将成为一种“关系模型”。从此以后，与男生的关系就会参照这种“关系模型”，重复与男性相似的感受、想法和互动，甚至很多人都在寻找外表、性格和兴趣与父亲相似的伴侣，而另一个极端是父亲的反面。

父亲为女儿提供了解决问题的男性视角，尤其是在亲密关系中，父亲对女儿最大的影响有三个方面。一是影响女儿的自我价值。维克森林大学教育和青少年心理学教授琳达尼尔博士有关父女关系的研究成果显示，如果女性从小能够从父亲那里通过鼓励的言语和行为得到肯定和认可，她便不再需要通过别的男人获得价值感。二是塑造女儿未来的亲密关系。通常，一个女性接触到的第一个她爱的男性就是自己的父亲，与父亲的关系会影响她对未来亲密关系的期待，她会在无意识中将伴侣与自己的父亲对比，甚至可能期待从他那里得到“父亲般的爱”。有的女性说，我讨厌自己的父亲，我选择的伴侣和父亲完全相反。然而，她们没有意识到一个相反的选择也是基于自己的父亲。一个缺乏父爱的女性总想寻找一个时时刻刻都关注自己的男性，很难发展出一段充满信任的关系。三是影响女儿与男性交流的方式。父亲不仅仅提供了一个伴侣的模板给女儿，还让女儿知道怎样与别的男性交流。那些拥有高质量父爱的女性，更加开朗自信，她们不会在男性群体中感觉害羞和不自然，敢于接受职场和人生的挑战，坦率真诚、内心更有力量。

很多家庭将教育孩子的责任压在母亲身上，但研究表明，健康的家庭关系是夫妻关系亲近，并给予孩子均等的爱。

一般来说，家庭的成员构成主要包括三代人，即孩子，父母，祖父母、外祖父母，这些成员构成了一个比较紧密的家庭关系且这些成员的角色都会对孩子产生较大的影响。原生家庭成员结构完整，孩子成长过程的心理状态要相对平稳，不容易出现一些负面的认知和情感。相反，原生家庭成员结构不完整，会对孩子的成长产生不可忽视的负面影响，孩子会因为原生家庭成员的不融洽、不理解、不关心、不信任、不包容等诱发自己对他人冷漠、对社会产生敌视等不正确的认知。当然，即便原生家庭成员结构完整，若孩子缺乏父母或长辈的爱，或长辈对孩子有偏爱，仍会对孩子的心理健康发展造成巨大的阴影或创伤，使其产生更多对世界、他人与自己的负面认知。

（二）原生家庭氛围

家庭氛围是指家庭中长期积累的精神状态和情意倾向，是一种潜移默化的教育因素。良好的家庭氛围能使孩子性格活泼开朗、积极向上。人一出生就处于家庭环境中，父母对孩子的态度、情感、关爱程度及父母的个性特点、思维方式、文化素养、脾气秉性、行为习惯等相互作用，形成了每一个家庭特定的家庭氛围，不断地对孩子产生潜移默化的影响。

原生家庭氛围温暖，既能给予孩子内在的安全感，又能给予孩子一定的自由。倘若孩子生活在被爱的环境中，他们便能够学会爱他人、爱环境、爱社会。心理学家詹姆斯认为，播下行为，就会收获习惯；播下习惯，就会收获性格。好的原生家庭氛围便是好的影响力，拥有良好的原生家庭氛围，有利于孩子的健康成长。而在氛围较差的家庭生活的孩子则恰恰相反。生活在批评中，他们便学会谴责；生活在敌视中，他们便学会争斗；生活在没有鼓励的环境中，他们便变得自卑；生活在没有欣赏的环境中，他们便学会冷漠。总之，不良的原生家庭氛围极易导致孩子形成不良的人格。

案例导读

蔡元培母亲的言传身教

蔡元培（1868—1940），字鹤卿，浙江绍兴人，中国民主革命家、教育家，清光绪进士、翰林院编修，曾创办爱国学社，任同盟会上海分会会长、北京大学校长，开“学术”与“自由”之风，被称为“北大之父”。蔡元培幼年时，宽厚的父亲和严谨的母亲是他家庭教育的老师。

蔡元培的父亲去世得早，坚强的母亲力辞亲友对孤儿寡母的捐款，靠还款及典当首饰，节俭度日，独自将孩子抚养长大。虽然清苦，但她却并没有忽视对蔡元培的教育。蔡元培的母亲周氏虽然没有多少文化，但是通情达理，深明大义，在对孩子的教育上注重言传身教。周氏重视对孩子们的品德教育培养，她要求蔡元培弟兄们慎言，做事兢兢业业，一丝不苟，并且以身作则做给孩子们看。周氏对待孩子们的错误，也从不采取怒骂的做法，她会指出缺点，讲清道理，让他们主动改正。蔡元培曾说："我母亲的仁慈而恳切，影响于我们的品性甚大。"

在周氏的悉心教养下，蔡元培没有辜负母亲的期望。他后来创办学校，宣传民主革命思想，提出新旧思想"兼容并包"的教育理念，主张国民教育、实利教育与公民道德教育是造成现世幸福的教育，提倡"学术自由"，使北京大学成为新文化运动的发祥地。

解析 父母的教育方式对孩子的影响是深刻的。中国传统文化素养的培育应始于家庭教育。家庭是孩子人生中的第一所学校，父母是孩子最重要的启蒙老师。家庭教育作为孩子通向社会的第一座桥梁，对孩子的个性、品性和健康成长起着极其重要的作用。

思考 家庭教育如何影响人的一生？

（三）原生家庭教养方式

拓展阅读

7-1 三种家庭长大的孩子更优秀

根据家长对孩子的教育态度和方式，会形成不同的家庭教养方式，并对孩子的身心发展产生深刻影响。

原生家庭教养方式比较温和，父母比较民主开放，父母与孩子交流比较顺畅，孩子就能充分发表自己的意见和观点，则孩子的独立个性就会发展得较好。在这样的教养方式中成长的孩子往往比较有主见，独立性较强，长大后能够充分发挥自身优势，能够以积极的心态面对生活中的挫折。

原生家庭教养方式比较宠爱，任何事情都由父母代替、包办，父母不让孩子吃一点苦、承受一点压力。在这样的教养方式中成长的孩子，个性上容易骄纵，自制力差，行为上惰性较大、独立自主能力较弱，容易以自我为中心，专横独断，缺乏友爱精神。

原生家庭教养方式为父母不断地给孩子施压，将自己的理想寄托于孩子，在这样的教养方式中成长的孩子往往会采取逃避、压抑的消极防御机制来面对学习和生活，甚至还会产生极端的心理和行为。这些都是原生家庭教养方式对孩子的身心发展和应对方式造成的影响。

（四）原生家庭经济状况

原生家庭经济状况是影响孩子心理的重要因素之一。贫困家庭的孩子因为接触社会活动较少，对一些比较先进时髦的物品、活动接触较少，这些孩子往往倾向于通过自我封闭的方式进行自我保护，久而久之，他们的交往能力较低或者不愿主动交往，性格更趋向于内向，缺乏自信，极易产生自卑、抑郁的心理问题，进而出现行为孤僻、远离群体、人际关系紧张等负面情绪。此时，如果家庭教育引导方式不当，或父母忽视孩子的心理压力没有进行有针对性的调节，极易引起孩子的怨恨心理和报复心理。

原生家庭作为孩子重要的成长、生活场所，对孩子的影响是深远长久的，不仅会影响到孩子对事物的认知评价，而且会影响孩子的人格发展与应对方式的形成，不同的原生家庭关系、氛围、教养方式及家庭经济状况都会对孩子造成长期而持久的心理应激反应。因此，重视原生家庭教育问题极为紧迫与重要。

二、不良原生家庭关系对大学生的负面影响

家庭关系也就是家庭人际关系，是家庭成员之间固有的特定关系，表现为不同家庭成员之间的不同联系方式和互助方式，是联结家庭成员的纽带。它的特点是以婚姻和血缘为主体，并由有婚姻和血缘关系的人生活在一起构成，表现为组成家庭的各成员之间特殊的相互行为。以代际关系为层次，以家庭同代人的多少为幅度，构成家庭中几代人或同代人之间的传递和交往。家庭关系对孩子成长的影响有正面和负面的影响。

实际生活中，没有完美的理想家庭，每一个家庭都可能对孩子造成过伤害。对大学生来说，其表现出的心理方面的问题基本上是由其成长的原生家庭造成的。原生家庭的人际环境与父母的性格特点、交往模式、生活态度、生活状态等都有关系。而这种源于原生家庭的人际环境对大学生的影响是非常严重的，大学生的许多心理问题都可以追溯到其原生家庭留下的影响和印迹，但是，大学生和相关人员对原生家庭会影响人际交往的意识较弱，对原生家庭的认识较少。

（一）父母权威对孩子造成的伤害

在权威型关系的原生家庭中，父母对孩子的要求往往是严格严厉的，他们会对孩子提出较高的要求、较高的标准，并时常会对孩子的行为、表现提出限制性要求。在一定程度上，孩子的意愿和感受被忽略了，孩子经常把自己的需求放在一边，不断地按照父母的要求做事。一般情况下，如果父母懂得在孩子面前树立权威的重要性，应

将这种权威性建立在尊重孩子人格的基础上，采用刚柔相济的方法，并且父母双方在教育子女的态度上应协调一致，相互配合，应宽则宽，应严则严，在孩子面前树立起一个慈祥而威严的形象，则孩子更容易且更愿意接受父母的教育，这种家庭关系状态也最有利于孩子成长。

现实生活中，多数家长很难把握权威性的度，许多家长的权威性是封建家长式的权威，经常采取强制性的措施规范孩子的行为，长此以往，孩子就会不断压抑自己的想法和愿望。但是，实际上这会导致强烈的内心冲突。随着孩子成长，他们也基本会选择在父母规定的框架内行事，往往会成为一个脾气好的人，但内心却可能不甘和压抑，给成人后的生活埋下了人际交往障碍的种子。

（二）父母不理解对孩子造成的伤害

日常生活中，父母经常以大人自居，感觉自己的决定和行为都是正确的，这样的父母一般都比较强势，经常表现为自以为是，缺乏共情能力。许多父母较少与孩子进行有效沟通，不能设身处地考虑孩子的需要，也很难体会到孩子的感受。即使孩子的想法是正确的，也往往会被父母忽视或拒绝，时间久了孩子就会产生无力感，总认为自己所想所感受的都是错的。父母的不理解更容易让孩子陷入孤独的境地，长大后，这类孩子的情绪管理能力较弱，不能适应人际环境，不会用合理的方式调节自己的情绪，容易出现人际交往障碍等心理问题。

案例导读

长不大的大学生

小容从小就得到父母无微不至的爱护，父母对她百般宠爱，悉心照顾，年幼时她的一切要求都能得到满足。等到上学后，在学习上，小容稍遇到一点困难，就会回家哭诉，乱发脾气，父母非常心痛小容，经常代为写作业、抄笔记，整理各种学习资料。随着小容慢慢长大，父母开始为小容考大学操心，在父母极力帮助和努力下，小容考取了一所民办本科学校。然而，上了大学后，小容并没有让父母省心。由于交往能力比较差，又不知道考虑他人的感受，小容在同学关系上总是出现问题，有时在学校受了一点委屈，自己也解决不了，父母就到学校出面帮助交涉，遇到考试不及格时，父母就找关系说情。即便这样，小容在学校的学习生活仍然十分不如意，父母对此十分揪心。

解析 父母是孩子人生的第一任老师，家庭是一个孩子开始了解人际关系、适应人际关系的场所，当父母给予孩子的是畸形的爱时，孩子的成长就不会顺利，就会局限于自己家庭的小范围，难以适应今后的学校乃至社会生活。

思考 怎样的教养方式能够对以后的人生起到积极的作用?

（三）父母溺爱对孩子造成的伤害

1. 包办型溺爱

包办型溺爱的父母会为孩子事无巨细地安排好一切，孩子不用动手、不用努力就可以得到一切。包办型父母按照自己的意愿为孩子做事，希望孩子能够按照自己设计的路走下去，很少考虑孩子的需要和诉求。

2. 纵容型溺爱

纵容型溺爱的父母孩子要什么就给什么，无论孩子的要求是否合理，父母首先想做的就是满足孩子。纵容型父母按照孩子的意愿做事，只要孩子高兴，不考虑事情合理与否，他们都会想尽办法满足孩子。

父母对孩子的溺爱是一种懒惰的、不负责任的爱。在原生家庭的溺爱中长大的孩子，社会适应能力比较差，总是以自我为中心，成人后会出现适应性障碍，他们性格上比较孤僻，较少考虑他人的感受，自私心理比较重，很少考虑父母的感受，如果没有及时调节，进入中学、大学后，会出现人际交往障碍，处理不好与同学间的关系，抗挫折能力较差，一生都会受到很大影响。

（四）家庭不和睦对孩子造成的伤害

1. 缺少关爱

生活在不和睦家庭中的孩子，内心深处可能不理解什么是家庭，也不知道什么是和睦，甚至不知道什么是幸福。在他们的生活中，每天只有父母无休止的争吵，尤其是当他们看到其他家庭和睦相处时，内心的失落感就会更大，这会使其极度缺乏关爱。

2. 胆小内向

生活在不和睦家庭中的孩子，一般性格都比较内向胆小，认为做什么事都不会得到父母的支持，甚至做什么事都是不对的，以至于凡事小心翼翼，产生畏惧心理。在极度缺乏爱的环境里，他们只敢接触固定的东西，对新生事物会有所戒备并不愿意接受。

3. 容易受骗

生活在不和睦家庭中的孩子，从小缺乏父母关爱，外人给予一点关怀就会使他们对其敞开心扉，这无疑给一些图谋不轨的人提供了机会，使他们在“无微不至”的关怀下受骗。

主题活动

人际交往能力是大学生适应大学生活、适应未来社会工作的重要能力，而不良的人际关系可能导致大学生自卑、孤独和学校适应困难等问题的出现。因此，大学生应进行有效的人际交往，学会交往技巧，提高人际交往能力，尽快融入集体生活，从适应大学生活开始逐步成长到适应社会职业生活。

（一）活动设计

活动名称	活动目标	活动流程	活动要求
心电感应	学会与人和谐相处，构建和谐的团体氛围，学会交往技巧，提高交往能力，促进身心健康	让所有人围成一圈，随意选出1人，让他用左手捏一下相邻同伴的右手，当这位同伴感受到第一位同伴的“电波”后，迅速捏一下左边同伴的手，将“电波”传递下去，直到“电波”回到起点	所有人手拉手站成一圈；每一个人都以最快的速度传递“电波”；所有人严格按照主持人的口令行事

（二）活动流程

1. 所有人手拉手站成一圈，按照主持人的口令行事。

2. 主持人随意在圈中选出一人，听到主持人喊“开始”后，开始捏手传递“电波”，同时主持人开始计时。

3. “电波”传递一圈后，告诉大家“电波”传递的时间，鼓励大家，尽量加快传递速度，组织大家再进行一次电波传递。

4. 重复传递几次，并记录每次传递的时间。

5. 等大家熟练以后，变换传递方向，从原来按顺时针方向传递改为按逆时针方向传递。

6. 电波按照新方向传递几次后，再一次让大家改变“电波”的传递方向，同时让其闭上眼睛或背对圆心传递。

7. 在游戏快要结束时，告诉第一个人同时向两个方向传递“电波”，并且不要告知其他人，看看会有什么有趣的现象发生。

（三）活动分享

1. 开始进行“电波”传递时有什么感受？

2. 当变换传递方向、蒙上眼睛、背对圆心和进行双向传递时，能够体会到来自同伴和活动带来的乐趣吗？

3. 参加活动对你有什么启示吗？请每个人谈一下参加活动的体会。

（四）活动反思

人与人的交往就是从简单的交往开始的，当我们对这种简单的交往熟悉后，蒙上眼、背对圆心等就会使每一个团体成员将注意力集中在自己手上，感受来自同伴的信任与温暖。这时，相信同伴，用心体会同伴的信息就成为每一个人注意力的焦点。当然，这样的活动形式和内容还可以进行更多变化，不断增加活动乐趣，增进同伴之间的友情，活动效果就会越来越好。

第三节 调适原生家庭关系的方法与策略

名家名言

父母的爱应该是这样的：它能激发起孩子对周围的世界，对人所创造的一切关心，激发起他为人民服务的热情。——［苏联］苏霍姆林斯基

家庭和睦是人生最快乐的事。——［德国］歌德

原生家庭的主导者是父母，在我们成长过程中，一直是父母在负责我们的生活。在童年期，每个人都可能经历过自己独特的家庭氛围和家庭关系，这样的经历在我们幼小的心灵中或多或少地都会留下一些印迹，有些使我们终身受益，有些会对我们造成一定的伤害，留下负面影响。但无论如何，家永远是我们值得回忆的温暖港湾，父母永远是我们要感恩的人。我们应在处于人生成熟期的大学阶段反思自己的成长历程，规避成长中的挫折和问题，使我们更好地前行。

一、正确认识原生家庭的负面影响

原生家庭对个体的性格发展、亲密关系和人际交往有一定作用，影响个体成长。作为人从零开始学起的源头，在原生家庭中成长的孩子会模仿父母的言行，吸收父母的观点并且观察父母的相处方式，通过原始的学习积累自己的经验，对今后的人生产生深远的影响，这种影响有正面的也有负面的，因此，如何审视自己曾经的经历，对一个人的成长至关重要。

（一）正确认识在原生家庭受到的伤害

在原生家庭中，有一些孩子不被父母重视，有时这种不重视是有意的，有时则是无意的。比如，多子女家庭存在年龄较小的孩子受重视、年龄较大的孩子被忽视的现象。而独生子女家庭也会存在父母不重视孩子，压抑或忽视孩子的感受和需要的现象。总之，每一个孩子在原生家庭中的感受和经历是不同的，没有完美的原生家庭，也没有完美的父母，即使是在特别理想的原生家庭中成长的孩子，也会有一些遗憾或不满，也会感觉到父母有时或在某一个阶段对自己不够重视，但这些更多是从孩子的视角来看。

从父母的角色来看，父母要承担的家庭责任和压力远不是孩子能够想象得到的，这就是有些孩子随着年龄的增长，越来越理解父母，越来越认同父母的观念和行为方式的原因。一些问题分别从父母和孩子的视角看待，一定会得出不同的结果，所以，有些原生家庭的伤害具有相对性和阶段性。因此，我们不能把成长中的不如意、不顺利都归结为父母对自己造成的伤害，要客观认识、正确看待原生家庭的成长环境和氛围。对一个孩子来说，原生家庭更多的是给予，大多数情况下我们的获得是远远大于受到的伤害的。

（二）科学分析原生家庭对孩子的影响

原生家庭对孩子成长的影响是现实存在的，但是，作为一名大学生或成年人，要科学分析原生家庭的影响，不要忽视原生家庭对个体成长的积极作用，更不要过度扩大原生家庭的消极影响。个体成长的影响因素很多，家庭环境、遗传基因、社会环境、地方文化、风土习俗等因素都会对人的成长产生积极或消极的影响，作为有独立思维的成年人，大学生不应陷入“原生家庭决定论”的旋涡中不可自拔，将自己遇到的各种问题和困难都归因到家庭和父母。

在为自己的成长问题归因时，如果过度在原生家庭上找原因，可能就难以发现真实原因，对解决问题、克服困难、改进自我状态产生不利影响。有些时候，要放大关注视野和归因范围，要更多地从遗传基因、自我倾向性、外部环境影响等方面考虑问题，综合分析各种原因，要有科学务实的态度和方法，才能不断调整自己，使自己成长得越来越好。而且过度在原生家庭上找原因，可能会使孩子对父母的教养方式产生怀疑，使为人父母者以更加小心谨慎的态度维护孩子的心灵不受伤害，也可能会使大学生对自己父母的教养方式过多地否定，深刻影响新一代父母的教养观念和行为。原生家庭理论的过度科普让部分人群规避从自己身上找问题，反而将职场的不利、情场的失意统统归罪于原生家庭的培养和父母的教导，使自身问题得不到解决，也造成家庭关系的紧张。

案例导读

给予空间，慢慢成长

李佳在教育女儿上有自己的一套思路。女儿小学时就已用空闲时间记忆整本《论语》，她还给女儿整理了各种识记资料，报名了画画班、舞蹈课，年龄稍大些便开始让女儿学英语新概念课程、奥数课，临近中考时上了各门学科的点拨集训课，还会时不时地给她打打“鸡血”，孩子也很听话，能体会到家长对她的良苦用心，也比较努力。但尽管如此，女儿的成绩始终不能得到质的突破，往往是这科成绩上来一些，另一科成绩却下来了。慢慢地，李佳的情绪也越来越难以控制，终于在一次考试后对女儿大发脾气，一连几天都不与女儿说话，家里的气氛十分紧张。但是几天后，李佳在给女儿的花儿浇水时，发现了孩子心理上的一些微妙变化，女儿竟然在隐藏的花叶上写满了对自己加油的话语，李佳的心灵刹那间受到了震颤。

李佳开始反思自己在女儿教育上的问题，想到以前无论回家再晚都要找时间与女儿聊聊她一天中发生的事情，生活上的、学习上的，或忧或喜的，但最近却总说她该拼一拼了，时间要再抓紧一点。通过反思，李佳认为自己在女儿的教育上存在问题，不应给女儿这么大的压力。反思后，李佳改变了策略，她让女儿适度地慢下来，减掉了她的一些额外的课程，尽可能给她足够的自我消化和吸收功课的时间。再后来，李佳开始带着女儿骑车、散步。女儿的心逐渐平静下来，情绪也放松了，时常轻松地哼唱歌曲，还会偶尔和李佳谈论她崇拜的演员，有时也会让李佳给她讲题拓宽一下解题思路，每一次考试过后都会及时地与李佳分享成绩，还会自己分析学业短板、失分点等，家庭氛围十分快乐、和谐。

解析 教育始于家庭，家长要及时发现并把握孩子心理上的细微变化，既要做到多鼓励，又要及时帮助孩子分析短板，还要学会适度地为孩子减压或加压。实际上，家庭教育的最大价值应该是给孩子独立和成长的精神需求，给孩子慢慢成长的空间恰恰是对孩子的最好的尊重，家长要学会与孩子同成长，共进步。

思考 作为一名大学生，怎样理解家庭教育的意义和时代赋予青年的使命？

二、降低原生家庭负面影响的策略

原生家庭可能给大学生的成长带来一些负面影响，但是绝大多数家庭都是个体成长的港湾，个体的成长都离不开父母的爱和付出，因此不应将成长问题的全部责任都推卸给家庭和父母。原生家庭是人生的一部分，我们更应该通过原生家庭了解自己、理解他人，才能与家庭成员建立更亲密、健康的关系。

（一）学会自我剖析

1. 认识个人与父母的差异

父母与孩子是两代人，父母的经历和生活感知与孩子的经历和生活感知有很大差异，作为有独立分析问题和解决问题能力的成年人，大学生要清醒地意识到自己与父母的差异和不同。

2. 学会系统分析

遇到问题时，个体要善于从实际出发进行系统分析，整合周围因素，尽量从自身找原因，善于进行自我剖析。大学生具有自我救赎的能力，在追溯幼年、童年事件上可以实现自我调整，即使当下与父母产生冲突或矛盾，也要从多角度分析问题，正面积极地处理与家庭、父母的关系，多从相互理解、相互包容的角度看问题，对家庭、父母多一些理解和关怀，因为只有尊重和包容彼此之间的差异，爱才会翩翩而至。

知识链接

潜意识：运用潜意识合理表达

潜意识影响命运，性格决定命运，而性格来自潜意识。潜意识不分好坏，只负责表达，通过某段故事、某个经历来传递、表达、完成潜意识里的内容。命运轨迹也是潜意识里的内容，它会直接、间接影响你的处境。同样的事情，同样的经历，同样的一句话，不同的人，理解是不同的，所带来的影响也是不同的。

（二）学会情绪调节

1. 避免不良情绪影响

日常生活中我们经常遇到各类事情或问题，会对个人情绪产生影响。遇到好事，我们将体验到好情绪；遇到坏事，我们将体验到坏情绪，坏情绪可能会影响对人对事的判断和选择，进而给生活和学习带来更多不必要的麻烦。因此，我们要尽量做到不带私人情绪生活、学习，避免不良情绪影响。

2. 学会调节和管理情绪

拓展阅读

7-2 情绪管理方法

情绪是什么？情绪是如何形成的？情绪是产生于原生家庭，还是当下发生的？是愤怒、焦虑、忧伤、委屈、失落还是其他？大学生要有这样的认识，健康、正常的情绪可能是好的情绪也可能是糟糕的情绪，只要情绪与遇到的事件呈现出一致性，就是正常的情绪体现，是可以接受的。内心接受了当前的情绪状态，随着情绪张力的下降，自然会恢复平静。很多时候人的痛苦并不是来源于情绪本身，而是来源于对情绪的抵触。所以，我们要学会正常表达情绪，让他人了解我们正处在某种不愉快的情绪中，得到他人的支持与体谅，也可以通过与他人的共同努力，完成对自身情绪的调节和管理。

案例导读

难以适应的大学生活

来自农村的小刚入学以来各方面表现良好，直到学校心理普查显示其有严重的焦虑情绪，经常失眠，每次失眠都会产生自杀想法。小刚说父母对自己的要求很严格，尽管一直以来都在努力学习，但总是很难达到父母的期望，进入大学后发现学习难度提升，而学习方式却与高中时期截然不同，眼看期末考试来临，他很怕自己考不好让父母失望，一想到这些就难以入睡。缺乏充足的睡眠又导致小刚无法以良好的精神状态投入复习中，由此陷入恶性循环，总是想逃离现有生活。

解析 进入大学后，出现环境适应障碍、学习适应障碍是比较普遍的现象，特别是一些相对内向、不善沟通的学生，他们承受的期望越多，心里的负担就越重，背负的压力就越大。加之进入新的环境中，不熟悉大学生活和教师，没有知心的同学和朋友，就会产生比较严重的心理问题和障碍。所以，加强大学新生的心理普查和辅导是一项重要工作。

思考 当外界环境改变时，如何进行有效的自我调节？

（三）寻求帮助与支持

心理学理论认为，人更容易关注、记忆危险信号，所以创伤记忆往往更深刻持久，而生活中的美好记忆则更容易被淡化。因此，有时大学生遇到的问题和困难可能是来自原生家庭比较严重的心理问题的集中表现。

寻求帮助和支持的途径有很多，一是寻求学校心理咨询机构教师的帮助，积极与心理教师配合，通过专业化、系统化的辅导和支持，获得问题的缓解或解决。二是寻求辅导员的支持与帮助，大学辅导员长期从事学生工作，具有很丰富的经验，对学生出现的一些问题也比较熟悉。三是主动寻求父母的帮助，父母是最了解自己的人，也十分愿意为孩子付出，所以，他们的建议和意见往往也是最有效的。四是寻求同学好友的帮助，同学好友是同龄人，最能互相理解和帮助，有些问题经过同学好友的劝解、分析，更容易解开心结。五是自助，通过查阅相关书籍、阅读相关资料，既可以转移注意力，也可以提高对有关问题的认识，从而实现自我心理调节。

主题活动

大学生群体是一个特殊的群体，他们远离家庭，进入集体生活，开始了相对独立的生活过程，既要面对陌生的学习生活环境，又要打理自己的生活和学习，同时要进行自我管理。因此，大学生如果能保持一种持续且积极发展的心理状态，充分发挥其身心潜能，便可以更好地完成大学阶段的人生历程。

（一）活动设计

活动名称	活动目标	活动流程	活动要求
珍爱生命 阳光成长	促进大学生人格的健全发展，弘扬爱国主义的民族精神和时代精神	通过多种活动，普及心理健康教育基本知识，营造人人关心心理健康教育的氛围，进而提高大学生心理素质，培养大学生乐观、向上的心理品质，促进大学生人格的健全发展	班主任、专兼职心理教师、团队辅导员和班级心理委员全员参与；制订活动方案，有计划、有过程、有评价；注意保存活动资料，做好活动总结；心理健康教育要和学校的德育工作紧密结合，增强宣传教育效果

（二）活动流程

1. 开展心理健康知识宣传活动。利用黑板报、宣传栏、校报校刊、校园广播等媒介，依据大学生特点，开展心理剧展演、制作手抄报、绘制心理漫画、观看心理电影、写心灵成长论文、举办团体辅导等活动宣传心理健康知识，让大学生懂得心理健康在人的成长过程中的重要性，使其学会学习、学会合作、学会做事、学会面对困难和挫折。

2. 举办专题讲座。邀请学校心理健康教师或有关专家对全校师生开展一次心理危机预防和干预知识专题讲座，普及心理危机干预技术，引导大学生珍惜生命，以积极的心态对待学习及生活。

3. 做好大学生心理危机预防和干预工作。成立校园心理危机预防和干预工作小组，制定相关干预方案和校园突发心理危机事件应急工作预案，建立大学生心理健康档案，对存在严重心理问题的大学生进行定期跟踪、动态管理，加大干预力度。对超出职责和专业能力范围的，学校要及时转介。特别是对有疑似心理疾病的大学生，应及时通知学生家长，建议其尽快到专业机构就医。

4. 观看心理健康微课视频。学校心理健康教师可根据不同年级大学生心理特点和普遍存在的心理问题，确定授课内容，制成微课视频，组织大学生观看，并组织其进行学习讨论。

5. 举办教师心理健康专题讲座或心理素质拓展活动，维护教师心理健康。

6. 组织班级心理委员、朋辈辅导员心理健康专题培训，帮助大学生掌握朋辈心理辅导知识。

7. 组织大学生参加学校心理辅导室的活动，让其了解和体验学校心理辅导室的功能，能在发现心理问题时及时寻求心理帮助。

（三）活动分享

每一项活动后，组织师生对活动感受进行分享。

1. 你参加了哪些心理健康活动？参加活动后总的感受和体会是什么？

2. 哪些活动给你的印象最深？你的收获是什么？

3. 通过参加活动和学习，你认为自己有心理危机问题吗？如果有，你准备如何调节？

4. 你喜欢心理健康微课视频吗？最喜欢其中的哪些微课视频，为什么？

5. 你认为心理拓展活动有意义吗？对开展心理拓展活动有什么建议？

6. 对学校的心理辅导室满意吗？你会接受学校心理辅导教师的服务吗？

（四）活动反思

心理健康教育是一项系统工程，也是全校师生心理健康建设的重要工作。一系列心理健康活动的开展，提供了解决心理问题、提升心理健康水平的多种途径。对此，你有什么看法？你对心理健康教育的理解又有什么新变化？

||| 反思与探究

1. 你与父母的关系如何？他们对你产生的重大影响是什么？
2. 你与父母发生过很严重的冲突吗？你是如何解决的？
3. 遇到困难时，你如何寻求支持和帮助？
4. 你现在与父母交往有障碍吗？父母能够理解你吗？
5. 如何消除来自原生家庭的创伤？

||| 延伸阅读

1. 米勒．与原生家庭和解[M]. 東阳，殷世钞，译．北京：中国友谊出版社，2018.
2. 德斯蒙德．与真实的自己和解[M]. 陆霓，译．北京：台海出版社，2018.
3. 沈家宏．原生家庭：影响人一生的心理动力[M]. 北京：中国人民大学出版社，2018.
4. 卢熠翎．与生命和解[M]. 北京：中国青年出版社，2019.

||| 好好学习

1. 家长要培育良好家方，给孩子以示范引导

基础教育是全社会的事业，需要学校、家庭、社会密切配合。学校要担负主体责任，对学生负责，对学生家庭负责。家长要尊重学校教育安排，尊敬老师创造发挥，配合学校搞好孩子的学习教育，同时要培育良好家风，给孩子以示范引导。

——2016 年 9 月 9 日，习近平在北京市八一学校考察时的讲话

2. 家庭是人生的第一个课堂

家庭是人生的第一个课堂，父母是孩子的第一任老师。家庭教育涉及很多方面，但最重要的是品德教育，是如何做人的教育。

——2016 年 12 月 12 日，习近平在会见第一届全国文明家庭代表时的讲话

3. 广大家庭都要重言传、重身教

广大家庭都要重言传、重身教，教知识、育品德，帮助孩子扣好人生的第一粒扣

子，迈好人生的第一个台阶。要在家庭中培育和践行社会主义核心价值观，引导家庭成员特别是下一代热爱党、热爱祖国、热爱人民、热爱中华民族。要积极传播中华民族传统美德，传递尊老爱幼、男女平等、夫妻和睦、勤俭持家、邻里团结的观念，倡导忠诚、责任、亲情、学习、公益的理念，推动人们在为家庭谋幸福、为他人送温暖、为社会作贡献的过程中提高精神境界、培育文明风尚。

——2016 年 12 月 12 日，习近平在会见第一届全国文明家庭代表时的讲话

第八章
爱情之旅：大学生的爱与性

章前导读

在人生的漫长旅途中，总会遇到爱情，爱情是美好的，然而作为风华正茂的当代大学生，更应理性对待自己的爱情，珍惜青春。

本章将介绍如何正确认识爱情、如何正确恋爱，以及如何正确对待性爱，引导大学生学会去爱，理性去爱，化小爱为大爱，积极进取，将爱情与理想、事业相统一，在爱情中保持清醒的头脑。

学习目标

知识目标：了解爱的内涵、爱的本质、爱的相关概念；正确认识爱情，了解大学生在恋爱时的心理及性心理，正确处理好恋爱心理及性心理。

能力目标：正确地对待爱与性，处理好恋爱与生活、学习之间的关系，在恋爱中保持身心健康。

价值目标：树立正确的恋爱观，化小爱为大爱，真正理解爱，用心去爱身边的一切，爱己、爱家、爱校、爱党、爱国，成为新时代有爱心的“四有”先进青年。

第一节 爱的本质

名家名言

爱情使人心的憧憬升华到至善之境。——［意大利］但丁

爱情是生命的火花，友谊的升华，心灵的吻合。如果说人类的感情能区分等级，那么爱情该是属于最高的一级。——［英国］莎士比亚

当我们讨论爱、提到爱时，总会想到影视剧中那些海枯石烂的爱情，“山无棱，天地合，乃敢与君绝”，仿佛这世间万物只有爱永恒不变，但究竟什么才是爱？我们又应如何正确对待爱？

一、爱的内涵

人们对爱的理解各不相同，爱到底是什么？它的出现给我们的生活带来了什么？

（一）爱的概念

爱，是指喜欢达到很深的程度，继而人为之付出的感情，是指人类主动给予的或自觉期待的满足感和幸福感。爱有多种表达方式，它包含了爱情、友情、亲情、博爱及人对所有事物的根本情感。爱在艺术、哲学、美学等科学文化领域，是一个普遍的主题，也是一个永久的主题，爱是人的精神所投射的正能量，是指人主动或自觉地以自己或某种方式，珍重、呵护或满足他人无法独立实现的某种人性需求，包括思想意识、精神体验、行为状态、物质需求等。爱的基础是尊重，所以，爱是一种发自内心的情感，是人对人或人对某个事物的深挚感情，这种感情所持续的过程就是爱的过程。爱是认同、喜欢的高度升华，不同层次的爱对应着不同层次的感受或结果。

（二）爱的意义

古往今来，许多文化学者、科学家、哲学家、心理学家、人类学家及社会学家都想说清楚“爱”，都想给爱以恰当的或准确的解释和定义。爱到底是什么？爱的基础是尊重，爱的本质是无条件地给予，而非索取和得到。爱是纯正的正义，是一种发自内心的情感，指的就是对某个人或某个事物有纯洁而深挚的感情，这种感情所持续的过程也就是爱的过程，通常多见于人与人或人与物。

二、关于爱情

（一）爱情基本概述

爱情是个体与个体（多数指人）之间强烈的依恋、亲近、向往，以及无私并且无所不尽其心的情感。它通常是情与欲的对照，爱情由情爱和性爱两个部分组成，情爱是爱情的灵魂，性爱是爱情的附加属性，并不是必要存在的，情爱才是爱情的根本与核心。

对人类来说，爱情是伴随爱情激素的分泌产生的情感。现今科学解析浪漫的爱情是一种生物程序，有关爱的行为都是源于吸引力，通过激素的主导作用，将基因传递给后代。

案例导读

马克思主义爱情观

马克思、恩格斯在其著作中，运用辩证唯物主义和历史唯物主义的科学方法，对爱情、婚姻、家庭、道德等问题进行了深入分析，并提出了许多精辟的观点。马克思、恩格斯等在爱情、婚姻、家庭、道德问题上的阐述，对于在校大学生树立正确的爱情观，促进恋爱关系的和谐发展，具有十分重要的现实意义。马克思主义的爱情观主要包括以下三个方面。

第一，爱情要以平等互爱为前提。马克思主义的爱情观认为男女应该在性爱、婚姻中实现真正的平等和自由。

第二，恋爱要慎重，求爱要文明。1866 年，保尔·拉法格遇见劳拉·马克思（马克思的次女）后，二人感情迅猛发展，热情不断高涨。马克思严肃提醒拉法格在恋爱上既要慎重又要注意“求爱”方式，表示“我没有肯定许婚，一切都还没有确定。即使她同您正式订了婚，您不应忘记，这是费时间的事……必然会有许多严峻的考验和苦恼”。马克思以长辈的身份教导这对青年人在婚恋面前要保持清醒。他特别批评了拉法格涉世不深、缺少理智、一头埋进恋爱的行为，要求拉法格立足现实，充分考虑在婚恋生活中无数困难的考验、苦难的折磨，不要轻率从事。

第三，理想、事业、道德与爱情的统一。青年时代的马克思向燕妮倾诉衷肠，但马克思所表达的情感并不是个人主义的狭隘感情的寄托，而是把对纯洁真挚的爱情追求，化为激励自己在理想的海洋里展翅飞翔的力量。在女儿的恋爱问题上，马克思提出了先完善自己再谈恋爱和婚姻的观点。马克思要求拉法格把爱情摆在正确的位置上，要用大好年华完善自己。

解析 马克思主义爱情观认为，爱情要以平等互爱为前提，谈恋爱要慎重，求爱要文明，理想、事业、道德与爱情是统一的，这也给我们大学生的恋爱指明了道路，新时代大学生要找志同道合的人谈恋爱，要明确正确的爱情可以促进事业的发展。

思考 作为一名大学生，你应拥有怎样的爱情观？

（二）爱情的产生与本质

1. 爱情的产生

导致个体坠入爱河的已知因素包括距离、相似性、相互依恋和身体的吸引力，吸引力是产生爱情的根本因素，吸引力分为下述五种。

（1）魅力。吸引异性的魅力有两种，一种是和性别无关的魅力，这种魅力男女都可以有，例如，性格随和、体贴；另一种是和性别有关的魅力，例如，男性的魁梧高大，女性的温柔可爱。

（2）基因。科学家发现爱情和基因有关，一些人趋向于寻找和自己基因互补的异性，还有一些人趋向于寻找和自己基因相似的异性。

（3）共同经历。一起有过一段美好的经历，彼此可能产生吸引；一起经历过苦难，在苦难中相互帮助，给予彼此温暖的感觉，彼此也可能产生吸引。

（4）影子人格。每个人都身具“显性”与“隐性”的人格，每个人除了具有表现给外在众人的“显性人格”外，还具有正好相反、潜躲心底的“隐性人格”，也就是“影子人格”。心理学家认为，造成恋人间强烈吸引的原因之一，就是追寻完整的自我，因为和拥有自己“影子人格”的人相恋能够促成自身人格的完整。

（5）面相联系。接触各式各样的人之后，潜意识里会把各种面相和各种情感联系起来。例如，遇到过一个美好、善良的人，之后再遇到一个面相与他相似的人，可能就会觉得这个人也是美好、善良的人，因而可能感受到吸引力。

2. 爱情的本质

马克思主义爱情本质论认为，爱情是人类自然属性和社会属性的统一。爱情的自然属性是指成熟健康的男女的性欲、性需求及性爱，它们是爱情产生的最基本的生物前提。爱情的社会属性是指人的性需求不是以一种自然方式满足，而是以一种内容丰富、不断发展变化的社会方式进行的，是人的性欲本能随着社会发展而进行个体社会化的属性，爱情本质是性爱和情爱的和谐与统一。

爱情的本质是男女双方基于一定的客观现实基础和共同的生活理念，在各自内心形成的最真挚的彼此倾慕，互相爱悦，并渴望对方成为自己的终身伴侣的最强烈持久、纯洁专一的感情，是具有生物性、社会性、精神性、审美性和谐统一的人类两性关系。因此，爱情的本质就在于爱情是人的统一与和谐的两性关系。

（三）爱情的特征与类型

1. 爱情的特征

爱情是苦中甜、甜中苦的。爱情具有一定的矛盾性，恋爱中的双方相互依赖却保持人格独立；爱情具有独立性，两个人彼此独立，谁也不属于谁。除此之外，爱情还具有以下特征。

（1）平等互爱性。真正的爱情以互爱为前提，相互爱慕是爱情的首要特征。爱情是男女双方发自内心、自主自愿，并基于一定的客观现实基础进行的选择，这种平等是指二者人格地位的完全平等，也是双方爱的对等，是以互爱为基础的。

（2）专一排他性。爱情的专一性使人全身心投入，集中精力爱其所爱，不允许他人介入，彼此成为对方唯一忠贞的爱情。专一排他是衡量爱情的重要标尺。

（3）强烈持久性。爱情是男女双方真诚相爱，并渴望对方成为自己的终身伴侣，是一种极为强烈持久的情感关系。

（4）交织融合性。爱情的产生及发展得益于双方相互追求、相互爱慕，爱情是两个人、两段人生的相互参与、相互交织融合。真正的爱情是两个“一半”重新回归完整的过程，既是身体上的亲密接触，又是精神上的互知互懂和由此而生的默契。双方相互吸引，彼此离不开对方。

（5）纯洁严肃性。爱情必须是有道德责任感的，爱情观应视同人的善恶观。

2. 爱情的类型

（1）游戏型。把恋爱看成一场游戏，不专一，只是希望赢得“爱情游戏”。

（2）占有型。一种强烈的、独占的、依赖的爱，这种爱易生嫉妒，极其强调双方之间的承诺和忠诚。

（3）现实型。这种爱是非常理性现实和实用的，爱情关系的形式仅仅考虑双方是否来自相似的家庭背景，与双方交往是否对事业发展有利及是否能成为一个好父母等。

（4）利他型。无私、利他、忠诚的爱，关爱对方且付出是无条件的，不求回报。

（5）一体型。双方在共同的目标下勤勤恳恳地工作、生活。

（6）伴侣型。双方在一起相互陪伴、相互关爱、分享彼此的悲伤和喜悦，是较为普遍的一种爱情类型，和一体型相近。

（7）好朋友型。恋爱双方如同亲密的朋友，没有神秘感、缺乏冲动，多由普通朋友发展而来。

（8）浪漫激情型。浪漫、深情的爱，较大程度上以外表吸引为基础，以一见钟情为典型。

（9）老少配型。其特点为恋爱双方年纪差距大，如恋父式爱情、恋母式爱情。

（10）异地恋或跨国恋。双方所在环境地域文化存在差异。

（11）柏拉图式爱情。纯精神而非肉体欲望的爱情，“理想式”的爱情观（比喻极为浪漫或根本无法实现的爱情观）。

主题活动

爱是什么？我们如何对待爱？在我们的生命长河中，在世界各地各个角落中，都有着爱的存在。为了进一步了解爱、发现爱，找出自己心中的爱，接下来可以做一个小活动来探索“爱是什么”。

（一）活动设计

活动名称	活动目标	活动流程	活动要求
爱是什么	通过参与游戏感受爱的本质	在一张白纸上画出理想中的爱是什么样子的	可以用不同颜色的笔，可以用图画文字等形式来表达自己心中的爱

（二）活动流程

1. 准备一张白纸和不同颜色的笔。

2. 将纸横放在桌面上，闭上眼睛，思考一分钟，爱是什么。

3. 睁开眼睛，在白纸上用笔画出自己心中对爱的理解（画的内容不做任何要求，可以充分发挥想象力）。

（三）活动分享

请大家分享“爱是什么”，并在分享中，感受爱，领悟爱，明白爱的本质，从而让自己的生命充满爱，让世界充满爱（分享坚持自愿原则）。

（四）活动反思

通过画出的图案，可以知道我们心中的爱是一个怎样的场景，当然，因为每个人的成长经历不同，所以对爱的体会也有所不同，因此，我们画出的图画也是不同的。请仔细看一看自己画的场景，静心思考，这个场景是现实中真实存在的，还是仅存于我们的想象中。如果现实中存在，那么我们要思考我们什么时候能够让生活像图中一样一直充满爱；如果现实中不存在，图片是我们构想出来的，那么我们要思考，现实生活和我们构想的图画有何差距，如何将图中的场景变为现实，而这个过程就是实现爱的过程。

我们要正确认识爱，化小爱为大爱，爱己、爱家、爱校、爱党、爱国，这些是当代大学生应具备的基本素质。

第二节 大学生恋爱进行时

名家名言

爱情是指建立在一定的物质基础上，男女双方基于共同的世界观、人生观和共同的生活理想，彼此相互爱慕，渴望对方成为自己生活伴侣的一种高尚的情感。——［德国］马克思

真正的爱情始终使人向上。——［法国］小仲马

大学生是对新事物接受最快的群体，他们的恋爱趋向自由化。那么大学生在校园里该如何正确对待恋爱呢？大学生又应如何保持健康的恋爱心理呢？

一、大学生的恋爱心理

随着我国社会的高速发展，人们对于恋爱的认识也发生了变化。新时代大学生对恋爱的态度比较开放，但受其年龄段、受教育程度及当前社会背景等综合因素的影响，大学生的恋爱心理并不是非常成熟，个别大学生甚至因为失恋做出极端行为，因此，高校对于大学生进行恋爱心理教育是非常必要的。

（一）大学生恋爱的特点

1. 开放性

当今社会，大学生比以往思想开放，可以在公开场合下牵手、拥抱、接吻。并且，部分大学生对婚前性行为保持默许态度，但这种行为极大可能影响学生的心理健康及学习生活。同时，这种行为会使恋爱心理尚未完全成熟的其他大学生对此产生好奇，从而使学校的安全管理难度加大，增加各种疾病的传播风险。

拓展阅读

8-1 大学生恋爱小常识

2. 公开化

在我国，受传统文化影响，人们对于男女两性关系比较保守。近些年，人们的生活方式发生了翻天覆地的变化，观念也在逐渐放开。我国高校虽然没有明确赞同大学生谈恋爱，然而态度和过去相比较为宽松，这也使得大学生的恋爱活动由过去的私密转变为公开。

3. 盲目性

大学生正处在青春期，经历了紧张的高考后来到大学这样相对轻松的环境中，便自然地将恋爱作为一种生活必需品和一项必备的大学活动。也有部分大学生将谈恋爱作为大学的必修课，或者一种生活消遣，这样的想法就会导致他们忽略了谈恋爱的目的是什么，也没有明晰恋爱中的爱到底是什么。没有明确的爱的目标，连为什么恋爱也不清楚，甚至有个别大学生将恋爱作为相互攀比的事情，这样的态度与想法不利于正确恋爱观的形成。

4. 自主性

在现代社会中，高等教育培养的大学生思想较为开放，恋爱自主性也较强，不再征求教师、家长或者朋友的意见，个性较强，不信奉任何恋爱模式。

5. 浪漫主义

大学生受年龄、受教育程度、所见所闻等条件的限制，看待人生有浓厚的浪漫主义气息。他们谈恋爱的目的不是结婚，只是单纯地追求自己所喜欢的人，甚至没有考虑过结婚生子、双方家庭情况等现实问题。这种浪漫主义色彩下的恋爱与现实主义的婚姻形成了强烈的矛盾，这也是理想与现实之间的矛盾。缺乏现实考虑的恋爱比较主观，一旦遇到问题容易破裂，这也导致了校园恋爱结婚率较低。

（二）大学生恋爱心理类型

1. 慰藉型

处在青春期的大学生的心理正处于不成熟的发育阶段，经常会有莫名的孤独心理，极度渴望他人的理解与社会的关注。在这种情况下，部分大学生往往通过恋爱的方式满足自己的心理需求，但是在外人看来，他们似乎只是在寻找心理慰藉，从而排遣自己心中的压抑与孤独。

2. 友情型

部分大学生情侣来自同一城市，甚至同一学校，双方原本就有比较深的感情基础，从而顺利地发展成为恋爱关系，这种恋爱成功率比较高，并且恋爱关系比较稳定。

3. 理想型

部分大学生由于心理不成熟，对爱情充满幻想，将一些不切实际的爱情幻想带入生活中。把某一异性作为偶像，作为个人世界里的男主角、女主角，不顾一切地去追求。为了心目中没有缺点的、完美的人，他们可以去奉献甚至牺牲自己。这种爱情过于理想化，也比较脆弱。不成熟的恋爱心理普遍会遭遇情感挫折，而这类大学生由于心理承受力较弱，遭遇挫折后会异常痛苦，甚至导致心理疾病。

4. 志趣型

部分学生进入大学后，能够积极规划未来，通过参加活动结识与自己志同道合、有共同追求的异性朋友，并发展为恋爱关系。这类恋爱是比较现实的，他们注重未来的发展及精神上的沟通，恋爱双方普遍都是道德高尚、行为端庄大方的人；他们之间举止文明、互相尊重，更注重心灵上、思想上的沟通，感情融洽，有和谐的精神生活；他们能为学习、生活、事业上的共同目标努力前进，也能够很好地处理学业、感情、事业及人际等方面的关系。

5. 功利型

部分大学生倡导现实主义和实用主义，持一种功利的恋爱心理。他们谈恋爱首先看中的是对方的物质条件，如对方父母的职业、经济条件、社会地位等。这类大学生普遍是为了个人利益去谈恋爱的，在恋爱中会向对方索要各种利益，一旦无法满足就会与对方分手，他们把爱情当作牟取私利的工具，没有真正的爱情可言。

6. 情欲型

当今社会，互联网带动大量网络剧、影视剧及网络小说生产传播，但影视作品良莠不齐，其中一些对性爱的描写过多，而个别大学生受青春期性本能的影响，自控力较低并喜欢模仿、尝试和探索未知的事物，因此可能为了满足个人的性欲望而进行恋爱，其恋爱的目的就是满足私欲，更有甚者把恋爱当作娱乐，没有考虑为什么恋爱，只是追求一种视觉感官上的刺激及愉悦，忽略了恋爱中的伦理道德因素，这是一种非常不健康的恋爱心理类型。

案例导读

与恋人并肩奋斗，享受内心孤独都值得尊重

爱情是大学校园文化的重要主题，不少大学都有口耳相传的“爱情圣地”；有的大学甚至专设了恋爱课；女生宿舍楼下往往是大学中的浪漫地带，早年间会有弹吉他的男生，如今是点蜡烛、摆鲜花，常常上演感人的求爱画面。年轻人从不轻易浪费每个属于爱情的大日子，甚至自己创造节日，于是每年5月20日变成了“表白日”，11月11日变成了“光棍节”。

要纯粹也要理性：姚思宇和徐业承的感情，就是校园爱情的样子。2009年年初，高三的姚思宇到中国人民大学参加国学院自主招生，考试间隙在学校散步，留意到了展板上一张照片：一位获得陶泥大赛特等奖的师兄站在作品旁，神情谦逊。她心生欣赏，并对未来的校园生活有了更多憧憬。令姚思宇想不到的是，6年后，这位叫徐业承的“展窗师兄”成了她的丈夫。徐业承是在学院的迎新现场初次见到姚思宇的，第一次见面便倾心于小师妹的谈吐和气质，他低声对好友说：“我喜欢这姑娘”。徐业承是姚思宇眼中的“文章第一”，古文功底深厚的他爱写四六骈文，用词考究而不刻意，一派自然而颇有古风。姚思宇也是徐业承眼中的“才貌双全”，她高中时写的诗就已结集。国庆假期后返校，姚思宇在宿舍楼下看到了徐业承花了几个晚上为她画下的巨幅涂鸦，左上角抄着她诗集中的一句诗，“和你一起畅想未来，把心挂在月亮的脚尖”。其实直到表白的那天，他们也不过见了三次面，交谈不超过10句话。徐业承说，最看重姚思宇的“涵养”；姚思宇会心一笑，这也正是她自己最看重的品质。姚思宇的恋爱观带有唯美的色彩，在她看来，“不可替代性”是真正的标准。俩人去故宫看历代书画展，在李白唯一传世的墨迹《上阳台帖》和范仲淹的题跋面前，姚思宇觉得找到了不可替代的那个人，“除了他，这世界上恐怕再难觅一人，能在那一瞬间与我产生如此相似的雀跃与感慨”。

解析 不掺杂太多复杂的因素，只凭相同的志趣，便在人群中相认，这正是人们对校园爱情的印象——纯粹。如今在大学校园中，流行着如“智性恋”，即被对方的知识和思想所吸引的恋爱价值观，未尝不是当代青年自我期许的一种投射。

思考 作为一名大学生，应如何在校园里谈恋爱？

（三）大学生的择偶原则

1. 相似性原则

大学生择偶时，会首先考虑在生活的某些方面和自己类似的人，如对方的家庭背景、父母的工作、家庭居住地、年龄、兴趣爱好、学历等这些客观条件。

2. 相同性原则

大学生择偶时，会考虑对方和自己是否相同，这里的相同指的是对方和自己拥有共同的世界观、人生观、价值观及爱情观，这其中包括对未来的认识、职业生涯规划、奋斗目标及人生理想。换言之，就是志同道合。

3. 互补性原则

互补性原则指的是恋爱的男女双方在性格方面的互补，例如，一个内向腼腆柔弱的女生希望找一个坚毅刚强的男生，一个豪爽的女生希望找一个文质彬彬的男生。大量现实案例说明，情侣之间个性互补、取长补短，会让关系更和谐。

（四）影响大学生恋爱的因素

1. 生理和心理需求

我国大学生的年龄普遍分布在 18 ～ 22 岁，生理发育已趋于成熟，他们会对异性好奇，对恋爱产生憧憬，性意识也开始萌发，来自父母、亲人、朋友、同学的情感已经无法满足他们的情感需求，他们需要有自己的独立世界和独立的情感生活。大学生恋爱是生理和心理需求的一种自然反应，也是他们走向成人生活的重要一步。

2. 从众心理

大学生谈恋爱时也存在从众心理，当看到周围同学出双入对时，当舍友与恋人打电话、聊天时，一些大学生可能会羡慕向往，而这些行为和举动也导致了一些没恋爱计划的大学生，在从众心理的推动下，随波逐流开启自己的恋爱生活。

3. 外国文化的渗透

随着全球化不断加速，中西方的文化交流也在不断增加，中国同许多西方国家都有着文化上的交流，大量的西方文学作品、影视作品进入中国市场，占领了大学生的课余生活领地，这些故事影响着大学生的思想及观念，使他们对恋爱更加迫切，也增强了他们发展校园恋情的欲望。

4. 家庭和社会的影响

当今社会，大多数家长对大学生恋爱持中立态度，甚至还有部分学生家长鼓励孩子在大学期间恋爱，原因主要有以下三点：一是同学间比较了解，文化程度相近；二是部分父母认为孩子已成年，思想观念已趋成熟，可以独立处理好个人的情感问题；三是大学生毕业后年龄已经达到国家法律规定的适婚年龄，部分校园情侣在毕业后也顺利步入婚姻殿堂。同时，学校对学生恋爱也没有明确管理规定。

5. 大学生价值观念的变化

社会发展中的部分负面因素引起大学生价值观念的变化。一些消极因素影响了个别大学生对生活的态度，使其厌恶学习、逃避现实、追求享乐等。他们特别在意异性对自己的评价，关心自己在异性心中的地位和形象，并将恋爱作为炫耀的资本、作为衡量一个人价值尺度的标准，这种不正确的想法也增强了他们对恋爱的渴求。

二、培养健康的恋爱心理

（一）大学生恋爱心理的误区

1. 不为了爱而“爱”

恋爱观不成熟是大学生恋爱失败的主要原因之一，部分大学生不是为了爱而恋爱，而是觉得生活空虚寂寞、无事可做，用谈恋爱打发时间；部分大学生认为大家都在恋爱，我不恋爱会被孤立；一些大学生觉得大家都有恋人我也应该有才能和其他人炫耀。如上，一些大学生恋爱不是出于双方的吸引力，而是为各种无关理由，如从众心、虚荣心，也可能出于现实主义、功利主义等，这些不以真挚情感为基础的爱情，必然不能带来持久的幸福。

2. 将恋爱当成生活的全部

大学生的恋爱心理是不成熟的，其恋爱行为也是不成熟的，个别大学生将恋爱当作生活的全部，荒废学业，疏远亲友，失去重心，导致无法进行正常的学习和生活。恋爱是大学生活的一部分，但并不是全部，学习才是大学生的首要任务，大学生应制订合理规划，设定好人生目标。同时，大学生要摆正爱情的位置，正确处理爱情与学业、友情之间的关系，拥有甜蜜爱情的同时也可以拥有丰富多彩的校园生活。

3. 以粗俗的方式表达爱情

表达爱情的方式能够反映一个人真实的文化水平和道德修养，爱情应是含蓄羞涩的，而在当今的校园，随着经济全球化及国外开放思想的影响，大学生也开始尝试以更加开放的方式表达自己，但个别大学生掌握不好其中的“度”，在校园里无论时间地点，忘情地亲热，做着自以为浪漫的事情，他们不顾周围同学异样的目光，甚至有些还带有故意炫耀的味道。大学生表达爱的方式一定要分清楚时间、地点和场合，也一定要坚持双方互相尊重的原则，采取合适的恋爱表达方式，避免不合时宜的、粗俗的表达爱情的方式。

4. 轻率地对待性行为

当大学生陷入两情相悦的爱情时，双方都会产生想要亲昵的想法，这是一种正常的心理现象。但是，由于大学生的心智尚未完全成熟，没有固定的职业，再加上大学里的恋爱成功率并不高，因此不宜过早发生性行为。个别大学生过早发生性行为，但由于经济条件较差，地点只能选在学校周边的宾馆，若环境较差会产生一些疾病；还有个别大学生没有做好保护措施，导致意外怀孕和流产，对身心造成巨大伤害，甚至可能在校园里产生不良影响。因此，在恋爱中的大学生一定不能轻率地对待性行为，对待性行为要有责任感、有理智，将恋爱的行为严格控制在社会规范之内。

案例导读

儿女情长和家国情怀

“山居过节，居然也吃到两块月饼，几串葡萄。对月怀人，不知滹沱河畔有无月色可览，有无人在感想？”“夜深月明，就此打住，留着余兴送我入梦。愿你安好。”——1947 年 9 月 29 日，正值中秋佳节，时近黄昏，月已东升，这是当天深夜，周恩来写给远方妻子邓颖超的信。

“达邦，我走了。没有对你说实话，是不愿耽误你听课，更不愿让你承受临别时的痛苦。你安心学习吧，盼你早日回来拥抱你的儿子！暂别，妻子赵一曼。”——赵一曼心系国内革命，在怀有身孕的情况下，不辞而别，踏上回国的路程，这是赵一曼离开时，留给丈夫陈达邦的字条。

解析 美好的七夕你会如何度过？我相信甜蜜的情侣们一定拥有着许多计划，不管是上街购物、吃烛光晚餐，还是按照习俗进行乞巧、祈福活动，都充满着爱意。但在国家艰难、民生哀伤的战争年代，爱侣们所面临的却是刀戈似海、烽火连天的家园，是今日聚、明日散，今日生、明日死的生死悲欢。我们在那些寥寥数字的书信中，看到他们的儿女情长和“国之大者”的家国情怀。

思考 从上述案例中，我们能够学到什么，又如何应用在生活中？

（二）正确对待失恋

1. 摆脱自卑的束缚

个别大学生失恋后会自我否定，将问题都归因于自己，从而产生较强的挫败感及失落感，出现自卑心理并开始怀疑自己。大学生面对失恋时要理智、理性，要接受既发事实。任何事物都有两面性，有成功就一定有失败，同时，大学生要正视恋爱失败，当情感出现裂痕时，分手也是一种新的开始。

拓展阅读

8-2 失恋减压方法

2. 保持超然与雍容的态度

天涯何处无芳草，要正确对待失恋来解除失恋带来的痛苦，合理宣泄情感，不要压抑自己的痛苦。例如，找好友诉说，也可以大哭一场，或采用情境转移的方法，参加一些校园活动调节身心。

3. 克服单相思

恋爱是双方的情感交流与表达，如果喜欢的人对自己没有恋爱的想法，这种感情就是一厢情愿。当我们发现喜欢的人并不接纳自己时，要学会接受现实并转移注意力，比如，把精力放到学习上去，参加学校大型集体活动，尽量减少与对方的接触等。总之，单相思不仅无助于爱情的成功，还会波及心理健康。

（三）培养健康的恋爱心理

1. 提倡志同道合的爱情

爱情是建立在志同道合基础上的情感沟通，相爱的两个人要有一致的三观及兴趣爱好，在事业理想、生活情趣、思想品德等方面都有共同的喜好和追求，这样的爱情才能够经得起考验。大学生的恋爱观应是学习、事业、道德、理想等方面的有机结合，不能凭借感官认知进行择偶，要去了解一个人的内在，这样的爱情才可能长久。

2. 摆正爱情与学习的关系

爱情是人生的重要组成部分，但爱情并不是人生的全部。爱情是大学生活的一部分，但大学最重要的事情是学习，个别大学生为了爱情放松了学习，这样的爱情就像无根之花，缺少坚强的根基和土壤，花迟早会枯萎。因此，只有处理好爱情和学习之间的关系，大学生的爱情才有旺盛和持久的生命力。

3. 懂得爱情是一种奉献和责任

爱不仅是得到和占有，还是一种责任和奉献。我们在社会生活中都有相应的责任，对自己、对家庭、对父母、对朋友、对伴侣等，爱需要靠责任来维护。恋爱必须有强烈的责任感和奉献精神，才能获得崇高的爱情。大学生应读懂爱的真谛，并注意提高承受失败的抗挫折能力。

主题活动

我们都憧憬过恋爱，但我们是如何看待恋爱的，自己喜欢的人又有哪些特点，可能对于这些问题，我们并未认真思考过。为了使我们能够理性恋爱，通过以下活动，我们将探索个人的爱情需求。

（一）活动设计

活动名称	活动目标	活动流程	活动要求
恋爱进行时	通过参与游戏感悟自己想要的恋爱是什么	在一张白纸上写上自己对另一半的要求	字数不限，要求写出内心的真实想法

（二）活动流程

1. 准备好一张白纸和笔。
2. 将纸横放在桌面上，闭上眼睛，思考一分钟，自己对另一半有什么要求。
3. 睁开眼睛，在白纸上用笔写下自己心中对另一半的要求。

（三）活动分享

请大家分享“自己对另一半的要求”。在分享中，让大家能够清楚地认识到自己真实的想法，自己想要的另一半是怎样的，以及想要谈一场怎样的恋爱（分享坚持自愿原则）。

（四）活动反思

1. 通过写下自己的想法，我们可以知道心中对另一半的要求是怎样的。当然，因为每个人的成长经历不同，所以对另一半的要求也会有所不同，因此，我们写出另一半的特点也是不同的。接下来，仔细看一看自己写的另一半的特点，静下心来思考，集自己所写的特点于一身的人在现实中是否真实存在，如果存在，他（她）是谁，是自己生活中接触到的吗？还是一些伟人？

2. 自己能否找到自己所描绘的对象，自己描绘的是现实中暗恋的人，还是自己想象的，如果想和这样的人恋爱，自己还需要做怎样的努力。正在恋爱的同学请思考，自己的对象和自己所描绘的是否一致，如果不一致，差距在哪里，自己为什么选择和自己心中另一半不一致的人谈恋爱。

第三节　大学生性心理

名家名言

恋爱不是慈善事业，所以不能慷慨施舍。——［爱尔兰］萧伯纳

理性是罗盘，而欲望是暴风骤雨。——［英国］波普尔

性爱是美妙的，它不仅是人类繁衍后代的途径，也是人类释放自己、保持身心愉悦的重要方式之一。然而大学生过早进行性行为或无节制地进行性行为，都会导致性心理发生变化，严重者会引发心理疾病及其他生理疾病。

一、大学生性心理的发展与特点

随着社会的开放，人们对性也不再感到害羞和难以启齿，部分学校也专门开设了与恋爱有关的课程，帮助大学生进一步了解性知识。大学生正在发育并走向成熟，因此，健康的性心理对大学生来说至关重要。

案例导读

理性看待性梦

小李，男，21岁，大学三年级学生，平时性格比较内向，不善于与人交往，从没有和女生亲密交往过。然而，不久前他居然梦到和某个女生发生了性关系。梦醒后，他愧疚不已，感觉自己犯了错，无颜面对他人。后来，他又做了一个梦，梦中和班中的女同学发生了关系。潜意识中似乎在证明什么，他不相信自己道德如此

败坏，竟这样下流无耻，担心女同学因此受到伤害，以至于不敢面对她，经常心神不宁，强烈的罪恶感使他不能安心学习，他担心自己要变成性犯罪分子，有时还怀疑自己是不是得了精神病，心理的负担使他不敢入睡。

解析 使小李苦恼不已的梦叫作性梦，他之所以不能自拔的原因是荒诞怪异的梦中带有不存在的可能，他产生的强烈内疚心理，导致其产生自我怀疑，甚至害怕睡觉。人之所以会做性梦，是生理和心理综合活动的结果，梦中的情境与梦者平时的经验和思想活动有关。梦是一种典型的无意想象过程，所以性梦不免荒诞离奇。在性梦中出现的不合常规的性恋动作与性对象既不表明其人格特征，也不表明性梦者的伦理道德修养水平，因而性梦之后完全没有必要自责。

思考 大学生如何正确对待性爱？

（一）性心理发展的影响因素

1. 发育因素

（1）性生理的发育。人类性心理真正意义上的发育，是建立在青春期的性生理发育基础上的。在儿童时期，人类就表现出了对性的关注，在少年时期，对性的认识处于一种模糊的状态，到了青春期，少年自身性生理的发育变化，也使得性心理迅速发育。

（2）性心理的发展。性生理的发育是性心理发育的基础，性生理的发育缺陷也会导致性心理出现问题。此外，生理发育的推迟也会影响到人们的心理状态。性早熟和性晚熟有很大差异，早熟者更自信大胆，晚熟者容易自卑胆怯。

2. 社会因素

（1）社会性环境。社会性环境对于我们每个人来说都是一种不可超越的客观存在，社会性环境主要由社会制度、文化习俗、法律规定、经济水平、伦理道德等共同决定，具有强烈的必然性和规约性。社会性环境分为两种：一种为主流的性环境，通过学校教育、官方发布等存在于社会中，以社会责任感为价值导向，向社会成员进行正面的教育、引导和约束；另一种是非主流的性环境，与主流的性环境呈对立状态，主要通过不良媒体大肆宣传报道个人主义、享乐主义、拜金主义等思想，或性保守、性愚昧等腐朽观念，对婚姻家庭及恋爱具有破坏性，对社会成员的道德具有瓦解性。

（2）家庭性环境。家庭是我们每个社会个体接触时间最长的环境，父母的性观念、性道德及父母的行为举止、生活作风，对子女具有深刻影响。家庭性环境对子女性观念的形成有着重要作用，有的家长懂得教育方法，子女性心理会非常健康，有的家长不会教育，一味回避性问题，会对子女性心理发展起到阻碍作用，导致其产生性心理问题。子女的性心理是在父母潜移默化的影响下形成的，父母的性观念对子女具有持续性和示范性影响。

（3）同龄群体性环境。同龄群体的性观念对性心理影响较大，年龄相同或相近，生理、心理发育也相似的同龄群体，在道德观念、舆论导向等方面都存在从众心理，性心理中也是如此。青年处于生理心理的发育阶段，尚未形成成熟的道德标准和价值体系，因此群体中的舆论导向对个体的影响非常深远，如果群体中产生不良的性道德观念，以后的教育改造将非常困难，如果群体性观念良好，对未来大学生性心理的健康发育将会起到事半功倍的作用。

（二）大学生性心理发展特点

1. 性别差异性

大学生性心理存在着非常明显的性别差异性，男生和女生的性心理完全不同。男生非常主动和大胆，女生比较害羞和含蓄。在心理上，男生会觉得好奇、神秘，女生则觉得比较敏感、不知所措。在表达上，男生非常主动，女生则会采取一些暗示的方式。近年来，差异性有缩小趋势，女生有时也会主动。

2. 性心理反应和自身观念冲突

大学生在青春期性生理发育的刺激下会产生性心理反应，如性幻想、兴奋等现象，这是成长经历中的一种客观现象。性成熟是大学生的一种自然现象，也是社会文化背景和生理心理等多方因素相互作用下产生的心理现象，并无不道德和不纯洁之处，不需要为此而产生罪恶感。在现实生活中，个别大学生无法接受自身产生性冲动和性幻想，并因此变得困惑、自卑、自责，轻者产生心理冲突，重者出现心理疾病。

3. 对两性交往更加渴求

大学生因生理发育而导致性心理出现变化，引起其对两性交往的渴求，渴望进一步接近异性、吸引异性。有的大学生喜欢在异性面前表现而引起关注，有的大学生也会以含蓄内敛的方式进行表达，表面上无动于衷、尽量回避，实际上密切关注对方的变化，无论哪种方式，都是渴望男女之间亲密关系发生的表现。

4. 性压抑和性放纵并存

受社会主流价值观的影响，大学生有时会对青春期生理发育导致的性心理发育进行过度的压抑，觉得这种想法是不正确的、应该被压制的，这是因为大学生尚未形成健全的心理；还有个别大学生受社会不良信息的影响，采取性放纵的态度，这两种态度都会对其性心理发育和未来生活造成不良影响。

二、大学生性心理健康教育对策

（一）大学生常见的性心理困扰

1. 性认知偏差

随着社会的发展，人们对性的认识也发生了变化。受封建文化、保守性观念的影响，有些大学生特别是偏远地区的学生对性持有不正确的认知。有的大学生把性看作下流、肮脏、见不得人的，也有的大学生过于强调性自由、性解放，过度放纵自己去获得性满足，二者都是不健康的心理表现。

2. 性嫉妒

性嫉妒源于对现实或想象中对自己的性爱竞争者所持的怨恨情感，因为当比自己优秀的同性出现时，自己的性爱对象就有被占领、被抢夺的可能性，此时，恋爱中的男女就会产生复杂的情绪和行为，而嫉妒、猜疑等情感可能会演变为情侣之间的误解。一般来说，爱得越深性嫉妒引发的后果也越严重，而缺乏自信心是性嫉妒产生的重要原因之一。

3. 性幻想

性幻想是大学生一种常见的心理现象，一般发生在入睡前及睡醒后。一般来讲，女性高于男性，性格内向的人高于性格外向的人。性幻想是一种发泄方式，有利于释放性压抑，但性幻想如果过于频繁或者沉溺其中，就会影响正常的生活和学习，应该加以调节和克服。性幻想的产生可能是由于个人性格、身材、家庭等客观因素不如爱慕对象，导致自己不敢追求，只能在脑中幻想。对此，我们要提升个人自信，勇敢追求，要活在现实世界里，不能活在不真实的幻想之中。

4. 性自慰焦虑

性自慰是一种常见的性满足行为，但个别大学生对两性知识没有科学的认识，觉得这是一种不道德的行为，并由此产生自卑心理和焦虑；还有部分大学生没有合理宣泄途径，性冲动的压抑使其变得敏感、脆弱、自卑，从而引发心理问题。

5. 性变态

性变态又称性倒错，指采取偏离正常的方式来取得性满足，表现在性欲的唤起、性对象的选择、满足性欲的方式等几个方面，如喜欢穿戴异性的衣物、暴露身体等来使自己得到满足。

6. 性自卑

性自卑在大学生中比较常见，大部分学生都十分关注个人的体貌特征，也都渴望美丽或者英俊。但是，外貌是遗传基因决定的，不以个人意志为转移，部分大学生因外貌平凡感觉苦恼，也有部分大学生因个人外形特征而被异性拒绝，这些都容易引起性自卑问题。

（二）大学生性心理的自我调适

大学生要科学地面对性生理及性心理变化，主动学习相关知识，在两性关系中保持正确的态度，克服羞耻、恐惧、自卑、罪恶等心理。

1. 辩证看待性压抑

青春期大学生由性激素引起的性生理和性心理方面的变化是十分明显的，但由于受社会道德、法律法规、校园规章等方面的约束，其性冲动可能被压抑，形成本能欲望与社会要求之间的矛盾与冲突。过度的性压抑可能使人焦虑不安、苦闷烦恼或冷漠，甚至引发一系列心理疾病。性压抑是一种普遍的、合理的性心理现象，可以维护校园和社会的安定，但过度性压抑也会引起失眠，头痛，腹泻等生理反应，并产生一系列心理问题，因此，要辩证地看待性压抑。

2. 性代偿

性代偿是指大学生通过性梦、性幻想等方式和途径来释放性冲动带来的压力。对于大学生而言，有些方式是适当可行的，但并不意味着是必需的，可以通过更积极的方式来转移和释放性压力。性代偿虽然可以合理地排解性冲动，保持大学生身心平衡，但是过度的性代偿也会使大学生变得越来越自卑，因此要保持适度，通过更积极的方式来释放性压力。

3. 提升自身性素质

性兴奋是一种正常的生理心理反应，日常生活中性兴奋是不可回避的，大学生缓解性压力的根本方法是提升自身的性素质，主动学习性成熟带来的生理心理变化的有关常识，树立科学的性观念，消除性冲动带来的自卑感、罪恶感，树立正确的道德观念、法制观念，防止交往中出现性冲动或越轨行为。

4. 培养多方面的兴趣爱好进行性转移

性转移是指通过其他方式转移对性的思考，如校园文化活动、校园兼职、学习等多种途径。使性生理得到有效转移是大学生合理应对性压力的方法，大学生要培养自己多方面的兴趣爱好，通过去图书馆学习、去体育馆打球、参加学生社团活动和开展各种音乐、艺术、文学创作等进行性转移。

主题活动

大部分大学生对性问题还是持比较回避的态度，通过讨论的方式，让我们科学地认识性、看待性，让性不再难以启齿。

（一）活动设计

活动名称	活动目标	活动流程	活动要求
性不难启齿	通过参与游戏找到调节性心理问题的方法	在一张白纸上写上可能出现的性心理问题，分组讨论	字数不限，要求积极踊跃发言，讨论方向积极向上

（二）活动流程

1. 准备好一张白纸和一支笔。
2. 将纸横放在桌面上，思考可能出现的性心理问题。
3. 在白纸上用笔写下自己认为生活中可能会出现的性心理问题。
4. 四名同学为一组进行讨论，把自己想到的问题进行分享，并给出解决对策。
5. 每个小组选出一名代表汇报自己组内讨论的情况。

（三）活动分享

请大家分享自己在生活中遇到的性心理问题，并谈谈自己是如何解决的。

（四）活动反思

1. 通过活动，我们了解到了生活中各种各样的性心理问题，那么我们作为新时代的大学生，我们是否存在性心理问题，是否能够用正确的方式方法去克服这些性心理问题呢？日常生活中我们又要如何要求自己？

2. 我们要正确认识性，了解大学生真正的使命和责任。

反思与探究

1. 你是否有过爱情的经历？结局如何？
2. 你认为一段美好的爱情需要什么来维系？

3. 你认为大学生谈恋爱应注意哪些问题？

4. 你现在正处于恋爱阶段吗？你是如何看待大学生谈恋爱的？

5. 你的恋爱观与择偶观一致吗？

6. 你认为对于大学生来说，谈恋爱最重要的是什么？

7. 在和异性同学相处时，最令你感到困惑的事是什么？

8. 结合实际，谈谈使你认识到性心理成熟的代表性事件？

9. 进入大学后，你的性心理有何变化？

||| 延伸阅读

1. 刘达临，胡宏霞 . 中国性文化史 [M]. 上海：东方出版中心，2007.

2. 沈丛文 . 边城：纪念版 [M]. 武汉：武汉出版社，2013.

3. 霍达 . 穆斯林的葬礼 [M]. 北京：北京十月文艺出版社，2019.

4. 钱钟书 . 围城 [M]. 北京：人民文学出版社，2017.

5. 米切尔 . 飘 [M]. 黄健人，译 . 北京：中国宇航出版社，2017.

6. 村上春树 . 挪威的森林 [M]. 林少华，译 . 上海：上海译文出版社，2018.

7. 张爱玲 . 倾城之恋 [M]. 北京：北京十月文艺出版社，2019.

8. 罗素 . 幸福婚姻与性 [M]. 陈小白，译 . 北京：华夏出版社，2014.

||| 好好学习

1. 青年是标志时代的最灵敏的晴雨表

在这次抗疫斗争中，青年一代的突出表现令人欣慰、令人感动。参加抗疫的医务人员中有近一半是“90 后”“00 后”，他们有一句话感动了中国：2003 年非典的时候你们保护了我们，今天轮到我们来保护你们了。长辈们说：“哪里有什么白衣天使，不过是一群孩子换了一身衣服。”世上没有从天而降的英雄，只有挺身而出的凡人。青年一代不怕苦、不畏难、不惧牺牲，用臂膀扛起如山的责任，展现出青春激昂的风采，展现出中华民族的希望！

——2020 年 9 月 8 日，习近平在全国抗击新冠肺炎疫情表彰大会上的讲话

2. 青年是国家的未来和民族的希望

青年是国家的未来和民族的希望。希望同学们肩负时代责任，高扬理想风帆，静下心来刻苦学习，努力练好人生和事业的基本功，做有理想、有追求的大学生，做有担当、有作为的大学生，做有品质、有修养的大学生。

——2016 年 4 月 26 日，习近平考察中国科技大学时的讲话

第九章
云上生活：大学生网络心理健康

章前导读

网络给大学生的思想带来了前所未有的冲击，既给大学生的学习生活带来了极大的便利，是学习和信息搜索的有效工具，同时又是一把双刃剑，利用不好就会影响个人的身心健康。因此，大学生一定要利用好网络，不要迷失自己的方向。

本章将介绍网络的普及与发展，网络对大学生的影响，互联网时代大学生应该怎样合理使用网络、有效利用网络，如何在互联网时代下保持健康的心理等，使大学生正确对待网络、使用网络。

学习目标

知识目标：了解网络的含义，了解网络发展的形势，正确理解网络这把双刃剑的心理影响，掌握预防网瘾的对策，维护自身心理健康。

能力目标：有效甄别网络上的不良信息，合理利用网络，控制上网时间，通过网络提升自己的学习能力，保持健康的心理。

价值目标：树立正确的网络安全观，正确使用网络，培养互联网思维、科技创新能力，振兴祖国的未来。

第一节　网络与网络时代的大学生

名家名言

网络文明是新形势下社会文明的重要内容，是建设网络强国的重要领域。

——［中国］习近平

如果错过互联网，与你擦肩而过的不仅仅是机会，而是整整一个时代。

——［中国］王峻涛

网络与大学生的生活密不可分，已经成为其生活中必不可少的一部分，例如，日常事务管理、考试学习等都会通过网络进行，从方方面面影响着大学生的生活。

一、网络的特征与影响

当前，随着科技的高速发展，我们日常的学习、工作、生活都依赖着电脑、手机而运转。互联网使我们的生活变得更加丰富，我们可以利用网络进行社交、通信、娱乐、购物、游戏等活动，拉近了人与人之间的距离。

（一）网络的特征

1. 自身的开放性

网络之所以有强大的生命力和活力，根源在于其开放性。网络的本质是互联互通，随着计算机 PC 端及手机移动端的高速发展，我们通过电脑、手机等都可实现信息共享，而共享的信息越多，开放性就越高，网络所起到的作用也就越大。

2. 空间的虚拟性

网络是由信息组成的一个虚拟世界，在此我们可以听其声，见其物，获得真实感受，但是当我们离开网络时，我们就从虚拟世界再次回到了现实生活。在网络中，并非所有信息都是真实可靠的，很多信息具有不确定性，真实性需要加以甄别。

3. 信息的丰富性

网络信息极其丰富，各种资源可以辅助我们开阔视野、增长知识、愉悦精神世界。我们可以在网络上找到自己想看的电影、电视剧、电子书等，足不出户就可以找到我们感兴趣的信息。

4. 交流的实时性

网络之所以被人们接受并使用，主要原因是网络交流具有实时性。网络刚刚普及时，人们可以在电脑上用聊天软件进行交流，随着通信技术的发展和智能手机的出现，人们可以在手机上下载社交软件进行聊天，网络没有了时间和地域的限制，人们可以不受约束随时随地交流，信息即发即收，真正体验了“天涯若比邻”的感觉。

5. 身份的平等性

在网络上，每个人的身份都是平等且相对自由的，只要合规合法，便可以在网络世界中尽情发表个人言论，谈论自己喜欢的内容，接受他人的信息，也可以和其他用户一对一、一对多地交换信息，根据自己的兴趣爱好选择感兴趣的交流对象和话题。在网络世界中，没有身份、地位等标签，人人都是平等的。

6. 资源的共享性

通过网络我们可以获得大量的公共信息，无论这些信息来源于哪个国家、城市、民族及社会文化，都可以被我们共享、共用。网络资源的共享性也提高了信息的普及率，满足了人们的精神享受。

（二）网络对生活的影响

1. 积极影响

网络给人们的生活带来了许多积极影响，催生了现代学习观念、全球观念的出现，使人们敢于不断接受新事物、新观念，其中丰富的信息能够拓宽人们的知识面。未来世界是网络世界，个体要想适应社会就必须获得有效信息，网络满足了人们的需求，在网络上，人们可以学到很多书本上学不到的知识，网络资源取之不尽用之不竭；也可以在网络上购物、聊天、消费等，这些都使人们的生活学习变得轻松有趣。网络也培养了人们对信息技术的兴趣爱好，极大提升了处理问题的能力和效率。

2. 消极影响

网络给人们的生活带来便利的同时也掺杂着不少消极影响。网络上的信息量极为庞大，但虚拟空间的信息有真有假，大量的信息由于缺乏有效的监管，导致网络上一些负面信息屡见不鲜。人们无法区分这些信息的真伪，会因此影响自己的世界观、人生观和价值观，甚至影响人们身心的健康发展。同时，还有部分人利用网络漏洞，肆意侵入公共资源、私人平台，盗取公共资源及人们的信息资料，严重影响了人们的正常工作生活。

案例导读

网络给我们的生活带来哪些便利？

如今网络已经渗透到生活和工作的方方面面，不仅给我们的生活带来了很多的便捷，也带来了很多的娱乐，丰富了我们的生活。

网络让购物更简单。过去购物是带着钱包现金去实体店里买东西，时常为了买一件物品跑到很远的地方，有时还需要排队付款。网络让我们线上购物变得更加简单方便，淘宝、京东这些网络购物平台让我们可以 24 小时选购商品，从果蔬零食到家具家电，足不出户就可以实现"全球购"。

网络让生活更便捷。网络能够让人们足不出户满足所需，这是许多网友夸赞网络让生活变得方便的重要理由。停水、停电、手机话费不够、网络流量不足等问题，都可以在线补给。线下服务也可以通过线上选择、预约，让网友在家享受美甲、按摩等服务。买飞机票、高铁票，预约医院就诊时间、博物馆参观时间……网络为人们提供了众多可以"云"办理的服务。

网络让娱乐更丰富。互联网时代我们一个 APP 就可以实现看电影、玩游戏等活动，为参加线下的活动提供便利。我们也可以随时随地听音乐、看新闻，满足了大家通过网络放松自己的需求。

网络让社交更方便。互联网时代，交流不再依赖书信，时效性更强、交友范围更广，不再受地域的限制。现在的交友社交只需要添加微信好友，随时随地就可以打字、聊天、语音、视频，即使见面的次数不多，也不会生疏。

网络让工作效率得到提升。网络让我们降低了获取知识、学习知识的成本，网上丰富的资源随时随地都可以学习。同时还提高了我们的工作效率，同样的下发通知，传统的通知需要打印、给大家传阅，现在只需要在群里发布消息，大家在线阅读即可。

解析 网络对人们的生活产生了巨大的影响，给我们提供了极大的便利。如今，网络已全面渗透到人们衣食住行的各个方面，只需一部手机就可以满足生活中各式各样的需求，体现了互联网时代的速度与便利。

思考 网络给你的学习和生活带来了怎样的变化？

（三）网络心理学解读

1. 网络与认知

网络不仅给人们带来了一个全新的生活方式，也潜移默化地影响着人们对世界的认知。网络让人们用全新的视角去接触世界，人们可以不受性别、相貌、年龄、身份、地位等多方面因素的限制，并克服语言、文化不同的障碍，直接表达自己的感受，畅所欲言。但网络上的一些信息也使人们的价值观受到冲击，传统的伦理道德也在不断地受到挑战。另外，网络可以掩盖人们的真实身份，有的人沉迷其中，对网络过于依恋从而难以回到现实世界，对他们而言，网络是一个具有特殊意义的家，能够摆脱现实生活中的不如意和束缚。

2. 网络与情感

网络是我们表达情绪的一个平台，与传统表达情感的方式相比，网络具有快捷性、保密性、便捷性等特点。例如，QQ 空间、微博、朋友圈、豆瓣、抖音、快手等社交软件都可以让人随时随地地发表个人观点、分享感受，网络的这种特征可以给人一种归属感和积极的情绪体验。同时，人一旦沉迷于网络，极易对现实中的自己进行否定，导致现实生活中的幸福感降低，从而带来消极的情绪体验。

3. 网络与行为

网络的出现深刻影响着人们的行为方式，给人们的生活带来了极大的便利。一方面，让人们可以足不出户满足基本的生活与娱乐需求，使人们的身心得到了极大的愉悦。另一方面，当人对网络的合理使用变成滥用时，就可能出现沉迷网恋、网络成瘾等病理性的行为问题，导致无法面对正常的现实生活。

4. 网络与人际关系

网络深刻影响着人们的人际关系，网络上的人际互动和现实的人际交往存在很多不同。例如，网络用户身份具有保密性、虚拟性，网络聊天中可以用一些特有的表情，这都构成了网络人际交往的独特风景线。网络人际关系与现实人际关系相比，有很多独特的地方，现实生活中我们的人际交往主要来自身边认识的人，而网络上交往的对象具有广泛性，交往的对象可能是身边的人或离自己很远的人，网络人际关系的优点就在于它可以实现“天涯若比邻”，但是也会造成现实生活中的“比邻若天涯”。

二、网络时代的大学生

（一）大学生对网络的认知

1. 大学生对网络信息安全的认知

网络给我们提供便利的同时，也会使个人信息面临被泄露的风险，尤其是进行网络交易时，个人财产就有被损害的可能性；网络上也有人使用各种手段窥探隐私、散布谣言、网络行骗等，严重触犯了道德和法律。然而，有些大学生只看到了网络有利的一面，并没有认识到网络的负面影响，严重缺乏网络信息安全观念和认知。

2. 大学生对网络道德观的认知

网络上的负面信息深刻地影响着大学生的道德观念，大量的负面信息令大学生的道德观发生了扭曲，在网络世界中失去了明辨是非的能力，甚至在触犯法律时也毫无察觉。如今，大学生对网络的依赖程度达到了前所未有的状态，甚至有的大学生没有网络生活将无法正常运转。由于网络道德观念的缺失，个别大学生在网络上进行违规操作，有些行为甚至已经触碰到了法律红线，对自身和社会造成了损害。

3. 大学生对网络犯罪的认知

近年来，网络犯罪成为一种新的犯罪方式。网络犯罪是指罪犯通过网络进行诈骗、传销等违法行为。网络给我们带来方便的同时，也给社会安全带来一定冲击，网络诈骗、网上陷阱等层出不穷。大学生对互联网的使用较多，通过互联网了解世界、学习、购物、交友、聊天、玩游戏，互联网改变了大学生的学习方式和生活方式，但是个别大学生受不良信息的侵害，沉迷网上赌博等网络犯罪活动，没有明确的是非观，自甘堕落，荒废青春，对自己的一生造成不可磨灭的影响。

（二）大学生使用网络现状

1. 大学生对网络的使用

大部分大学生常使用网络进行购物、聊天、追剧等，特别是网络游戏对大学生的诱惑非常大。同时，也有许多大学生在网上学习，通过教育学习网站或者学术平台学习专业知识，与专家学者进行交流互动。

2. 大学生网络使用时间分配

现如今，人们的生活质量越来越高，许多大学生都有自己的电脑、手机，这使得他们上网更加方便，但也正因如此，一些大学生一回到宿舍就打开电脑上网，沉迷于网络游戏，还有一些大学生没日没夜地看影视剧，他们一天当中，除了上课和睡觉，基本上都在网络中度过，使用网络的时间过长；还有的大学生为了能够多玩一会游戏，会缩短自己的睡眠时间，导致睡眠不足，上课的时候打瞌睡，严重影响作息规律及学习效率，使身心健康受到了极大伤害。

主题活动

网络给我们的世界带来了翻天覆地的变化，但网络是一把双刃剑，它既有好的一面，也有不好的一面，我们要辩证地看待网络、理解网络。

（一）活动设计

活动名称	活动目标	活动流程	活动要求
认识网络	通过做题了解自己是否正确认识网络	依据测试表回答问题，完成所有题目后计算总分	根据内心的真实想法作答

（二）活动流程

1. 根据表 9-1 回答问题，选择赞同或反对。

2. 计分规则：赞同第 2、第 6、第 9、第 10 题各得一分；赞同第 3、第 4、第 5、第 7 题各扣一分，赞同第 1、第 8 题各得 0 分。

3. 算出自己的得分。

表 9-1 网络认知测试

题目	选项
1.我喜欢网络，可以在其中自由翱翔	赞同/反对
2.网络可以开阔视野，提升成绩	赞同/反对
3.网络可以帮我抹去现实的不如意	赞同/反对
4.网络使我的学习时间减少，与人交往减少	赞同/反对
5.网络令我痛苦	赞同/反对
6.我们可以用网络学到很多知识	赞同/反对
7.网络是洪水猛兽	赞同/反对

续表

题目	选项
8.网络是新生儿，需要用心呵护	赞同/反对
9.网络是为我们服务的工具	赞同/反对
10.网络是一个浪潮，会淹没那些不会游泳的人	赞同/反对

（三）活动分享

请大家分享自己心中对网络的看法，各抒己见，从而在讨论中，进一步了解网络，正确认识网络。

（四）活动反思

1. 如果得分为正，说明对网络持积极向上的态度，这表明能够认识到网络在现代社会里是一个为人们提供方便的工具。

2. 如果得分为负，说明对网络看法偏激，需要增加对网络相关知识的了解。

3. 如果得分为 0，说明对网络的认识比较客观，但还没有积极地看待网络的各项功能。

第二节　网络与大学生心理健康

名家名言

计算机要从娃娃抓起。人一生不能没有计算机。——［中国］邓小平

网络平台、社会组织、广大网民等要发挥积极作用，共同推进文明办网、文明用网、文明上网，以时代新风塑造和净化网络空间，共建网上美好精神家园。

——［中国］习近平

网络已成为当今时代人们工作、学习、生活中必不可少的工具，对于肩负着建设祖国未来重任的大学生而言，更应该了解网络的利与弊。大学生要学会合理使用

网络，抵制网络不良信息的侵害，充分发挥网络的正面作用，为自己的身心健康发展助力。

一、网络对大学生的影响

网络是继报纸、广播、电视之后出现的第四大媒体，网络将人们带入了一个崭新的信息社会，当代人们的日常生活已经无法离开网络。网络的用途广、内容丰富、功能强大，是传统媒体无法比拟的。网络对大学生的影响是十分巨大的，大学生作为年轻群体，对于新事物的接受能力较强，因此大学生几乎人人都懂网络、用网，网络已经成为每个大学生都在使用的日常工具。但大学生一定要清醒地认识到，网络同时也是一把双刃剑，它既有积极的影响，又有消极的影响。

案例导读

互联网 + 农业电商，“食里八乡”造福十里八乡

一键下单原生态，“土货”成爆款。连接起城里人餐桌和庄稼人钱包的农村电商正成为成都乡村振兴的新引擎。

农产品最怕“藏在深山无人知”，如果缺乏畅通的销售渠道，再优质的产品也难以进入主力消费人群的视野。返乡创业者朱磊决心要改变这一现状，他所创立的成都食里八乡电子商务有限公司旨在打造国内领先的“互联网 +”现代农业电商平台，搭建城市与农村的桥梁，借“互联网 +”的春风，将农户手中的特色生态农产品送到消费者手中。

和许多创业故事一样，项目启动初始，朱磊和他的团队遭受到很多人的质疑，不少贫困户不相信电商平台能将农产品卖出去，都抱着将信将疑的态度与其签订产销合同。在经过两年实践和大量市场调查后，朱磊决定采用“互联网 + 公司 + 合作社 + 农户”的模式，正式成立成都食里八乡电子商务有限公司。取名“食里八香”，寄托着朱磊的梦想——建立城市与农村的桥梁，将农户、特别是贫困户手中绿色、生态、无污染、无残留的高品质农产品直接送到消费者手中，让贫困家庭致富，真正造福十里八乡。

解析 网络上存在着大量先进的理念，使人们自主创业的意识越来越强，该案例就是一个利用网络创业成功造福乡里的典型。当代大学生已经不能满足于封闭的校园生活，随着电脑端、移动端的高速发展，大学生的网络使用率越来越高，其视野也更加广阔。

思考 大学生应如何正确利用互联网？

（一）网络对大学生的积极影响

1. 拓宽学习渠道

网络资源丰富，正所谓敢于探索就会有所回报，谁能够正确利用它，坚持学习下去，谁就会有所提升。网络上大部分的资源都是可以免费使用的，大学生可以学习课本以外的知识，还可以学习其他高校共享的学习资源。并且，网络上的大多数学习资源是视频、音频、图像、文字的结合，这会增加学习的趣味性，提升探索知识的兴趣和动力。

拓展阅读

9-1 网络改变学习方式

2. 扩大交友范围

网络可以扩大大学生的交际范围，大学生可以通过网络社交软件同世界各地的网友进行聊天，也可以与老同学保持联系。在网络中，双方只要有共同的话题就可以交流，社交软件的翻译功能还可以使我们无障碍地与外国友人沟通。网络里的人际交往大部分是单纯的个人观点和情感的交流，部分在现实生活中难以找到兴趣相同的交往对象的大学生，在网络中有时可能会因为一个共同的观点和对一个问题的思考，与另一个人成为无话不谈的好朋友。

3. 增加休闲乐趣

网络可以增加大学生的休闲乐趣，大学生可以从网络中找到兴趣爱好，使课余生活更加丰富多彩。网络上，各种聊天、视频、游戏软件等都是大学生休闲娱乐的重要工具，大学生可以在网络中找到归属感。有的大学生在网络游戏中找到属于自己的自信，有的大学生在专属网络社区中交到志同道合的朋友，有的大学生在社交软件中记录分享个人生活，可见，网络极大程度地满足了大学生的精神需求。

4. 减轻生活压力

大学生在上学期间需要承受来自多方面的压力，学习的压力、生活的压力，竞争的压力、就业的压力等，在这些压力之下，大学生容易产生恐惧、焦虑、抑郁、暴躁等各种不良情绪，而网络则给大学生提供了发泄不良情绪的平台。但需要注意的是，网络减压只是一种临时性的减压，最终能真正解决焦虑，减轻压力还需要我们在现实生活中的努力。例如，可以通过找朋友聊天、打网络游戏、进行心理咨询等多种方式给消极情绪找到宣泄的方式和出口。

（二）网络对大学生的消极影响

1. 不良信息的诱惑

网络在给大学生提供便利的同时也会给大学生带来很多负面影响。网络信息量庞大，监管具有一定难度，这便给不良信息提供了传播机会。大学生处在青春期发育阶段，其心理和生理并未完全成熟，世界观、人生观、价值观的形成容易受到不良信息的影响，而这些发布者也利用大学生喜欢寻求新奇和刺激的心理对其进行思想渗透，个别大学生难以分辨信息中的真伪，抵挡不住各种信息的诱惑，严重影响了正确三观的树立。

2. 网络成瘾的影响

网络中一些软件及功能大学生的使用率较高、依赖性也较强，个别大学生的自控力较差，心理缺失较为严重，只能在网络上找寻丢失的自我，最终产生沉迷心理成为网络成瘾患者。网瘾具有隐蔽性，不容易被直接发现，上网成瘾者常常会沉迷在网络中，觉察不到个人内心发生的转变，以至于逐渐深陷其中。网络成瘾会影响大学生的学习成绩、人际交往，干扰正常的生活，还会影响心理健康，如果不能及时解除，会对网瘾患者本人及家庭造成极大的伤害。

拓展阅读

9-2 《网络成瘾临床诊断标准》

3. 网络犯罪的诱导

网络也会诱发犯罪，受网络上不良信息的影响，一些大学生会走向犯罪的道路。大学生对新事物接受较快，精通网络技术者不在少数，他们拥有智慧和创造力，如果能发挥特长服务国家、服务社会，将会创造丰富的价值。但是，个别大学生法律意识淡薄，就会利用网络技术做一些违法乱纪的事情，如利用网络散布谣言、发表反社会的不良言论、传播西方势力的思想等，严重危害社会的安全和稳定，还有个别大学生利用网络技术盗取他人财物，对学校和社会都造成了极坏的影响，因此，大学生一定要树立正确的道德观念。

4. 网络风险的存在

网络给我们提供便利的同时也存在着风险，大学生在上网时，要小心电脑及手机被植入网络病毒。网络病毒的入侵能够破坏我们手机和电脑的正常程序，使其瘫痪，并盗取我们的个人信息。当前，有很多不法分子利用虚拟的支付链接、钓鱼网站等进行电信诈骗、购物诈骗等，大学生一旦没有经受住诱导，就会造成财物损失。因此，大学生在使用网络时要注意网络安全，保护好个人切身利益。

（三）网络犯罪的特性

第一，网络犯罪隐蔽性极强。网络犯罪的作案时间短、手段复杂、犯罪行为可以在瞬间完成，具有极强的隐蔽性，而且很难被监控发现。第二，网络犯罪具有跨国性特征。网络犯罪与传统上的犯罪有很大区别，传统上的犯罪基本上局限于本地区的犯罪，警方可以以犯罪现场的情况作为线索，而互联网是不分国界和地区的。第三，网络犯罪造成的损失极大。当前，人们使用的手机中大部分都安装有手机银行等金融软件，犯罪分子可以利用互联网传播病毒，用各种方式诱导我们，从而套取银行卡信息、支付密码等。

二、大学生的网恋与网瘾

（一）大学生的网恋

网恋的全称是网络恋爱，是恋爱双方通过互联网作为媒介进行的恋爱，今天，网恋已经成为一种常见的恋爱方式，在大学生群体中较多，并且受到大学生的追捧。网恋对大学生的精神生活及未来的发展都具有深刻的影响。

1. 网恋产生的原因

（1）新鲜感与神秘感的满足。大学生对新鲜事物充满了好奇，对恋爱更是充满了新鲜感，而网络恋爱这种新型的恋爱方式则更加吸引大学生。网络恋爱的双方在现实生活中并不相识，不用考虑对方的家庭条件、颜值、身高、学历、年龄等因素，可以大胆地表露心声，进行精神上的交流。

（2）满足虚荣心，填补空虚感。受经济、身材、颜值等各种客观因素的影响，部分大学生可能因为多种因素在现实生活中难以找到梦想中的伴侣，但是对异性的极度渴望和对爱情的憧憬会使他们走向网恋这条道路。在网络中，他们可以随意改变自己的身高、年龄、学历、社会地位等，可以自由地选择恋爱对象，网恋满足了他们的虚荣心，填补了现实生活中的空虚感。

（3）逃避现实恋爱中的矛盾。现实生活中的恋爱充满各式各样的矛盾，有时，男女双方由于性格、原生家庭的影响及处事方式上的差异，对待事物和问题的处理方式及态度的不同可能导致矛盾的产生。并且，现实中的恋爱需要许诺和承担责任，网恋则是一种不需要考虑太多现实因素和结果的恋爱。因此，能够避免现实中的矛盾，不必为感情负责，以及没有谈恋爱的压力和责任感，是大学生选择网恋的重要因素。

2. 网恋的特点

（1）情感的虚拟化。网络恋爱中的双方一般在现实生活中没有任何交集，仅通过互联网进行交流，而没有面对面交谈会使双方在感情上的投入减少，无法了解对方真正的心理状态，使双方付出的感情具有虚拟化的特点，而这种虚拟的情感常常令人琢磨不透，也容易埋藏下欺骗和受伤的隐患。

（2）恋爱的快餐化。网络恋爱本身就是虚拟感情，多则几个月，短则几天，网络恋爱就像快餐文化一样，还未感受到恋爱的滋味便匆匆而过了，快餐化的网络恋情发展到现实恋爱的概率较低。

（3）欲望的外显化。网恋中恋爱双方的身份具有很强的隐蔽性，这就使双方在交谈时能够毫无顾忌地表达自己的感受，表达自己内心深处的本能欲望，在宽松自由的聊天环境下，人们往往会毫无顾忌地谈论性话题表达爱慕之情，即便遭到嫌弃、反感、拒绝也不会放在心上。这种方式能够减轻人们在现实生活中的压力，但是这种发泄方式只是精神层面的，是一种浅层次的发泄。

3. 网恋的危害

（1）网恋成瘾。部分大学生在体验过网络恋爱之后就会产生一种痴迷感，依赖网络恋爱而逃避现实生活中的恋爱。这种情况往往是网恋者在现实生活中内心空虚的表现，他们在网恋中找到精神寄托，一旦离开网络上的情感交流就会产生强烈的失落感，长此以往便不能适应现实生活中的恋爱，无法在现实中找到情感的寄托，不利于以后的婚姻和家庭。

（2）网恋欺骗。在网络世界中，网恋中的双方的个人身份都具有很强的隐蔽性，因此很难确认对方的真实性，这给了犯罪分子可乘之机。有很多犯罪分子在网络上伪装自己的年龄、性别，以各种理由对网恋者进行诈骗，他们骗取财物、欺骗感情，可能给大学生造成严重的心理伤害。

（3）情感伤害。网恋的特点决定了网恋转化为现实恋爱并走向婚姻殿堂的概率极低，大部分的网恋都以分手告终。在交往过程中，付出较多感情的一方，遭受的精神创伤可能不亚于身体上的伤害，对于恋爱甚至人生的理解都有可能发生转变。因此，失恋者要尽快从失恋状态中走出来，避免做出一些极端行为。

（二）大学生的网瘾

网瘾是指个体对互联网过度依赖导致心理异常。网瘾患者对互联网依赖严重，主要表现为无法控制上网时间，逃避现实生活，热衷于网络游戏、网络恋爱等各种网络活动，轻者只是对互联网产生精神依赖，重者还会产生生理上的不适，引发食欲不振、乏力，甚至心脑血管疾病等，严重影响患者的身体健康。

1. 网瘾的类型

（1）网络游戏成瘾。当前，信息技术高速发展，网络游戏数量也大幅增长，出现了大量电脑端及移动端的游戏，大学生只要拿出手机就可以随时随地开始游戏，导致部分大学生在上课时间也难以自控地玩游戏，严重影响了课堂学习质量。

（2）网络色情成瘾。大学生正处于青春期身体发育阶段，因此对情爱内容关注度很高，个别网络平台传播的低俗内容给大学生带来了负面影响，使其无法控制个人欲望，沉迷其中无法自拔。

（3）网络聊天成瘾。部分大学生在现实生活中找不到志同道合的朋友，但他们在网络中通过游戏、社交软件等平台结识了一些有共同爱好和话题的虚拟朋友。这部分大学生沉迷于这种网络社交关系中的沟通和交流，以此逃避生活中的压力，不愿意回归到现实世界。

（4）网络剧集成瘾。当前，网络承载了丰富的影视剧资源，在大学生喜爱的特定题材的影视剧中，他们能够实现与个人喜爱的影视明星，或个人期待的特定情节近距离接触的愿望。但个别大学生不能很好地处理剧情与现实之间的距离，沉溺在虚幻的故事或人物形象设定之中，寄托了大量个人情感，导致分不清虚幻与现实，对其个人身心健康与成长十分不利。

（5）网络购物成瘾。部分大学生沉迷于网络购物，由于网络购物的网站与实体商店相比种类更多，价格也更适宜，面对琳琅满目的商品，他们就会痴迷于选购商品无法自拔。还有个别大学生具有很强的虚荣心，对名牌、新品有很大的占有欲，由此选择了信用卡透支、分期付款软件，甚至通过非法网络贷款等途径购物，给自身安全造成了极大的隐患。

（6）网络信息成瘾。网络是一个巨大的信息资源库，大学生是一群有着强烈求知欲的群体，每天他们几乎是有时间就会拿出手机浏览各种新闻、热搜、视频等信息，但是这些信息大部分是没有实际用处的，并且浏览网络信息时间过长也会形成网瘾。

2. 网瘾的成因

（1）网络的诱惑。网络既有新鲜感，又有虚拟性和可操作性，承载了影音视频、聊天交友、网络游戏等多种多样的娱乐手段，网络虚拟世界对乐于接受新鲜事物的大学生的吸引力是极大的，他们可以在互联网中畅所欲言，不仅心理上得到了极大满足，也释放了现实生活中的压力。

（2）大学生自身的原因。大学生长期处于受保护的封闭温室中，生活能力、自理能力、自控能力、社交能力都比较弱，并且受其年龄段的影响，还没有形成稳定的世界观、人生观、价值观，对新鲜事物有猎奇心理，容易受到外界的影响并陷入其中。大学校园生活较为单一，网络能够满足大学生对新鲜感的追求。并且，大学生渴望交友，一些性格内向、不擅交际的学生可以在网络上寻求支持和帮助，还有部分学生无法适应学习环境，自身价值无法体现，于是在网络中寻找理想，用虚拟世界来麻痹自己。

（3）家庭的原因。部分大学生家庭经济较为困难，在校期间学业、就业等方面的压力导致大学生心理负担较重，于是选择通过虚拟世界来减轻压力。部分大学生家庭教育方式不当，父母只关心学习成绩却忽视亲子沟通，缺乏对孩子的教育和关心，对不良行为、心理问题也忽视不见，导致这部分大学生将网络当作发泄个人情绪的场所。

3. 网瘾的危害

（1）荒废学业。过度沉迷网络会导致大学生的学习成绩一落千丈，荒废学业。有些大学生对网络依赖严重，把大量的时间精力都用在网上“冲浪”，导致厌学心理的产生，个别大学生甚至存在逃课、不交作业、不参加考试等情况，长此以往，可能无法顺利完成学业，耽误未来人生发展。

（2）诱发疾病。长时间使用手机或电脑上网可能对身体产生不利影响。例如，电子屏幕发出的光辐射会严重影响视力；敲击键盘对手部关节不利；久坐不动容易诱发腰椎间盘突出；等等。可见长时间上网会诱发身体多项疾病，个别重症网瘾患者，甚至黑白颠倒、日夜奋战，发生猝死的风险极高。

（3）社交障碍。网络中的交往突破了社会阶层、职业、性别、学历等限制，兴趣爱好相近就可以成为虚拟世界中的朋友，部分大学生沉迷于网络交往，减少了现实生活中的正常人际交往，导致与身边人关系越来越冷淡，最终会使自己的性格越来越孤僻。

（4）道德缺失。网络上的不良信息严重地冲击着大学生的世界观、人生观、价值观，大量的负面信息导致个别大学生思想认知出现偏差，道德观念和道德标准发生转变，认为一些违纪违法的事情十分平常、无伤大雅，甚至有个别学生在网络上发布反动言论，浏览低俗网站，沉迷网络赌博等。

（5）人格扭曲。大学生沉迷网络形成网瘾会改变个人的理想信念、扭曲个人的价值观、淡化个人的社会责任。网络成瘾者一般都性格内向、不善交往，但又希望得到他人和社会的重视，而在网络中沉迷的时间越长，人格越容易发生扭曲和转变，长此以往，甚至会出现抑郁和反社会人格。

（6）角色错位。有一些大学生沉迷于网络，在网络中流连的时间比在现实生活中的时间都长，这样就会产生一种角色错乱，分不清楚哪个是现实中的自己，哪个是网络中的自己，常常会把网络中的自己当作真实的自己来逃避现实生活。

主题活动

网络是把双刃剑，正确使用可以提高我们的学习工作效率，错误使用会严重影响我们的生活。

（一）活动设计

活动名称	活动目标	活动流程	活动要求
网瘾测试	通过测试了解自己是否患有网瘾	完成表9-2的题目，并计算分数	根据内心的真实想法作答

（二）活动流程

1. 表 9-2 中每一个题目都有 5 个选项，请根据实际情况进行评分。

2. 分数的具体含义：0—没有，1—罕见，2—偶尔，3—较平常，4—经常，5—总是。

3. 作答完毕后计算出总分。

表 9-2　网瘾测试单

题目	0	1	2	3	4	5
待在网上的时间超出预计时间						
上网时间过长忘记要做的事情						
网上的愉悦超过与伴侣的亲昵						
与网上的人建立各种关系						
家人抱怨你花太多时间在网上						
因为网络导致成绩下降						
宁愿浏览网页，也不愿学习						
网络影响了学习效率						
隐瞒自己在网上的所作所为						
会同时想起上网的快乐和生活的烦恼						
非常渴望上网						

续表

题目	0	1	2	3	4	5
不上网时会感觉空虚						
上网时遇人打扰会非常恼怒						
深夜上网睡不着觉						
睡觉时仍幻想着上网						
老是想，我再多上一会网						
尝试减少上网时间，但是失败						
试图掩饰自己的上网时长						
选择更多的时间上网来代替社交活动						
外出不能上网时会感到焦虑						

（三）活动分享

请大家分享下自己的得分，并谈谈自己对网瘾有哪些看法，通过分享，进一步认识到网瘾的危害。

（四）活动反思

1. 将各项分数加在一起后能够得出一个总分，对照以下不同分数段的解释，判断自己是否患有网瘾及网瘾程度。

24 ～ 49 分：没有网瘾，只是有时上网时间稍长，总体上可以自我控制。

50 ～ 79 分：由上网引起了一些问题，应谨慎对待上网带来的影响。

80 ～ 100 分：上网已经给你的生活带来了很多问题，必须马上正视并解决。

2. 通过活动，有针对性地控制自己的上网行为，远离网瘾，做新时代有作为的青年，正确利用网络知识。

第三节 大学生网络心理问题及调适

名家名言

网络比较虚拟，只有知识能改变自己真正的命运。——［中国］尔玛依娜

新闻的内容是依附于某种形式而存在的。网络出现了，成了一种有广泛影响力的媒体形态。不去研究它，光是研究传统媒体上的内容，反而是有点狭窄了。

——［中国］熊澄宇

网络有其好的一面必然也有其不好的一面，网络上同时也充斥着各种各样的诱惑，我们在享受着网络带给我们便利的同时，也遭受着网络带给我们的侵害，作为大学生，要如何正确认识网络带给自己的心理问题并进行正确调适呢？

一、大学生网络心理问题

（一）大学生网络心理需求

1. 认知方面

（1）尝试心理。网络对于大学生来说是较为新鲜的事物，网络中的各种娱乐功能、学习功能与日常生活中的其他媒体完全不同，与传统的报纸、广播、电视等媒体相比，网络使个体不只局限于被动接受，还可以主动地使用，且不受时间和空间约束。在网络中找寻快乐、发泄情绪，还能体会到一些独特的成就感与自豪感，这些能够激发大学生的尝试心理。

（2）猎奇心理。大学生受其所处的特定年龄段的影响，对新鲜事物充满了好奇，而网络上充满了丰富多样的游戏、影视剧、学习资料、聊天交友等各类资源，不仅能够拓宽大学生的视野，也能够激发大学生的猎奇心理，满足大学生的好奇心，给大学生带来全新的生活体验。

拓展阅读

9-3 给大学生的网络使用建议

（3）信息收集心理。互联网的高速发展使人类进入了信息时代，各种各样铺天盖地的信息，形形色色的资讯都聚集在互联网，个人

需要的资料信息触手可及，这种高效、便捷的信息搜索方式满足了大学生的现实需求。

2. 情感方面

（1）减压心理。步入大学后，大学生面临学业、人际交往、就业、情感等多方面的困扰，而社会对人才的需求逐渐呈现多元化，也给大学生带来压力。为此，大学生常常利用网络进行宣泄。

（2）娱乐心理。网络资源极其丰富多样，游戏、音乐、聊天、影视剧等都是大学生主要的娱乐方式，这些功能与大学生的兴趣爱好相匹配，满足了大学生的基本需求，已成为大学生休闲娱乐的重要途径。

（3）价值体现心理。部分大学生在现实生活中不得志，而人需要在社会关系中获得价值，尤其是对于大学生来说。大学生的思想较为活跃，渴望得到他人的尊重，对自我价值的追求也较为明显，而网络为大学生提供了实现自我价值的途径。大学生可以在网络上发挥自己的特长，实现自我价值，一些网络平台也为大学生提供了实现学业和事业发展的机会。

（4）情感需求心理。大学生所处的年龄段对情感需求较高，情感是有表达需要的，部分性格较为内向的大学生朋友较少，不喜欢把心里话同家人或朋友诉说，网络由此成为情感表达的一个重要途径。大学生在网络上倾诉自己的情感困惑，不用担心情感隐私被亲人朋友发现，也可以通过微博、朋友圈等表达观点和见解，给自身情绪情感的表达一个合适的平台和窗口。

（5）逃避心理。当前，大学生面临学习和生活方面的压力是多种多样的，部分大学生无法承受这些压力就会产生逃避心理。网络是大学生的精神寄托，他们在现实生活中受到挫折后，会依托互联网的各种方式慰藉自己受伤的心灵，以此来逃避现实生活。

3. 人际关系方面

（1）沟通心理。人是社会中的人，每个人都需要与他人进行沟通。人际交往是大学生身心健康发展的现实需要，网络为大学生提供了展示自我和与人沟通的平台，这一沟通平台使人与人之间的交流更加简单、快捷和高效，交流的范围更加宽阔和深入。网络交流的这些特点能够满足大学生人际交往的现实需要。

（2）交友心理。人是群居动物，每个人都渴望拥有朋友、拥有知己，遇到困难和挫折时希望有人倾听和理解，有人帮助和支持自己。进入大学校园是大学生独立生活的开始，大多数大学生都能交到生活中的朋友，但也有部分大学生与其他同学性格差异较大，很难与他们沟通并交到朋友，而网络社交软件就满足了这部分大学生的交友需要。

（3）恋爱心理。谈恋爱是人生都需要经历的一个成长成熟的过程，大学生对爱情的渴望和追求是自然萌发的，互联网是大学生表达爱情的一个全新途径，各种各样的社交软件可以对求爱者信息进行筛选，提高了大学生寻找合适恋爱对象的概率，同时，互联网信息的隐匿性也使大学生更直接地表达内心的真实情感。

案例导读

习近平：让互联网更好造福世界各国人民

2022年7月12日，国家主席习近平向世界互联网大会国际组织成立致贺信。

习近平指出，成立世界互联网大会国际组织，是顺应信息化时代发展潮流、深化网络空间国际交流合作的重要举措。希望世界互联网大会坚持高起点谋划、高标准建设、高水平推进，以对话交流促进共商，以务实合作推动共享，为全球互联网发展治理贡献智慧和力量。

习近平强调，网络空间关乎人类命运，网络空间未来应由世界各国共同开创。中国愿同国际社会一道，以此为重要契机，推动构建更加公平合理、开放包容、安全稳定、富有生机活力的网络空间，让互联网更好造福世界各国人民。

解析 党的十八大以来，习近平总书记始终高度重视互联网发展，多次发表重要讲话。面对网络的应用和普及，新时代大学生要充分认识到网络是把双刃剑，要提高网络安全意识，正确认识、安全使用网络，培养积极健康的网络心态。在新时代网络强国建设中，学以致用、开拓创新，积极努力造福国家和人民。

思考 在网络时代，你是否遇到网络心理问题，你是如何调适的？

（二）大学生网络心理问题的表现

1. 网络恐惧

个别大学生没有或者较少接触过互联网，进入大学后，面对层出不穷的网络书籍、电脑软件、手机应用，以及周围同学熟练地操作各类电子产品，他们由于没有相关基础会感到十分的迷茫和害怕。另外，也有一些对网络十分熟悉的大学生，他们害怕自己跟不上网络发展的速度而被淘汰，也会产生畏惧网络的相关障碍。

2. 网络依赖

网络对大学生的吸引力非常大，个别大学生长时间沉迷于网络，对网络形成过度的依赖，使自己在现实生活中的学业与人际交往都受到了严重干扰。因过度依赖网络而影响正常生活的大学生不在少数。

3. 社交障碍

网络上的“键对键”与现实生活中的“面对面”有很大区别。生活中，有的大学生沉迷于网络中的交往，在网络上侃侃而谈，在现实中却沉默寡言。网络社交过度可能会使人忘记、不愿接纳自己在现实生活中的真实角色，这种逃避心理可能会造成现实中的社交障碍，进而导致意志消沉，甚至产生心理疾病。

4. 网络孤独

部分大学生性格内向且比较孤僻，他们希望通过网络人际交往来改变自己。但是，一些大学生因为长期迷恋网络，不但没有缓解反而会加重个人孤独感，导致性格更加内向、自卑、敏感，变得更加逃避现实，逃避人际交往。

5. 网络迷失

部分大学生过度使用网络，在网络上与现实中的表现判若两人，分不清楚现实与网络，有时错误地把网络中的自己当作现实中的自己，在现实生活中却表现出退缩、孤僻、幻想等脱离实际的性格特征，这是个体在网络中迷失方向、迷失自我的一种状态。

6. 网络犯罪

部分大学生自我约束能力差，随着上网时间的增加，以及猎奇和追求刺激的心理影响，他们可能会做出越轨的事情，会进行网络上的违规操作。例如，破译他人密码、窃取他人信息、散布不实谣言、制造网络病毒、牟取非法利益等。还有的大学生为了发泄个人不满，在网上揭露他人隐私、诋毁他人形象、恶语中伤他人等，这些行为导致大学生自我约束能力下降，最终走向犯罪的道路。

二、大学生网络心理问题及调适

（一）造成大学生网络心理问题的主要原因

1. 不良的人格特质

不良的人格特质是大学生沉迷于网络的直接原因，例如，过分依赖、缺少主见、内向、孤僻、敏感、多疑、暴躁、偏执等人格特质，这些使得他们在现实生活中的交往会遇到很多困难，而网络具有隐藏性和美化性等特性，他们在网络上可以通过掩饰真实人格特性，获得更多的获得感和满足感。

2. 家庭教育方式不当

对家庭有抵触情绪是很多患网瘾的大学生的共同点，父母不当的家庭教育方式会造成与子女情感沟通上的不畅通，子女感觉家长不理解他们，家长也觉得子女叛逆不听劝告，导致亲子之间的心灵距离越来越远。此时，大学生可能就会通过网络寻找亲情、友情、爱情，用虚幻世界的不真实情感填补内心的缺失。

3. 过于宽松的大学环境

大学生所处的教育环境较为自由，住校学习期间，家长对其学习生活情况了解的相对较少，更加独立、自主、宽松的学习生活环境使部分自律性不强的大学生处于一种过于自由的状态。自我管理、自我教育、自我规划、自我监督等方面能力的缺失使其更易沉溺于网络。

4. 网络不良信息的影响

受多元文化的影响、社会矛盾的冲击，网络承载的信息质量也是良莠不齐，虽然政府部门对网络监管、安全用网、文明上网等方面的教育也在逐年加强，但是仍有一些不良网站散布危害大学生身心健康的信息，如果大学生长期浏览此类信息就难免深陷其中，并对其心理造成侵蚀，导致网络心理问题的产生。

5. 社会环境的不良影响

当前，市场经济的发展、西方文化的渗透、社会领域的不良行为、道德领域的不正之风，都冲击着大学生的价值观念，这些事件的负面效应在一定程度上影响了大学生正确价值观的树立。

（二）大学生健康网络心理的培养

1. 理性看待网络

当今世界已经进入了信息化时代，互联网成为人们在工作、学习和生活中使用的日常工具，大学生走进网络世界是不可避免的选择。对此，大学生要理性地看待网络，虽然网络中存在着诱惑与侵害，但是我们不能把网络视为洪水猛兽，而是应该深刻认识到网络对人与人、人与社会之间关系的改变。对新时代大学生来说，唯有树立正确的网络观念，培养健康的网络使用习惯，把互联网平台当作高效的学习手段和学习工具，利用互联网学习掌握更多的专业知识与技能，处理好网络与现实生活的关系，规避网络心理问题，才能够使自己更好地成长并适应社会发展。

2. 选择健康的网络环境

在网络世界里，各个国家、地区、民族的文化和价值观交织在一起。大学生在选择网络环境时，应学会自我约束和自我控制，自觉远离不良信息的侵蚀和诱惑，要理性地、辩证地看待西方外来文化，树立正确的网络观念，学会筛选和研判不良的网络信息，选择并使用健康的网络环境。

3. 科学规划人生目标

大学生沉迷网络的主要原因是缺少人生规划和奋斗动力，没有目标和追求的人生极易感觉到空虚、寂寞，从而导致大学生对网络的过度需求。大学生要客观全面地认识自己，明确个人优势和劣势，结合个人性格特点、专业背景、能力素质等制订科学可行、契合实际的职业生涯规划，让网络在实现个人追求的道路上发挥更大的助力作用。

4. 培养多样的兴趣和爱好

大学生之所以沉迷于网络，主要是因为缺乏现实生活中的兴趣与爱好，导致自己游离于现实生活之外，久而久之就会产生对现实生活的疏离感，有一种想逃避现实生活的冲动。人是社会中的人，因此将自己沉浸在网络中不是理智的选择，理性地面对现实、拥抱生活，才是我们应该做的选择。大学生要培养自己多样的兴趣爱好，积极参加校园文化活动，提升个人能力；寻找积极的、有意义的兴趣爱好，如爬山、跑步等户外活动，不仅可以交友，还可以开阔视野、磨炼意志；读一些自己感兴趣的专业书籍，增加自身知识还能为未来的工作奠定基础。总之，大学生应充分挖掘优势，培养兴趣爱好，走入现实生活，摆脱网络控制。

5. 寻求他人帮助

大学生在学校里并不是孤立无援的，部分大学生之所以沉迷于网络，主要是因为在面对大学生活压力时，产生各种不良情绪，而这些情绪会影响大学生的幸福感，使其为了逃避现实生活而去网络寻找归属感。大学生面对这种情况时，可以向教师、同学寻求帮助，通过他人的开导和劝解缓解焦虑，降低自己对网络的依赖。

6. 制订上网计划

大学生要制订科学的上网计划，明确自己上网的目的才能合理地利用网络为自己服务。例如，大学生可以在每次上网前列出清单，判断出上网所需时间，有效地进行控制。网瘾患者更需要严格控制上网时间，避免自己在网络上耗费更多的时间和精力。

7. 遵守网络法律法规

大学生要遵守网络法律法规，在网络上传播文明、传播健康。网络虽是平等开放的平台，但也要注意不能做出发布虚假信息、发布不适宜言论等破坏网络环境的行为，在网络世界中也要对个人言行负责。大学生要避免产生不劳而获的思想，注意不能盗用他人的成果和资源；不能参与赌博、诈骗等破坏网络安全的违法行为，从自身做起，遵守网络法规，发挥网络的积极作用，更好地为自己和身边的人服务。

主题活动

网络对大学生的生活有很多影响，下面这个测试，能够判断我们是否被网络不良信息所侵蚀，是否仍在坚持文明上网。

（一）活动设计

活动名称	活动目标	活动流程	活动要求
文明使用网络	通过做题了解自己是否文明使用网络	完成表9-3的题目，并计算分数	根据内心的真实想法作答

（二）活动流程

表 9-3　文明使用网络测试单

上网情况	是/否
1.在网上很乐意帮助别人	
2.感觉在网上互不认识的环境中，互相欺骗很正常	
3.在网上受到伤害，要通过恶意攻击挽回尊严	
4.信任网友，真诚交流	
5.在网上从不和多个人同时保持“恋爱关系”	
6.给他人发送大量垃圾信息	
7.在网上散布谣言	
8.网上使用文明用语	
9.盗取他人资料，毫无顾忌	
10.面对网络，有正确的自我意识，能区分现实与虚拟	

1. 根据你的实际情况，选择是或否。

2. 计分规则：对于第 1、第 4、第 5、第 8、第 10 题，选择是各计 1 分，对于第 2、第 3、第 6、第 7、第 9 题，选择否各计 1 分，反之各计 –1 分。

3. 计算自己的得分结果。

（三）活动分享

请大家分享自己的得分情况，谈谈成为一个文明的网络使用者应怎样做，自己还存在哪些不足。

（四）活动反思

1. 如果得分为正，说明能够控制并监督自己的上网行为，做到文明上网，请继续保持良好的上网习惯。

2. 如果得分为负，说明还需加强网络道德行为自律，学习做一个文明的网络使用者。

||| 反思与探究

1. 你如何看待网络？网络给生活带来了怎样的变化？

2. 你认为健康的网络心理应如何养成？

3. 你认为大学生在使用网络时应注意哪些问题？

4. 你认为网络世界与现实世界有哪些不同？

5. 你认为大学生健康使用网络的原则是什么？

6. 在使用网络中，令你感到困惑的事是什么？

7. 进入大学后，你使用网络的时间有何变化？

8. 谈谈你对网络心理健康的理解。

||| 延伸阅读

1. 中国法制出版社 . 中华人民共和国网络安全法：实用版 [M]. 北京：中国法制出版社，2018.

2. 王恪 . 大学生网络成瘾的预防与戒除 [M]. 北京：北京航空航天大学出版社，2013.

3. 周宗奎，等 . 网络心理学 [M]. 上海：华东师范大学出版社，2017.

4. 杨鑫悦 . 网络时代高校心理健康教育的探索与实现 [M]. 沈阳：辽宁大学出版社，2019.

||| 好好学习

1. 要坚持依法治网、依法办网、依法上网，让互联网在法治轨道上健康运行

网络空间同现实社会一样，既要提倡自由，也要保持秩序。自由是秩序的目的，秩序是自由的保障。我们既要尊重网民交流思想、表达意愿的权利，也要依法构建良好网络秩序，这有利于保障广大网民合法权益。网络空间不是“法外之地”。网络空间是虚拟的，但运用网络空间的主体是现实的，大家都应该遵守法律，明确各方权利义务。

——2015 年 12 月 16 日，习近平在第二届世界互联网大会开幕式上的讲话

2. 网络文明是新形势下社会文明的重要内容，是建设网络强国的重要领域

近年来，我国积极推进互联网内容建设，弘扬新风正气，深化网络生态治理，网络文明建设取得明显成效。要坚持发展和治理相统一、网上和网下相融合，广泛汇聚向上向善力量。

——2021 年 11 月 19 日，习近平致首届中国网络文明大会的贺信

第十章
生涯规划：大学生的职业成长

章前导读

大学阶段是人一生中非常重要的时期，在这一阶段，大学生可以在象牙塔内享受成年人的独立自主，但这段旅程的终点会怎样？如何开启下一段旅程？

本章将介绍大学生如何进行职业规划常见职业困惑、如何进行择业和就业等问题，使大学生树立正确的就业观和择业观，把握人生方向。

学习目标

知识目标：了解自己、认识职业、理解生涯及生涯规划的概念及意义；了解生涯规划对自身未来发展的重要性；掌握生涯规划的方式方法。

能力目标：制订个人生涯发展规划路线；学会应用生涯规划为自己树立目标，锻炼职业规划能力，培养自身职业素养；根据职业生涯规划方式方法，从自身出发制订生涯规划方案。

价值目标：养成个人职业素养，树立远大志向。

第一节 大学生生涯规划概述

名家名言

凡事预则立，不预则废。——《礼记·中庸》

路漫漫其修远兮，吾将上下而求索。——［战国］屈原

大学的终点就是职场，毕业后，每个人都要通过从事某种职业而在社会中安身立命。大学生进行生涯规划不仅是为了求职，还是对未来人生的一种思考。因此，大学生在进入校园后要尽快适应新的生活节奏，掌握学习方法、明确人生目标、了解职业意向、培养职业技能，进行合理的职业生涯规划。

一、大学生生涯及生涯规划概述

（一）生涯

生涯是指我们生命开始直至结束的生命历程。实际上，生涯发展是人们不断选择的结果，既不是偶然发生，也非某个事件或选择的结果，而是经过考虑、抉择、规划、执行后得到的结果，生涯道路没有最完美，只有最适合。职业生涯不仅是一个人的工作或职业，还是一个人生活角色的所有构成，与个人目标、抱负、所处环境紧密相关，反映了人的生存价值和个人信念，对每个人来说都是独一无二的。在现实生活中，生涯属于人生的特定经历，即使两个人性格相似、兴趣相近、技能相同，甚至共处同一环境中，他们的生涯也不可能完全相同。

1. 生涯的长度

生涯的长度指生命从开始到结束之间的跨度。从生物学角度看，生涯的长度指生涯的演进过程，是出生、成长、衰老、死亡的过程，是不可逆转的。因此，在生物学领域，我们无法对生涯的长度进行预知，也无法掌控生命。但是，我们可以在有限的生涯里增加人生价值、拥有强健的体魄，让生涯更有意义、更加精彩。

2. 生涯的宽度

生涯的宽度指不同个体角色相互间的跨度。生涯包括个体一生中在工作、家庭、社会中的各种角色，每个人都是家庭中的子女或父母、单位的职工、社会中的公民。人的一生中扮演着子女、学生、亲属、工作者、退休者等多个角色，人们在这些角色中所展现出的自我发展形态，在这些角色中不断地转换和递进就是我们生涯的宽度。

3. 生涯的厚度

生涯的厚度指个体在生涯中扮演不同角色所投入的程度。随着时间的变化不同角色会有不同的投入程度。人生初期，家庭就是全世界，随着年龄增长，从幼儿园、小学、初中、高中、大学直到步入社会，人的生活越来越丰富，对个人角色的投入程度也在不断变化，每一次的角色投入也就形成了生涯的厚度。

（二）生涯规划

规划是人对周边环境及自身的把握和掌控能力，是思考后形成的一个意向目标，并制订计划依照执行和不断完善的过程。生涯规划能完整规划人生内容，包括生活、工作和学习，它不是直线形的活动，是不断往复、更新的过程。

1. 舒伯生涯规划理论

舒伯生涯规划理论主要包括生涯发展阶段理论和生涯层次理论。自我实现的过程就是职业发展的过程，它可以分为成长、探索、建立、维持和衰退五个阶段。每个阶段个体都有自己所要扮演的角色，需要完成不同的发展任务。每一阶段的完成程度将影响到下一阶段的发展，个体对任务的满足程度和完成程度反映了个体的职业成熟度。

（1）成长阶段（出生～14 岁）。这一阶段的主要任务是关注未来、在学校中取得成绩和形成对工作世界的正确态度。在这一时期结束时，人们会对未来形成更多期待。

（2）探索阶段（15～24 岁）。在这一阶段，青少年通过学校等场所参加活动，对职业进行探索，并对自我能力及个人角色进行初步定位。在这一阶段，职业选择范围逐渐变小，职业偏好逐渐具体。这一阶段是职业认同阶段，个体可以初步确定并试验某一职业成为长期职业的可能性。

（3）建立阶段（25～44 岁）。经过上一阶段的尝试，个体会根据是否适合而决定继续探索或转变探索方向，逐渐在整个职业生涯中确定自己的位置，并固定下来。这一阶段的任务包括稳固、促进工作。

（4）维持阶段（45～65 岁）。个体在这一阶段希望留在自己的位置，并面对新人的挑战。这一阶段的任务包括在保持个人成就的同时更新知识技能，迎接新的挑战。

（5）衰退阶段（65 岁以上）由于生理及心理机能衰退，这一阶段个体的主要任务是减轻工作量，在工作中从积极参与逐渐过渡到隐退，并寻找新的方式来满足需求，同时注重挖掘新的人生角色。

2. 霍兰德生涯规划理论

霍兰德是美国霍普斯金大学荣誉退休教授，长期从事职业咨询工作，他提出了关于生涯规划的一系列研究假设和成果。霍兰德的理论体系认为，人格类型、兴趣与职业关系密切，兴趣是人们活动的潜在动力，个体会因职业兴趣而大大提高工作积极性，促使人们积极地从事该职业，而且人格与职业兴趣之间存在很高的相关性。霍兰德将人格分为社会型、企业型、常规型、现实型、研究型和艺术型六种类型。

（1）社会型。这种人格类型的人具有超于常人的洞察力，乐善好施，重视与人交往，可以在任何场合不断结交新的朋友，与人打成一片、擅言辞、乐于督促他人。他们关心社会问题、渴望能够发挥社会作用。这种类型的人有广泛的人际网，对社会道德、行为规范比较看重。该人格类型的个体适合从事小学教师、幼师、教务人员、文秘、公关、管理等职业。

（2）企业型。这种人格类型的人对权、财比较热衷，在一定程度上具备领导才能，性格乐观、爱竞争、敢冒险、有抱负，对自己充满信心，精力旺盛；为人务实，做事有较强的目的性，喜欢领导和影响他人。该人格类型的个体比较适合的职业有项目经理、销售人员、采购员、电视制片、保险代理、营销管理人员、政府官员、企业领导、法官、律师等。

（3）常规型。这种人格类型的人遵纪守法、尊重权威，乐于追求实际，工作务实，喜欢按部就班，工作中细心且有条理，能够接受他人的指挥和领导，对于权力、物质没有过高的追求；有着谨慎、保守、不喜欢竞争和冒险的性格，富有自我牺牲精神。该人格类型的个体比较适合文字记录、档案整理、组织数据、文字信息录入等工作。

（4）现实型。这种人格类型的人个性平和稳重，看重物质，乐于追求实际效果，喜欢从事操作性工作，动手能力强，做事灵活，偏好执行具体任务，为人谦虚，社交能力较差，喜欢独自行动。该人格类型的个体比较适合需要基本操作技能的工作，如户外劳作或机械操作，可以从事计算机、摄影、制图、修理、军事、机械业、制造业等方面的工作。

（5）研究型。这种人格类型的人具有思想家的特点，好奇心强烈，性格敏感且慎重；抽象思维能力强，有求知欲，善于思考，考虑问题偏理性，喜欢逻辑分析和推理。该人格类型的个体比较适合科学研究、医生、教师、工程师、程序设计、系统分析等方面的工作。

（6）艺术型。这种人格类型的人比较富有创造力，属于理想主义者，追求个性，做事追求完美，有一定的艺术表达能力，直觉强烈，感情丰富，比较念旧，心态较复杂。该人格类型的人因为具备相应的审美能力和艺术潜力，比较适合演员、艺术设计、雕刻、建筑师、广告制作、室内装潢、乐队指挥、漫画家、作家等方面的工作。

案例导读

美文横流，百岁少年——中华翻译家许渊冲

2021 年 4 月 18 日，一位老人于北大畅春园家中，度过了自己的第 100 个生日，他就是翻译家——许渊冲。

许老的书桌上方挂着这样一幅字，“译古今诗词，翻世界名著，创三美理论，饮形霞晓露”，这代表了他的一生。1938 年，17 岁的许渊冲以优异成绩考入西南联大外文系，从小徜徉在文学世界中的他在心中植根下传播文化的火种。因为对美的执着，他坚持文学翻译应实现“意美、音美和形美”，使读者“知之、好之、乐之”。业内将他的翻译称为“韵体译诗”，情味悠长，境界全出，尽显中国古典诗词的风骨流韵。他将“书销中外百余本，诗译英法唯一人”印在了自己的名片上，当有人质疑他时，他会坚定地回应：“这是实事求是！我的名字比名片还响！”

许老先后出版了 180 多本翻译著作，他用澎湃的激情和美丽的文字，让世界看到中国文化之美。

许老说：“对我而言没有日夜。”让中国文化走向全世界，就是他毕生的心愿。他将“创造美”视为毕生追求，择一事，且终一生。“中国文化是博大精深、独一无二的，我们正在走向复兴，一定要知道自己民族文化的价值，要有自己的文化脊梁。”

解析 生命的意义不在于活了多少日子，而在于记住了多少日子。我们要使度过的每一天都值得记忆。择一事，且终一生，当代青年应树立远大志向，培养职业素养。“修身以为弓，矫思以为矢，立义以为的，奠而后发，发而必中矣。”只要树立远大志向，并将其作为确定的目标，脚踏实地，付诸行动，就能实现理想。

思考 身为大学生的你是否有过梦想？你的专业与你的理想是否相匹配？你会如何为祖国的文化传播贡献出自己的力量？

二、生涯规划的内容

（一）自我认知

生涯规划中的自我认识指通过年龄、兴趣、需求、价值观念等方面对自己进行评估打分。自我评估的目的是认识自己、了解自己，因为只有认识了自己，才能做出正确的职业选择，才能选定适合自己发展的职业生涯路线，才能对自己的职业生涯目标做出最佳抉择。自我评估的内容包括自己的兴趣、特长、性格、学识、技能、智商、情商、思维方式、思维方法、道德水准及社会中的自我等。

知识链接

皮格马利翁效应：给未来良好的期待

皮格马利翁效应亦称期望效应、罗森塔尔效应，指人们基于对某种情境的知觉而形成的期望或预言，会使该情境产生适应这一期望或预言的效应。你期望什么，你就会得到什么，很多当下所得其实是过去对未来的期待所产生的结果。简而言之，就是对期望的心理暗示可以促使人们的认知和行为发生同向改变，进而使该期望得以实现。

（二）职业认知

生涯规划中的职业认识指多方面认识职业世界，设定职业目标，确立志向。俗话说：志不立，天下无可成之事。树立职业目标可以确定一个人的努力方向，志向是事业成功的基本前提。立志是人生的起跑点，包含着一个人的理想、胸怀、情趣和价值观。目标不明确就会动力不足，一些大学生厌学、逃课等问题产生的源头就是没有目标。明确且清晰的目标有利于规划职业生涯，并且成为激励自己前进的内部有利动机，使大学生表现出坚定向上的精神状态。所以，在制订生涯规划时，首先要立志，这是制订职业生涯规划的第一步，也是职业生涯中的重点之一。

（三）职业规划

生涯规划中的职业规划指培养自己独立思考的能力，做出正确的职业选择。职业选择正确与否，直接关系到人生事业的成功与失败。缺乏目标，人在就业、择业时就会手足无措，工作也不会持续长久。据统计，在大部分错选职业的人中，有超过半数的人在事业上没有起色。由此可见，职业选择对人生事业发展至关重要。在确定职业目标以后，发展方向也会随之确定，此时就要做出职业选择，放弃一些其他事务，努力向着目标前进。根据自己的专业或兴趣爱好进行职业选择时，由于发展路线不同，对职业发展的要求也不尽相同，但都需要为之付出巨大的努力。因此，在职业生涯规划中，需根据实际条件尽早对职业发展做出相应思考，使自己的学习、工作能够沿着既定的职业生涯路线前进。

（四）职业评估

生涯规划中的职业评估指对职业规划进行评估，并进一步修改完善，做出合理规划。每个人从幼儿时期到进入大学后，都在不断成长、发展和进行自我认知。从认识自己、认识父母、认识亲属，到进入大学后必须要认识社会、并且唤醒自我探索意识。性格、兴趣、素质基础、价值观等都是我们职业生涯规划的关键，这些个体特性结合在一起便会影响职业道路选择。在进行职业生涯规划前，必须将个人因素与实际因素相结合对自我进行评估，并分析自我所处的环境条件特点及对自己有利的条件与不利的条件等。只有对自身条件及所处环境充分了解，才能在职业规划中趋利避害，使自己的职业生涯规划更具意义。

（五）执行修订

职业生涯目标确立后，付诸行动便成了实现生涯目标的关键环节。我们这里所指的行动，就是我们为完成既定目标的具体措施。没有作为和行动，目标也只是空想，更谈不上事业的成功。例如，为达成目标，无论是初入职场，还是寻求职场困境突破，做好职业规划都是首位的，而做好职业规划需要先了解自己，了解自己的缺点和不足，从而进行弥补，了解自己的优点和长处，从而进行加强。只在了解自己的基础上才能做好自己，有目标地努力，才能磨出最锋利的职场宝剑，所向披靡。

主题活动

当我们愿意为自己的兴趣花时间，并且能够获得快乐时，兴趣也就成了乐趣。兴趣与奋斗目标结合，便转为了志趣，所以我们不仅愿意花费时间与经历去完成它，还会立志将它做好，或成为长久目标。如果一个人的兴趣与职业一致性很高，那么我们就可以称为人职协调；如果一致性一般，可称为人职次协调；一致性低，则会出现人职不协调现象。

（一）活动设计

活动名称	活动目标	活动流程	活动要求
选择兴趣岛	通过选择心仪的岛屿，匹配个人职业方向，树立远大抱负，做出合理职业规划，为中华民族伟大复兴贡献出自己的力量	将霍兰德代码的6种个体类型看成岛屿，通过一次迫降，选择自己心仪的岛屿来进行自我探索	选择心仪岛屿，进行自我探索

（二）活动流程

1. 请大家想象，假如经历了忙碌的工作，你与朋友一起乘飞机去度假，在途中，飞机出现故障必须迫降，有 6 个岛屿供你选择，6 个岛屿各不相同，在这 6 个岛屿上的人也各自做着不同的事，通过下面的描述，你们需要举手表决最终去哪里。但现在，先来参观一下职业兴趣岛。

A 岛（艺术浪漫岛）：岛民爱好艺术，岛上到处是美术馆、音乐厅；岛民喜欢创新且富有想象力，所建造的很多建筑都是不规则的形状，建筑风格突出，整个岛屿弥漫着浓厚的艺术文化气息。许多文艺界人士都喜欢来到这里开沙龙派对寻求灵感。

C 岛（井然有序岛）：岛上高楼林立，能看出这是一个与时代同行的岛屿，岛上各方面管理措施都十分完善。岛民个性冷静保守，都以在工作单位获得的绩效工作为荣。

E 岛（显赫富饶岛）：岛上经济发达，岛民性格热情豪爽，善于经营。岛上有很多高级酒店、高尔夫球场、骑马场，往来者多是企业家、经理人、政治家、律师等。这些商界名流与上等阶层人士在岛上享受着高品质生活。

I 岛（深思冥想岛）：岛上人少僻静，有很多天文馆、科技博物馆、科学图书馆。岛民最喜欢钻研学问，探究真知。哲学家、科学家和心理学家们在这里相约，讨论学术，交流思想。

R 岛（原始生态岛）：该岛是个自然生态优良的绿色之岛，岛上生活着各种野生动物，而且拥有大规模的植物园、动物园、水族馆。岛民以手工制造为生，他们自己种植花果，栽培蔬菜，修缮房屋，打造器物，制作工具。

S 岛（温暖友善岛）：岛民性情温和，友善互爱，人际关系十分友善。大家互助合作，重视教育后代。每个社区都能自成一个密切互动的服务网络，处处充满着人文关怀气息。

2. 用 10 秒时间回答以下问题，如果你必须在这几个岛屿中选择一个过完今后的人生，你会选择哪一个岛？如果每个岛屿都对你发出邀请，你会首先拒绝哪个岛？选好之后，依次记下两个问题的答案。

测试分析：这6个岛事实上代表了6种职业类型，分别如下。

A岛—艺术型（Artistic）　　C岛—常规型（Conventional）

E岛—企业型（Enterprising）　　I岛—研究型（Investigative）

R岛—现实型（Realistic）　　S岛—社会型（Social）

问题1的答案体现了你最显著的职业性格特征，也代表着你最喜欢或者最适合的职业范围。反之，问题2的答案则是你最不喜欢的职业类型。

（三）活动分享

请选择同一岛屿的学生组成一组，探讨同组内同学在兴趣爱好、性格特征等方面的共同点，以及大家想选择的职业类型，将结果与其他小组分享。

（四）活动反思

1. 做完测试，也许自己的兴趣与所学专业相符，也许自己的兴趣类型与自己的专业正好相反。其实，并非所有人的兴趣最终都能转化成职业兴趣，也有可能成为个人的业余爱好，兴趣虽然是影响人们职业选择的主要因素，但并不是绝对因素。

2. 每个人的性格、能力、价值观和运气也会对我们今后的职业选择造成影响，我们最终的职业选择都是各种因素的综合结果，身为大学生的我们更应该努力学习，提早做职业规划，为未来职业道路发展奠定更扎实的基础。

第二节　大学生职业生涯规划的问题与建议

名家名言

一个人若是没有确定航行的目标，任何风向对他都不是顺风。——［法国］蒙田

迈步之前不要只试脚下的地面，只有注视远处地平线的人才能找到正确的道路。——［瑞典］哈马舍尔德

很多大学生能够意识到好的计划是成功的开始，职业生涯规划对未来职业发展至关重要，但是，在着手规划个人未来时却遇到了许多难题。

一、大学生职业生涯规划的问题

职业生涯规划实际上就是给步入社会后的自己确定一个专属的位置，而这个位置的好坏并不重要，重要的是这个位置是否适合自己，是否能让自己在这个位置上奋斗终生。

（一）对准职业人角色认识不到位

当前，许多学生到大学以后思想松懈，认为大一、大二是低年级学生，大三、大四是高年级学生，求职这一行为只是高年级学生需要关注的事，所以更别说进行所谓的职业生涯规划了。大多数大学生在大学阶段，随着年级逐渐升高，离步入社会的时间点越来越近了，才会逐渐意识到自己已成为“准职业人”这一身份。大学生对自我应正确评价，并充分了解外部就业环境和工作环境。只有正确对自身定位，才能在今后的人生中做出正确的选择，为自己制订一个符合自身标准的职业生涯规划。

知识链接

定式效应：建立积极良好的个人形象

定式效应就是以一种固定不变的态度看人。在人际交往中要避免定式效应，用发展、辩证的眼光看人。而对于一个犯过错误或不被看重的人来说，要改变他人的定式效应，就要对自己的成绩或好事做适当的宣传，改变在他人心目中不好的定式效应，建立新的、好的定式效应。

（二）职业价值观尚处于探索阶段

涉世未深的大学生在进行职业生涯规划时，很容易受到外界因素的干扰而影响其职业价值观，这让很多大学生感到迷茫和困惑。一些大学生在校期间学习成绩优异，遵守规章制度，团结同学，尊敬教师，积极参加课外活动，是每学期的奖学金获得者。但是在问及未来打算时他们却一无所知，并且在面对与父母的分歧时会对未来更加迷茫，甚至不知道自己的未来在哪里，自己应如何规划未来。在大学中，类似的情况还有很多，如果大学生在大学期间不能冷静地剖析问题、分析自我和外在环境，那么未来的职业道路可能会充满阻碍。

（三）专业与兴趣不符

一般情况下，大学生掌握着自己职业的选择权，但是有很多大学生对于专业与职业的关系存在很多误解，在高考选择专业时、在毕业选择职业时都有很大的盲目性，此外，大学期间对自己的专业了解不够深入，给职业的发展埋下了隐患。在一项针对大学生的研究调查中，研究者发现，在被调查的大学生中有超过三分之一的人对自己所报的专业不感兴趣，他们之中有些人仍坚持学习，争取更高学历；一些则为了毕业而勉强学习，考试超过及格分数线就已自我满足；还有一些则干脆放弃了自己的专业，甚至产生逆反心理，用旷课、迟到、早退、旷考等行为对待大学生活，甚至造成三分之二的成绩不合格。大学生在职业生涯中可能会由于专业与兴趣不符而失去规划，它直接影响大学生在校期间的学习积极性，甚至影响其毕业，严重者还会影响身心健康。

案例导读

树立远大志向

李某，男，应用化学专业15级学生，高考因第一志愿成绩不够而被调配来到应用化学专业，对此专业没有兴趣。尽管如此，他并没有因为没有选到心仪专业而放弃学习，他努力刻苦，顺利高分通过了全国大学英语四、六级考试，凭借自己英语上优势，他又考了托福、雅思，都取得了优异的成绩。他在大三时期立志要考法律专业硕士研究生，虽然在2019年全国研究生考试中他因专业课差1分与人民大学法律专业硕士失之交臂，可是他始终坚持自己的理想，不抛弃、不放弃，在2020年全国研究生入学考试中，他以优异成绩顺利升学，并立志成为一名优秀的律师。

解析 该生在大学期间始终没有放弃自己的职业理想，并且为之努力，最终达到目标。职业理想是事业发展的动力来源，能反映出一个人的胸怀、志趣和价值观，在很大程度上决定一个人的未来发展道路。

思考 你的专业是否是你所喜欢的？如果对当前所学专业没有兴趣，你应做出怎样的努力？

（四）对所学专业认识不足

谈到大学生的职业生涯规划，首先我们会想到学生所学的专业，因为找到对口的工作需要我们对所学专业透彻分析，并对未来可能从事的职业进行初级探讨。但是目前大多数大学生在对自己的专业前景、就业优势、个人职业素养的认识方面还有很大不足，一部分大学生由于所学专业就业面狭窄、不易就业而对专业不满意，从而更不愿意深入了解自己的专业；另一部分大学生可能在学习过程中因所学课程枯燥乏味而产生厌学情绪。这两种情况都会导致大学生不主动探索自己的专业而导致对自己专业认识不足，更不能冷静、客观地分析自身和外界环境因素，制订合理职业规划，因此失去努力方向。

二、大学生职业生涯规划的建议

现实生活中，绝大多数的大学生没有求职经历，缺乏一定的紧迫感和就业意识，在谈到关于自身职业生涯的问题时也会依赖他们的父母，生涯规划意识淡薄。大学生应认清自己职业发展面临的形势，做到有所计划，有所准备。

（一）转换角色

很多在校大学生从满足入学年龄开始，就一直扮演着学生的角色未发生过变化。但从扮演人生角色的角度思考，大学阶段结束后，大学生就要走入职场，因此，无论是哪一年级的大学生，还是研究生、博士生，都要成为社会工作者中的一员。身为“准职业人”的大学生上学期间要做的就是知晓职业角色，体验职业角色、为职业角色做准备、实现职业角色阶段，为步入社会做充足的准备。所以说，大学是一个人从学生身份到社会职员身份转换的过程，当大学生具备这一意识，就会有准备、有思考地过好大学生活，在成为应届毕业生时也能更加从容。

（二）明晰职业价值观

因为生活在群体中，还未经过身份的转换，职业观、价值观尚未成熟，个别大学生会出现盲目追求奢靡之风、互相攀比等情况，从而忽视自身能力特点和未来发展方向，这正是价值观偏颇的表现。有的大学生只看重自己的兴趣，将兴趣作为未来的首要发展方向，忽视自身条件与能力，无视兴趣爱好与社会现实之间的矛盾等，难以实现个人价值和社会价值的统一，选择这样的职业生涯也会为大学生的生存发展道路带来阻碍，在职业道路上也不会获得满足感和成就感。因此，大学生在对自己的职业生涯进行规划和设计时不应着重于确立什么样的价值观，而是应该明晰自身价值观并且探索实现方法。所以，大学生在确立职业道路时要明晰个人的兴趣爱好、性格特征、技能特长，并且根据自身条件和职业环境来考虑未来发展方向并做出选择。

（三）协调兴趣与职业理想

兴趣爱好是大学生进行职业生涯规划时必须考虑的因素之一，是大学生进行职业抉择的重要依据，职业兴趣也是我们确定发展道路的重要因素，只有具备一定的职业素养之后，将兴趣与社会需要相结合才能获得现实基础，职业发展道路才会越顺畅。

（四）客观理性分析专业

大学生在大学期间所学的专业课程及实习是其优势所在，每门专业都有其培养目标和就业方向，是大学生职业生涯规划设计的基本依据。大学生根据自己的所学专业选择职业，能够学以致用，使自己的专业知识得到发挥，并且能够较快、较好地适应工作岗位，提高自身职业素养，有利于未来职业生涯的顺利发展。如果职业生涯规划完全偏离了所学专业，必然会为以后的职业生涯道路增添许多负担，个人价值与社会价值皆难以实现。事实上，许多大学生不满意自己目前所学专业的主要原因在于，对专业及专业前景认识不足。例如，数学专业，虽然我们在日常生活中所用到的数学知识看起来少之又少，但它的隐性优势必然是长远的，而且对于我们整个人生都大有裨益。通过对数学的学习，可以培养个人的逻辑能力，培养实事求是、锲而不舍的钻研精神，它是学习理科、工科专业的基础，能够为后续的深造做铺垫，而且其就业方向不仅可以选择教师，还可以选择工程师、风险测算等职业。因此，若学生能够真正意识到自己专业的发展前景，想必对于学习、就业及人生产生新的态度。

主题活动

自我探索不是单纯的反思，而是全面、客观地认识自己，可以通过他人评价、专业咨询、自我认知、课外实践等多个途径来实现。全面认识自我是形成自我意识的基础，如果一个人能够全面、正确地认识自己，客观、准确地评价自己，就能够量力而行，确立合适的奋斗目标，并为实现这一目标不懈努力。

（一）活动设计

活动名称	活动目标	活动流程	活动要求
我的“成就感”	了解自己的能力，树立积极心态，成为有理想、有担当的新时代青年	回忆过去，对有成就感的事情进行剖析，认识自己	对回忆的事件进行剖析，确定自己既定的目标、克服的困难及自己的做法

（二）活动流程

1. 回顾过去，列举出10件令你满意且印象深刻的事情，这些事不必是轰轰烈烈、惊天动地的大事件，而是令你难以忘怀或真正喜欢的事情，并且认可最后取得的成就。

2. 回忆这些事情时，每件事的回忆内容都要包含以下几点。

- 你在事件中想达成的目标，即完成了哪些任务。
- 在事件中你遇到的阻碍、困惑？
- 你是如何做的？你是怎样克服困难、完成目标的？
- 你对事件结果的满意程度如何？
- 请与同学分析在你所回忆的事件中，你用到了哪些技能？
- 这些事件都是在什么背景下发生的？
- 你最擅长哪些技能？你还需提升哪些技能？请为在事件中应用到的技能排序。

（三）活动分享

根据活动内容，请再提出几个能够自我探索的方法，思考如何能够更加全面、客观地认识自己，并与同学们交流分享。

（四）活动反思

1. 通过回忆多个事件来剖析认识自我，认识自己的长处及追求目标并为之努力，从而确立下一个目标。

2. 我们只有打破自我封闭、拓宽生活范围、增加生活阅历、扩展交往空间、积极参加活动、扩大社会实践才能找到多种参考系，才能凭借参考系从多方面、多角度认识自我，做到不自卑也不自负，不过于骄傲也不过于谦虚，从而充分发挥自身聪明才智，实现人生价值。

第三节 大学生自我探索与职业探索

名家名言

成功开始于想法，但是，只有这样的想法，却没有付出行动，还是不可能成功。——［美国］比尔·盖茨

立志欲坚不欲锐，成功在久不在速。——［南宋］张孝祥

职业生涯规划的意义在于能够帮助个体充分发挥个人潜力，在未来的工作中达到自我实现，使高品质工作与高品质生活相结合。作为大学生，可以从以下几个步骤进行未来职业生涯规划设计，做自己人生的掌舵者。

一、自我探索

设计职业生涯规划前，我们首先要认识自己，兴趣爱好、能力技巧、价值观、性格特质都是决定未来职业方向的主要因素。因此，自我探索是未来职业生涯规划的一项重要内容。

（一）认识自己的兴趣爱好

兴趣是一种心理活动，是对某种事物的一种特殊认识，有可能发展成为一种相对长久且稳定的行为倾向，会影响人们的能力发挥。一个人所从事的工作是否能够长期稳定，往往和一个人的兴趣有关。兴趣是一个人工作积极性的来源，是人们探究、认识陌生事物的最活跃因素，因为对某项事物感兴趣，会使个体在行为中能够更用心和持久。认识自己的兴趣爱好的方式有以下两种：一是通过专业的职业兴趣量表来发现自己的兴趣；二是通过自我调查来了解自己的兴趣。

案例导读

大器晚成的"张同学"

在互联网上，某段时间，一个名为"张同学"的账号突然火了起来。"张同学"的视频从每天拉开窗子上那破旧的帘子开始，记录了他快速地穿衣、洗漱、早餐、走访的过程，在欢快的伴奏中给人以别样的乡村体验，仿佛置身其中，又令人怀念。

2021 年，各种短视频账号状况百出，被封的、停播的、退出的等，原创视频的创作越发不易。而乡村气象恰恰满足了当代人的需要，满足了当代年轻人的好奇心理，于是，"张同学"应运而生。东北的乡村生活与南方不同，受天气的影响，生活日常也更加丰富，"张同学"的视频接近人间真实，既满足了观看者的好奇心理，也引起了老一辈的共情。

我们看到的"张同学"的短视频，其实都经过了精心的现场设计，策划一个个主题，反复拍摄一个个场景，所呈现的内容来源于生活而高于生活。在如今短视频火热的时代，"张同学"的出名在情理之中。时代的特色为普通人提供了更多展示自己的机会，不用高昂的成本，仅用一部手机就能表达自我，做出让人爱看的作品，这更加凸显了创意的重要性。人民网也呼吁更多"张同学"的出现，用专业的技术去记录真实的中国，挖掘乡村的魅力。

解析 如今社会硬件设备越来越便宜，每个人都可以从多个渠道学到自己想学习的内容，只要坚持和努力，也终会成功，有时机遇就在我们身边。科技越来越成熟的今天，我们更应该顺应国家大势，树立远大志向，抓住机遇，迎接挑战。

思考 你有哪些兴趣爱好，能否根据自己的爱好与特长进行择业和就业？

（二）认识自己的能力技巧

如今的就业趋势都是"双向选择"，即求职者和用人单位需要双向中意。对用人单位挑选应聘者来说，他们主要考虑的还是一个人的职业能力是否能胜任所应聘的职位。所以，在职业生涯规划中，应首要思考自己所拥有的能力及能够胜任的工作，正确认识自己可以让我们更好地找到职业方向。因此，在职业选择中应遵循三项原则：能力类型与职业相匹配原则、能力水平与职业层次相匹配原则、发挥优势能力原则。

（三）认识自己的价值观

价值观是一个人内在持久一致的对事物的判别标准，会影响学习、工作、家庭、婚姻等各个层面。价值观是一个人规划自己的工作、学业、生活的驱动力，因此，可以从一个人的学习、工作、生活中看出一个人的价值观。每个人的生命中都有最重要的事物，有人爱财，有人重权，有人注重过程，有人看重结果，不同的人会有看待事物的不同方式。

职业价值观体现了一个人在工作中的需求，它是个体对工作的内在的、稳定的追求因素，对个体的职业发展起到驱动和维持作用。罗克奇根据工具—目标维度将价值因子分为终极性价值和工具性价值。终极性价值指的是生存的最终目标，是理想化的终极状态和结果。工具性价值指达到理想化的终极状态所采用的行为方式或手段，是个体实现终极性价值的手段。

认识自己的价值观的方式有以下两种。一是罗列出自己现在最想要的东西，并且按照对它们的渴求程度进行排序，通过此行为了解自己最想要什么，哪些是自己需要追求的东西，也可以知道可以舍弃哪些目标。二是试问自己一个问题：如果想过上自己期待的幸福生活，需要实现哪些目标？实现的目标便是自己所持的价值观，所以需好好思考，规划设计美好蓝图。

（四）认识自己的性格特质

在我们的生活、工作、学习中，有人勤奋努力，有人慵懒倦怠，有人谨慎谦虚，有人充满热忱，可见，不同的人存在一定的性格差异。生涯大师霍兰德主张根据人的性格特质来匹配其适合的工作类型，他相信每份职业都有着与之相匹配的人格特质。霍兰德编制了自我职业倾向测定量表（SDS），作为人格类型和职业倾向测定的工具，还可以作为职业抉择的初定依据。因此，对于职业的选择要根据自身性格特质来进行寻找。

二、职业探索

对于很多成年人而言，职业可以代表某种生活方式，因为工作性质可以直接影响生活方式，选择一种职业，也就确定了一种生活方式。在择业过程中，不仅要了解自己，还要了解职业情况，包括工作环境、薪资待遇、工作内容等。

（一）认识职业

职业是个体参与社会分工、利用专业知识技能为社会创造物质财富和精神财富，从而获取合理的报酬作为物质生活来源，并满足精神需求的工作。随着时间的推移，个体在人生中经历过的一系列角色，以及所扮演角色的方方面面便成了职业生涯。

职业可以决定一个人的生活方式，对一个人的人生观、世界观产生影响。任何工作都没有高低贵贱之分，但是个体对职业做出选择，也意味着选择了与职业有关的文化氛围和生活方式。

（二）发展就业力

就业力就是与就业相关的所有必备的知识、素质和能力，其内涵不但包含了专业知识、为人处事的基本能力，而且包括个人成功发展必备的各种素质。对大学生未来的就业市场来说，就业力是主客观、实力与运气综合作用的结果。大学生是就业力的实施主体，在就业力开发和提高过程中处于核心地位。

1. 提高就业技能

约克和奈特的USEM就业理论模型要求个人要有专业知识的理解力，所以大学生要朝着意向的就业目标勤奋学习，努力学习基本知识和专业技能，把个人良好素质的养成和能力的提高放在首位，才能为以后就业奠定坚实的基础。当然，大学生不仅要重视基础知识的学习，拓宽自己的知识面，完善自己的知识结构，也要积极思考、掌握方法、培养实际操作的能力，了解自己能力的不足，进行有的放矢的培养和锻炼，并考虑如何将理论与实践相结合，将理论转化到工作实践中去，极大地开发自己的就业技能。

2. 提高社会适应能力

社会实践活动是一种非常重要的教育形式，大学生通过参与社会生产，不仅能够接触、了解社会，还能在活动中较为清醒、准确地认识自己，更好地设计自己的职业发展方向，这是开发大学生就业力的重要途径。尤其是现在越来越多的企业在招聘时提出具备工作经验的要求，而对于没踏入社会进行工作的大学生来说，社会实践显得尤其重要。大学生要积极参与到实践中去，通过有限的实践活动，不断加强自己的社会实践能力和获取工作经验的能力，从点滴中积累自己的社会经验。此外，在假期中选择一个短期的职业技能培训，也是大学生提升自身核心竞争力的一个好方法。

主题活动

很多大学生希望在对自己有所了解后能够做出更大的改变，因此不断开发自己的潜能，锻炼自己的能力，但是在实际生活中往往会遇到困难或阻碍，所以说我们需要提前做出合理的规划目标，避免在实施过程中碰壁，使自己能够更有效地管理时间，提升自信。

（一）活动设计

活动名称	活动目标	活动流程	活动要求
我的学习计划单	认识自己的目标，并懂得分步实现，合理规划大学生涯，为祖国和社会做出贡献	参考陆同学的学习计划单，制作自己的大学学习计划	根据自己的实际情况，写出既定目标，并合理规划

（二）活动流程

1. 某大学经济管理系的陆同学非常喜欢歌剧表演和现场主持，在高中时期就参加过很多大型活动，她希望未来成为一名人民教师，在小学教授英语，所以，她将自己的兴趣与理想都放进了学习计划表中，并制订了她的学习计划，具体见表 10–1。

2. 请参考陆同学的学习计划单制订自己的学习计划，并认真回答后续问题。

表 10–1 我的学习计划

目标	练习教学技能；学习英语；参加歌剧社		
时间	内容	校内资源	校外资源
大一（上）	学习基础课程； 多参加课内、课外实践活动； 参加校社团； 主持班级晚会、年级晚会； 参加新手歌剧大赛	专业课老师、辅导员； 老乡会同学； 校园官网； 抖音等	公众号；微博；知乎； 其他专业高中同学； 各主持、表演等学习网站
大一（下）	学习专业课程； 着手准备教师资格证； 组织歌剧活动； 准备英语四级考试	校园网； 社团成员； 同班同学； 历年考题	百度；视频网站； 各主持、表演网站

3. 请思考并回答以下问题：在你的学习计划里，理想实现的概率有多大？为了实现理想需要做出哪些改变，或者是否有替代方案？当理想与现实产生冲突时应如何解决？

（三）活动分享

请根据自身情况，制订下一学期学习计划，并互相交流分享。

（四）活动反思

1. 一般来说，中长期目标要与实际情况相结合才能实现，还要将大目标分解成许多个小目标才能得以落实，因此，对于大学生来说，应更多地制定人生的小目标，并合理进行规划。

2. 更多人倾向于给自身制订宏伟目标，而忽视小目标的重要所在，使得在前进道路上处处碰壁，从而灰心丧气，丧失斗志。

第四节 大学生求职行动指南

名家名言

纸上得来终觉浅，绝知此事要躬行。——［宋］陆游

天将降大任于斯人也，必先苦其心志，劳其筋骨，饿其体肤，空乏其身，行拂乱其所为，所以动心忍性，曾益其所不能。——［先秦］孟子

能够顺利就业是大学生一生事业成功的起点，同时也能为未来的发展奠定良好的基础，增强信心。国家关于大学生就业制度的改革，为广大毕业生寻求理想的工作提供了良好的条件。同时，大学的扩招与国家产业机构的调整又使大学生的求职竞争比以往任何时候都要激烈。因此，大学生想要从求职者中脱颖而出，关键是要提升笔试应对能力，并且能够把握面试中的应答原则，熟悉和掌握面试中应答的策略和技巧，从而更好地展示自己。为了在择业求职中少走弯路，抓住机遇，尽快找到合适的工作，为事业的成功创造一个良好的开端，大学生应做好充分求职准备，研究和掌握求职技巧，具体来说，要在以下几个方面下功夫。

一、做好求职准备

求职准备是面临毕业的大学生必做的功课，求职单位除了对大学生的责任心、沟通能力、实习经历、团队精神比较看重外，还对大学生的人际交往能力、信息收集能力、自我管理能力等有所要求，所以应届大学生应以此为方向，认真做好求职准备，广泛收集就业信息。

案例导读

“90 后”的苏丹姑娘把汉语讲到沙特阿拉伯

苏丹共和国多年来流传着这样一句话：学无止境，学问当孜孜以求，哪怕远在中国。自 1959 年中国和苏丹建交以来，越来越多的苏丹青年留学中国。“90 后”苏丹姑娘萨拉 2011 年大学毕业后，便在苏丹当地一家中国骨科医院从事翻译工作。在医院工作的两年，萨拉十分充实，也让她对中国文化十分向往，留学的种子悄然发芽。2014 年萨拉辞职前往中国西北师范大学留学，当时面临选择专业困惑的萨拉听从了家人的建议，果断选择了汉语教育专业。成长于苏丹的外国姑娘将汉语作为专业方向，可想而知，学起来并不容易。萨拉要从最基本的语音和声调学起，但是，慢慢地，她在学习中触摸到了绚烂的中国文化和深厚的中国历史，从而体会到了汉语的乐趣所在。

毕业后，萨拉在苏丹的孔子学院负责翻译和新生报到工作，同时兼任汉语教师。萨拉不仅教学生说标准的汉语，还培养他们对中国文化的浓厚兴趣，很多学生也如当年的她一样，选择前往中国深造。

关于未来，她还有许多设想，例如，把中国文学作品翻译成阿拉伯语，推动苏丹与中国的民间交流，等等。

解析 大学毕业生的求职也可以被看作一次自我的“推销”，不论是异国姑娘萨拉还是正处于大学阶段的我们，靡不有初，鲜克有终，梦想和坚持是我们做任何一件事取得成功的基础，也希望大学生在择业和就业时能够以为中华民族的伟大复兴为己任。

思考 作为一名大学生，如何结合自身专业为社会发展贡献个人力量？

（一）高校就业指导中心

高校就业指导中心是专门负责毕业生就业指导工作的常设机构，该中心常年与多家用人单位保持密切联系。很多有应届毕业生招聘计划的用人单位可能因路程原因、档期原因不能到现场举办招聘会或者校园宣讲会时，常常会将招聘简章或用人需求发给就业指导中心。所以，密切关注校内就业指导中心网站或公众号发布的信息内容，相比其他渠道来说更精准、可靠、广泛，且更具权威性。

（二）校园招聘

校园招聘是应届毕业生求职的最有效、最快速的一种方式。校内会举办招聘会，招聘单位会陆续分批进驻高校，对毕业生进行有针对性的招聘。在这一过程中，可能会有公司单独前往招聘或者多家招聘单位同时举办宣讲，无论是怎样的形式，对大学生来说都是一次有利的求职机会，既省去了交通成本，又可以保证用人单位的正规性。同时，校园招聘会一般不会局限于本校学生，所以大学生可以根据公告信息到邻近高校或者具有相似专业院校的招聘会进行简历投递，以增加就业机会。

（三）各级政府教育主管部门和就业工作机构

毕业生就业是教育部主抓的一项重要工作。教育部和省教育厅等各部门的主要职责之一就是制定辖区内的毕业生就业政策，为各大高校提供招聘信息，协助毕业生就业。这些部门定期收集招聘单位的用人需求信息，经整理后发布，为毕业生就业提供各种咨询与服务。对于有明确就业意向的毕业生来说，该渠道更加高效安全。

（四）学校教师和校友

很多招聘单位为了节省招聘成本、精准招聘，通常会采用内部人员推荐形式进行人员招聘。在学校工作、任教的教师，尤其专业教师及同专业校友，比一般人更了解本专业毕业生适合就业的方向和范围，他们与一些专业对口的招聘单位关系密切，通过他们的推荐到就业单位应聘，对毕业生成功就业有较大帮助。有关调查数据表明，通过人脉获取就业信息且成功求职的大学生的比例呈逐年上升趋势。

（五）社会实践和毕业实习

大学生到招聘单位参加社会实践和实习活动，不仅能够开阔视野，还能了解该招聘单位的企业文化、工作情况和工作要求，更重要的是还可以获取该单位的用人需求信息。毕业生应充分利用社会实践、顶岗实习的机会到各单位去锻炼，体现出自己的才华、能力、忠诚度与敬业精神，如果各方面表现非常突出，社会实践或者顶岗实习很可能为日后的择业竞争奠定良好的基础。

（六）各种新闻媒体、报纸、广播、电视、杂志等

新闻媒体是收集就业信息的传统渠道，每年到了大学生就业季，一些报纸、杂志、网络媒体都会刊登大学生的就业指导信息；一些招聘单位的简介、需求信息、招聘启事等都会在当地主要媒体登出；一些专门针对毕业生的就业期刊也会汇集就业政策、就业指导和就业需求等信息。这些信息的特点是便捷、范围广、速度快、信息量大、可信度强、选择机会多等，毕业生可以通过这些媒体，很容易地收集到大量就业信息。

（七）网络

网上求职已成为毕业生求职的主要方式，大部分招聘单位在进行招聘的同时也会在互联网上发布用人信息。毕业生可以通过可靠的招聘网站进行简历投递，可以在招聘单位的网站上进行简历投递。

二、甄别就业信息

（一）在筛选就业信息时应把握的原则

首先，抓住重点。将收集到的所有就业信息进行比较，并初步筛选，标注重点信息留作参考。

其次，适合自己。求职要根据个人情况而定，应选择适合自己的就业信息。注意就业信息的时效性，收集到有效的就业信息后，要时刻关注，以防错过报名。

最后，扩大范围。就业信息收集不能只局限于“热门”单位和地区，也可以尝试考虑周边地区，这样能够大大提升就业率。

（二）虚假就业信息基本特征

公交站牌、公共厕所、广场、路灯等一些公共场合粘贴的招聘小广告；招聘信息中出现薪酬高、轻松有底薪、无门槛，必须完成规定业务额等字眼；要求毕业生交纳数额不菲的工作保证金；不透露公司的名字或者名字像化名，公司的基本资料不完整，找不到地址等，都可能是虚假就业信息。

（三）就业“陷阱”的形式

甄别就业信息时，有下列就业陷阱需要注意。

第一，以招聘为名盗取重要信息：身份证号码、信用卡号、银行账号、照片等。第二，以招聘为名骗取钱财：以招聘方式收取报名费、抵押金、培训费、服装费等，钱骗到手就人去楼空。第三，以招聘为名获得廉价劳动力：通过高职、高薪等条件来诱骗劳动力，其实等同于小时工。第四，以试用期为名榨取劳动力：利用试用期与签约时间的时间差，来榨取劳动力。第五，以“霸王条款”克扣毕业生：招聘单位通过苛刻的条件来剥夺毕业生的既得利益。第六，以“培训”为名骗取培训费：以高薪就业、保证就业之类的机遇进行岗前培训，但培训结束仍然不能上岗工作，也不签订三方协议，或者安排的工作根本不适合大学生，逼迫其不得不违约。

（四）应对招聘骗术

应对招聘骗术，大学生应做到以下几点。

第一，应浏览信誉度高的专业人才网站寻找招聘信息，如各教育部门的官方网站等。第二，拒交各种名义的费用。凡是附加了报名费、考试费等条件的招聘信息，一定要高度警惕。第三，求职者在填写网络求职登记表时，不要轻易公开个人的重要信息，尽可能做一些必要的保留，特别是自己的家庭住址等最好不要填写，以电子邮箱和手机联系即可。第四，不轻易许诺马上去外地工作，不论招聘单位待遇多么好。只有掌握了这家单位的真实情况，证明其可信之后，才可以去工作。了解单位情况的方法有通过自己应聘单位所在城市的熟人了解，或通过工商部门、学校就业指导中心核实单位的真实性。第五，不要将重要证件做抵押，尤其是身份证、毕业证等。第六，多种途径了解公司背景，注意招聘单位的营业执照等相关证件。第七，签订《全国普通高等学校毕业生就业协议书》或者劳动合同时，一定要注明双方确定的福利、保险、食宿条件等是否能够履行，毕业生与用人企业签合同时要“三看”：一看企业在工商部门的登记及企业注册的有效期限，否则所签合同无效；二看合同文字是否准确、清楚、完整，不能用缩写、替代或模糊的方式表达；三看劳动合同是否有一些必备内容。第八，接到陌生单位打来的电话时，要详细了解对方的情况，如对方单位的名称、经营范围等，进行核实后再做决断。第九，发觉被骗要及时报案。

三、学习求职策略

（一）精心准备策略

求职就如同一场“战役”，必须做好充分准备，调整好自己的心态，精心修改和设计求职资料。著名科学家巴斯德说过：“机遇最偏爱有准备的头脑。”所以，要提前为求职精心准备，从而为之后的求职奠定良好基础。

（二）主动出击策略

求职关系到一个人的前途和未来，一定要以积极的心态面对。大学生要克服自卑、害怕的消极心理，用精心设计的简历大胆地“推销”自己，通过主动出击掌握求职主动权，加大求职成功概率。

（三）善抓机遇策略

当机会来临时，要牢牢把握住。古人云：机不可失，失不再来。有时候就业的机遇稍纵即逝，因此，当机遇来临时，只要看准了就要当断则断，决不能犹豫彷徨，要珍惜和抓住来之不易的就业机遇，决不能让它与自己失之交臂。

（四）信息先行策略

就业信息准确是求职成功的重要因素。大学毕业生要树立敏感意识，对求职信息一定要有敏锐的识别能力。从多个渠道收集、了解就业信息，并进行筛选，为择业求职做好信息方面的准备。

（五）以智取胜策略

求职必须讲究智慧和策略，决不能鲁莽行事。一是言语艺术，求职时语言要准确，对答要流畅，言简意赅。二是注意心理分析，在求职时不仅要表情自然，行为落落大方，充满自信心，注意力高度集中，还要关注和揣摩分析招聘者的心理，自己的回答和提问要讲究策略，充分展示出自己的才华，以引起聘用方的注意。三是要讲究文明礼貌，求职时不仅要衣着得体，显示个人的外在之美，还要用语文明，行为大方，彬彬有礼，面带笑容，让招聘者感受到你良好的教养和内在素质。

（六）务实为本策略

对自己的才能、实力评价过高，就会孤芳自赏，这样便无形之中人为地抬高了就业的门槛，从而使自己很难在现实社会中找到合适的就业位置。大学毕业生必须从自己的实际能力出发，理智选择职业，并且客观定位，不与他人盲目攀比。

四、掌握求职技巧

（一）掌握面试技巧

面试是求职过程中最重要的阶段。往往成败取决于短短的一瞬间。面试由组织者精心策划，在特定场合通过招聘者与应聘者双方面对面的接触，采用提问、应答的方式了解应聘者的综合素质情况及应聘动机等信息，以确定应聘者是否符合岗位人选。面试的具体内容包括应聘者的仪表风度、求职动机与工作期望、专业知识与特长、工作经验、工作态度、语言和文字表达能力、综合分析能力、反应能力、自我控制能力、人际交往能力、兴趣爱好等。

在接收到面试通知后，大学生应对应聘单位的企业文化提前了解，尤其要对自己应聘职位所需的专业技能做充分准备。如果有学长学姐、亲人朋友等在所应聘单位也可以向他们了解有关的信息和注意事项，还可以在校园论坛、公众号、贴吧等网站了解单位相关信息。

1. 带上一份详尽的简历

无论用人单位是否对自带简历有要求，都需要大学生在前往应聘单位面试时带上一份详尽的简历，内容需要尽量详细且言简意赅，如各类资格证书、所获奖励、发表过的文章等。如果有重要的实习或兼职经历，最好附带一张工作证明，有关单位的推荐信则更佳。

2. 重视第一印象的建立

保持仪表整洁大方。虽然外表不足以评判一个人，但据权威调查显示，外表给人形成的第一印象起着十分重要的作用。面试的前一晚前就应该准备好面试当天要穿的正装，女生要注意，不要佩戴过多的首饰，男生则要重点注意清理好头发，刮净胡须。另外，面试当天化一点淡妆会使人显得更精神、更自信。

3. 保持自信状态

谦虚是中国人的美德，但在面试时过分谦虚只会让你失去工作的机会。因此，要用自信的姿态最大限度地展示自己的才华和能力。面试前，自己应该至少先在脑子里演练一遍，也可以让同学和你进行模拟练习。面试过程中，要注意自己的姿态是否符合端正大方的要求，要注意保持微笑，保持和面试官的目光接触，谈吐自如。如果遇到有些面试官提故意刁难的问题，特别要注意不能慌乱，要保持镇定，略思考几秒后，再用条理清晰的言语回答。

（二）掌握笔试的技巧

笔试是一种相对初级的甄选方式，当面试人员较多时很多单位会将笔试作为面试之前的第一轮甄选。还有的公司则将笔试作为面试的一种辅助考察手段，主要侧重于考察那些在面试中考察不出来的素质，如书面表达能力、文字书写能力、快速浏览能力等。对于一些专业技术性很强的职位，笔试则可能是最重要的甄选方式。

1. 了解笔试内容

笔试一般包括以下几个方面。一是考察应聘者知识面，主要考察一些通用性的综合素养和担任某一职务所要求具备的业务知识。二是能力测试，主要测试毕业生的记忆力、分析观察能力、综合归纳能力、思维反应能力及对于新知识的学习能力。三是技能测验，主要考察受聘者处理技术问题的技能，检验其对知识的运用的程度。四是性格测试，主要是通过一些心理测验或一些开放式问题来考察求职者的人格特质。

2. 掌握笔试技巧

笔试分为技术性笔试和非技术性笔试两类。技术性笔试主要针对研发型岗位和技术型岗位的应聘，这类岗位对于应聘者考察的特点是相关专业性知识的掌握程度要求比较高，题目偏向于工作需要的专业技术性问题，要求专业技能能力强。所以，顺利通过技术性笔试和大学四年的努力密不可分，要成功应对这类考试，需要扎实的专业基础。

非技术性笔试是笔试中最常见的一种，对应试者专业背景的要求也相对宽松。非技术性笔试的考察内容广泛，包括英文阅读和写作能力、逻辑思维、数理分析、时事政治、生活常识、情景演绎、智商测试等。

主题活动

求职中的面试就像考试一样，平时的修养和知识积累非常重要。面试中虽然存在一定的偶然性，但应聘者在面试中的表现基本上能够呈现出其真实的水平及岗位匹配程度。因此，这次活动以模拟面试为主题，通过活动感受面试的情境，查找自身不足。

（一）活动设计

活动名称	活动目标	活动流程	活动要求
模拟面试	通过模拟面试活动，体验在众人面前表现的感觉，培养自信心，同时能及时发现自己的优缺点，不断改变，为将来参加就业面试积累经验，打下坚实基础	简单制作一份应聘小学语文教师岗位的简历，并进行一段简短的自我介绍；五人一组为面试官并对应试者提出相应的问题	十分钟时间制作一份简历，各自组成5人小组进行模拟面试，面试者可进行简短的自我介绍，形式不限，可结合个人才艺进行设计

（二）活动流程

1. 5 人为一组，挑选角色，扮演角色分为面试者和面试官。

2. 选择面试者的同学准备一张白纸，根据自身条件在十分钟内设计出一份应聘小学语文教师岗位的简历，附加一段简短的自我介绍。

3. 选择面试官的同学需要在白纸上写出 6 个提问面试者的问题，并和其他人进行讨论，最后筛选出 3 个问题进行提问。

4. 面试结束后，每位同学针对自己所扮演的角色进行总结，总结出优点和不足，并进行互评。

（三）活动分享

通过本次模拟面试活动，身临其境地感受到了面试时的紧张感，请分享一下自己在这一活动中的收获，以及在面试环节中有哪些注意事项，与大家交流分享。

（四）活动反思

通过这次模拟面试活动，体会面试时的紧张气氛。面试时，自信心是必不可少的，作为一名大学生，必须正确认识自我，客观、全面、综合地评价自己，深入了解自我，清楚自己的优劣势，尽量发挥自己的优势，避开自己的不足，这样才能提升就业成功的概率。

||| 反思与探究

1. 你是怎样理解生涯与生涯规划的含义的？

2. 展望未来，如何发展自己的就业力？

3. 生活和学习中哪些是决定未来工作方向的主要因素？

4. 大学生常见的择业困惑有哪些？你有择业困惑么？是如何调试的？

5. 身为当代大学生，入职前应做哪些准备，请结合自身情况简要描述。

||| 延伸阅读

1. 吴芝仪 . 我的生涯手册 [M]. 北京：经济日报出版社，2008.

2. 苏文平 . 赢在第四起跑线：大学生职业生涯规划 [M]. 北京：机械工业出版社，2011.

3. 贝恩 . 如何成为卓越的大学生 [M]. 孙晓芸，郑芳芳，译 . 北京：北京大学出版社，2015.

4. 秋叶，黄晓敏 . 不要等到毕业以后：升级版 [M]. 北京：中信出版集团，2020.

好好学习

1. 青年人要树立远大理想、担当时代重任，努力成为对社会有作用的人

实现第二个百年奋斗目标，实现中华民族伟大复兴，青年一代责任在肩。希望同学们树立远大理想、热爱伟大祖国、担当时代责任、勇于砥砺奋斗、练就过硬本领、锤炼品德修为，努力成为对社会有用的人、道德高尚的人，积极投身全面建设社会主义现代化国家的伟大事业。

——2021 年 3 月 22 日，习近平在福建考察时的讲话

2. 未来属于青年，要不负时代，不负韶华，不负党和人民的殷切期望

未来属于青年，希望寄予青年。一百年前，一群新青年高举马克思主义思想火炬，在风雨如晦的中国苦苦探寻民族复兴的前途。一百年来，在中国共产党的旗帜下，一代代中国青年把青春奋斗融入党和人民事业，成为实现中华民族伟大复兴的先锋力量。新时代的中国青年要以实现中华民族伟大复兴为己任，增强做中国人的志气、骨气、底气，不负时代，不负韶华，不负党和人民的殷切期望！

——2021 年 7 月 1 日，习近平在庆祝中国共产党成立 100 周年大会上的讲话

3. 青年兴则国家兴，青年强则国家强

青年兴则国家兴，青年强则国家强。青年一代有理想、有本领、有担当，国家就有前途，民族就有希望。中国梦是历史的、现实的，也是未来的；是我们这一代的，更是青年一代的。中华民族伟大复兴的中国梦终将在一代代青年的接力奋斗中变为现实。全党要关心和爱护青年，为他们实现人生出彩搭建舞台。广大青年要坚定理想信念，志存高远，脚踏实地，勇做时代的弄潮儿，在实现中国梦的生动实践中放飞青春梦想，在为人民利益的不懈奋斗中书写人生华章！

——2017 年 10 月 18 日，习近平在中国共产党第十九次全国代表大会上的报告

第十一章
面对挫折：大学生挫折心理及应对

章前导读

人的一生不会一帆风顺，总有跌宕起伏。大学生正处于励志奋斗、成长成才的关键阶段，在理想与现实的碰撞中，难免遭遇一些未知的挫折和困难。正确认知挫折、学会有效应对挫折，是大学生必修的人生功课。

本章将介绍大学生如何正确认知挫折、挫折对大学生的影响、如何积极应对挫折，引导大学生正确认知挫折的普遍必然性与两重性，使挫折成为大学生前进的助推器，而不是成功的绊脚石。

学习目录

知识目标：了解挫折的含义及挫折的二重性；厘清挫折对大学生的影响及影响挫折反应强度的因素；掌握增强挫折应对能力的策略及挫折自我调适的方法。

能力目标：用辩证思维认识挫折，发掘挫折传递的信息和价值，提升有效应对挫折的能力。

价值目标：树立正确的挫折观，增强积极心理品质，从中华文化和杰出人物中汲取直面挫折、超越挫折的智慧和力量，成为堪当民族复兴重任的时代新人。

第一节　挫折概述

名家名言

正路并不一定就是一条平平坦坦的直路，难免有些曲折和崎岖险阻，要绕一些弯，甚至难免会误入歧途。——［中国］朱光潜

我觉得坦途在前，人又何必因为一点小障碍而不走路呢？——［中国］鲁迅

拓展阅读

11-1 司马迁《报任安书》节选

近代启蒙思想家梁启超曾说："盖人生历程，大抵逆境居十六七，顺境亦居十三四。而顺逆两境，又常相间以迭乘。"从某种意义上讲，每个人的人生都是顺境和逆境相伴相随的历程，虽然挫折有大有小，但总之无可避免。正确认识挫折、坦然接纳挫折，是积极应对挫折的前提和基础。

一、挫折

（一）挫折的概念

对挫折的定义，通常从挫折情境和挫折心理两个层面来界定。例如，美国心理学家雷伯在《心理学词典》中指出，挫折是对于某一情境发生的阻断和干预，或是困难的境遇中引起的不良情绪反应；李海洲在《挫折教育论》中也提出了类似的观点，即挫折一方面指客观情境对主体动机的阻碍，另一方面指人们遭遇困难时，其动机或需要不能获得满足所引发的紧张反应和消极状态。在心理学领域，对挫折的解释更强调挫折的主观感受性，即将挫折定义为当个体在从事有目的的活动时，个人目标导向的活动受到阻碍或干扰、无法达到预期结果时产生的情绪反应。

（二）挫折的构成要素

1. 挫折情境

挫折情境即在人们有动机、有目的的活动过程中，妨碍个体实现预定目标，或阻碍

需求得以满足的因素。构成挫折情境的可能是自然环境因素，也可能是社会环境因素；可以是客观存在的，也可以是主观臆想出来的。例如，台风、暴雨、地震等自然灾害造成的财产损失或人员伤亡，竞技场上由于“詹森效应”而导致的比赛失利，人际关系冲突，求职被拒，恋爱受挫等，诸此种种都是客观存在的挫折情境；而如《儒林外史》中“小弟因多了几岁年纪，在他面前自惭形秽，所以不敢痴心想着相与他”，以及我国古代“杯弓蛇影”寓言故事所诠释的，就是一种主观范畴的挫折情境。

2. 挫折认知

挫折认知即个体对于挫折情境的认识、态度、评价与解释。挫折情境虽然会激发个体的挫折感知，但最终是否引起挫折反应，主要取决于个体对于挫折情境的认知。具体来说，即使挫折情境客观存在，但人在主观上并没有感知到，或者没有认识到可能带来的严重后果，就不会产生挫折感，或者不会产生强烈的挫折感。反之，即使挫折情境并非真实存在，但由于主体认知上的扭曲，同样会产生挫折感，甚至是强烈的挫折感。因此，挫折反应的程度主要取决于主体的挫折认知。

3. 挫折反应

挫折反应伴随挫折认知，是个体对需要和动机无法实现而产生的一种应激反应。当个体处于应激状态时，会产生一系列的心理反应，其中最直接的就是情绪反应。挫折的情绪反应包括焦虑、愤怒、沮丧、绝望、悲伤、自责和抑郁等，与这些情绪体验相生的还有机体的生理反应（如头痛、血压升高、胃肠液分泌减少等）和行为反应（如攻击、退行、逃避等）。

在构成挫折的三要素中，挫折认知是最为关键的，它是挫折情境与挫折反应之间的中介机制。挫折情境是否产生挫折反应，或者产生何种强度的挫折反应，从根本上取决于个体的挫折认知。由于个体挫折认知的差异，即使面对同样的挫折情境，不同的人挫折反应的程度也往往大为不同。

二、挫折的二重性

任何事物内部都存在两个互相对立又互相统一的部分，即矛盾的对立统一性。用辩证的思想方法认知挫折，既要看到挫折的消极影响，又要看到挫折的积极意义。

（一）挫折的消极影响

挫折是个体的需要和动机受到阻碍时产生的一种应激反应，从这个角度而言，挫折的消极性是其本身所固有的。在面对挫折时，人们通常产生痛苦、焦虑、失望、沮丧、恐惧、愤怒等各种情绪交杂的复杂心理体验，这是人脑对外界刺激的本能反应。

短暂或者并不强烈的应激对我们的身心健康不会产生影响，或者产生的影响不明显。但如果情感反应过度或持续时间过长，就会使人意志消沉、自我效能感降低、抑郁、出现消极和破坏性思维模式。生理学研究还表明，持续处于挫折情绪中，会改变人的神经系统、内分泌系统和免疫系统的功能，使人罹患心身疾病。

知识链接

耶克斯—多德森法则：压力要适度

耶克斯—多德森法说明适度压力对于健康和绩效是必要的，存在一个最佳的压力水平，但如果离开了这个最佳水平，无论是高出还是低于最佳水平，都会对绩效和健康产生危害。这是因为动力不足或压力过大会相应造成人体多巴胺、降肾上腺素分泌过少或过多，从而对大脑前额叶皮质造成影响，而前额叶皮质与更高层次的思考和执行能力有关。

（二）挫折的积极意义

自体心理学创始人科胡特提出，在自体结构的构建中，一个功能良好的心理结构的形成，来自众多挫折经验的内化。如果一个人在成长过程中经历了一些挫折过程，就会在心理上对面对未来的严酷现实有了必要的准备，会获得更多的心理资源，这对处理后续更复杂的事件大有帮助。相反，没有经历过任何考验的人，很可能会在挫折面前感到沮丧，因为他们没有学会处理困难的技能。

知识链接

桑代克迷笼实验：将错误经验作为成功的突破口

美国心理学家桑代克把饥饿的猫关入有着开门机关的迷笼里，笼子附近放着一条鲜鱼，碰到开门机关，笼门便会启开。猫最初在笼内表现出乱跳、碰撞箱壁等盲目、尝试性动作。通过反复多次实验，猫逐步减少了盲目、无效动作，最后一被放入箱内即能很快触动装置把门打开。桑代克认为，动物是通过反复尝试错误而获得经验的，有人将这种观点称为“尝试错误说”。这个实验同样说明，一个人成长的过程就是不断试错的过程，要敢于犯错、勇于面对，有时犯错可能是最好的学习机会。

对于挫折的积极意义还有诸多经典的论述。比如，王阳明所言“经一蹶者长一智，今日之失，未必不为后日之得”，著名科学家钱学森说“我们不要怕失败，总结经验教训再重来。经过挫折和失败，会使我们变得更能干，变得更加聪明”等，强调的就是挫折给人以启示和教益，通过反思可以使我们在行动时更加理智，减少盲动性，从弯路回到正路。

正如唯物辩证法指出的，世界上任何事物都是矛盾的统一体，挫折同样如此，是消极性与积极性对立统一的混合体。因此，大学生应对挫折抱有积极的态度，善于化消极为积极、变不利为有利，促使挫折向好的方向转化，激发坚忍的意志，最终取得更大的成功。

案例导读

屠呦呦：190 次失败之后的成功

2015 年，中国科学家、青蒿素发现者屠呦呦获得诺贝尔生理学或医学奖，这也是中国医学界迄今为止获得的最高奖项。20 世纪 60 年代初，全球疟疾疫情难以控制，我国于 1967 年启动全国联合研发抗疟新药项目。1969 年，39 岁的屠呦呦加入项目组，与团队一起研究了超过 2000 种中药，发现其中 640 种可能有抗疟效果，又从大约 200 种中药里获得了 380 种提取物。其中，一份青蒿提取物很好地抑制了寄生虫的生长。然而，这个发现并没有在之后的实验中重复出现，屠呦呦和她的团队的攻关一度陷入僵局，直至受古籍医书中“青蒿一握，以水二升渍，绞取汁，尽服之”启发，屠呦呦探索改用沸点较低的乙醚提取青蒿素。终于，在历经 190 次失败后，低沸点实验发现了抗疟效果 100% 的青蒿提取物，并在次年（1972 年）提炼出青蒿素。青蒿素投入使用以来，作为最有效、无并发症的疟疾联合用药，成为全球抗疟的重要武器，拯救了全世界无数人的生命。

解析 屠呦呦成功的背后，是她和团队为了使命执着于千百次的实验，也正是源于这份百折不挠的努力和坚守，才有了 190 次失败之后的成功，为人类渡过劫难做出了革命性的贡献。

思考 结合屠呦呦的成功历程，谈一谈你对“人们眼中的天才之所以卓越非凡，并非天资超人一等，而是付出了持续不断的努力”这句话有何感悟。

三、挫折源

（一）挫折源的概念

所谓挫折源，即对个体产生挫折体验的任何真实的或想象的情境、环境或事件，这些挫折的来源统称为“挫折源”。现代社会中，人们生活的环境变化迅速，处于社会大系统中的个体常常会面对各种困难和挑战。

（二）导致挫折的因素

1. 自然环境因素

自然环境因素即各种自然的或物理的非人为力量对人们达到目标而产生的干扰和阻碍。例如，水灾、地震、台风等自然灾害造成的财产损失和人员伤亡，意外事故或疾病造成的亲人离世，全球疫情大流行导致的经济危机等。自然环境因素造成的挫折大多带有非人为性、非故意性、个人能力无法克服等特点。

2. 社会环境因素

社会环境因素即人们在社会生活中所经受的政治、经济、宗教、种族、道德、法律及风俗习惯等的限制。例如，政治上的打击迫害、传统习俗的束缚、不公正的待遇、种族歧视、经济危机、人际关系冲突等。源于社会环境因素导致的挫折在数量上往往是主要的，来源也更为广泛和复杂。而且，由于社会因素造成的挫折往往具有人为性，更容易引起愤怒、仇恨和报复等情绪，对人的心理和行为的影响也更深远。

3. 个体因素

（1）生理因素。生理因素主要指由于个体的健康状况、真实或感知到的某些缺陷，对个人想要实现目标、欲望和需求所带来的限制。例如，有些先天生理缺陷在报考专业或从事职业中会受到限制；有的人对自己身材、容貌过分关注，缺乏自信或对社交场合恐惧等。

（2）心理因素。心理因素主要与个体需求、自我意识和人格特质等有关。例如，没有得到需要或渴望的东西会感到沮丧，需求越强烈的人挫折感越强。自我评价过高、自尊心强及具有敏感性人格特质的人更容易体验挫折感，用压力研究者佩尔蒂埃的话来说就是，“知觉到的自我与理想中的自我形象之间的分歧”。

（3）动机冲突。动机的矛盾状态也是引起挫折感的来源之一。在现实生活中，人们的需求和动机并不是唯一的，当两个或多个动机驱使个体行为朝着不兼容的目标前进时，就会出现这种情况。社会心理学家勒温区分了四种主要动机冲突类型。

①双趋冲突。在这种类型的冲突中，个体同时面临着两种有吸引力的选择，但只

能选择其中一种，这意味着不得不失去极具吸引力的另一种选择，此时就会出现内心的冲突。《孟子·告子上》中“鱼，我所欲也；熊掌，亦我所欲也，二者不可得兼”即属此类冲突。

②双避冲突。双避冲突是指涉及两种或两种以上目标都需要规避，但因条件受限，只能回避其中一种目标时所产生的冲突。《诗经》中“进退维谷”即属于双避冲突，在这种类型的冲突中，通常“两权相害取其轻”，尽量减少损失。

③趋避冲突。趋避冲突指同一目标对个体既有利也有弊，个体既想趋“利”又想避“弊”，两种动机难以在同一条件下实现所产生的冲突。比如，一个人对自己暗恋的对象既想表白又怕被拒绝，同时具有趋近和逃避的心理。在实现目标中，如果规避方面比趋近方面更强，主体就会因犹豫不决或最终选择放弃而感到沮丧，产生挫折感。

④多重趋避冲突。多重趋避冲突是指人们面对两个或两个以上的目标，而每个目标又分别具有利和弊两面性，无法简单地选择哪个目标，必须进行多重选择，由此带来的矛盾和冲突。生活中的许多重大决定都涉及多重趋避冲突，例如，大学毕业生想回到家乡考事业编，因为工作稳定，但又觉得薪资水平低、发展空间小，若走出去到一线城市就业，意味着发展机会多、薪资水平高，但不确定因素多、房价压力大，反复权衡无从选择，即属于多重趋避冲突。

以上不同方面的挫折源中，社会环境因素是造成深刻而持久挫折感的主要来源，也是对社会行为影响最主要的挫折来源。

（三）大学生常见挫折源

大学时期是人生发展的重要阶段，学习、交往、社团活动和社会实践等为大学生提供了立体式的成长通道，但同时也是人生压力相对集中的阶段。学业、人际交往、恋爱、就业、家庭等方面的因素是大学生最常见的挫折源。

1. 学业压力

对大学生而言，学习是首要任务，学业压力是大学生最为普遍的挫折源。调查显示，学习上的挫折是引起大学生焦虑的主要原因。可以自由选择生活方式是大学阶段与过往教育阶段的显著不同，因此，大学生自我管理和自主发展的能力就显得尤为重要。大学生在学习上遭遇挫折，有的是由于没能很好地适应学习模式转换，时间分配不合理或学习方法不当；有的是由于学习上自我期望高，尤其是名校大学生客观上面临所谓的“相对平庸化”问题；有的是由于对所学专业不感兴趣；有的是由于缺乏学习动力，自我控制能力差。无论何种原因造成的学业挫折，都会使大学生产生强烈的挫折感，出现紧张、焦虑、失眠、抑郁等症状，有的甚至出现自杀行为。

2. 人际关系紧张

人是社会性生物，社会性是人类的根本属性。在人际交往过程中，每个人都渴望融洽的人际关系和归属感，这是人与生俱来的、最基本的心理需求。大学校园是特殊的集体生活场域，每个大学生的家庭背景、性格特质、价值取向、行为方式等都有其独特性，人际交往过程中难免产生不顺，甚至出现比较明显的矛盾冲突。调查显示，人际关系适应不良已成为大学生心理问题的主要诱因，有的大学生由于性格比较孤僻，很难融入群体之中；有的由于对他人要求过于绝对化，无法接纳与自己为人处事标准不一致的状况；有的大学生心思过于敏感，过度解读和在意他人的话语和行为。调查还显示，寝室关系是大学生最受困扰的人际关系，有的大学生甚至因感觉被孤立，产生憎恨他人或打击报复的心理，需要引起重视。

3. 恋爱受挫

拓展阅读

11-2 苏格拉底与失恋者的对话

大学生处于生理和心理趋于成熟的阶段，对爱情的憧憬和追求不断加深，但大多数大学生属于初次恋爱，对异性的恋爱心理特点不太了解，对爱情的认识也带有局限性，加之每个人的家庭背景、性格、思维和行为方式不同，大学生恋爱道路上出现磕磕绊绊、分分合合是常有的事。恋爱挫折中，单相思、恋爱波动和失恋是大学生较为常见的情感挫折。其中，失恋是大学生最典型、最强烈的恋爱挫折。失恋的原因每个人不尽相同，但失恋带来的结果却大体相同，失恋方常常陷入孤独、痛苦、自卑、绝望等情绪中不能自拔，出现精神萎靡、食欲不振、无心向学等恋爱挫折综合征，影响正常的学习和生活，甚至出现抑郁、自残、自杀、报复等行为。

4. 就业压力

就业是大学生面临的现实问题。当今社会，大学生求职就业拥有了更多的自主权和选择机会，但同时也面临着更激烈的竞争挑战。调查显示，大学生就业压力虽然有就业竞争激烈、结构性矛盾突出等客观因素存在，但主要还是源于大学生的自身原因。例如，没有明确的求职方向和目标、缺乏社会需要的职业技能、求职过程中表现太被动、择业期望值过高等。看清楚问题的全貌，有助于大学生把握自己的主动权，以更积极的方式应对和解决就业中的问题。

5. 家庭因素

家庭是大学生成长环境中最为亲近的关系结构。马克思指出："家庭的实质是人与人之间社会关系在家庭的体现，它反映了家庭成员在共同生活中结成的一定的政治经济关系。"虽然大学生在思想和精神上开始相对独立，但家庭仍然是大学生重要的精神支柱和经济来源。研究显示，家庭面临的一些问题（如父母健康状况、家庭成员关系、家庭经济条件等）是影响大学生心理状态的重要因素，尤其是家庭突发变故（如家人罹患重病、离世等）往往给大学生造成极大的精神压力和难以承受的打击。

主题活动

每个生命体的成长都是充满不确定性的未知旅程，不会总是鲜花铺路，也不会总是荆棘塞途。因此，我们要坦然接纳挫折，勇敢迎接挑战，坚信生命就是在经历各种各样的磨砺中一次次蜕变的过程。

（一）活动设计

活动名称	活动目标	活动流程	活动要求
成长五部曲	通过体验成长过程中的挫折，增强耐挫能力，以积极的态度迎接挫折	通过猜拳，扮演从鸡蛋—小鸡—鸟—猴子—人的成长过程	同级猜拳，输者退化、赢者进化，认真体会自己在活动过程中的心理体验

（二）活动流程

1. 请全体参与者以“鸡蛋”的身份蹲在场地。

2. 成长顺序依次为鸡蛋—小鸡—鸟—猴子—人的五级进化。每级生物有自己的特定姿势。扮演鸡蛋时蹲下抱头；扮演小鸡时半蹲着左右舞动双手；扮演鸟时站着左右舞动双手；扮演猴子时单足站立、一只手在额前；扮演人时直立行走。活动过程中，参与者以身体姿势代表每级生物所处的阶段，不能用语言交流。

3. 开始时，参与者都处在“鸡蛋”的状态。然后，每两人一组，进行猜拳，赢家升为“小鸡”，输家继续在“鸡蛋”的状态。接着，赢了的参与者再两两一组进行猜拳，赢家升为“小鸟”，输家回到“鸡蛋”的状态，和同样处在“鸡蛋”状态的参与者猜拳，同级猜拳，输者退化、赢者进化，依此类推，直到连赢五次，经历从蛋—小鸡—小鸟—猴—人的“五部曲”，才算胜利。

4. 进化为人的参与者可以按先后顺序站到场地一边，观察活动的进行。

（三）活动分享

在从“鸡蛋”到“人”的成长中，大部分同学都经历了“成功”和“失败”频繁交替的过程，请大家分享活动中的心理感受是什么？活动带给了你哪些人生启示和思考？

（四）活动反思

1. 通过游戏，体悟到在成长道路上，没有人能一直顺利地“赢”下去，每个人都会遇到或大或小的挫折，人的一生就是在不断的挫折中寻求经验、最终完美蜕变的过程。

2. 遇到挫折一味抱怨命运不公，只会让你意志消沉。在逆境中选择希望并努力解决问题，生命的价值就会在一次次战胜挫折中体现，要相信，人生掌握在我们自己手中。

第二节 挫折的影响

名家名言

青年所多的是生力，遇见深林，可以辟成平地的，遇见旷野，可以栽种树木的，遇见沙漠，可以开掘井泉的。——［中国］鲁迅

一颗有生命力的种子，如果不落在肥土里，落在瓦砾堆里，它决不会悲观，决不会叹气。它相信有了阻力才有磨炼。只有这种草，才是坚韧的草。

——［中国］夏衍

大学生正处于青年初期，自我意识发展迅速、自我体验强烈且敏感、情感丰富而不稳定，在理想的“丰满”与现实的“骨感”成为矛盾的两极时，他们很容易产生心理挫折感，并对身心状态产生影响。

一、挫折对大学生的影响

挫折是人生不可避免的现象，无论是何种因素引起的挫折，都会使大学生在情绪、生理和行为上出现一系列的应激反应。只是由于挫折情境及个体的差异性，挫折反应的程度和性质有所不同。

（一）情绪反应

挫折作为个体需要和动机不能实现境况下的一种应激反应，无论引发来源是什么，都会给人带来不愉快的心理体验，往往是焦虑、恐惧、迷茫、痛苦、愤怒、沮丧、懊悔、自责等各种复杂情绪交织在一起。从心理学角度来说，这是人类对外界刺激的本能反应，绝大多数人会自我调整，逐步恢复到正常状态。并且，本质上情绪并无好坏之说，任何一种情绪都有其价值和意义所在。但如果情绪反应过于强烈和持久，超出了人的自我调节能力，就可能导致身心疾病。

以焦虑和愤怒这两种典型的挫折情绪为例。研究表明，人体在适度的压力下，对于激发个体潜能、提高反应速度是有积极作用的。但如果焦虑过度，或无具体原因时也会感到紧张不安，就会发展成为病理性焦虑，出现自主神经功能紊乱、疑病观念等。而愤怒是人类情绪系统中最原始的一种，人在遇到不公的挫折时会感到愤怒，这是人类进化中形成的一种生理本能，也是对自我权益的表达。但正如心理学家卡斯特所指出的，任何形式的愤怒都隐含着一种对环境和周围世界的攻击性，容易激发人的攻击行为，给他人也给自己带来不可低估的伤害。而实际上，愤怒情绪爆发前会给出一系列的信号（如心跳加速、呼吸加快等），如果我们能够学会在愤怒失控之前及时做出调整（如深呼吸、暂时离开等），就会避免破坏性行为的发生。

（二）生理反应

情绪状态和生理反应相伴随行，对人的健康产生影响，这是医学研究证实的事实。我国最早的医学典籍《黄帝内经》有“故悲哀愁忧则心动，心动则五脏六腑皆摇”的说法，说的就是情绪反应过度导致气机紊乱，引起脏腑的病变。美国学者哈雷德提出的“心身疾病”的概念，也强调了许多疾病都是身心失调的结果，躯体疾病源自高级心理活动。研究表明，个体在紧张和压力状态下，身体会做出应激反应。如果情绪过度或压力的生理、心理反应经常发生，可导致多种疾病，如头痛、高血压、心脏病、神经官能症、慢性胃炎、食欲减弱、睡眠异常等。研究还发现，抑郁、焦虑和压力大的人的大脑会产生一系列结构和化学变化，导致大脑功能和活力发生持久改变。

知识链接

一般适应综合征：避免反复压力导致肌体伤害

一般适应综合征是加拿大心理学家汉斯薛利在20世纪30年代定义的一类适应

性反应：一个有机体必须寻回他的平衡或稳定，从而维持或恢复其完整和安宁。一般适应综合征包括报警、抵抗和疲惫三个阶段。报警阶段在一个短暂的生理唤醒期中，躯体能够有效行动并做好准备。抵抗阶段机体可以忍耐并抵抗长时间的应激源带来的衰弱效应。在疲惫阶段，若应激源持续时间长或者持续强度大，机体则因资源消耗而进入疲惫期。内分泌学家塞利以白鼠为对象的研究发现，当白鼠反复经受压力时，生理上会发出肾上腺皮质扩大、白细胞数量显著减少、胃和结肠发生溃疡等系列适应性变化。

（三）行为反应

在弗洛伊德的范式中，当本我的需求与超我的需求发生冲突时，自我会采用防御机制保护自己免受不适的影响。这种防御机制是一种无意识的稳态机制，人们对外界刺激的行为反应就是大脑防御机制在行为模式上的外显。大学生面对挫折时常见的行为反应有以下三类。

1. 逃避性反应

退行是逃避性防御机制之一，是指个体在遭受挫折时，让自己退回到儿童状态，表现出与其年龄或身份不相称的幼稚行为。这是一种反成熟的倒退现象，因此也称为倒退或回归。我们常看到有的大学生在遇到挫折后，会像小孩子一样不能控制自己的情绪，号啕大哭、装病不起、通过博取他人的同情与照顾，来避免面对现实问题和痛苦。有的大学生在受到挫折后，不愿意承担责任，盲目执行他人指示，或把希望完全寄托在他人身上，这种状态意味着放弃自主性，也属于退行之列。短暂的退行状态对人的挫折心理能起到缓解作用，但如果常常退行，就是一种非健康的心理状态。

2. 攻击性反应

攻击也称为侵略和对抗，是一个人受挫后对客体产生的一种强烈的敌对反应。美国心理学家多拉德提出“挫折—攻击”假说，认为“挫折总会导致某种形式的攻击行为”，修正后的“挫折—攻击”理论指出并不是所有的挫折都导致攻击行为，挫折是否产生攻击行为往往依赖于受挫者对情境的理解及受挫者的个性特征。有些大学生在遭受挫折后，常常会引发愤怒情绪，为了将愤怒情绪发泄出去，便可能出现攻击性行为。攻击有直接攻击和转向攻击两种情况，直接攻击是指攻击行为直接指向引起挫折的人或物，多数以动作、表情、言语、文字等表达出来；转向攻击是指由于种种原因，不能直接攻击使自己受挫的对象，只好把愤怒情绪转嫁到其他不相关的人或物上（如毁物、对人乱发脾气、自残等）。有些大学生由于心理承受能力较弱、人格发育不完整，遇到挫折时容易出现此类极端行为。

3. 建设性反应

仿同是建设性防御机制之一。在精神分析理论中，仿同是指一个人面临压力和挫折时，无意识地模仿自己仰慕或者认同的人的某些方面特质，并作为自己行动的一部分加以表达。比如，大学生在自尊的发展中，往往把伟人、杰出人物、喜欢的公众人物或是身边认同的人作为自己的仿同对象，吸收他们的优点以增强自己的能力、安全感等。仿同既是儿童至青少年期人格发展的重要方法，同时也是一种防御机制。

案例导读

刘秀祥：奋斗的力量

刘秀祥，曾获得中国大学生自强之星、全国最美教师、全国五一劳动奖章、全国道德模范等多项荣誉称号。1988 年，刘秀祥出生在贵州望谟县一个贫困的小山村，父亲在他四岁时因病去世，母亲由于过度伤心患上精神疾病，年幼的刘秀祥与母亲相依为命。虽然生活极度困窘，刘秀祥还是以优异的成绩考入了县里最好的初中，之后又考上了县高中。为了照顾母亲，他一直带着母亲在县城求学，没钱租房，初中时他就在学校旁的山坡上用稻草和废弃木料搭个窝棚，高中时又找到一个老爷爷家的牲口圈，用编织袋将四周围起来便成了家。放学之后他会去捡废品、打零工，还要照顾母亲，每天只能睡三四个小时。高考前一周，他病倒了，以 6 分之差落榜。深深的绝望中，他看到了自己曾写在日记本上的一句话：当你抱怨你没有鞋穿的时候，回头一看，发现别人竟然没有脚。这句话促使他下决心复读，并最终如愿以偿考上了大学。2008 年，他“千里背母上大学”的事迹被《人民日报》及多家媒体报道，在社会上引起了强烈反响。但他谢绝了好心人的资助，依然一边照顾母亲、打着零工，一边兼顾学业。2012 年大学毕业后，他放弃优厚待遇，重返大山当了一名乡村教师。为了让更多孩子走进校园，教学之余他积极开展全国巡回励志演讲，演讲条件就是每讲一场必须资助两位孩子上学。如今，当年背母求学的刘秀祥已是望谟县实验高中的副校长，助力千名贫困学子圆了大学梦。

解析 “相信奋斗的力量”是刘秀祥每次演讲的结束语。那些被生活的苦难一次次打倒，又一次次奋起、不断改变境遇的人，是真正意义上的强者，而苦难和困厄也终将成为财富，帮助他们实现有价值的人生。

思考 对于刘秀祥的事迹，你有怎样的感悟？

二、影响挫折反应的因素

尽管每个人生活中都会遭受各种各样的挫折，但受个体差异的影响，即使面对相同的挫折情境，不同人的挫折反应也会大不一样。一般来说，影响大学生挫折反应的因素主要有以下四个方面。

（一）认知方式

认知方式是指个体在认知过程中所表现出来的习惯性思维模式，它对个体如何看待和应对人或事件起着决定性作用。20 世纪 50 年代，美国心理学家埃利斯提出了情绪和行为 ABC 模型。其中，“A”（activating event）指诱发事件，“B”（belief）指个体对诱发事件产生的认知和信念，“C”（consequence）指个体的情绪反应及行为结果。埃利斯认为，情绪和行为的产生不是源于诱发事件本身，而是基于人对诱发事件产生的认知和信念。同理，挫折情境是否引起人的情绪变化，不在于人或事件本身，而在于个体如何去评估和判断，不合理的认知导致不恰当的情绪和行为反应。以大学生求职为例，很多人都遭遇过求职被拒的情况，这是常有的事。但有些大学生由于存在不合理认知，会过度解读失败，使自信心受到严重打击，觉得人生希望渺茫，自己就是一个失败者。其实，以理性认知分析，求职不成功可能有多种因素，有些时候是由于个人能力素质达不到用人单位要求，有些时候也可能是与所应聘的岗位不适合。即便确实是能力素质问题，也可以帮助我们看清不足，找到改进的方向。因此，真正影响我们感受的是对事件的认知方式，如果不能够更新非理性信念，就容易引发不适当的挫折感。

知识链接

认知失真：不要让不合理认知左右个人意志

美国心理学家埃利斯认为事情发生的一切根源缘于我们的信念、评价与解释。我们的所有不开心、不高兴的情绪，都源于我们的不合理信念。常见的不合理认知有以下几种：①夸大（灾难化）或缩小事物的重要性；②不是简单地承认自己犯了一个特定的错误，而是为自己贴上标签；③过分承担责任，认为自己是某些外在消极事件的原因；④把一件负面事件作为永无休止的失败的证据，过分泛化；⑤看事物非黑即白，全或无思维；⑥不当心理过滤，只挑消极细节反复思考；⑦抹去积极体验，总保持一种与你的日常经验相矛盾的消极信念；⑧对没有明确事实支持的结论也做出消极解释和草率结论；⑨对所有事情都预期有一个糟糕的结果，将错误预测当成事实；⑩用自己的想法揣测他人，带着“读心术”去与人相处。

（二）心理韧性

心理韧性是一个人遭遇挫折和失败，仍能保持勇气和行动力的终极秘密。心理韧性研究先驱克劳夫将心理韧性强的人描述为“可以从容应对任何挑战和压力的人”。按照美国作家理查森的观点，每个个体都存在一个偏好的身心灵平衡区域，这一平衡状态时刻受到内外环境变化的影响。理论上，所有的身心灵平衡态的破坏都会形成塑造心理韧性的营养基，通过破坏和重建平衡的过程来增强心理韧性。但现实中，心理韧性差的人往往会被平衡的破坏击垮。我们看到有的大学生面对挫折和困难，往往具备强大的内在力量，能很快走出困扰，重整旗鼓；相反，有的大学生遇到一点挫折，就意志消沉、一蹶不振，甚至自暴自弃，这样的反差很大程度上与心理韧性有关。

（三）人格特质

人格特质是一种能使人在不同的时间与情境下，保持一种相对持久性、稳定性、一致性行为倾向的心理结构。心理学研究划分了压力易感型人格与压力耐受型人格，并且指出影响压力反应人格类型的基石是自尊水平。自尊即人们对自己的看法，自尊水平与个体内在资源的可得性直接相关。压力易感型人格的共同特征是低自尊，通常表现为自我价值感低、习惯消极和批判性地看待自己、容易受到他人的影响，当遇到挑战时会怀疑自己是否能够应对；压力耐受型人格的核心特征是高自尊，通常表现为对生活持乐观态度、积极地看待自己、自我负责、承担责任、乐于接受挑战等。心理学研究表明，虽然人格特质存在个体的先天差异，但积极人格特质是可以经过后天训练来培育的。基于ABC模型的认知行为疗法是治疗低自尊最有效的方法之一，其核心策略就是通过改变消极信念提高人的自尊。

（四）社会支持系统

社会支持系统是指个体从他人或社会网络中所获得的、可以帮助个体应对工作生活中的问题及危机的支持性资源。社会学家涂尔干研究发现，自杀行为的发生与人们的社会系统有着紧密的联系，当人与他人、家庭和群体的纽带较弱时，就会感到孤独，遭遇困境时更容易发生自杀行为。社会支持是缓冲应激事件对个体身心健康损害的重要因素，一个人所拥有的社会支持系统越强大，就能够越快地从痛苦中走出来，越好地应对各种来自环境的挑战。社会支持既包括客观实际的支持（如物质支持、信息支持、社会资本支持等），也包括主观体验到的支持（如精神支持、情感支持、建议指导等）。

无论何种社会支持都对个体的应激反应有着重要影响。同样的应激事件，缺乏社会支持的人产生的负面情绪的强度要远大于拥有良好社会支持的人。因此，拥有属于自己的社会支持系统非常重要。对大学生而言，家人、教师、同学、朋友是社会支持系统中重要的支撑力量。当挫折情绪无法排解时，要学会主动倾诉、寻求社会支持系统的帮助，以更好地缓解压力和痛苦，同时也可以得到解决问题的建议和帮助。

主题活动

认知方式对个体的应激反应具有决定性的影响。由于认知上的差异，即使面临同样的境遇，每个人的感受和行为方式也大不相同。因此，人们需要转变自己非理性的认知方式，而合理假设替代可以帮助我们更新不合理信念，构建理性的思维模式。

（一）活动设计

活动名称	活动目标	活动流程	活动要求
合理假设替代	转变不合理认知模式，形成理性思维	给出“合理假设替代表”，见表11-1，请参与者讨论辩驳，最后替代为新的合理假设	辩驳不合理假设，替代为合理假设

（二）活动流程

根据“合理假设替代表”（见表 11-1）进行讨论，表格的中间栏是填写好的不合理假设，请参与者讨论辩驳，在右边栏填写合理假设。

表 11-1　合理假设替代表

序号	不合理假设	合理假设
1	我必须被周围的人喜欢和认可，尤其是生活中重要的人	
2	一个人应当各方面都很优秀，这样才有价值	
3	我这次的表现很糟糕，我就是一个失败者	
4	别人发现了我的紧张，我的面子丢尽了	

续表

序号	不合理假设	合理假设
5	事情不如意是很可怕和很悲惨的事	
6	如果没有得到这个机会，我这辈子都会受到影响	
7	心情不好是外部环境造成的，我无法控制	
8	如果说出我有困难，别人会认为我是一个能力很差的人	
9	迎面碰到了却没和我打招呼，他为什么会这样对我	

（三）活动分享

请大家结合自己生活中经历过的挫折事件，探索原来的想法中是否有不合理信念，如果有可以如何替换为合理信念，分享重构合理信念后自己对事件的解读和感受有怎样的变化。

（四）活动反思

情绪困扰往往源于认知的不合理。我们要学会与自己的不合理信念进行辩驳，并替代为合理的信念。这种思维模式的转换不是一蹴而就的，需要经过反复探索和操练的过程，才能真正做到巩固和内化。

第三节 如何应对挫折

名家名言

我从来不知道什么是苦闷，失败了再来，前途是自己努力创造出来的。

——［中国］徐特立

如果人是乐观的，一切都有抵抗，一切都能抵抗，一切都会增强抵抗力。

——［中国］瞿秋白

心理学家弗兰克尔在《活出生命的意义》中指出，对于生活中发生的大多数事情我们都无法掌控，但是对于如何去应对这些事情我们却拥有着绝对的掌控权。对于大学生来说，成长道路上挫折不可避免，但如何更好地应对挫折才是真正的关键。

一、挫折应对的内涵

应对是应激研究领域的核心概念。心理学家拉扎勒斯将应对定义为一个人评估与环境交互作用可能会为自己带来负担或超出个人的资源时，他为管理交互作用中外部或内部需求而采取的认知和行为上的努力。这一管理过程包括对自我、境遇及所处环境的感知，情绪调整，以及伴随感知和情绪调整而发生的行为改变。从拉扎勒斯对应对的定义可以看出，这个定义没有对什么是好的或坏的应对做出先验的假设，仅是定义为一个人与环境交互作用时管理需求的努力，无论这些努力是否是成功的。

对挫折应对方式的分类有许多种不同的方法，一般分为以问题为中心的应对与以情绪为中心的应对两种类型。以问题为中心的应对是指将注意力集中在遇到的问题上，通过尝试为特定问题找到解决方案来减少或消除困难和阻碍；以情绪为中心的应对是指通过管理自己的情绪以减轻心理应激反应或心理痛苦，而不是直接对应激情境做出处理。心理学教授约瑟夫的研究表明，当遇到挫折时，以问题为中心和以情绪为中心的应对方式对人都是有益的。但相对而言，以问题为中心的人在扭转对他们具有挑战性的经历上有更好的表现。当然，这并不是说以情绪为中心的应对不重要，因为如果我们不处理好情绪，也很难清楚地思考和解决面临的问题。

二、挫折应对的策略

挫折不一定是消极的，它也可以成为我们“积极转变的催化剂和发动机”。当它成为我们的心理困扰、消耗我们的精力和能量时，挫折就会变成破坏性的。随着大学生面对挫折的心智越来越成熟，对挫折的应对策略也会更加成熟。

（一）重塑挫折认知

根据埃利斯理性情绪理论的观点，个体对事件的感受和反应受其自身认知方式的影响。换句话说，认知是所有情绪和行为的内在逻辑，挫折是否引起人的情绪变化，不在于挫折本身，而在于人对挫折的认知。可见，要改变挫折反应，最重要的是改变认知模式。大学生挫折认知较为典型的不合理信念通常表现为对挫折缺乏思想准备，过度理想化地认为挫折不应该发生，一旦遭受挫折就会感到难以接受；或是持有以偏概全的想法，面对失败的结果时，认为自己一无是处，产生自卑自弃心理；或是无限夸大挫折可能带来的影响和后果，完全屏蔽了挫折的积极意义。重塑我们对挫折的正确认知，可以帮助我们战胜消极思想，对所处的境遇及解决问题的方法有更好的理解。

1. 挫折无法接受和挫折普遍必然性

唯物辩证法的发展观指出，任何事物的发展都是前进性与曲折性的统一。尼采也曾说过，一切美好的事物都是曲折地接近自己的目标，一切笔直都是骗人的。这些都强调了经历曲折是事物发展的必然过程，它不会以人的意志为转移。有些大学生遇到困难和挫折，往往会陷入受害者思维，抱怨命运不公。而实际上，古往今来，无论是伟大事业还是成就伟大事业的人，每一项成功的背后往往历经坎坷，都是建立在逆境、挫折和失败之上的。承受失败而不气馁，从荆棘中开新路，这是一切成功者的必由之路。

2. 固定型思维和成长型思维

拓展阅读

11-3 如何获得成长型思维

心理学家德韦克指出，人们取得的成就与思维模式有关，并认为大部分人的思维模式可以分为两种：成长型思维与固定型思维。一个具有成长型思维的人和具有固定型思维的人在对待努力、挑战和失败时，表现出极大的差别。成长型思维的人乐于不断学习新事物、接受挑战，在遇到阻碍和挫折时仍能勇往直前，并把迎接挑战的过程视为拓展自己能力的机会；固定型思维的人则习惯以固定的方式处理事情，遇到障碍或挫折会体验到强烈的挫败感，看不到事情的积极面，并因害怕失败而逃避可能面临的挑战，从而限制自己的发展。现实生活中，遇到问题、困难或挫折是不可避免的，我们应将每次挫折视为自我反思和调整的机会，把精力调整到可行的道路上，一定能够找到解决问题的办法。因此，我们要以成长型思维面对出现的问题，不断发展自己的能力。

（二）增强心理韧性

心理学研究表明，更具韧性的心理源于持久的积极情绪，如果人们习惯于保持积极情绪，当面对新的刺激物时，可以帮助人们做更长远的准备，而乐观主义被视为积极心理韧性的最基础技能。

对于乐观主义，积极心理学创始人塞利格曼的解释是，“乐观是一种认知能力，是认清情况真相，并努力改变事情以有利于自己的技能”。塞利格曼指出，悲观心态的人和乐观心态的人在面对挫折的思维模式上存在着本质的不同。悲观的人在遇到厄运时，相信坏事会持续很久，会毁掉他的一切；乐观的人则会认为失败是暂时的，并会把它看成一种挑战，更努力地去克服它。对此，他曾有生动地描绘：乐观者的心胸是开阔的，白天能照进阳光，夜晚能仰望星空；而悲观者则相反，哪怕只是一块窗帘挡住了光明，他们也会认为世界一片漆黑。可见，对问题持有乐观积极的看法，对于我们面对挫折时保持良好心态，适时自我调节，从而战胜逆境是至关重要的。

（三）提升应对能力

人们需要增强应对逆境的能力。对此，心理学家史托兹开创性地提出了“逆商”这一概念，用来作为反映人们面对挫折、摆脱困境的能力指标，并认为这是一个人成功的关键性决定因素。按照史托兹的说法，逆商不是让你刻意摆出一副乐观的假象，而是重新构建一种对逆境的反应模式，它有以下四个核心维度。

1. 掌控感

掌控感即个体在身处逆境时，对局面和自己的反应有多大的掌控能力。高逆商的人即便身处最糟糕的境地，仍能看到积极的方面，始终掌控自己、冷静应对；低逆商的人往往会滋生恐惧，失去对局面的掌控。

2. 担当力

担当力即个体会在多大程度上去从建设性角度承担起责任，努力改善局面。高逆商的人会主动承担责任，积极采取措施改善局面，无论其起因如何；低逆商的人，常常会推卸责任，选择放弃或退出。

3. 影响度

影响度即个体会让逆境在多大程度影响生活的其他方面。高逆商的人能够将问题的影响范围控制在当前事件上，不让它干扰到生活；而低逆商的人会放大对逆境的感知，采取悲观的态度，并影响到生活的其他方面。

4. 持续性

持续性即个体对于逆境将持续多长时间的认识。高逆商的人即使在恶劣情况下，也会看到事情总会有转机，逆境终将过去；低逆商的人则认为困境将一直存在下去，并对自己产生持久的负面影响。上述逆商的四个维度是逆商的具体表现，也是评估逆商高低的标准。

史托兹还提出逆商是可以利用LEAD工具，通过有意识地训练习得的。L（listen）——倾听自己的逆商反应。通过倾听，觉察自己在面对逆境时的反应模式，将专注点转移到逆商反应上来。E（explore）——探究哪些情况是能够改进的。创造出一种指向行动的内在动力，并做出具体的、基于现实的改进，积极影响事件，强化掌控感。A（analyze）——分析事实依据。分析事情的真实情况和影响是什么，基于事实证据而不是自己的想象，能够使我们重新聚焦问题，获得正确答案，释放更高的反应能力。D（do）——采取行动。列出与每个维度相关的具体行动清单，选出需要率先实施的行动，使自己的行为更加精确和具体。当我们意识到自己应对逆境的反应模式，并能够日渐熟练地利用 LEAD 工具来引导自己提升逆商时，会对我们构建起新的思维和行为模式带来诸多益处，从而更好地应对逆境对我们的影响。

案例导读

叶培建：责任比命大

以嫦娥工程为代表的月球探测工作，是我国迈出航天深空探测的第一步。人民科学家叶培建是嫦娥系列各型号总指挥、总设计师顾问。2000 年 9 月 1 日，中国"十年磨一剑"的"资源二号 01 星"在太原卫星发射中心发射升空，这颗卫星是叶培建担任总设计师的第一颗卫星。但这次任务，让他经历了航天生涯中最大的挫折。

看到卫星升空后顺利围绕地球飞行，叶培建便带领骨干队伍从基地乘车前往太原，准备飞赴西安开展后续控制工作。但此时却传回了问题讯息：卫星进入第二圈突然失去姿态。叶培建回忆时讲道："接到电话心里一下就凉了。我当时就想，如果车掉下去了，把我摔死了，我还是烈士。将来失败了，我怎么向党和人民交代？"但他很快冷静下来，开始思考对策。问题很快查明，是地面发出的一条不当指令，导致卫星姿态发生了变化。叶培建想到，如果再发一条补救的指令，应该可以把卫星抢救回来。按照他制订的抢救方案，当卫星第二天早上从东方再次飞抵我国国境上空时，技术人员发送的一串指令被卫星成功接收，经历惊心动魄的"抢救"，资源二号 01 星"起死回生"，成功在轨运行并超期服役两年多时间。

解析 责任高于一切，包括生命。面临突发状况，叶培建迅速冷静下来，及时调整补救策略，体现了科学家超强的掌控力和担当力。

思考 结合实际谈一谈你如何在面对突发状况时，体现责任心、使命感与担当精神？又该如何把负责的事情做到极致，以免小失误酿成大问题？

三、挫折的自我调适

学会运用一些自我调适的方法，化解因挫折而产生的不良情绪，增强挫折承受力，是十分必要的。以下介绍三种已证明有助于挫折的自我调适且简单有效的方法。

（一）运动调节

神经科学研究表明，运动是为数不多的自然疗法之一，坚持每天运动会增加前额叶皮层的体积，而前额叶皮层是大脑中与情绪调节相关的区域。体育运动可以刺激大脑中内啡肽的分泌，这些化学物质会在短期内产生快感，使人身心愉悦、缓解忧虑，还能改善失眠，提高免疫力。临床实验也证明，对于中轻度的抑郁症、焦虑症，坚持有规律的运动与服药一样有效。所以，在陷入不良情绪时，不妨在身体上动起来，如徒步、打球、慢跑、游泳、做原地蹲起等，通过体力运动来释放挫折情绪和压力。

（二）亲近自然

亲近自然同样是随时随处可运用的自我调适方法。作家卢夫在《森林里的最后一个孩子》中以“自然缺失症”一词描述了人们与自然世界距离越来越远从而健康状况受损的现象。自然缺失症虽然不是医学范畴内的概念，但国外有研究发现，在大自然区域行走 90 分钟的人，相比于在城市繁忙交通环境中行走的人，与抑郁症关键因素相关的大脑区域活动明显减少，情绪得到明显改善。这一心绪转变的过程，正是亲近自然、融入自然、释放内心烦扰的结果。因此，在感觉困在压力与忧思之中时，不妨到大自然中走走，当我们沉浸自然之中，达到一种“物我同一”的状态时，会帮助我们从困难情绪中“移情”出来，重新回归内心的宁静与和谐。

（三）冥想

冥想是一种让大脑从感觉超载中解脱出来的放松办法。从技术上讲，它是将注意力回到当下，从关注外部转向觉察内部，以产生大脑平衡状态的过程。一般来讲，在进入冥想时，最好是空腹状态下，找一个安静的不被打扰的环境，舒适地坐下（而不是躺下），闭上眼睛，缓慢而深长的呼吸，排除杂念，将注意力关注于呼吸本身（可以把注意力集中在最能感受呼吸的部位，如鼻腔、胸腔或腹部）。每天持续练习冥想 20～30 分钟是非常有益的，可以帮助我们深度放松下来。但其实我们也可以在生活中随时随处运用它，即使只是在 3～5 分钟内沉静下来，专注于呼吸也是一个很好的练习。随着冥想层次的不同，我们可以体验到不同程度的缓解心理焦虑与紧张的放松状态。研究表明，长期坚持冥想对人们的心身健康大有裨益，可以提升人们的注意力、感悟力、记忆力，减缓压力，与人交往时更有耐心和同理心；还能改善大脑灰质的厚度，一些与压力有关的身体症状，如失眠、高血压、心脏病、疼痛等状况也都会得到缓解。

用于挫折的自我调适方法还有很多，如正念、自我关怀、放松训练等，我们可以根据自己的实际情况，选择最适合自己的，也可以同时运用不同的方法。但是，当我们发现依靠自我调适无法摆脱挫折心理，以至影响到正常学习和生活时，就需要寻求专业心理服务的帮助。现在各高校都成立了大学生心理咨询中心，有些高校还开通了24小时心理援助热线，社会上也有许多专门的心理咨询机构。借助专业心理咨询技术，可以帮助我们调动自己的内在资源，更有效地走出困难情绪。

知识链接

自我关怀：学会爱自己

自我关怀是一种自爱的态度，又被称为自我同情、自我怜悯，是美国心理学家内夫在积极心理学的背景下提出的关于自我的概念，指个体即便遭受挫折和不幸，也不去批判自己或回避痛苦，而是保持宽容的态度，将其看作人类共有的、普遍的体验，对自己的一切进行无条件的接纳。想让自己的人生变好，需要先学会自我关怀，自我关怀有3个核心组成部分：一是自我宽慰，要选择理解自己的错误，像安慰失意的朋友一样安慰自己；二是正确认识苦痛是人的共同经历，不是只有自己才会经历；三是不压抑也不扩大负面情绪，用一种平衡的方式去对待负面情绪。

主题活动

人生向上的路总是伴随着不确定性，难免会经历意想不到的逆境和挑战。我们要学会坦然接纳发生的一切，以积极心态迎接生活的考验。对于未来的自己，如果遇到阻碍或挫折，你会有怎样的寄语要与他（她）分享呢？

（一）活动设计

活动名称	活动目标	活动流程	活动要求
给未来自己的一封信	学会坦然接受生活中的挫折，增强应对挫折的能力	给未来的自己写一封信	信中写出对未来自己的期望，以及遇到挫折和挑战时，应该如何应对它们

（二）活动流程

1. 主持人发给每位活动参与者一张精美的信纸。

2. 写一封信给未来的自己。信中写出对未来自己的期望，对未来可能遇到的挫折和挑战的预想，以及遇到挫折和挑战时希望如何积极地应对它们。

3. 请参与者自愿分享写给自己的信的内容。

（三）活动分享

请参与者自愿分享写给自己的信的内容，通过与未来的自己对话，从而对未来的人生之路有新的思考，同时在分享中可以相互启示。

（四）活动反思

通过文字的形式，与未来的自己进行对话，明确对自己的期望、对可能遇到挫折的预想，以及自己面对挫折时如何做出正确反应，有利于修炼心理承受力，为日后积极应对挫折做准备。

||| 反思与探究

1. 回想一件你经历的记忆深刻的挫折事件，思考它对你产生了哪些影响？如果用理性思维模式来重新解读，你的发现是什么？

2. 在面对挫折时，你经常产生的防御反应是什么？是否有更富有建设性的机制可以运用？

3. 面对逆境时你的反应模式是怎样的？你会如何训练提升自己的逆商？

4. 现实生活中，你会运用哪些策略作为缓解压力或情绪困扰的有益方案？

||| 延伸阅读

1. 内夫 . 自我关怀的力量 [M]. 刘聪慧，译. 北京：中信出版集团，2017.

2. 亨施 . 心理韧性的力量 [M]. 李进林，译. 北京：北京联合出版公司，2017.

3. 洪琳 . 做自己的心理调节师 [M]. 北京：中国纺织出版社，2019.

4. 史托兹 . 逆商 2：在职场逆境中向上而生 [M]. 苑东明，译. 北京：中国人民大学出版社，2020.

5. 西华德 . 压力管理策略：健康和幸福之道：第五版 [M]. 许燕，等译. 北京：中国轻工业出版社，2008.

||| 好好学习

1. 青年时期多经历一点摔打、挫折、考验，有利于走好一生的路

无数人生成功的事实表明，青年时代，选择吃苦也就选择了收获，选择奉献也就选择了高尚。青年时期多经历一点摔打、挫折、考验，有利于走好一生的路。要历练宠辱不惊的心理素质，坚定百折不挠的进取意志，保持乐观向上的精神状态，变挫折为动力，用从挫折中吸取的教训启迪人生，使人生获得升华和超越。

——2013 年 5 月 4 日，习近平同各界优秀青年代表座谈时的讲话

2. 成功的背后，永远是艰辛努力

“天下难事，必作于易；天下大事，必作于细。”成功的背后，永远是艰辛努力。青年要把艰苦环境作为磨炼自己的机遇，把小事当作大事干，一步一个脚印往前走。滴水可以穿石。只要坚韧不拔、百折不挠，成功就一定在前方等你。

——2014 年 5 月 4 日，习近平在北京大学师生座谈会上的讲话

3. 心中有阳光，脚下有力量

青年的人生之路很长，前进途中，有平川也有高山，有缓流也有险滩，有丽日也有风雨，有喜悦也有哀伤。心中有阳光，脚下有力量，为了理想能坚持、不懈怠，才能创造无愧于时代的人生。

——2016 年 4 月 26 日，习近平在知识分子、劳动模范、青年代表座谈会上的讲话

第十二章
心理调适：大学生常见异常心理

章前导读

随着物质条件的丰富，越来越多的人开始注重自己的心理健康，渴望了解与心理健康相关的知识，对自己的内心变化充满了好奇。同时，人们也越来越认识到，不只身体要健康，心理也要健康，身体和心理有着密不可分的联系。

本章将介绍大学生常见的异常心理，了解异常心理的概念、判断正常与异常心理活动的原则、异常心理判断标准，以及影响大学生心理健康的因素，帮助大学生更好地理解心理健康、更好地了解自己，从而有效地进行心理健康管理。

学习目标

知识目标：了解异常心理的概念及其表现；认识常见的男女大学生心理困惑及异常心理问题；积极采取包括心理咨询在内的各种有效措施预防心理疾病，提升异常心理的应对能力。

能力目标：了解自己的心理状况，把握心理健康的标准，保障心理健康，避免异常心理的产生，以及做好异常心理的调适。

价值目标：正确认识、平和对待异常心理，形成完善的人格，发展积极向上的人生观、价值观和社会观，体现一个当代大学生应有的核心竞争力。

第一节 异常心理

名家名言

咬定青山不放松，立根原在破岩中。千磨万击还坚劲，任尔东西南北风。

——［清］郑燮

天下就没有偶然，那不过是化了妆的、戴了面具的必然。——［中国］钱锺书

你站在桥上看风景，看风景的人在楼上看你。我们常常觉得他人过得比自己好，却不知道自己在不经意间也是他人的风景。实际上，快乐的钥匙掌握在自己手中，有时候，换个角度生活，我们就能把握生活中的点滴美好，拥有幸福快乐的人生。

案例导读

危险还是机遇?

张同学，女，身材高挑，清纯美丽；家庭经济条件较好，自我感觉良好；经常向老师报告自己的现金、零食、衣服被盗，并明确是寝室一贫困生所为，与寝室同学关系紧张；爱慕同班男生，但表白遭拒。由于与寝室室友关系紧张，负面情绪不能正常释放，出现心理异常，并休学治疗。

解析 该同学属于人际交往障碍引发的异常心理，人际交往障碍可能出现的表现是自我意识强、自恋、无法包容他人；猜疑心重，无法信任他人。大学生正处于生理发育的基本成熟和部分心理发展相对滞后的特殊时期，世界观、人生观、价值观尚未完全形成，心理状态还不稳定，容易受到外界的各种影响而产生异常心理。

思考 什么是异常心理？都有哪些表现？大学生心理危机的产生机制是什么？

一、异常心理概述

（一）异常心理的概念

心理是感知、思维、性情、意志、思想、意识观念等心理现象的总称，而心理异常则是相对心理健康而言的，它的产生包括脑器官病变与环境变化，人脑有病变，致使因人脑活动面产生的心理活动变得异常。环境变化时，因为环境中随时发生的变动都是一种刺激，这种刺激通过人们固有的感觉器官，如眼、耳、鼻、舌、身（皮肤、肌肉、骨骼等）而反射入脑，就构成了人们心理活动的内容。人们的心理活动随着外界环境的变化而变化，这种变化是正常的心理活动，但是如果外界环境的变化过于强烈，或人们在变化中，心理活动的某些环节发生了适应不良或其他的病变，就可能使人们的心理活动变得异乎寻常，也就是发生了异常心理。由此可知，心理异常者与同年龄段的多数人的心理发展水平无法保持相同，无法协调自身知、情、意的关系，无法使得内心世界与客观世界达成协同和一致性，无法适应自身与周围环境的平衡，无法愉快地生活、高效地工作、体验较高的生命质量。

（二）异常心理的特性

1. 异常心理具有动态发展性

虽然异常心理与健康状态相对，但是它是在不断变化中的，且不在心理调节的正常范围，无法合理进行控制。异常心理并不等同于心理疾病，它是一种亚于心理健康范畴，却优于心理疾病的消极不良的心理状态。它可能是偶然或者间断发生的，或者仅在某一个时间段内发生，是很容易被治愈的一种心理状态。

2. 异常心理与生理健康存在关联性

异常心理与生理健康是一个整体。异常心理会影响人的身体状况，产生消极、低迷的情绪状态，不利于人的健康。异常心理的判定要从多角度进行分析，不能仅仅从表面来看，还要综合考虑对方的年龄、性别等因素。

3. 异常心理具有两面性

异常心理的产生需应对个体需求和外界社会需求的相对性，无法为了削减异常心理就一味使个体需求获得满足，而忽略了社会需求满足的重要性。因此，从异常心理的两面性来看，要想消除异常心理，需要综合考虑个体与外界的关系，一方面考虑个体的需求满足，另一方面也要符合社会的要求。

（三）判断异常心理的原则

异常心理是一种现象，但并不是持续的、不可改变的心理顽疾，可以通过异常心理的产生机制来找到突破的办法，使个体基本需求得到满足，从而更好地适应外界环境和人际关系的变化，遵循社会规范，体现出良好的社会人格。我们要了解异常心理的产生，首先需要厘清正常心理与异常心理，找到判断正常心理与异常心理的原则。综合来讲，我们可以从三个方面来对异常心理进行判定。

1. 心理活动是否能够与客观环境保持一致和统一性

心理是客观现实的映射，如果心理能够接受客观现实的存在，能够适应客观现实的无常变化，能够调节心理期许与客观现实之间的落差，那么心理健康则会维持在一个基本的水平上，异常心理就很难存在。但是，如果不存在这个能力，那么很容易因为个人的所见所闻而产生不良刺激，导致一个人的情绪一时接受不了大的改变和落差导致消极心理，或是一时无法理解客观现实而产生迷惑心理，抑或是对自我和客观条件的判断不够准确而产生了错误的认知形成妄想妄念等。只要人的心理活动和自主行为无法与客观环境保持一致和统一，必然就容易与正常心理产生偏差，落入异常心理的活动范围中。

2. 心理活动是否具备内在一致性

个体的认知、情绪、意志、行为、习惯等是一个完整协调且具备关联性的心理活动统一体，各个行为主体之间具备一定的协调性和协调关系，这种协调性和协调关系是为了保障个体在客观世界的反应过程中能够高度准确并且精准有效。例如，当遇到了一件令人快乐的事，或是见到了一个令人欢喜的人时，会用愉快的表情或语言去诉说这件事情，并表达出开心的情绪。但是如果做出低沉或痛苦的反应，那么则是说明这个人的心理活动过程失去了协调，个体在客观世界的反应过程中不能保持协调性和协调关系，则称为异常心理状态。

3. 个体人格是否具有相对稳定性

每一个独立的个体都在长期的生活经历过程中获得不同的见识、认知、习惯，形成独特的个性心理特征，但是这种特质一旦形成，就具备相对稳定性，在正常情况下（没有重大外界变化的情况下），其自身的个性心理特征是不会轻易改变的。但是，倘若这一心理特征在没有明显外界变化的情况下发生了改变，那么就要怀疑个体是否产生了异常心理。例如，一个开朗的人突然变得厌食，或是一个勤俭的人突然挥金如土，抑或是一个理智冷静的人忽然变得情绪暴躁等，都要作为异常心理存在的判定而进行深入分析，从而确定其精神和心理状态是否正常。

二、异常心理的产生

从静态的角度分析，心理健康是一种心理积极、正常的状态；从动态和发展角度分析，心理健康是在一定的状态下不断波动的心理过程，有一个范围可循。因此，我们认为心理健康是在个体与外界环境相互作用过程中产生的一种心理的动态平衡状态，如果这个动态平衡的心理健康状态被打破，异常心理就容易发生，且是偶然的、随时的发生。这个动态平衡的临界状态，是心理健康的范畴，而超过了这个动态平衡的临界状态，则容易产生异常心理。

（一）发展性心理健康问题

发展性心理健康问题主要是在个体受到了较大的刺激，事情一时超出了个体能力界限，或是突然意识到自身的最大潜能无法企及目标，无法满足自身所需时产生的落差感。虽然这一类问题会引起异常心理的种种表现，但由于其时间的偶然性和发展的未泛化，因此个体的反应并不是很剧烈，也未严重影响个体思维逻辑的情况。

（二）心理障碍

心理障碍即个体在行为、认知、情绪、人格等方面都存在严重的缺陷，导致行为主体无法正常地与外界接触，无法合理地与他人沟通、处理生活或人际关系，无法对自己进行自我管控，处理生活和学习中产生的问题和麻烦，总是会产生这样或那样的障碍，不能很好地适应环境的变化。有些情况下，行为主体对自己的心理障碍有清晰的认知，并且想要努力克服；而另一些情况下，行为主体对自己的心理并没有鲜明的认识，但是会因为行为产生的原因而苦恼，长此以往会给行为主体产生更大的影响，降低他们克服问题的积极性，从而加重心理障碍。心理障碍问题常见的主要有神经症性障碍、情感障碍和人格障碍，存在于个别大学生身上。心理障碍严重的大学生甚至还会产生自暴自弃、报复他人等一些具有严重社会危害性的想法，给校园思政建设和安全管理带来巨大挑战。

（三）心理疾病

心理疾病也就是行为主体的大脑激素或是整个心理反应系统都出现了病变，无法控制自己的情绪和行为，无法正常地跟外界进行沟通和交流，产生一些异于常人的行为和思想。例如，轻生、暴躁、抑郁、自残，或是报复社会、报复他人、伤害他人等行为现象。其根源主要有两个方面，一个是心理问题没有得到及时的处理而升级转化成了心理疾病，另一个是身体疾病或神经受创导致的精神障碍。在大学生群体中，心理疾病的问题只占极少数，这一心理状态单凭心理辅导是无法达到治疗效果的，还需要结合医疗药物进行矫治转化治疗。

由此可见，大学生异常心理主要是指大学生在成长和发展中出现的发展性心理健康问题，并非心理障碍和心理疾病。

三、大学生异常心理判断标准

大学生异常心理判断标准包括智力、情绪、意志、人格、自我评价、人际关系、适应能力和心理行为等方面。

（一）智力

智力是一种基础能力的综合体现，涵盖了行为主体的观察力、记忆力、注意力、想象力、思考力、判断力、操作能力等，是进行学习生活的基本条件，是最重要的判定标准。但是，大学生之间存在个体差异，因此要在某一智力能力水平范围内进行判定。例如，有些大学生记忆力好，观察力欠缺；有些大学生想象力丰富，判断能力较差。智力只要维持在正常水平，就属于心理健康的范畴。智力上处于超常状态的大学生比正常状态的大学生，更容易适应学习生活的变化。

（二）情绪

情绪是个体一系列主观体验的统称，是客观事物与个体相互作用产生的一种心理过程，是由于复杂的感觉和行为而产生的心理表现，无论是正面情绪还是负面情绪，都会引发个体行为。大学生情绪健康与否，可以从他们能否用正确的情绪对待客观事物，能否保持积极向上的心态等方面来评价。虽然遇到消极事件时会有负面情绪，但是这种负面情绪应该是适度的。大学生情绪健康的内容包括对自己情绪的调控能力，必须善于接纳自己的各种情绪，并且能够在适当的场合进行合理调控。所谓合理调控，也就是不过度宣泄，也不过分压抑，通过积极的表达方式讲出自己内心的情感，学会与他人沟通和纾解。而自己也可以将某种情绪寄托于外物，总之不能使自身受到压抑。调控的效果应能够让自己的情绪表达符合社会人际的要求，也能满足自身所需，并感到适宜。

（三）意志

意志有别于情绪，它更加偏重于生活、行为的目标性。大学生要有意识地确立目标，并通过行动来达成目标，在达成目标的过程中有勇气、信心、信念、方法来克服困难和挫折，实现理想的效果和预定目的。这是一个完整的心理过程，不强调一时的状态，而是强调在这个过程中的行为支配。具备健全意志的大学生，能够合理安排学习和生活，构建明确的学习目标和生活追求，做出合理、有效、适时的决策，并能处理在达成意志过程中所遇到的问题，不为外界所干扰，不轻易动摇自己的决定，敢于面对困难和挫折，并在追求目标的过程中表现出意志行动力中的自觉性、果断性、自制性、坚韧性。

（四）人格

心理健康教育的最终目的是培养大学生具有健康完整的人格，也就是具备正确的自我认知、积极的人生观念、正常的社交关系，有明确的目标追求和生活理想，能够正确对待和处理日常学习生活中遇到的各种事情。具有健全人格的人拥有自己做人做事的一套完整准则，有自己的底线和坚持，具备积极进取的人生价值观，并以此作为自己的努力目标和现实愿望，能够通过自我行动达成目标与追求的一致性。

（五）自我评价

自我评价应是接近现实的、较为客观的，但也不能排斥主观性。行为主体对自己的认知，在一定程度上都带着主观性或是他人的主观性，因此，自我评价只能在客观世界的整体认知上对自己的个人能力、学习生活、职业规划、感情生活做正确且适应性的客观评价。拥有正常心理的大学生通常具备安全感，并且有充分的自我认识，努力做到正确评价自己和他人。他们在思想上积极、行动上自律、评价上自省、心态上自控，不妄自菲薄，也不自以为是，虽然谦虚但是不自卑，遇到良好的机遇他们会积极争取并牢牢抓住，即便失败也不轻易气馁和懈怠。

（六）人际关系

和谐的人际关系是心理健康所必备的素质条件和个体所必备的能力，也是保持个体心理健康的有效条件，二者相互依存并相互促进。好的人际关系能够增加人的自信心，拥有正常心理的大学生通常乐于交往、重视维系好感、客观评价他人，能够采用礼貌、尊重、帮助等互动方式和交际态度来获得他人的好感和尊重；在交往过程中，能够保持独立而完整的人格，不以他人的意志为转移，以冷静客观的态度对待人际关系。同时，善于倾听，不固守己见，懂得扬长补短，求同存异。

（七）适应能力

行为主体要保持健康的心理状态，必须要能够适应各种复杂环境，尤其是能够适应环境的变化，否则可能产生心理障碍甚至罹患心理疾病。拥有正常心理的大学生通常能够用接纳的心态来看待外界的新鲜事物，具备发展的眼光，能够更好地面对现实，为了长远的利益而克服不良的情绪，抑制不正确的欲望；能够积极参与学校活动、社会活动、集体活动，保持时代先进性和个体竞争性；能够正确地找到适宜的方法处理问题；能够为自己创造机会，满足自身的意志和需求。

（八）心理行为

人的生命发展在不同年龄阶段会有不同的特点和表现，并形成这个年龄阶段独特的心理行为模式，我们要用发展的眼光看待大学生的个体行为和心理表征。如果一个大学生的个体行为和心理表征严重偏离了个人认知特点和年龄特征，就要重点观察其是否产生了异常心理问题。所谓偏离，就是过于成熟化或过于幼龄化，这都是不健康的心理趋势表征。大学生超前或者滞后处理问题和思考问题，都是不具备环境适应力的表现，容易产生发展性的心理问题甚至异常心理现象。

主题活动

“认识你自己”相传是刻在德尔斐的阿波罗神庙的三句箴言之一，也是其中最有名的一句。对这句话的传统阐释是劝人要有自知，要明白人只是人，并非诸神。可见，人对自己的认识十分重要。

（一）活动设计

活动名称	活动目标	活动流程	活动要求
“我”的万花筒	对自己有更多的了解，有更全面和深入的认识	在一张白纸上写下20个“我是……”	要求写出内心的真实想法

（二）活动流程

1. 准备好一张白纸和笔。
2. 将纸横放在桌面上，闭上眼睛思考一分钟，“我是……”。

3. 睁开眼睛，在白纸上用笔写出 20 个“我是……”(写的内容不可重复)。

(三)活动分享

分享 20 个“我是……”，在分享中，让大家能够清楚地认识你，以及你在不同环境下的角色特点。

(四)活动反思

1. 通过写出的 20 个“我是……”，可以进一步了解自身的角色，以及自身的情感变化。

2. 自我意识具有目的性、社会性、能动性等特点，对个性的形成、发展起着调节、监督的作用。通过了解自身，能够更好地管理自己的心理，预防出现心理异常的现象。

第二节 大学生常见异常心理

名家名言

不管一切如何，你仍然要平静和愉快。——［俄国］普希金

希望是附丽于存在的，有存在，便有希望，有希望，便是光明。

——［中国］鲁迅

一、大学生各阶段常见异常心理

在对当前大学生的心理健康进行调查和研究发现，大学生心理健康状况是呈正态分布的，也就是说，大多数大学生的心理比较健康，但是随着社会的不断发展和教育机制的不断改革，大学生出现异常心理问题的人数近年来呈上升趋势。从总体数据来看，大学生的心理问题在年级分布上有一定的规律可循。我们将大学生心理健康问题分成了三个阶段，即适应阶段、成长阶段和成熟阶段，并从中分析各个阶段的大学生常见异常心理，从而对症下药，有针对性地进行心理健康教育。

案例导读

孤岛突围

大一男生小李，因厌学每天待在自己的房间睡觉、玩手机，不和家长沟通，饭都要放在门口，要求家长离开后才端进房间吃。房间已两个多月没打扫，臭味扑鼻。家长求助于老师，老师让其他学生到家中看望他并说都很想念他，而他却不见。老师曾亲自上门，他也不开门。家长因走投无路而找咨询师，要求上门给孩子咨询。

面对此个案，如果你是一名心理咨询师，你是否会去咨询？如果去，你将会怎么做？如果不去，你的理由是什么？又将给家长提供什么建议？

解析 每个人的人格心理特征一旦形成，便具有相对稳定性，一般是不容易改变的。如果在没有明显外部原因的情况下，一个人人格的相对稳定性出现问题，我们要怀疑这个人的心理活动出现了异常。随着经济与社会的发展，影响大学生心理健康的因素越来越广泛，越来越多的大学生出现了心理异常。

思考 大学生各阶段常见的异常心理有哪些？影响因素有哪些？

（一）适应阶段的常见异常心理

在适应阶段，大学生刚刚进入大学校园，面对新的生活、新的环境、新的学习模式、新的同学老师等情况，可能会出现异常心理。例如，无法适应大学自主管理的生活学习模式，无法融入同学们当中等。这些异常心理的产生主要是大学生习惯了以往那种被监督和督促的生活状态，大学生尚未建立独立的生活自理能力和独立的学习管理能力。大学生的异常心理在适应阶段主要如下。

1. 生活适应方面

大部分大学生都能很快适应并投入新的学习和生活环境中，部分大学生不仅能够适应，还能够发挥自身潜力崭露头角，但也有个别大学生很难适应大学的新生活，出现各种各样的问题。首先，难以适应集体宿舍，很难与不同的个性、家庭、文化背景的同学和谐相处，产生焦虑、烦躁、失眠、多梦、自卑、社交恐惧等心理。其次，难以适应作息及管理方式，寝室私人空间狭小、生活不便，不同个性和生活习惯的学生之间也容易产生沟通障碍。再次，不能很好地照顾自己的衣食起居，会产生想家、孤独感等心理。如果大学生一直不能适应，很容易产生孤独、孤僻、不与人来往、焦虑、自卑等异常心理，严重的还会产生食欲不振、精神萎靡、身体消瘦等身体问题。

2. 学习适应方面

大学生活中，学习知识技能、提高专业能力是大学生的首要任务，但大学的学习主要依靠自觉性，一些学生自主学习能力不强，就容易导致学业的荒废。

（1）没有掌握学习方法。没有建立良好的学习习惯，形成较强的自我管理意识，就容易陷入十分被动的境地，对大学生的自信心造成巨大的打击，导致厌学情绪的产生，甚至对人生理想丧失追求。当无法满足更高阶的心理需求时，“本我”的快乐属性会凌驾于其他部分之上，使大学生逐渐丧失社会的竞争力，最终被社会所淘汰。

（2）无法提升学习兴趣。部分大学生由于各种原因选择了一个自己不喜欢的专业，对本专业的学习提不起兴趣进而自暴自弃，或是寄托快乐和希望在休闲娱乐等其他的事情上面，这类大学生无论从前学习成绩是否优异，都容易产生抑郁、悲观等异常心理。

（3）无法适应竞争压力。部分大学生以往成绩优异，但在新的环境中，身边都是佼佼者时，便容易产生自我否定，进而不断给自己施压，造成严重心理负担，结果越是努力却越跟不上其他人，这种重负荷的学习压力产生的异常心理，容易导致其仇视嫉妒比自己优秀的同学，或是形成不善交际的自卑人格，抑或是极大挫伤自尊心导致自怨自艾、自我怀疑，不利于身心的健康发展，给大学生的心灵造成冲击。

（二）成长阶段的常见异常心理

度过大一的适应期，大学生就进入了成长阶段，他们已经熟悉生活的节奏、空间和特点，建立了自己的习惯、方法和态度，需要在适应的基础上进行自主学习和成长。这一时期大学生的自主学习生活、自主监督管理、自主表现交际三个方面的能力具备与否，影响着异常心理出现的概率。

1. 人际交往方面

建立良好的人际关系是维持一个人心理健康的重要因素，良好的人际关系也有助于帮助个体维持稳定健康的生活和状态，促进良好人格的养成和发展。大学生处于心灵发展的关键时期，虽然身体发育已经基本成熟，但是由于缺乏社会经验，缺乏成熟的价值观和处世观，容易产生不稳定的情绪性格，遇到问题不容易合理地处理，从而在人际交往上发生冲突，造成不愉快的现象。大学生在人际交往中也往往容易因为认知偏差对其他人产生偏见，或是不能正确认识和评价自己，造成对他人的厌恶心理，具体表现如下。

（1）容易自我投射。大学生由于内在的价值观不成熟，不能正确评价和认识自己，不能坦然面对不乐观，也不善于与人交际，很容易在交际当中产生敏感情绪，将外界信息都往自己身上做映射，觉得其他人说的不好都是在说自己，特别表现为自卑的内在敏感异常心理表现，或过分自我的外在异常心理表现，把自己的情感、意志、特征等强加到他人身上，对他人的态度、情感、意志等做出错误评价等，容易造成人际关系不睦或者不和谐，自身也容易产生交际障碍。

（2）不能平等看待他人。个别大学生天生自带优越感，觉得家庭条件、学习成绩等比他人优秀，不能从心底尊重他人，在交往中很难融入同学当中，得到大家的认同和喜欢，容易造成性格孤僻、性情乖张、人格分裂等异常心理。还有一些大学生因为家庭条件、学习成绩、外貌等条件都不突出，总有自卑情绪，不愿意或者害怕与他人相处，在集体中个人存在感不高，由此加重他的不正确认知，觉得其他同学不亲近自己确实是因为自己的条件差，从而更加自卑、厌恶交际。这两种情况都是不健康的心理，容易引发异常心理，影响正常人际交往。

（3）产生认知偏差。除了受传统文化和认知的影响外，社会的刻板印象和舆论的不良效应也会造成认知的偏差。例如，南北方学生、发达地区与欠发达地区学生各自形成小团体，甚至故意欺负某方弱势群体，不仅不利于自身的发展和成长，也会给对方造成心理创伤。因此，要用包容的心态对待地域的不同、个体的差异，削减自身认知偏差的短视行为和孤傲自大的不良性情，避免影响同学之间的正常交往和友好相处。

2. 情绪调节方面

当不良情绪产生时，大学生要能够自己进行合理的调节，以避免不良情绪的酝酿对自己的身心产生消极的影响。但是在发展阶段，大学生很容易因为这样那样的问题产生不良情绪，并在情绪调节方面出现异常心理，主要的情绪困扰有以下几点。

（1）抑郁。抑郁是当代大学生非常容易出现的情绪困扰，主要是因为自身的期望、社会的竞争、现实与理想的差距等，或是无法认清楚现实，无法让自己适应和接纳现实，而产生的悲观失望、消极愁闷、郁郁寡欢的心理状态。抑郁问题出现的原因大多是客观的，如人际矛盾、学习困惑、考试失利、恋爱不顺等，这类不良情绪状态会在一段时间之后消解或减弱，但是如果由于个体人格性情的固定因素干扰，在没有旁人规劝和开导的情况下，很容易因为事情未得到解决而加重抑郁情绪反应，影响正常生活和学习，更为严重的抑郁情绪甚至还会演变升级成心理疾病，产生自残、自杀等不可挽回的后果。

（2）焦虑。焦虑情绪不仅常常出现在大学生身上，在现代社会的“内卷化”趋势下，也是很普遍的现象。加之大学生不具备成年人的心态和社会经验，遇到压力大的事情和情况，往往更加焦虑，由此可能引发包括自信心消失、自尊心受挫、失败感加强、罪恶感加重等问题，甚至出现严重的自我怀疑、拖延行为，加重焦虑的发展。在长期焦虑之下，不仅会对大学生的心理造成严重的伤害，诸如产生强迫症、疑心病等，也会对身体造成伤害，出现神经衰弱、失眠、胸闷、头痛等不良症状，影响大学生的正常生活和学习。

（3）自卑。大学生还没有完全形成正确的世界观、人生观、价值观，没有正确地认识自我，认识世界，容易在挫败之下将内因都归结于自己，产生严重的自卑情绪，形成消极的心理暗示，抑制自己潜能的发挥。例如，一些家庭条件不好或是性格内向的大学生，往往自尊心很强，情绪也比较敏感，无法在群体面前崭露头角，把握住进取的机会。在自卑情绪的影响下，大学生容易缺乏社交能力、心理调节能力、语言表达能力等，造成厌弃自己、嫉妒他人等异常心理的加重。

3. 恋爱性心理方面

大学生的生理基本成熟，又处在青春热血的年纪，很多大学生都在校园内开始了恋爱，随之而来的恋爱和性方面的问题，也给大学生的心理上带来一些隐患。

（1）无法合理调控个人需求。大部分大学生能够尊重他人的爱情选择和恋爱观念，但也有一些大学生在恋爱中无法合理调控个人情绪和心理需求，给自己和他人都造成了一定的困扰。恋爱中的从众心理、虚荣心理、轻率心理、逃避心理等都是不正常的心理表现，也必然会产生异常的心理状态，从而影响大学生的心理健康，必须要以恋爱心理干预进行矫正。

（2）无法正确面对性心理问题。大学生的生理已经发育成熟，并且在性方面获得了发展。大部分大学生对性知识感兴趣，会有性欲望、性幻想等，但受传统教育模式的限制，对性有着不全面的理解，从而压抑正常的本能并产生严重的性心理障碍。个别大学生则将性行为看得太过草率，在私生活方面不能够严格约束自己。家庭、学校与社会要重视大学生性知识和性观念的教育，帮助大学生树立正确的认知。

（三）成熟阶段的常见异常心理

大学四年级是大学生全面成熟的阶段，此时大学生面临的问题中最主要的是个人未来发展的相关问题。

1. 逃避心理

成熟阶段，大学生因在择业中面对竞争容易产生逃避心理等各种心理问题，要应对这种心理必须要从自主独立和自我负责开始，积极认清现状，接受现状，勇于努力尝试。

2. 消极心理

具备积极就业心态的大学生，满怀一腔热血报效社会，但在发现社会中的一些不良风气和不公平的竞争后，被挫伤了满腔热情，极易因一时接受不了现状而丧失理想信念；或是产生严重偏见，随波逐流，开始不正当的竞争；抑或是悲观消极，产生逃避竞争的心态。无论是哪种，都会导致异常心理的出现。

二、不同性别大学生常见异常心理

男生和女生的社会角色不同，心理特点、思维特点和行为特点也有较大差别，对于异常心理，我们不能将男女混为一谈，而要针对不同特点找到解决对策。

（一）男生常见异常心理

1. 个性压抑

自古有云“男儿有泪不轻弹”，社会过分苛求男性的阳刚之气，如果男生哭泣，往往不仅不会被理解和同情，还会被认为是软弱无能的表现。因此，男生似乎很难找到倾诉的对象。为了保持自尊和形象，很多男生常常压抑自己内心的烦恼，因此无法找到合理的渠道宣泄，久而久之，过度压抑的负面情绪爆发会造成更大更强的破坏力，不仅会对自身产生危害，形成异常心理，还会对社会和他人造成恶劣危害和影响。

2. 破坏性行为

男生因长时间的、严重的心理失调引发的对自己或对社会的破坏性行为不仅限于自身，而且可能会指向社会和无辜的弱势群体，用反社会的行为和方式来宣泄不满，然后造成无法挽回的结果。长时间的心理失调，必然会反复加重男大学生某一个方面的心理意识，并在这个方面不断加强、不断反复，最终形成一种执念，然后无法与自己达成和解，甚至让自己纠结和煎熬到无法忍受，最终在强烈的气恼、痛苦、烦忧的情绪作用下，做出冲动行为。指向自己的方面可能是自残、自杀；指向社会的方面，可能体现在反社会行为，或是伤害他人以宣泄不满，酿造更大的悲剧。调查发现，男大学生在狂暴犯罪方面要多于女大学生，而男生往往比女生更具有攻击性。女生由于身体小巧的原因，不善于身体攻击，常使用语言攻击，而男生则得益于身体的优势，倾向于身体的直接攻击。

（二）女生常见异常心理

1. 进食障碍

现代社会对于女性的外貌要求越来越严格，不仅存在于两性关系中，人际交往中，还存在于各种工作岗位的硬性指标中。因此，部分女大学生过分节食减肥，造成身体代谢紊乱，这种受外界环境因素影响而产生的对瘦的过度追求，是典型的心理问题，也是一种偏激的异常心理表现。女生应意识到这类对外貌的过度要求是不合理的，不应主动迎合，而是追求以健康、自信为美。

2. 成功恐惧

成就与失败的归因有着很明显的性别差异，男生往往将个人的成功自主地归因为自身的能力或努力，也就是内部原因，容易将失败归因为一种不走运或是运气差，也就是外部原因。女生则恰恰相反，她们通常将个人的成功归因为外部原因，即依靠个人的运气，而将失败归因为自身的能力或努力不够，也就是内在的原因。女生的这种成功归因的思维逻辑，反映出了女生自信心天生不足的特点，这种向内求责的心理很容易给女生带来心理负担。

3. 就业焦虑

传统观念影响着女大学生的就业和择偶观，一方面，企业普遍认为女大学生就业需要面临结婚、生育等，其工作精力会大大减弱；另一方面，传统观念中对于女性社会角色的要求是以家庭为重，这种观念也影响着女大学生的工作选择。很多有才干的女大学生不得不面对现实，将重心放在家庭上，放弃职位的上升。这种观念和社会机制的外界因素，给女大学生带来了严重的就业焦虑，导致其选择逃避或持消极态度。

三、大学生常见异常心理归因

（一）自我因素

1. 生理因素

大学生处在青春期的末尾或刚刚结束青春期的阶段，其身高体型、第二特征等基本的生理发育尚在进行中，这些都是大学生生理相关的心理问题的产生因素。例如，由于不能正确认识性，不能正确对待性欲望和性冲动，从而引发心理障碍；不能正确看待自己的身高长相，不能客观评价自己，从而由于自卑心理或自负心理引发社交问题，影响自身发展；或是由于女生月经问题，产生经前综合征，影响学业和生活等。

2. 心理因素

大学生所处的心理发展阶段是产生异常心理的一个重要因素，主要的成因有以下四个方面。

（1）大学生的心理逐渐趋于成熟，但是尚未完全成熟，而大学阶段的关键任务是丰富自身认识、实现自我的锻炼与心灵的成长，成为一个具有健全的人格、成熟的社会化和正确价值观念的成年人，能够担负自我责任。生理成熟是心理成熟的基础和判定标准，也是社会成熟的必然条件。但是这一成熟过程必然要经过丰富的社会实践活动，虽然大学生在校也有参与社会实践活动，但是一方面大学生主要的活动是学习，另一方面大学的社会实践活动也是比较浅表性的，无法实现真正的锻炼。因此，虽然大学生心理生理都在趋近成熟，但是心理问题依然会频繁发生。

（2）大学生的自我观念在不断增强，但与自我认知能力的发展并不平衡，二者的不协调常常会引发现实与理想的矛盾，容易产生异常心理。此外，大学生的生活阅历与社会经验有限，因此社会实践能力较弱，对于社会的认识和世界客观性的认识比较浅薄，虽然他们的自我认识已经出现，能够反思、内省、自我观察，但是无法用对客观世界的正确认识来指导自我，从而产生心理不适，突发异常心理。

（3）大学生的性与性别意识正处于活跃时期，特别希望塑造个人形象。但是由于社会世俗对于男女的价值取向存在差异，往往会影响个人的自我期望。例如，对于男大学生期望其理智、勇敢、有担当、有魄力，对于女大学生则更期望她们温柔和顺、外貌出众、以家庭为重等。这一取向的差异化，也严重影响了大学生的心理判断，常抱有不正确的心理认识，或是产生异性之间的矛盾和问题。

（4）大学生的心理也会受到智力发展的影响。一般而言，大学生精力充沛、思维敏捷、接受新鲜事物或适应新鲜环境的能力也会逐渐变强，并且通过在大学中专业、系统的训练和学习，其抽象、逻辑等思维能力都会获得充分发展，智力水平获得极大提升，能够独立地分析问题、解决问题。但是，这也会让大学生心理活动变得异常丰富和频繁，这种频繁丰富的特点如果遇到认知问题，则可能会引发异常心理。

（二）环境因素

1. 家庭因素

家庭因素不仅包括一个人成长的环境，也包括对于大学生习惯、行为、思想、个性塑造产生影响的多个方面。首先，不完整的家庭自然结构很容易给孩子留下不良的烙印，培养出不合时宜的性情。其次，在儿童时期，家庭教育能够决定孩子心理健康的程度。如果大学生的幼年常常伴随紧张、冲突的家庭矛盾，那么之后也容易产生焦虑、自卑、偏执等异常心理，或是在社交中攻击性较强，无法与他人合作和交流。

除了家庭环境之外，家庭教育也是影响大学生心理健康的重要因素。一方面，在家庭教育上存在着男女差异，大学生父母对女大学生的教育相对比较保守，对其行为方式、社交活动等多有约束，容易形成较为封闭内向的性格，造成社会阅历缺乏而产生环境适应能力差的问题；也容易因为对于女大学生赋予过度的贞操观念，让其对性产生严重的偏见，形成异常心理。而大学生父母对男大学生的教育相对比较开放，对其性贞操并没有多少束缚，但是往往给予过度的事业期望，望子成龙的心理过分强烈，容易使男大学生形成较大的心理压力。在生活中，大学生父母往往对女大学生的生活较为宽容，但是对男大学生的教养方式主要受传统观念影响，很难温柔地与其讲道理，而是惯用武力让其屈服，因此，容易造成男大学生较为叛逆和不合作的性格。

2. 学校因素

进入大学，一切生活学习问题都要由大学生自己处理，大学前的依赖习惯及大学后的独立要求，这种巨大的反差给大学生造成了心理冲突，往往会使其感到矛盾和迷茫，产生不适应的心理状态。这种心理状态如果不加注意，就会引发学业困境，面临着退学和降级的风险，让大学生的学习热情和自信程度受到打击，影响学习、生活、交际，产生影响身心健康的问题。大学教育过程中的影响因素也相对较多。例如，学校过度强调专业、知识，而忽略了素质培养，让大学生陷入一种偏激的竞争之中，忽视了社会实践活动的重要教育作用。

大学的人际关系氛围对大学生的影响也不容小觑。大学是一个学习型的小社会，人际关系好坏可能会决定大学生学习生活的质量，而这种关系好坏又会作用于大学生的心理影响其未来的工作。例如，在大学如果无法与他人建立亲密关系，不懂得人情世故，则在工作中恐怕和很难处理好上下级或同事之间的关系，从而影响自己的工作状态和晋升之路。

大学教育中存在性别偏差。虽然当今社会倡导男女平等，但是在固有的观念上依然会认为男性更具领导力。此类在学校、职场、社会中的性别偏见，可能给予女大学生心理伤害。例如，学生会成员、班委会成员的选举上，可能男性更有优势；在教学中更容易让男性挑战有难度的课题，而给女性较为简单的课题。这种观念虽然很不起眼，却也在不断地消磨着女大学生的自信心，造成自卑、自我能力认知偏差等异常心理。

3. 社会因素

经济的发展、社会的改革、科技的进步，在带来积极影响的同时，也使社会竞争不断加大，社会生存压力也与日俱增。尤其是对于尚未进入社会的大学生而言，他们即将面对步入社会承担风险压力的机会，但是尚未形成正确的自我认知，同时又没有丰富的社会经验作为支撑，在激烈的社会竞争面前容易产生紧张焦虑的情绪，影响心理健康的发展。而当今社会的多元化和浮躁气象，又不利于大学生沉浸下来去提升自身的专业知识和能力，因此也容易在环境影响下越来越浮躁，使得自己长期处于精神紧张的状态，极易诱发异常心理。目前，我国高校不断扩招，各个岗位竞争人满为患，大学生为了崭露头角，要花时间去准备各种考试、获取各类证书，因此不仅在思想上，在生活学习上也会有非常大的压力，这又加重了大学生的焦虑和压抑感，甚至出现迷茫和失落，逐步丧失竞争的信心，产生消极的人生观和态度，不利于其健康心理的养成。

主题活动

大学生正处于由青少年心理向成年人心理过渡和转变的时期，其心理发展表现出一些独有的特征，也会遇到一些相应的心理问题。本活动将通过讨论的方式，使我们对自身的心理特点有一个明确的认识。

（一）活动设计

活动名称	活动目标	活动流程	活动要求
我的“成就感”	更好地制订属于自己的发展计划，不断磨炼和提高自己的能力	在一张白纸上列出10件你做过的印象深刻的事情	字数不限，积极踊跃发言，讨论方向积极向上

（二）活动流程

1. 准备好一张白纸和笔。

2. 请回顾你过去的生活，列出 10 件你做过的印象深刻的事情。这些事情不必是惊天动地的大事，只要你真正喜欢做这件事，并且为完成的结果（可以是外在的也可以是内在的）感到自豪即可，至于是否受到他人的认可和表扬并不太重要，如成功策划一次同学生日会等。

3. 在撰写这些事情时，每件事情都要包含以下要素：你想达到的目标，即需要完成的任务；你面临的障碍、限制、困难；你的具体行动步骤，你是如何一步步克服障碍、达成目标的；对结果进行描述，取得了什么成就。

4. 请与同伴分享并分析你在这些事情中，用到了哪些技能？

5. 分析这些事情主要发生在什么领域（学习、工作、人际交往等）。

6. 请按照使用的频率对你使用到的技能进行排序，你最擅长的是什么？你最喜欢的是什么？你觉得还需要继续提升的是什么？

（三）活动分享

请大家分享自己有成就感的事情，并谈谈自己还需要继续提升的能力是什么。

（四）活动反思

1. 从这些事情中可以了解自己的能力，树立自信。自我觉察的前提是“非评判”，只有对所有的发现不妄下评判才能有更多发现，过早过多的评判都会影响自己的反思，并带来大量的情绪困扰。

2. 旁观者清，他人的评价对了解自己非常重要。可能我们会担心朋友、家人因为和自己的关系而不表达真实看法，但如果我们强调他们观点的重要性，大部分人会给我们一些建设性的意见。所以，我们要说清楚要求并表现出诚意，可以通过当面提问、发送邮件和信件、电话或在线聊天等多种形式来获得他人的意见。

第三节　异常心理调适

名家名言

莫听穿林打叶声，何妨吟啸且徐行。竹杖芒鞋轻胜马，谁怕？一蓑烟雨任平生。料峭春风吹酒醒，微冷，山头斜照却相迎。回首向来萧瑟处，归去，也无风雨也无晴。——［宋］苏轼

如烟往事俱忘却，心底无私天地宽。——［中国］陶铸

目前我国大学生所表现出的心理问题，最主要的是焦虑、抑郁、强迫等。那么大学生如何调适异常心理呢？

一、大学生自我调适的途径

在正确认识和有效预防异常心理的基础上，大学生需要发挥主观能动性，自主地学会心理调适技能，掌握一定的心理调适办法，能够在遇到影响心理健康的事情和环境中，主动地进行分析和调节，摆脱困扰，提高心理素质与看待事情和生活的正确方法。大学生要能够掌握心理调适的知识、原理和方法，掌握自我诊断、自我调节、自我控制的途径和对策。

（一）学会接纳自我

接纳自我先从与自己和解开始，积极地面对自身的缺陷，正确地理解社会的竞争和矛盾，平静积极地对待世界的相对公平，客观地看待他人的评价，从内心深处构建一个强大的自我与强大的心理，才不容易被他人的观点和行为所左右，放下焦虑、与自己达成和解，接纳当下的每一个自己。

（二）学会取悦自己

取悦自己一方面要能自我欣赏，自信却不自负；要能够自我成全，适度却不过度；要能够自我成长，积极却不偏激。另一方面，大学生也要能够正确对待情绪，这表现为两个方面：一方面是对内情绪，另一方面是对外情绪。对内情绪：要能够心平气和地面对挫折，一旦产生消极的、过激的情绪，应能够通过自我控制、认知、决策来调适情绪或用正确的途径宣泄情绪。对外情绪：要能够创造和谐的人际关系，在遇到人际冲突时，应学会用处事的哲学、真诚的内心、语言的艺术来化解矛盾，不能过分叛逆，而是应该客观对待他人和事情，避免感情用事。

（三）学会情绪管理

情绪管理的最终目的是情绪稳定。人只有在情绪稳定时，才能分析问题、冷静处理、从容地面对生活和学习里的困难。进行情绪管理的方法有多种，简单实用的有呼吸法、运动法、拉伸法、情绪转移法等，这些方法会让人的情绪放松下来，但还是要看大学生的认知能力与自我管理、自我疏导能力。管理情绪的核心并不是情绪，而是管理自己，所以一旦认知能力无法跟进情绪的变化，疏导情绪的负面，就容易产生异常心理问题，这时就需要进行下一步的心理干预与心理治疗，一般是心理咨询。

案例导读

适应与心理健康

李萍（化名）是一位大一新生，在上大学之前没有集体生活的经验，一切学习之外的生活都由父母照料。她的学习成绩很好，老师很喜欢她，父母也以李萍为骄傲。可上大学后，李萍学习成绩好这一优势不复存在了，在学习和生活的压力之下，李萍感到自己处处不如别人，尤其是她觉得自己不如同宿舍的3个本地同学能说会道。她与其他人交流少，常感到很孤独，寂寞，十分痛苦。

入学当年的12月，李萍找到辅导员请假，说自己近一个月来情绪低落、头痛、心慌，担心期末考试，上课注意力难以集中，记忆力下降、食欲下降、睡眠不好。李萍说："军训完正式上课后，我认为自己应该有优异的成绩和突出的表现，没想到自己就像透明人一样，感受不到任何人的重视。同学们都自顾自地学习、生活、参加社团和活动，宿舍里的其他室友都是本地人，彼此很快就熟悉了，自尊心迫使我不愿意主动跟她们交往。马上要期末考试了，我怕自己会挂科，怕自己考不好，不知道该怎么跟爸妈交代，他们都以我能考上大学为骄傲，挂科了多丢人，我很想回到以前的高中生活。"

解析 从高度紧张的中学生活到丰富多彩的大学校园，伴随着生活环境、学习环境、人际环境等一系列的变化，大学新生将面临巨大的挑战，如果无法适应，极易产生各种心理矛盾和心理反应。因此，尽快适应大学生活是所有新生面临的首要问题之一。

思考 步入大学面对新的变化和挑战，你要如何做出积极的调整和应对？

二、大学生自我调适的方法

（一）自我意识调节

自我意识使人能够认识和体验自己的情绪，同时也可以控制情绪的变化，一个人的政治意识、道德意识、公民意识及角色意识等均可对情绪起到调节作用。因此，当自我意识失去控制时，就需要借助外力进行调节，使自我意识水平保持最佳状态，只有提高自我意识的支配能力，才能保证较高的自我意识水平，从而发挥正常的自我意识的功能。

（二）情感调节

大学生精力旺盛、情感丰富、情绪波动大，常常产生一些不良情绪，如果不良情绪所产生的能量难以释放出，就会影响个体身心健康。因此，大学生要学会情感调节，使不良情感得到转化，即将不良情感带来的能量引向比较符合社会规范的方向，转化为具有社会价值的积极行动。例如，将充沛的精力与丰富的情感引导上升为自我教育的动力，多组织参与大型集体活动，以此调节情感。

（三）语言暗示调节

语言是人们用来彼此交流思想和情感的工具。随着大学生知识阅历的不断丰富，自我独立思维、意识、能力的不断发展，在此基础上，通过科学的语言暗示，可解决一些心理、思想问题，从而在思想教育方面产生积极的促进和引导作用。

（四）注意转移调节

转移注意力在心理保健中是必不可少的，当个体心绪不佳，有烦恼时，可以外出参加一些娱乐活动，换个环境，换个想法，因为新异刺激可以帮助个体忘却不良的情绪。如果能有意识地强迫自己转移注意力，对于调节情绪也有特殊的意义。

（五）合理宣泄调节

在适当的场合下，合理地宣泄自己的情绪，同样可以起到心理调节的作用。因此，大学生要学会合理宣泄情绪，要注意情感宣泄的对象、地点、场合、方式等，不可任意宣泄，无端迁怒于他人或他物，造成不良后果。

主题活动

心理健康管理对大学生心理成长和发展有着极大的影响。对大学生而言，管理、调节好自己的情绪，做情绪的主人，不仅是维护身心健康的需要，也是自我发展和人格成熟的条件。下面，通过自我想象和思考的方式，模拟出自己情绪适应和调适的过程。

（一）活动设计

活动名称	活动目标	活动流程	活动要求
为梦想插上翅膀	通过想象探寻调适异常心理的方法	在大脑中想象自己实现梦想的过程	积极踊跃发言，讨论方向积极向上

（二）活动流程

1. 请大家闭上眼睛，深呼吸，在大脑中想象实现梦想时的场景，尽可能详细地“看到它”。你当时在哪？是什么场景？你有什么感受？保持这种感受，往回看，那时的你正在为实现梦想而努力，你知道这个过程不是一帆风顺的，你会遇到什么困难？尽可能详细地“看到它”，给自己信心和鼓励，相信正是由于你不懈的努力才走到实现梦想的这一刻。

2. 做完以上的练习你有什么感受？

3. 做完以上的练习你有哪些发现？

（三）活动分享

请大家分享自己想象的场景，尽可能详细地描述实现梦想的过程，特别是克服困难的过程。

（四）活动反思

1. 通过想象的方式模拟一遍实现梦想的过程，及实现过程中可能会遇到的困难。对于某项技能或者梦想，在头脑中尽可能详细地想象，多次练习后可以达到提升自信的目的。

2. 合理信念产生合理的情绪行为方式，不合理信念则产生不合理的情绪行为反应，因此可以借助理性的思考方式，纠正不正确或不合理的信念，以消除情绪困扰和行为异常。

||| 反思与探究

1. 异常心理的概念是什么？如何判断异常心理活动？

2. 大学生异常心理排除标准有哪些？

3. 大学生常见的异常心理可以分为几个阶段，每个阶段有什么表现？

4. 影响大学生心理健康的因素有哪些？

5. 回想一下自己有没有出现过心理异常，是如何消除的？采取了什么方式进行调适？

||| 延伸阅读

1. 高铭．天才在左　疯子在右 [M]. 武汉：武汉大学出版社，2010.

2. 陈海贤．了不起的我：自我发展的心理学 [M]. 北京：台海出版社，2019.

3. 史欣悦．自洽：在不确定的日子里向内看 [M]. 北京：中信出版集团，2021.

4. 邓亚萍．心力 [M]. 北京：中国人民大学出版社，2021.

5. 王瑞．二次成长 [M]. 北京：中国水利水电出版社，2022.

||| 好好学习

1. 在学习中增长知识、锤炼品格，在工作中增长才干、练就本领，以真才实学服务人民，以创新创造贡献国家

广大青年要坚持面向现代化、面向世界、面向未来，增强知识更新的紧迫感，如饥似渴学习，既扎实打牢基础知识又及时更新知识，既刻苦钻研理论又积极掌握技能，不断提高与时代发展和事业要求相适应的素质和能力。

——2013 年 5 月 4 日，习近平在同各界优秀青年代表座谈时的讲话

2. 时代呼唤担当，民族振兴是青年的责任

广大青年要牢记“空谈误国、实干兴邦”，立足本职、埋头苦干，从自身做起，从点滴做起，用勤劳的双手、一流的业绩成就属于自己的人生精彩。

——2013 年 5 月 4 日，习近平在同各界优秀青年代表座谈时的讲话

3. 玉不琢，不成器；人不学，不知道

青年是国家的未来和民族的希望。希望同学们肩负时代责任，高扬理想风帆，静下心来刻苦学习，努力练好人生和事业的基本功，做有理想、有追求的大学生，做有担当、有作为的大学生，做有品质、有修养的大学生。

——2016 年 4 月 26 日，习近平在中国科技大学考察时的讲话

第十三章
感悟生命：大学生的生命历程体验

章前导读

人的生命只有一次，生命的发展历程不仅关乎人的本性与价值，也关乎人的成长与发展。生命的真谛是什么？如何才能创造出精彩的人生？珍惜生命的价值，理解生命的意义，才能成就美好的人生。

本章将围绕认识生命、敬畏生命、珍爱生命展开论述，加深大学生对生命的认识、理解和感悟，引导大学生学会尊重生命、成就生命，对生命价值进行反思，努力奋斗、乐观进取，拓展生命的长度、宽度和高度，提升生命的质量。

学习目标

知识目标：了解认识生命、敬畏生命、珍爱生命的含义及其价值体现；理解珍爱生命、尊重生命、敬畏生命，学会追寻积极的生命意义；掌握如何提升生命质量、发展人的生命价值的方法。

能力目标：透过“生命表象”认识生命的本质，探索个人生命价值，提高对生命价值的判断能力、规划能力和实现能力。

价值目标：深化对社会主义制度优越性的认识，厚植胸怀天下的家国情怀，增强生态文明意识，树立正确的价值观念，树立坚定的理想信念，肩负青年的社会责任和使命担当。

第一节 认识生命

名家名言

人生本来就是一种广义的艺术，每个人的生命史就是他自己的作品。

——［中国］朱自清

我们是自己生活的主角、创造者及艺术家。——［奥地利］阿德勒

生命是在自然界的发展变化过程中出现的具有自我生长、繁衍、进化等丰富可能的一类现象。提到生命，我们会产生神圣、敬畏、感动、美好等各种丰富的情感。在五彩斑斓的世界里，在岁月静好的人生旅程中，每一个生命都是一道靓丽的风景。那么，什么是生命，生命的意义是什么，我们如何珍惜生命，如何做自己生命的主人，又如何使自己的生命更具价值？

一、生命的内涵

自人类诞生以来，人们对生命是什么、生命从何处来到何处去、生命的本质是什么等问题的追问就没有停止过，既有哲学层面的我是谁、我在哪里、我向何处去的追问，也有生物化学层面人的组成元素的蛋白质组成的分析寻根，还有人类自远古传继下来的神造论等。

（一）生命的含义

关于什么是生命，不同学科、不同学者从不同角度解释了生命的含义。哲学认为，生命是世界的绝对的、无限的本原，它跟物质和意识不同，是积极地、多样地、永恒地运动的。生命不能借助感觉或逻辑思维来认识，只能靠直觉或体验来把握。心理学认为，生命就是自我意识，就是反思自我的存在。婴儿期是自我意识的萌芽期，并随着年龄的增长逐渐发展和壮大。法律上把生命看作动植物等有机体发挥自然功能、完

成生理运动等的自然存在状态。恩格斯在《反杜林论》中对生命的定义是生命是蛋白体的存在形式，这个存在形式的基本因素在于和它周围外部自然界不断地新陈代谢，而且这种新陈代谢一旦停止，生命就随之停止，结果便是蛋白质的分解。这里所说的生命都是广义角度的生命，是指具有新陈代谢力、繁殖力、生长力和环境适应力的一切生物有机体，但这些对生命的定义都为我们所要探讨的狭义的生命——人的生命奠定了逻辑基础和分析背景。正如马克思所说："人的本质不是单个人所固有的抽象物，在其现实性上，它是一切社会关系的总和。"因此，人的生命具有生物性、精神性和社会性。

（二）生命的特征

1. 有限性

人首先是一个自然的物质存在，人的肉体作为自然的存在物，存在于宇宙时空中，受到时间与空间的限制，必然是一个有限的存在物。因此，人作为有限的物质存在于这个世界中，不得不接受从生命孕育到生长、发育、衰老直至死亡的过程，生命具有不可逆性。死亡是生命体的必然结果，长生不老只是一种美好的愿望，而在生命成长和发展的过程中，生命有限性是指生命作为自然的存在受物理时空的限制。

尽管生命的成长和发展会遇到时间、空间、环境等诸多的限制，但是对于人类来说，并不表示人类只能被动地接受生存现实。人类具有意识和反思的理性，人类一旦意识到生命的有限性，就会努力地思考自身，思考自身与世界的关系，思考如何超越周围包括肉体生命在内的一切"物"的存在方式对生命本身所造成的限制。从这个意义上看，生命的有限性及生命意识对无限性的追求，是促使生命走向无限可能的根本动力和原因。生命通过思想使得自己不仅可以跨越时空，包括肉体的限制，也实现了对时空的超越，即在某种意义上实现了对有限的超越。

2. 独特性

人不是作为抽象的一般"存在者"，而是作为具体的、独特的个体存在的。因此，任何生命存在都是独一无二、不可替代的，都是平等且值得尊重的。强调生命具有独特性，不是把生命当成独立的原子式存在，而是强调不能用任何现实规定、抽象的本质来禁锢生命个体，要肯定每个个体独特的存在和独特的价值。从哲学意义上讲，每个生命个体都是独特的存在，但却不是孤独而孤立的存在，每个生命个体都是彼此联系的共存。生命就是这样在个体的实在和集体的共存之间找到了平衡。"一个人的发展取决于和他直接或间接进行交往的其他一切人的发展"，只有这样，才能在与他人的交往过程中，发现和确认自身的存在，才能使得生命的发展具有无限空间。生命的独特性决定了要在社会关系的实践中赋予生命真实、丰富的本质。

3. 超越性

人作为生命存在，是一种有限性的存在。但是，当人类意识到自己的存在时，理性对无限和意义的追求就成为一种必然。超越有限的过程就是确认自己存在的过程，就是实现人生价值和意义的过程。“生命不是舒服地安居在预定的最佳状态之中，它的最佳状态是有生命力，不屈地走向更高的生存形式。”人的生命的最大奥秘或最大特点就是，人的生命既有物质性的存在特点，又有精神性的存在特点，人不能脱离物质性存在，但是人的精神性又要求其超越物质束缚。所以，超越性是人之为人的特质所在。

知识链接

蜕皮效应：不断超越自己才能实现更好的发展

一个人如果希望突破或者超越现有成就，就必须突破给自己划定的“舒适区”，像蝴蝶的幼虫一样，经历疼痛的“蜕皮”过程。只有这样，才能“破茧成蝶”。生活就像逆水行舟，不进则退。每个人的潜能都是无限的，我们不要低估自己，不要给人生“设限”，而要敢于挑战不可能，勇于承担富有挑战性的任务。突破了原来的自己，就是一次“蜕皮”般的成长。

4. 完整性

生命是一个立体的、矛盾的、多层面的存在，不同层面和内容又是具有联系的完整性的存在。马克思在强调生命的整体性时说：“人以一种全面的方式，就是说，作为一个总体的人，占有自己的全面的本质。人对世界的任何一种人的关系——视觉、听觉、嗅觉、味觉、触觉、思维、直观、情感、愿望、活动、爱等，总之，他的个体的一切器官，正像在形式上直接是社会的器官的那些器官一样，是通过自己的对象性关系，即通过自己同对象的关系而对对象的占有。”生命是作为一个整体而出现的，这是我们认识生命的基本前提和出发点。人的生命是包括自然生命、社会生命和精神生命的有机整体，绝对不能对生命进行片面的理解，片面地强调生命的某一方面的属性而忽视甚至压制生命的其他方面的属性，都是对生命完整性的伤害，是对生命本质的扭曲。

5. 社会性

人具有社会属性，任何人都不能脱离社会而存在，每一个人都生活在社会群体中，都需要他人的帮助与支持。生命的社会性体现在人的成长的各个时期，特别是人在婴幼儿时期，如果失去了人所特有的社会环境，就不会形成人的心理和社会认同感，如由动物抚养长大的狼孩、猴孩就是有力的证明。人的生存除了必须依赖于特殊的自然属性以外，还不可缺乏其社会属性，每一个人都不可能脱离现实社会而生活，更不可能不与社会环境中各种各样的人发生各种各样的关系，如生产关系、经济关系、伦常亲属关系、朋友同事关系、权利义务关系等。因此，人的生命表现于现实社会，其本身乃是一切社会关系的总和，这些无比复杂的社会要素和社会关系作用于人的生命，便构成了人的生命的社会属性。社会属性在人的生命中的表现，最直接的就是人的社会价值，以及通过社会价值而实现的自我价值。

拓展阅读

13-1 生命的发展阶段

二、生命教育及意义

大学生群体脱离父母和家庭的庇护，进入大学时代后基本上就是独立面对生活和学习的过程，主要体现在思想、情感、行为等的独立。而生命教育的开展是帮助大学生学会享受生命，逐步增加对于自己社会价值和个人价值及自身长远发展的关怀，使个人价值得到更好的实现，使生命质量得到有效提升。

案例导读

抗疫逆行者钟南山

2020 年 1 月 18 日，星期六，84 岁的中国工程院院士钟南山接到赶往武汉的紧急通知。时至春节前夕，忙碌了一年的人们陆续踏上回家的路。当天去武汉的航班已无机票，火车票也非常紧张，颇费周折，钟南山才挤上了傍晚 5 点多从广州南开往武汉的高铁，由于走得非常匆忙，他甚至没有准备羽绒服，只穿了一件咖啡色格子西装。上车无座，他被安排在餐桌一角，当天钟南山在餐桌小憩的照片刷屏微信朋友圈，他满脸倦容、眉头紧锁、闭目养神，身前是一摞翻看的文件……

这一天，武汉市卫生健康委员会通报新增 59 例新型冠状病毒感染的肺炎确诊病例。“没什么特殊情况不要去武汉”，钟南山提醒公众的同时却选择了逆行。“肯定有人传染人的现象”，20 日作为国家卫健委高级别专家组组长的钟南山在关键时刻发出的“预警”，为控制疫情在全国范围内的蔓延赢得先机。自挂帅出征以来，钟南山始终冲在前线，始终如铁人般拼命，4 天内奔走武汉、北京、广州三地，长时间科研、开会、远程会诊、接受媒体采访，甚至在飞机上研究治疗方案。钟南山的夫人既生气又心疼，“能不能让他多睡一会儿”，但他非常了解丈夫，知道劝不住，因为丈夫太在乎自己的病人了。

有人曾这样评价钟南山，既有国士的担当，又有战士的勇猛，对此，他回应的最多的一句话是，“我不过是一个看病的大夫”。

解析 广大医务工作者舍生忘死，赶赴一线，以钟南山为代表的广大医护工作者只因为心中生命至上的坚定信念，白衣为甲、逆行出征，体现了“生命至上、使命担当”的医者仁心，体现了“大爱无疆、爱岗敬业”的家国情怀精神，抗击新冠肺炎疫情的阻击战、保卫战就是一场生动的“生命教育”大课。

思考 你如何认识生命？如何理解生命存在的意义？

（一）生命教育

生命教育是指人从出生到死亡的整个过程中，通过有目的、有计划、有组织的活动提高个体尊重生命、珍爱生命意识，体验生命价值的过程。生命教育的概念有广义和狭义的两种，广义的生命教育是一种全人的教育，既包括对生命的关注，也包括对生存能力的培养和生命价值的提升。狭义的生命教育指的是对生命本身的关注，包括个人与他人的生命，进而扩展为一切自然生命。从生命教育最根本的意义来说，生命教育乃是一种全人教育，它涵盖了人从出生到死亡的整个过程和这一过程中所涉及的各个方面，既关乎人的生存与生活，也关乎人的成长与发展，更关乎人的本性与价值。生命教育的核心目标在于，通过生命管理，让每一个人都成为“自己”，都能最终实现“我之为我”的生命价值，即把生命中的爱和亮点全部展现出来，体现人的个体的独特价值。

生命教育既是一切教育的前提，同时还是教育的最高追求。因此，生命教育应该成为指向人的终极关怀的重要教育理念，是在充分考察人的生命本质的基础上提出来的，符合人性要求，是一种全面关照生命多层次的人本教育。

1. 生命意识教育

生命意识教育的目的是让大学生对生命形成科学认识，了解生命，进而能够尊重热爱生命。教育内容主要是了解生命的基本构造，懂得生命体从孕育到成长是一个神奇而又复杂的过程，每个人的生命都不是凭空出现的，而是在自然的恩惠下，在社会和家庭关系中成长起来的，所以，要有尊重生命的意识。

2. 生命价值教育

人要树立远大的理想和崇高的信念，要有人生价值的探索能力，能够正确认识自我，认真对待自己的生活，正确认识生命的意义；要有不断完善自己、实现自我超越的意识，明确生命是可贵的，实现自我超越是每一个人的权力和义务。

3. 生命挫折教育

生命挫折教育是要帮助处于不利境遇的大学生个体克服困难，激发他们的潜能，增强个体的抗挫折能力，使其具有坚强的意志和克服困难的勇气，提高大学生走出困境的能力。

4. 生命死亡教育

生命标志着生物机体所具有的活动能力，从人一出生开始，就意味着这种能力终将会消失，即走向死亡，这是任何人都要面对的。大学生正处于青春期，充满活力，很少有对死亡的深刻认识，更没有对生命意义的深层思考，因而要引导大学生珍惜生命。

（二）生命教育的意义

1. 有利于提高生活质量

开展生命教育就是要使大学生懂得生命的意义和价值，懂得自己的社会角色和为什么活着，懂得只有承担自己社会角色的责任、实现自己的理想、完成自己的使命，才能使自己的人生有意义。

2. 有利于提升综合素质

生命观教育可以帮助大学生树立生命意识、主体意识，引导大学生重视生命价值、追求生命意义，培养自信、坚强的人格，激发努力学习的积极性，最终促进大学生自由、全面的发展。

3. 有利于适应社会环境

经济社会发展的全球化、多元化，为大学生实现自身理想和自我发展提供了广阔的舞台，但也增加了大学生适应社会的不确定性和复杂性。而生命教育能够提高大学生自我认知、环境认知的能力，对各种生命现象和社会现象保有尊重的态度和人文关怀，提高社会适应能力。

4. 有利于促进心理健康

现代社会节奏的加快，物质和精神生活的丰富，以及社会环境的日益复杂，使大学生的心理问题更多更复杂。生命教育可以帮助大学生有效地对抗生活中的各种危机事件，正确认识自己，用积极的生命观实现生命的超越。

主题活动

生命是一个过程，在这个过程中我们要经历很多事情，留下时间的足迹，也形成了生活的色彩和生命的活力。通过冥想假设，设想当一个人的生命进入了倒计时，是否还有什么想做的？有什么想说的？还有多少未完成的心愿？还有多少遗憾？

（一）活动设计

活动名称	活动目标	活动流程	活动要求
生命线	明白生命有限，懂得珍惜，树立正确的人生观	在一张白纸上设定生命的长度，然后标注自己认为的从过去到未来的重要事件	用不同颜色的彩笔和不同位置的高低记录自己在生命历程中经历的重要事件

（二）活动流程

1. 准备好一张白纸，然后再准备一支黑色的笔和一支彩色的笔。黑色代表痛苦的事件，彩色代表快乐的事件。

2. 将纸横放，在纸的上半部写下你的名字和生命线。在纸中部，从左至右画一道长长的横线，然后给这条线最右端加上一个箭头，使它成为一条有方向的线。

3. 在线条的最左端，写上“0”，在线条的最右端，写上你自己预计能活到的年龄。

4. 请按照你为自己设定的生命长度，找到你目前所在的那个点，之后，在你标志的左边（代表过去的岁月），把对你有着重大影响的事件用笔标出来，并要写在生命线具体岁数的上方（黑色代表痛苦的事件，彩色代表快乐的事件）。

5. 完成了左边的过去时，我们再标注坐标的右端，把你在未来想做的事情都标注出来，并尽量标明时间。如果是带给你快乐的和具有期待的事情，就用彩色的笔标注在线的上方；如果认为在将来的生命当中，还有挫折和困难，就用黑色的笔标注在线的下方，以此构成完整的生命线。

（三）活动分享

请大家分享“我的生命线”。在分享中，让大家感知生命、探索生命、珍惜生命，从而实现生命的价值；要注意如果有不愿意分享自己的生命线的同学要弄清原因，不要强迫，要灵活掌握，以免对其造成伤害，破坏活动原本的意义。

（四）活动反思

1. 通过对个体生命的线性梳理，我们了解了每个生命都不是一帆风顺的，都会不可避免地遇到一些痛苦的、失望的、消极的事情，也会有幸福的、快乐的、积极的事情；会遇到帮助和支持我们的人，也会遇到伤害和妨碍我们努力前进的人。

2. 我们要学会正确看待生命中的重要事件，要明白生命对每一个个体来说都是独一无二的，都是不可复制的，生命的可贵在于对生命历程的不断探究和呈现出的多姿多彩，因此，要树立正确的世界观、人生观和价值观。

第二节 敬畏生命

名家名言

生命是真实的，生命是诚挚的，坟墓并不是他的终结点。——［美国］朗费罗

只有我们拥有对于生命的敬畏之心时，世界才会在我们面前呈现出它的无限生机。——［德国］史怀哲

天地之间最大的德就是爱护生命、敬畏生命。任何生命都是生命长河中的沧海一粟，悄然升起，又悄然消逝，有且仅有一次，是最宝贵的存在。

一、生命敬畏观

20 世纪，法国医学家、哲学家施韦泽把“敬畏”与“生命”相结合，提出敬畏生命的伦理思想。在他看来，生命是神圣的、可贵的，人要对生命秉持恭敬、敬畏之意，保持生命、发展生命，“伤害生命、毁灭生命、压制生命的发展就是恶”。施韦泽敬畏生命的思想体现了以关爱生命、尊重生命、发展生命为价值评判标准的基本观点，为人们处理一切同类生命及他类生命提供了方法论。倡导生命敬畏观就要加强敬畏生命的价值观。

（一）敬畏生命是人的本质体现

人的生命不同于其他生命，人是最高的生命主体，能意识到生命主体之间的依存关系，摒弃狭隘的观念，走出自我的范围，对所有生命给予关怀和帮助，从而使自我的生命融入人类的“大我”之中，获得更为宽广的维度，使生命的意义和价值得到最高程度的展示。正如施韦泽所言：“所有生命都必然生存于黑暗之中，只有一种生命能摆脱黑暗，看到光明。这种生命是最高的生命……只有人能够认识到敬畏生命，能够认识到休戚与共，能够摆脱其余生物苦陷其中的无知。”所以，敬畏生命蕴含着人之为人的基本原则和根本依据，敬畏生命体现了人的本质，人就是“人”，唯有人才能担当起“敬畏生命”的责任，这也是人高于其他动物的根本所在。敬畏生命不仅凸显了人的存在，还为大学生指明了应该成为何种意义上的人，展现了其作为人应有的态度，即应该成为对生命怀有深深敬畏之情的人。同时，敬畏生命更是大学生的一种价值追求，能成就大学生内在的德性及完善的人格，展现其对道德的自觉追求。因此，倡导敬畏生命的价值观，使大学生在敬畏生命的价值观的引导下，探寻生命意义，提升其生命价值，促进人的发展，是人的本质体现。

（二）敬畏生命是思想政治教育的重要内容

拓展阅读

13-2 张海迪，在奋斗中彰显生命价值

价值观是人们对价值的一般观点和根本看法，它影响着人的思想和行动，决定人的理想信念的性质，并对社会的发展起着非常重要的作用。任何一个人的生活都是在一定价值观的指导下进行的，没有价值观指导的生活是没有意义的生活，也不是真正的生活。敬畏生命的价值观主张生命之间休戚与共，对一切生命敬畏，并在敬畏生命的精神中寻找完善，以“保存生命，促进生命，使可发展的生命实现其最高价值”。敬畏生命的价值观能深刻体现人的本质，使生命意志得到最直接的体验，并注重行动的实践价值观。由此可见，敬畏生命蕴含着不可估量的精神力量，敬畏生命的价值观能为大学生提供共同的价值观念和精神信仰，使他们敬畏生命，并在敬畏生命的精神中认识自我、审视自我、超越自我，实现生命的价值，促进人的发展。因此，倡导敬畏生命的价值观，是大学生思想政治教育的重要内容。

（三）敬畏生命是树立正确价值取向的关键

改革开放以来，多元的价值观在一定程度上影响和冲击了我国传统的价值观，在传统与现代的交替、一元与多元的碰撞中，出现了主流价值观的缺失及社会道德滑坡的现象。工具理性的上升，价值理性的失落，人们将更多的视线关注在追求功利的操作性层面，在疯狂的物质占有和物欲追逐中，渐渐地迷失了自我，物质几乎成为人的生命活动的唯一目的，人成了物质利益的俘虏；人的物化及生命活动的异化造成人的心灵世界杂草丛生，使精神以无依托的处境出现；人们不再思考那些具有永远意义的价值，更多地从功利主义、实用主义的层面出发，教育也蜕化为外在的实利追求，其本真的价值失落，将影响大学生的生命价值取向，以及大学生生命价值教育的有效性。

因此，倡导敬畏生命的价值观显得尤为重要，而且只有在敬畏生命的价值观的引导下，大学生才能更深刻地认知生命价值，树立正确的生命价值观念，走出物化、生命异化及自杀的危险境地，体会到生命的短暂，并积极创造生命的价值，促进人的发展，这也是大学生思想政治教育的目的所在。

案例导读

致敬医者，敬畏生命

人之一生都要经历生、老、病、死。医生是守护人们健康的白衣天使，没有他们的存在，无情的病魔将肆虐侵蚀人们的健康，威胁人们的生命。当一场突如其来的疫情悄然肆虐神州大地，人民健康遭受严重威胁，广大医务工作者响应党和国家的号召，英勇无畏、义无反顾冲在疫情防控第一线，同时间赛跑，与病魔较量，筑起护佑人民健康的钢铁长城。每个身影都践行了“苟利国家生死以，岂因祸福避趋之”，每套用马克笔写着名字的防护服，每个被蒸汽模糊的护目镜下，那张看不清的面孔，都诠释着“白衣执甲，不胜不归”。

解析 医者是“逆行者”，疫情面前挺身而出；是“守护者”，用生命守护生命；是“攀登者”，夜以继日地攀登医学高峰。他们是奋战在医疗服务一线的白衣战士，每天不倦奋战、倾尽全力。生命是如此重要，再多的金钱、名利、地位，也无法与健康的生命相比。没有了生命，拥有得再多，都失去了意义。所以，我们应珍爱生命，永不放弃。

思考 医者仁心，不是生而无畏，而是生命值得敬畏。对于普通人，最重要的是使自己具有生命高于一切的意识。你对生命有怎样的领悟？

二、生命情感培养

人的生命与情感紧密相连，生命情感沟通着认知和行为，情感贯串生命的全过程，是生命价值得以体现的重要内涵，是建构其生命意义的基础，关乎其生命价值的取向。

（一）生命敬畏引导生命包容

泰戈尔曾说：“教育的目的，是向人传送生命的气息。”教育的目的不是单纯的知识和技能的累积，而是教化人的灵魂，唤醒良知，从而敬畏生命。敬畏感是人类所特有的复合情感，是人类在寻求和谐发展中的一种生存智慧。大学生敬畏感在内容上相应地分为生命敬畏感、自然敬畏感、道德敬畏感及法律敬畏感四个方面。

1. 生命敬畏感

生命敬畏感意味着敬畏一切生命，一切生命不仅是人类的生命，还应包括其他动物的生命及植物的生命。

2. 自然敬畏感

自然敬畏感是指主体面对自然的动植物及山川、河流、广袤的土地等生态资源时，所产生的既尊崇又畏惧的一种惊奇感。大学生要懂得人与自然应是和谐统一的，人只有尊重了自然规律才能与自然和谐相处，才能使人类自身的利益与需求得到最优化的满足。

3. 道德敬畏感

道德敬畏感是指主体为了实现自身的价值追求而自省、自警、自律的一种道德情感，这一情感是道德的内在要求和情感体现。通过对自我的主动约束而实现其价值理想，使价值认同和实践导向相统一。

4. 法律敬畏感

法律敬畏感是法治精神和法律意识的最高状态，是人们对现行法律法规高度认同的一种情感体现，是面对法律的神圣性而生发的尊崇和畏惧的情感，能够使大学生对法律法规自觉遵从。

（二）心存敬畏才能行有所止

孔子说：“君子有三畏：畏天命，畏大人，畏圣人言。小人不知天命而不畏也。”知道敬畏，懂得敬畏，是君子的处世之道。心存敬畏，行有所止，知道什么该做，什么不该做，懂得适可而止，敬畏生命、自然、道德、规律，敬畏一切应该敬畏的东西。

1. 敬畏生命

敬畏生命即是尊重生命伦理，这种生命伦理不仅限于人类，也包括一切动物和植物。敬畏生命可以让我们了解生命、保持生命、促进生命的发展，使生命实现其最高的价值。若是毁灭生命、伤害生命，压制生命的发展，则会导致恶性循环，使得一切冲突和矛盾不可调和。

一个人只有心怀敬畏，才能有如履薄冰的谨慎态度，才能在行为上有所约束和克制，始终保持一颗平常心，知方圆，懂规矩，做事踏实，做人老实。心存敬畏不仅是一种人生态度，更是一种价值取向，是一种人生的大智慧。以一颗敬畏之初心来面对我们所生活和栖身的世界，守住做人的底线，像花一样美丽，像蚂蚁一样勤劳，才能活出情怀，活出人格，活出大美。

2. 敬畏自然

生命本身就是伟大的奇迹，无论高低贵贱，无论大小智愚。在阳光下自由呼吸，在天地间尽情绽放，在众生中获得尊重，是所有生命的梦想。人类要有敬畏自然之心，自然不容我们肆意改造，更不容我们强加征服，我们要与自然和谐地相处。雨果曾说，大自然是善良的慈母，同时也是冷酷的屠夫。若人们无视自然的法则，肆意打破自然的平衡，迟早会招致自然的报复，因此，我们应明白万物生命的平等性，学会与自然共存共生。

3. 敬畏道德

孔子说“君子怀德，小人怀土”，就是指君子孜孜以求道德，而小人追逐利益。他认为道德是评判一个人是否为君子的最基础标准。梁漱溟曾言：“道德是生命的精彩，生命发光的地方，生命动人的地方。”人活着不仅是为了谋生存，更重要的是活出生命的价值与意义，而良好的道德有助于规范人的行为、提升人的修养，从而更好地实现生命意义。德性也是幸福的重要组成部分，道德上的充实才是真正的快乐，而这种快乐是物质享受所无法给予的。当今社会，有些人为了私利去伤害他人，这样的人即使获得了一时的利益，也终会被社会唾弃，难以获得长久的幸福。道德塑造个体生命的镜像，良好的道德可增益人格，陶铸人的风骨气节。生命教育应注重生命道德的培养，帮助人掌握道德的本质、陶冶道德情感并养成道德习惯，成长为品德高尚的人。

4. 敬畏法律

法律的本质作用是保护公民的权利，法律的禁止性规定和义务性规定是现代公民的行为底线，任何人都不能逾越践踏。因此，我们要保持一颗对法律和制度的敬畏之心，让学法知法成为生活的必需，让遵纪守法成为生活的时尚。

明代思想家方孝孺有言：“凡善怕者，必身有所正，言有所规，行有所止，偶有逾矩，亦不出大格。”有了敬畏之心，人的行为举止就有了规范，有所为和有所不为。敬畏之心要靠自我去修炼；敬畏之心要用制度来约束，敬畏之心，要拿行动来证明。

主题活动

生命是脆弱的也是坚强的，更是崇高神圣的；树立生命价值高于一切的思想，增强珍爱生命的责任感，形成敬畏生命的情怀和以实际行动践行关爱、尊重、善待生命的能力，让敬畏生命成为一种思想自觉和道德品质。

（一）活动设计

活动名称	活动目标	活动流程	活动要求
生命之歌	懂得敬畏生命，感受生命的美好，感受伟大祖国的美好	看视频、幻灯片、图片，并写下自己的感受	要自主体会、积极参与、自我感受，进而引发对生命的思考

（二）活动流程

1. 播放“动物世界”片段，展示“沙漠绿洲”等画面，感受生命之精彩。
2. 针对看到的视频和图片，讨论个体感受。
3. 写一篇关于“我对生命的认识”的体会。

（三）活动分享

通过分享感受，懂得每一个生命都是一个不朽的传奇，每一个传奇背后都有一段精彩的故事。把每一个生命都看成传奇，这是敬畏生命的基础。你、我、他，世间万物都毫不例外。

（四）活动反思

如果世界没有了这么多生命的点缀，世界会是什么样的？通过讨论体验生命的可爱，理解每个生命都是独特的、可敬的、唯一的、可贵的，在欣赏生命之美好、领略生命之敬畏的过程中享受生命的快乐。

第三节 珍爱生命

名家名言

人生无论在极坏的时候或是最好的时候，总是美的，而且向来是美的。

——［美国］德莱塞

我爱人生，所以我愿像一个狂信者那样投身到生命的海里。——［中国］巴金

对人来说，生命是一个历程，是一个不断持续发展的过程。对人类历史发展及自然万物来说，一个人的生命是非常短暂的。然而，对人的个体来说，人的生命又是比较长的一个历程，在这一生命历程中，会经历从出生、成长、成熟、衰老、死亡的一个生命周期。在生命的周期里，人的生命发展并不是一帆风顺的，有时我们会充满了快乐，有时又会陷入人生的低谷，但人的一生起起落落才是常态。

案例导读

给命运一条出路

现代伟大的物理学家霍金，全身瘫痪，不能言语。一次学术报告后，一名记者对他提出这样的问题："霍金先生，卢伽雷病将你永久固定在轮椅上，你不认为命运让你失去很多的出路吗？"然而，霍金脸上充满微笑，他用自己还能活动的3根手指，艰难地叩击键盘后，显示屏上出现了下面文字：我还有一颗感恩的心，我的手指还能活动，我的大脑还能思维，我有终生追求的理想，我有爱我和我爱着的亲人与朋友。

任何逆境当前，只要还有一颗感恩的心，就不会一无所有，所谓的"命运"也会有另外的出路。

解析 每个人的生命中都会遇到各种逆境，可能发生各种挫折，而心怀感恩的人能够把挫折当作存折，把苦难当作宝藏。

思考 作为新时代大学生，你将如何珍爱、成就生命？

一、生命危机

生命是精彩的、丰富的、美好的。进入大学后，除了快乐和幸福，大学生还要面对社会的压力、信息的冲击、失恋的苦恼、交际的恐惧等，这些都容易使大学生出现心理失衡，并产生严重的心理问题、心理症状，严重的还会使大学生丧失生活的信心而出现生命危机。

（一）生命危机的概念及特征

1. 生命危机的概念

生命危机的初级阶段是心理危机，心理危机是当人遭遇突发或重大的应激事件时，个人无法解决而出现的暂时性心理失衡状态，当这种状态非常严重，使人出现恐惧、害怕和极度悲伤时，人就会对生活失去希望和信心甚至出现自杀的想法和行为，这时心理危机就上升为生命危机。

在现实生活中，心理危机时常发生，在人的成长历程中，一个人要经历各种各样的心理危机事件。对于大学生来说，学业压力、就业压力和经济压力是当前大学生面临的主要问题，如果大学生没有良好的心理承受能力，或者没有良好的疏导压力的途径，将会导致严重的后果。虽然心理危机事件经常发生，但是生命危机却是很少发生的，正是因为这样，对于严重威胁自身生命的生命危机事件，才要引起高度重视。

2. 生命危机的特征

（1）突发性。危机的发生常常出人意料、突如其来，具有不可控性，特别是生命危机的当事人也没有控制的想法和行为。

（2）危险性。人处在生命危机状态时，会出现思维不清、意志失控、情感混乱、反应迟钝等症状，极具危险性。

（3）潜在性。危机不是以直接爆发的形式发生，而是潜藏于个体的内心之中，当遭遇的危机事件发生时，就会引发严重的危机。

（4）复杂性。危机事件的发生是非常复杂的，往往是各种问题交织在一起，对个人面临的危机反应起放大作用。

（二）生命危机的反应及识别

1. 生命危机的反应

个体面对危机时会产生一系列身心反应，包括生理反应、情绪反应、认知反应和行为反应等。所以，当生命危机将要出现时一般会表现出一些征兆，及时发现生命危机的外在表现，对有效预防和及时消除危机具有重要的意义。

2. 生命危机的识别

（1）有持续的不良情绪表现。不良情绪是个体处于心理危机或生命危机时的重要表现，主要包括抑郁、焦虑、淡漠、躁狂等。如果大学生的情绪突然发生了严重的改变，且明显异于平常，如出现情绪低落、悲观失望、焦躁不安、忧郁苦闷、持续哭泣、烦恼等症状，这就表明可能出现了生命危机问题。

（2）存在明显的行为改变。如果大学生突然出现行为异常，如饮食、睡眠、交往等出现反常，或出现自制力丧失、不能控制自己、孤僻独行时，就要警惕其是否出现了生命危机。

（3）存在学习兴趣下降。当大学生在智力正常的情况下，突然丧失了学习能力和学习兴趣时，很有可能是其心理状态出现了问题，如无故旷课、迟到早退、成绩急速下滑、无法正常听课等，都要引起注意。

（4）存在损坏心爱之物的现象。丢弃或损害个人平时特别喜欢的物品，是典型的心理问题的识别依据，如果大学生不能正常有序地学习和生活，把自己平时很喜欢的东西随意丢弃或毁坏，这就意味着其有不正常的心理行为发生，而且是其心理障碍达到生命危机的程度时才会出现的情况。

（5）流露出有轻生的想法。大学生流露过自杀意图，如谈论自己的死或与死有关的问题，或写下遗嘱之类的东西，有的大学生甚至已经采取过某些手段企图自杀，这些都是生命危机的表现。

（6）遭遇生活重大变故。有些大学生家庭突然发生重大变故，或者受到自然和社会意外的刺激，导致行为异常的，要引起高度注意。

（三）生命危机的预防

对于大学生群体来说，成长成才既是学校的责任也是其自己追求的目标任务。作为一名合格的大学毕业生，既要形成良好的道德品质，学好知识和技能，还要有健全的人格和积极向上的人生态度。所以，做好生命危机的预防，既是对自己负责，也是对家庭和社会负责。

拓展阅读

13-3 如何正确应对心理危机

1. 养成正确的生命价值观和人生观

大学生正处于人生最好的一段年华，年轻有朝气、积极进取、乐观向上，正是人生朝气蓬勃的阶段。大学生要有意识地提升自己的责任担当能力，要锻炼自己适应不同角色定位的能力，正确对待生活中遇到的各种问题，以乐观负责的态度，养成善待生命、珍爱生命的意识。

2. 提高抗挫折能力

大学生经常会遇到各种生活和学习等方面的问题，承受各种压力。一个人耐受压力和挫折的能力决定了其是否能以积极乐观的态度面对所遇到的问题，所以提高抗挫能力非常重要。提升这一能力的方法有三种：一是通过学习提高自我认识水平，客观地评价自己，避免高期望所导致的失望和痛苦；二是有意识地多参加学校举办的心理训练活动，了解压力形成的原因，提升自己的抗压能力；三是积极改善人际关系，营造良好的人际环境，提升自己的人际管理水平。

3. 积极寻求外界支持和帮助

大学是集体生活的开始，大学生每天都要与同学和教师相处，还要面对家人的关注。当感觉压力过大或自我调节效果不明显时，要有寻求求助的意识和行动。大学生可以向父母或其他亲人求助，获得亲人的支持和帮助是最有效的办法；也可以向同学或朋友求助，同龄人及其理解与分析问题的视角既有助于自己走出情绪低谷，也可以与你一起面对困难、共同承受压力；还可以向教师求助，教师每天面对学生，十分了解学生并具有丰富的经验，通过教师的指导和点拨，一定会获得最有力的支持；还可以寻求学校心理咨询中心等专业机构的援助，从而帮助自己找出问题的原因及缓解的办法。

4. 树立正确的生命危机意识

树立正确的生命危机意识要从两方面做起。一方面，当其他同学出现心理危机或生命危机时，要主动帮助他们走出困境，通过自己的真情关爱，化解他们的危机，挽救他们的生命，实际上帮助同学的同时，也是在提高自己对生命危机的认识和抗打击的能力。另一方面，要正确认识人生可能经历的重大挫折和情感打击，要意识到这是人生的重要经历，是人力不可改变的事实，越是人力所不能改变的，越要从外部找原因，首要的是主动接受并积极化解。

二、呵护生命

现代社会的快速发展，使人们在各方面的压力不断加大。 在这种大环境下，大学生更加应该珍惜生命。每一名大学生都要努力把握和充实自己的人生，提高生命的价值与质量。生命是珍贵的，每一个生命都是唯一的，每一个生命都是独特的。心理学家弗洛姆说过：地球上只有一个你，你要珍爱自己，人间最大的不幸莫过于那些生而厌者。如果不快乐、没有希望地生活，生命就失去了意义。所以，我们要尊重生命、呵护生命。

（一）热爱生活

大学期间是人生最富有朝气的阶段之一，大学生肩负着父母的期望、家庭的使命和社会的责任，所以，要尊重自己的生命、接纳自己的生命，要学会关爱自己。大学生要认识到，每个人的生命都具有自己的特色，既有优于他人的长处和特点，也有自己的不足，总有不完美不如意的地方；在做事上，不能做到事事完美，也不能做到事事成功；要学会接受真实的自己，接受自己的优势也接受自己的不足，接受自己的成功也接受自己的失败；要明确，只有热爱生活、尊重自己、懂得善待自己的人，才能活出真实的自己。

（二）心态积极

保持积极的心态是对生命的最好的尊重，积极心态能激发人的巨大潜能和创造性。积极心态是与消极心态相对而言的，如果在面对生活的失意与压力时，能够以积极的心态战胜消极心态，就会激发人的潜能、促进人的进步；如果消极心态占了上风，就会阻碍人的进步，使人意志消沉，情绪陷入低谷，难以自拔。大学生在面对问题、困难、挫折、挑战时，要有追求成功的坚定信念，善于运用可能性思维、积极性思维、肯定性思维考虑问题。

（三）善待生命

善待生命是每一个人的责任，生命不只属于自己，无论遇到什么困难和压力，都不要厌弃、放弃生命。同时，大学生要清醒地意识到，善待自己和他人的生命是自己应该负起的责任，是新时代大学生的责任担当。实际生活中，每一个人都有可能遇到自己无法解决的问题、承受自己无法承受的压力，即使自己极度失望悲观，也要尝试解决问题、减轻压力。在此基础上，大学生还要学会主动寻求帮助，可以直接向父母、亲属、教师、同学、朋友寻求帮助，要知道，敢于寻求帮助才是强者的行为。

三、成就生命

许多大学生会有这样的想法，我们还年轻，我们还有很多时间可以浪费，青春就是我们最大的本钱。然而，对于每一个人来说，生命都只有一次，所有人都不能延缓或拖住时间。所以，珍爱生命首先要从珍惜时间开始。在大学这一积蓄人生力量与能量的阶段，珍惜时间就是为生命赋值，就是成就生命。

案例导读

愿做献身洪流中的一朵浪花

黄大年，1958 年出生在广西南宁一个知识分子家庭。1996 年，黄大年在英国利兹大学地球科学系博士毕业后返回吉林大学，经单位同意，他于 1997 年再赴国外从事研究。2009 年 12 月，黄大年回国担任吉林大学地球探测科学与技术学院教授。

作为我国深部探测技术与实验研究专项第九分项“深部探测关键仪器装备研制与实验”的首席科学家，他以吉林大学为中心，组织全国优秀科研人员数百人，开启了深部探测关键装备攻关研究。黄大年致力攻关的“航空重力梯度仪”就像一个“透视眼”，给地球做 CT，能洞穿地下每一个角落。这套系统十年磨一剑，在探明国外深海大型油田、盆地边缘大型油气田等成功实验中，发挥了至关重要的作用，成为“颠覆性”技术推动行业突破的典范。

黄大年说：“我是国家培养出来的，只要祖国需要，我必全力以赴。”骄人成果的背后是艰辛的付出。回国 7 年，他像陀螺一样不知疲倦地旋转，常常忘了睡觉、忘了吃饭。2016 年 11 月 29 日凌晨，黄大年又晕倒在出差途中。回到长春，单位强制安排他做了检查，可还没出结果，他又跑去北京出差。回到长春后，还没喘口气儿，黄大年就拿到了住院通知：胆管癌，住院治疗。2017 年 1 月 8 日，黄大年因病离世，年仅 58 岁。

解析 放弃百万年薪回国，填补多项技术空白，为了实现伟大强国梦，黄大年，这个海外赤子满怀报国激情，即使前路艰辛，也从来没有放弃对国家的忠诚、对事业的追求，他是真正的国之重器。

思考 如何成就个人的生命价值？大学生在学习和生活中应该如何弘扬黄大年的这种精神？

（一）成就生命价值

从社会学和哲学层面上看，一个人的生命价值不体现在有多高的地位、多大的财富、多少的荣誉，而是体现在其能否不断认识自己、不断开发自己的潜能，促使自己不断地发展、成长，通过主观努力实现和创造价值。每个人对自己生命的把握和对生命价值的创造是不同的，大学是人生中一个补充能量的重要阶段，大学生应抓住大学时期的大好时光，积极创造属于自己的人生，就会呈现出一个独特的、充满魅力的精彩人生。

知识链接

吉格勒定理：远大目标成就精彩人生

美国行为学家吉格勒认为，设定高目标等于达到了目标的一部分。开始时心中就怀有一个高的目标，意味着你知道个人目的地在哪，迈出的每一步都方向正确；怀有最终目标还会让你形成良好的工作方法，养成理性的判断法则和工作习惯，呈现出与众不同的眼界。可见，有了一个高的奋斗目标，你的人生也就成功了一半。你是一个有高目标的人吗?

（二）丰富生命内涵

成就生命要用爱去诠释人生，用爱去诠释生命的价值与意义是最好的人生哲学。爱首先是给予，人懂得给予，就能诠释人生的美好。给予不是为了得到，但当我们这样给予了，也确确实实有所得，因为我们是用爱换来爱、用信任换来信任。正如教师在课堂上传授给学生知识，学生也会通过自己的言行使教师获得领悟。所以，大学生要有自己的价值判断标准，要善待自己、爱自己，善待他人、爱他人，要学会相互关爱和相互帮助，生命会因为有爱而变得丰满精彩，只有懂得爱、会爱的人生才是真正有意义的人生。

（三）创造生命价值

成就生命就要用创造提升人生价值。大学阶段是个体思维最活跃、思想最开放的年龄，因此，要通过创造给生命赋值，提升生命价值。创造首先是全身心投入学习和工作，在选定一个方向或一个项目时，要有高度的专注力和辛勤的努力，要激发出自己的兴趣，真正主动投入才能有所得。其次，创造要有坚定的信心和勇于面对的勇气，坚定的信心就是对自己对团队信任，勇于面对的勇气就是就是敢于进取、敢于担当。大学生要想成就自己的人生，就要努力成为一个有创造力、有信心、有勇气的人。

主题活动

生命是宝贵的，我们要珍惜生命、关爱他人，要在生活中体现自己生命的价值与意义。“生命的孕育”给我们阐释了生命的神圣和来之不易；“生命的美好”告诫我们要珍爱自己和他人的生命；“生命的防护”向我们传授了如何保护自己的生命安全；“生命的磨砺”向我们展现了彩虹总在风雨后；“生命的担当”让我们领悟了生命的价值和意义。

（一）活动设计

活动名称	活动目标	活动流程	活动要求
体验生命之美	认识生命来之不易，要以乐观精神直面挫折，让生命充实焕发光彩，增强家国情怀	通过诗朗诵、知识竞赛、歌曲、讨论等形式，了解生命的价值和意义，明白只有勇于迎接挑战、直面挫折才能使生命焕发光彩	收集有关生命教育的资料，并谈谈自己对生命的理解及身边发生的故事

（二）活动流程

1. 活动准备。

（1）以“生命中的感动”为主题排练小品。

（2）查找关于安全防范意识不强而造成的悲剧事件，并进行数据统计。

2. 活动程序。我们经常想，生命是什么呢？那是一股足以擎天撼地的生命力。有贤者言，日月经年，世事无常，人生如月，盈亏有间，让我们共同领略一次人生的旅程吧！

（1）请同学们对小品表演发表感想。

（2）请同学们报告并讨论课后查找到的由于安全防范意识不强而造成的悲剧事件及数据统计。

（三）活动分享

1. 你的生命仅仅属于你自己一个人吗？你可以随意地对待自己的生命吗？我们应该怎样做才能发挥生命的真正价值？列举你所感知和看到的生命中的美好的一面。

2. 你现在做到珍爱生命了吗？在生活中你如何展现个人生命价值？关于珍爱生命、呵护生命你有什么规划？你想在哪方面努力发掘个人潜力？

（四）活动反思

1. 珍爱生命是每个人都能认可的话题，我们在思想认识上都懂得要珍爱生命、尊重生命、成就生命。但在实际生活过程中，珍爱自己的生命，爱他人、爱社会、爱国家，却不是轻易就能做好的，在行动上可能有这样或那样的不完美，而正是因为有不完美，才是我们真实的生活状态。

2. 关于珍爱生命，我们既要有一颗平常心来对待生活中的每一件事，又要有一颗进取心，面对我们遇到的各种挫折和困难，相信只要从点点滴滴做起，积极向上，就能够实现自己的光彩人生。

||| 反思与探究

1. 如何让自己的生命更有意义和价值？
2. 你有重塑自己生命的冲动吗？如何实现生命重塑？
3. 人为什么要敬畏生命，我们应如何敬畏生命？
4. 请回忆自己经历过的心理危机事件，并分析心理危机产生的原因。
5. 请结合自己的实际情况谈谈尊重生命、呵护生命有什么意义和价值。

||| 延伸阅读

1. 胡适 . 人生有何意义 [M]. 北京：九州出版社，2013.
2. 蔡崇达 . 皮囊 [M]. 天津：天津人民出版社，2014.
3. 培根 . 培根论人生 [M]. 乌尔沁，译 . 北京：译林出版社，2016.
4. 弗兰克尔 . 活出生命的意义 [M]. 吕娜，译 . 北京：华夏出版社，2018.
5. 尹烨 . 生命密码 2：人人都关心的基因科普 [M]. 北京：中信出版集团，2020.

||| 好好学习

1. 在奋斗中释放青春激情、追逐青春理想

广大青年既是追梦者，也是圆梦人。追梦需要激情和理想，圆梦需要奋斗和奉献。广大青年应该在奋斗中释放青春激情、追逐青春理想，以青春之我、奋斗之我，为民族复兴铺路架桥，为祖国建设添砖加瓦。

——2018 年 5 月 2 日，习近平在北京大学师生座谈会上的讲话

2.“爱人利物”是中华民族传统美德

生命至上，集中体现了中国人民深厚的仁爱传统和中国共产党人以人民为中心的

价值追求。“爱人利物之谓仁。”疫情无情人有情。人的生命是最宝贵的，生命只有一次，失去不会再来。在保护人民生命安全面前，我们必须不惜一切代价，我们也能够做到不惜一切代价，因为中国共产党的根本宗旨是全心全意为人民服务，我们的国家是人民当家作主的社会主义国家。我们果断关闭离汉离鄂通道，实施史无前例的严格管控。作出这一决策，需要巨大的政治勇气，需要果敢的历史担当。为了保护人民生命安全，我们什么都可以豁得出来！从出生仅30多个小时的婴儿到100多岁的老人，从在华外国留学生到来华外国人员，每一个生命都得到全力护佑，人的生命、人的价值、人的尊严得到悉心呵护。这是中国共产党执政为民理念的最好诠释！这是中华文明人命关天的道德观念的最好体现！这也是中国人民敬仰生命的人文精神的最好印证！

——2020年9月8日，习近平在全国抗击新冠肺炎疫情表彰大会上的讲话

第十四章
心理咨询：大学生的心理加油站

章前导读

大学生正处于青年期向成年期转变的阶段，大学生特有的心理特征和社会因素的变化，无形中加重了其心理压力，给其身心健康带来不利影响，因此，心理咨询工作显得尤为重要。

本章将介绍心理咨询的内涵及作用，引导大学生正确看待心理咨询，并主动通过心理咨询解决心理问题。

学习目标

知识目标：了解心理咨询的内涵及作用，塑造健康的人格，促进个人的全面发展；了解大学生常见的心理问题，正确看待大学生心理咨询，消除对心理咨询的偏见；了解心理咨询能解决的问题，以及心理咨询的常见技术。

能力目标：能够以积极乐观的精神状态面对自身的问题，增强自信心，提高抗打击的能力。

价值目标：树立正确的世界观、人生观、价值观，最大限度地发挥潜能，提高认识问题和解决问题的能力，成为高素质人才。

第一节 心理咨询的内涵及作用

名家名言

心理治疗的主要目的，并不是使人进入一种不可能的幸福状态，而是帮助他们建立一种面对苦难的、哲学式的耐心和坚定。——［瑞士］荣格

要想了解自己，就要观察别人的行为，要想理解别人，就请体察你自己的心吧。——［德国］席勒

大学生处在高等教育大众化进程的推进及社会对人才的需求高规格化的背景下，不仅要具备良好的思想素质、道德素质，还必须具备优良的心理素质、较强的社会适应能力和心理调适能力及健康的人格。多数大学生能够自觉制定奋斗目标，根据目标制订实施计划，并排除困难努力实现目标，意志的自觉性和坚韧性品质已达到较高水平，但意志的果断性和自制品质的发展却相对缓慢一些。

一、心理咨询的内涵

（一）心理咨询的定义

心理咨询作为心理健康教育和心理健康治疗的重要组成部分，一般情况下被认为是一种技术和方法。心理咨询是由西方心理学发展、创设而来的，我国将其引入的时间相对较短。国外的学者和心理专家对心理咨询的定义做了多种多样的解释，这些阐释对于我们深入理解和分析心理咨询定义具有较高的借鉴价值。

心理学家杜德利认为，心理咨询是一种过程，在这个过程中，心理咨询师和来访者建立一种没有威胁、完全接纳、帮助的关系，目的是让来访者能够朝着发挥自己最大潜能的方向成长和发展，在目前和以后的生活中享受人生中的快乐和幸福。心理学家派特生认为，心理咨询是一种人际关系，在这种关系的确立下，心理咨询师为来访者创造了一定的心理气氛和条件，使其心理发生变化，做出选择，最后在

此气氛下解决自己的心理问题，形成具有责任感的独立个性，从而成为更好的社会成员。

实际上，心理咨询是一门具体的社会科学，它既是心理学学科门类的分支，也可以说是一种技术和技能，即以提供心理咨询服务为主的专业技能。对于后一个解释来说，心理咨询便是心理咨询师对于寻求帮助的对象进行心理和行为的矫正，具体来说是心理咨询师运用自身所习得的心理学知识和人际交流的方法技巧，与来访者共同就其某个心理问题进行倾听、研究和分析，为来访者找寻产生问题的原因及解决问题的方法，以此增强来访者自信心，提高来访者抗打击的能力，使其能够以更加积极乐观的精神状态面对自身的问题。

（二）心理咨询的特点

1. 咨访双方关系的特殊性

心理咨询过程中咨询师与来访者的关系是一种特殊的人际关系。

（1）协作关系。这一关系的建立是以来访者迫切得到帮助、主动来访为前提的，咨询师与来访者是一种共同成长的存在关系，也是一种相互协作的关系。咨询师的角色是参谋、顾问，其中虽有教育的因素，但主要不是以教育者的角色出现，咨询师一般以“听”为主，处于辅导地位，如倾听来访者的“宣泄”，注意观察其表情、手势、姿态等，力求进入来访者的内心世界，委婉地提出建议，与对方探讨各种选择的可能性。

（2）咨访关系。咨访关系是在特定地点和时间内建立起来的一种具有隐蔽性和保密性的特殊关系，咨询的内容和咨访关系不希望被公开化，这一关系不得超越咨询活动的范围，咨询师在约定的时间以外，不得与来访者建立咨询活动以外的任何联系。所以咨访关系没有一般人际关系所具有的利害冲突与日常瓜葛，没有那些复杂的社会关系的交互作用。另外，咨访关系是一种治疗联盟，咨询师总是能做出同情、理解的反应，能够给来访者提供许多具体的建议和措施，可以将来访者意识不到的思想和感受反馈给当事人，以帮助对方获得对自我的重新认识与调适。

2. 咨询内容的广泛性

心理咨询的内容十分广泛，涉及人生发展的一系列课题，它分为发展性咨询和障碍性咨询。发展性咨询重点在于帮助来访者更好地认识自己和社会，增强适应能力，充分开发潜能，提高人的全面发展。障碍性咨询指对存在心理障碍者的咨询，重点是去除障碍和不适。从人生发展的角度来看，它包括各个方面心理问题的咨询，如学习、教育、工作生活、恋爱、婚姻、家庭等方面；各个年龄阶段心理卫生的咨询，如优生与胎教、儿童心理卫生、青春早期及青年心理卫生、中年心理卫生、更年期心理卫生、老年心理卫生等方面；各种心理障碍的咨询，如认知活动障碍、情绪障碍、意志活动障碍、智力障碍、人格障碍、性心理障碍、性功能障碍，社会行为和人际关系障碍等方面；各种特殊心理危机干预的咨询，如家庭暴力、危重病人、自杀者等的心理调治；各种神经症、心身症和精神病早期诊断、治疗和康复的咨询等。

3. 咨询过程的多端性和社会性

（1）多端性。咨询过程是一个咨访双方有目的、有计划地推动双方实现所定目标、在互动中逐步推进的复杂过程。咨询过程的多端性是指对来访者的咨询过程可以有多种开端。众所周知，一个人的心理结构和心理面貌是一个由知、情、意、行四方面构成的复杂系统，在人的心理结构中，这四方面组成了一个统一的有机体，一个人的心理问题或心理障碍也主要是这四个方面发生了偏差。因此，心理咨询过程应在转变咨询对象的认知上下功夫，做到晓之以理。行为是归宿，只有知而去行的“知”才是“真知”，知而不行，等于不知。因此，要从根本上解决来访者的心理问题，就要“导之以行”，对其行为习惯或行为方式提出相应要求和进行必要的训练。情和意是中介，只有积极的情感与意志才能使认知顺利转化为行为。由于社会生活实践不同，每个人的心理结构中这四方面因素所占的位置、所起的作用也不同，其发展的不平衡就产生了某个方面的薄弱环节。因此，在心理咨询过程中，必须根据来访者的具体情况，选择最需要、最迫切的方面作为咨询工作的开端和突破口，或转变认知，或调整情绪，或训练意志，或纠正行为，均可以达到将心理状态恢复正常的目的。

（2）社会性。心理咨询的过程不是一个封闭的系统，而是具有社会性的。社会的发展、科技的进步及社会价值体系的变化，会给心理咨询带来不同程度的影响。学校处在开放的社会环境中，社会因素直接影响心理咨询的过程。咨询师对来访者的帮助只是各种影响源中的一个因素，人的心理行为还受到家庭、学校、社会诸方面的影响，在这些影响中，有些是与心理咨询方向一致的，能帮助和促进来访者更好地克服心理障碍；有些是与心理咨询方向相背的，可能妨碍、削弱心理咨询的顺利开展。为此，咨询师应充分考虑到这一特征，在探讨原因时需全方位思考，在干预措施上争取多方面的配合。

4. 咨询问题的保密性

心理咨询是一项特殊的助人自助、育人自育的具有专业性质的工作，来访者所咨询的问题多是内心深处的想法，更多的还涉及自己的隐私。来访者希望自己所倾诉的问题是安全的，没有被泄露的危险，在咨询过程中才会抛开一切顾虑，对咨询师畅所欲言，才有助于问题的解决。因此，心理咨询的问题具有保密性是心理咨询不同于其他工作的一个显著特点，保密性被视为心理咨询的生命线。如果一个内心渴望求助的来访者向咨询师倾诉了自己的心声后却发现，自己的个人资料被咨询师有意无意地泄露给他人或媒体，那么他所受到的伤害是可想而知的。来访者可能从此不再信任任何人，或对心理咨询产生疑问，甚至会由此否定心理咨询。所以不管是在个体心理咨询还是在团体心理咨询及其他方式的心理咨询中，保密性都被看作咨询工作顺利开展的保证。咨询师必须严格为来访者的谈话内容保守秘密，在未得到来访者允许的情况下，不得将来访者的基本情况，如姓名和主要问题等泄露给任何人或机关，拒绝任何关于来访者情况的调查，尊重来访者的合理要求，在需要公开案例或进行教学时，应充分考虑到来访者的利益和隐私，以避免对号入座等。

二、心理咨询的作用

（一）疏导心理困惑

心理学家埃里克森提出，人生有一系列的发展课题，他认为这些发展课题是每个人都要经历的，带有普遍性，并且这些发展课题完成的好坏，会直接影响到一个人对人生的感受，影响到他现在和将来的发展。但人生的发展不是一帆风顺的，在心理发展的过程中常会产生一些不可避免的心理困惑和心理障碍，严重的还会出现一些心理疾病，如神经衰弱、焦虑症、抑郁症、恐怖症和强迫症等，影响人们的心理健康。心理咨询能够及时地为人们解决和疏导心理困惑，扫除人生发展中的心理障碍，预防和应对心理疾病，指导人们顺利地完成人生的发展课题以维护心理健康，促进人生不同阶段的心理得以顺利发展，解决好人生道路上的一系列发展课题。

（二）调节心理状态

人是环境的产物，环境塑造人、影响人，人的生存和发展受环境的制约，但人的身心发展不总是与环境的发展同步，它们之间是一种动态的关系。当人的身心发展与环境的发展相适应时，人的心理、情绪十分调和，人际关系协调有幸福感，对环境有认同感、归属感，在工作和生活中能充分发挥自己的能力，对生活满意度高。当这种平衡被打破时，人会感到痛苦、困惑、不知所措。心理咨询能帮助人们积极调节个体的心理状况，顺应变化的环境，培养较强的心理调适能力，增强社会适应能力和优良的心理素质，从而能在环境变化和心理失衡时，从容地应对生活中的困境和挑战，始终保持积极的心态与昂扬的斗志。人不仅能够适应环境，还要学会主动地改造环境、创造环境，并且在改造环境的过程中不断找到生活、学习的价值和意义，不断认识自我，完善自我。

（三）提高心理认知

心理咨询能够为人们提供更有效的建设性的认识自我、完善自我、发展自我的途径和方法。健康人格不是与生俱来的，是具有可塑性的，心理咨询可以帮助人们解决认识、情感、意识、行为方面的偏差，推动人们积极面对人生困境，提高社会适应能力和身心素质，促进人的全面发展。

主题活动

习近平总书记指出："重视心理健康和精神卫生。"大学生作为社会中的重要组成部分，自然也需要保持健康的心理状态。通过留言体验活动，我们能更加客观地认识自我和评价自我，使自我意识更趋主动和客观。

（一）活动设计

活动名称	活动目标	活动准备	活动要求
背后的留言	通过体验，形成客观地对待他人评价的积极心态；通过背对背的评价，意识到"别人眼中的我"是什么样子，通过他人的评价来整合和完善自我意识	准备一块圆板、一枚别针和背景音乐	认真写留言，解读留言

（二）活动流程

1. 主持人首先公布活动规则：每个人都拥有一块圆板，大家相互帮助用别针把圆板固定到后背上，在圆板上写下自己的姓名和对留言者说的一句话。

2. 音乐开始，大家相互在圆板上写留言。

3. 十分钟之后，主持人关闭音乐并示意大家停下，大家再次围坐在一起，拿下背后的圆板，看看其他人对自己的评价。

4. 分享自己的留言。

（三）活动分享

大学生逐渐完善的自我意识使其关注自己在他人心目中的形象，十分在意他人的评价，本活动能够让我们了解他人眼中的"我"是什么样的，从而逐渐认识自我、了解自我。

（四）活动反思

1. 大家因什么而欣赏你？因什么而不欣赏你？你认同他人的反馈吗？

2. 哪些评价让你感到新颖而又确实符合自己？

3. 你有没有看到自己潜在的优势或特长？可能你从未注意到，但在其他人的眼中十分明显。

4. 这个游戏还带给你哪些感受？

第二节　大学生心理咨询

名家名言

这世界除了心理上的失败，实际上并不存在什么失败，只要不是一败涂地，你一定会取得胜利的。——［德国］奥斯汀

对具有高度自觉与深邃透彻的心灵的人来说，痛苦与烦恼是他必备的气质。——［俄国］陀思妥耶夫斯基

大学生心理咨询是学校心理咨询人员运用心理学原理和方法，对在校学生的学习、适应发展、择业等问题给予直接或者间接的指导、帮助，并对患有心理障碍或轻微精神疾病的学生进行诊断、矫治的过程。

一、大学生心理咨询的内容

（一）分析性心理咨询

大学生咨询的重点是建立良好的自我概念和自我意识，确立正确的自我认知和自我评价，矫正自我贬低、消极悲观、盲目乐观和狂妄自大的极端想法。例如，情绪心理咨询需要化解学生因具体的生活事件或者人际交往的不良遭遇引发的强烈情绪波动，如抑郁、恐惧、愤怒、嫉妒、自卑等情绪，主要目的是调节情绪，把情绪波动控制在不影响正常学习和生活的范围内，同时引导其培养积极情绪。

（二）预防性心理咨询

预防性心理咨询针对的是在心理上、学习上和生活上出现了不适应性或者产生了具有浅现性、可能性或潜在性轻度心理问题的大学生。辅导员、心理健康教育教师要重点培养学生的兴趣，帮助学生制订合理的学习计划和符合个人实际情况的学习目标、学习方法，对显现轻微程度地缺失自信心、自我中心主义和不良情绪的学生，通过暗示疗法、放松疗法、游戏疗法等进行心理咨询、心理干预。

（三）治疗性心理咨询

治疗性心理咨询突出解决的是大学生较为严重的行为问题和人格问题，它针对的是在心理方面、学习方面和社会适应方面具有严重问题的学生，这些学生属于心理、精神和行为上呈现非正常状态，或性格出现偏差，需要心理治疗的特定人群。心理咨询师和心理治疗专业人员要采取恰当而有效的工作方法解决学生的心理障碍问题、精神卫生问题和行为过激问题，严重者应接受神经科医疗专家的治疗。

二、正确看待心理咨询

在复杂的社会生活中，每个人都会遇到各种阻力，从而带来心理上的困惑和烦恼，甚至引起剧烈的心理冲突，而心理咨询可以帮助我们尽快摆脱困扰，恢复心理健康。

由国际心理科学联合会编辑出版的《心理学百科全书》（1984）明确指出：心理咨询是面对健康人而不是病人，心理咨询的模式是教育模式和发展模式，而不是医学模式。因此，我们要把接受心理咨询提高到重视自身心理健康、培养综合素质的高度来认识，解除对心理咨询的偏见，遇到问题时主动接受心理咨询的帮助。

目前，很多大学生对心理咨询的认识不够，还存在着某些偏见而拒绝接受心理咨询。大学生对心理咨询通常存在这样一些认识：一种是个人的事没必要向他人咨询；另一种认识是接受心理咨询就是患有心理疾病。这些都是对心理咨询的误解，心理咨询只是帮助来访者认清他们问题的实质，分析问题的原因，并由他们自己选择解决的办法。在这一过程中，咨询师只起到一种建议、指导的作用。在生活中遇到任何问题，自己感到难于处理、解决，都可以接受心理咨询。因此，并不是患“病”的人才需要接受心理咨询。

主题活动

当我们久久处在压力下，十分需要一个宣泄的出口时，我们该如何将压力化为动力呢？正面情绪是我们战胜心理困境路上最为重要的先锋，带领我们打赢一场又一场心理战役，帮助我们保持一种健康的心理状态，让我们在面对生活时充满希望。

（一）活动设计

活动名称	活动目标	活动流程	活动要求
声随我心	在游戏中体会情绪变化，进行乐观情绪的训练	学习指定小动物的叫声，体会情绪变化	认真对待，积极参与游戏

（二）活动流程

1. 挑选一个游戏伙伴，双方最好还不太熟悉，这样有利于训练效果最大化。
2. 游戏双方互相盯着对方的面部，目光不能随便转移到别处。
3. 模仿对方指定的动物的叫声，每一次发声至少持续 10 秒钟。
4. 通过同伴的声音，揣摩对方的情绪变化。

（三）活动分享

1. 在你的印象中，你有过情绪失控的时候吗？你是如何渡过心理难关的？
2. 我们应该怎样做才能保持良好的心理状态？当负面情绪使我们感到低落时，你是如何自我调节的？

（四）活动反思

1. 正面情绪是人们创造力的催化剂，因此，即使在最困难的时候，我们也要保持幽默和乐观的情绪，该游戏可以帮助我们做到这一点。开始你可能会觉得不好意思，会止不住发笑和尴尬，这都属于正常情况。
2. 不管你学的是哪种动物的叫声，也无论你学得像不像，你的表现都将是正面情绪产生的开始。这个游戏会让人有不同的情绪认识，游戏参与者会体验到不同的情绪对事件的不同影响，从而使幽默和乐观的情绪受到训练。

第三节 常见心理咨询

名家名言

如果做好心理准备，一切准备都已经完成。——［英国］莎士比亚

经得起各种诱惑和烦恼的考验，才算达到了最完美的心灵健康。

——［英国］培根

一、心理咨询的种类

心理咨询的内容按照心理问题的严重程度、个体的发展需求可分为三类。一是心理障碍的咨询，这一类问题较为棘手，患者已经形成了一种症状，需要配备专业医疗人员。二是日常心理困惑的咨询，来访者未能妥善处理好日常生活事件，造成了心理上的压力和情绪上的波动。三是个体发展咨询，来访者希望通过心理咨询提高自身的心理承受能力、人际交往能力等以促进自身更好的发展。

（一）心理障碍咨询

任何事物都有正反两个方面，人的心理也不例外，存在着健康与不健康、正常与异常之分。如果心理异常活动的程度超出了医学诊断的标准，则认定为心理障碍。心理障碍体现的是个人自身没有能力按照社会所要求、期望、认可的适宜的方式行动，以致其行为后果不利于且不适宜个体的生存和社会的期待。

1. 心理障碍认知

（1）精神分析学派认为心理障碍产生的原因是被压抑的潜意识，而潜意识就是个体的原始冲动、欲望和本能。该学派尤其强调性本能是个体心理发展的动力，所以它在心理障碍中起到的作用是不容忽视的。

（2）行为主义则认为人的行为是后天习得的结果，人的任何行为都与其所处的环境息息相关。同样地，心理障碍所产生的“疾病行为”也是由环境所决定和学习而来

的，因此要采用行为矫正的方法，通过强化和惩罚等具体方法去改变个体的行为方式。

（3）认知心理学则认为人的行为由人的认知所决定，也就是人的意识，包括感性认识和理性认识，极为强调主观意识对个体行为的决定作用。该理论学派认为个体的"疾病行为"源于个体不合理的认知，需要通过改变认知从而改变行为。在心理咨询中常常用到的合理情绪疗法便展现了该流派的理论观点。

2. 心理障碍的来源

心理障碍的来源广泛，例如，面对无法解决的生活压力所表现出来的焦虑、紧张、抑郁等情绪失调；遭受重大事故和挫折时表现出来的情绪失控、行为失调；人际关系紧张所带来的烦恼、退缩；由躯体疾病、脑器质性病变引起的精神失常或者精神障碍。这些问题一般是由个体自身过度的自我防御造成的，需要心理工作者进行指导和帮助。大学生经常遇见的问题多数是与自身成长、成才有关的，如考试不顺利、不被老师重视、就业压力等。当然也包括一些感情问题，可以是同学之间的友情发生了摩擦和争执，可以是与恋人之间的爱情不稳定甚至是破裂，也可以是与家人有关的亲情出现了难以化解的冲突。这时，通过心理咨询不仅可以缓解来访者不稳定的情绪，帮助其改善现状，还可以促使其在今后的生活、学习中正确地面对和处理所遇到的负面事件。

拓展阅读

14-1　鉴真做名僧的愿望

（二）心理调适咨询

1. 心理调适

心理调适是心理咨询工作者使用心理学的方法对来访者的认知、情绪、意志等偏离正常轨迹的心理活动进行调整，缓解心理压力，排除心理障碍，以保持或恢复其正常状态的心理咨询活动。大学生生活在现今的社会，心理会随着外界的约束和限制而产生一定的困扰和压力，情绪陷入焦躁、心理呈现出不稳定的状态，甚至出现行为偏差。只有及时进行调整，才能保证正常健康的心理。

2. 不同理论流派对心理调适的观点

（1）心理动力学创立者弗洛伊德认为，个体情感上存在问题的根源在于童年的经验。该理论在实践中强调通过探析来访者童年时的经验来揭示被压抑的心灵创伤，而后再进行治疗。在弗洛伊德看来，成人内在的冲突的根源来自童年时期所遭受的创伤和冲突，只有使被压抑的东西可以被个体自身所认识，才能逐步去消除心理上的焦虑和负担。为了让来访者意识到自己潜意识层面中被压抑的痛苦事件和冲突，弗洛伊德创立了四种技术，即自由联想、梦的分析、阻抗分析和移情分析。认知—行为主义是从行为主义和认知心理学组合发展而来的，更关注行动所产生的变化，常用的技术有与不合理信念辩论、测量情感、重构主题、系统脱敏、布置家庭作业等，这些方法对于学校行为问题的矫正十分有帮助。

（2）人本主义心理学的代表罗杰斯认为，人在本质上是积极的，具有自我实现的潜能。心理咨询师的任务就是帮助这些来访者看到自己积极、正性的一面，促进来访者的自我探索和自我实现。咨询师可以通过共情、倾听、完全接纳来对待每一个来访者，促使其自由的发展。罗杰斯的理论充分表达了对人性的信任，所以他的咨询理念对求助者的心理成长是十分有帮助的。因此在高校，人本主义思想对学校的思想政治教育亦可以产生积极的影响。

3. 大学生心理调适

针对大学生常用的心理调适方法有改变认知结构、增强个人人际交往适应力、提高抗挫能力、做好抗压准备等。针对改变认知，心理咨询师常用的是 ABC 理论。针对人际交往能力，心理咨询师常做的是交往能力的训练，帮助大学生进行换位思考。针对提高抗挫、抗压能力，心理咨询师需要让大学生明白压力、挫折存在的意义，帮助他们在心理上接受并做好充分的抗压、抗挫准备；并提供一些有用的抗挫、抗压小妙招，帮助他们减轻心理压力。

（三）心理发展咨询

面对现代社会的激烈竞争，高校大学生需要有较强的竞争力，不仅体现在拥有过硬的专业背景知识、高尚的道德情操上，还体现在具备良好的心理素质上。大学生具有良好的心理素质，可以帮助他们适应、承受社会所带来的各种压力，让他们变得坚强而有毅力。

1. 不同理论流派对发展性心理咨询的观点

（1）人本主义心理学家罗杰斯在《怎样对学生咨询》一书中认为，来访者具有主动性、自主性及强大的自我实现的潜能，这种潜能在某种特定的情况下是可以实现并发挥出来的。在这种理论指导下的心理咨询，其目的绝非是仅仅针对来访者面临的现实难题和困境，而是帮助来访者正确地体验自身的矛盾和冲突，认识自己，促进自身潜能的发挥。

（2）发展心理学家埃里克森提出了人格的社会心理发展理论，根据社会心理危机将人的整个心理发展阶段划分为 8 个阶段，每一个阶段都有其特定的发展任务，每个阶段都具有普遍的社会心理危机。若能顺利渡过危机对个体的发展成长具有积极的影响意义，若不能顺利度过则会产生心理危机。从该理论中可以发现，个体一生的发展是一个连续的渐进的发展过程，先前阶段发展的好与不好会影响以后的发展阶段。重视个人的心理成长，不仅要关注个体在每一个阶段的心理危机及发展任务，也要重视技能、教育、身体健康状况等在不同环境和条件下对个体的影响。

2. 发展性心理咨询应用

发展性心理咨询较之治疗性的心理咨询，更注重个体的自我探索和自我实现能力的提升，旨在进行个人的潜能的开发、各种心理问题的预防，帮其实现最好的发展。发展性心理咨询发展至今，向我们展示了心理咨询逐步注重发展和预防、注重来访者个人的成长和个性的完善的发展方向。因此，发展性心理咨询的这种模式应该在重视个人成长的高校中被提倡使用。

案例导读

专业心理方案帮助焦虑学生跳出情绪泥潭

背景介绍：小 A，大一男生，进入大学后，随着眼界的开阔、思想的独立，开始对目前的状态反思，产生了现在的生活是我想要的吗？专业是我喜欢的吗？我以后是否适合走本专业路线等一系列思考，面对这些问题他感到十分迷茫，并且随着时间的推移，矛盾心理也越来越严重，认为所学与个人爱好和未来规划毫无关系。他在矛盾情绪中长时间挣扎，导致其精神焦虑、脾气暴躁。

背景问题：不良的认知模式是产生大学生心理问题的主要原因之一，认知是通过心理活动形成看法的过程，认知直接决定情绪情感。小 A 的焦虑源于对专业的不认可，不及时地调整很有可能会产生心理上的问题。

心理咨询方案：小 A 应该根据自己焦虑的根源，结合个人目标、能力和优势，尽早进行职业生涯规划。在无法确定未来发展方向的时候，可以一边努力学习本专业知识，一边寻找个人职业目标，并拓展眼界、实习实践，进一步确定个人兴趣爱好所在；还可以通过转专业和辅修双学位等途径来改变当下情况。咨询师使用霍兰德职业兴趣量表为他探索职业兴趣所在，结合测评结果提供相关建议。

解析 培养专业兴趣是自我认知的前提，面对焦虑，大学生需要从自身寻找自救的方法及从专业途径寻找外援的支持；要通过科学的方法测量个人的兴趣，并在实践中进一步检验；要学会面对问题，控制和调节个人心态，才能从专业焦虑旋涡中走出，重新找到奋斗目标。

思考 当代大学生如何探寻自己人生价值的方向？

二、心理咨询技术及其特性

各个心理学流派都有着各自的心理咨询理论、方法和技巧，常被使用的主要有与大学生的较高文化层次相符合的合理情绪疗法，对大学生行为矫正与管理有帮助的强化法和自我效能法，强调与学生自我成长能力有关的人本主义方法，着手学生童年经验的精神分析学派的方式方法。心理咨询之所以会产生良好的效果，是因为这些方法技术存在着相通和渗透，就像是“交流”“倾听”，任何流派的咨询师在进行心理咨询辅导时都需要用到。

（一）“言语性”咨询技术与“非言语性”咨询技术

心理咨询是心理咨询师协助来访者解决心理问题的过程。“协助”不仅体现了心理咨询需要来访者的主动参与，也体现了咨询师在心理咨询中角色扮演的重要性。“协助”在心理咨询过程中既可以是“言语性”的，包括参与性技术、影响性技术，各种行为矫治的方法，也可以是“非言语性”的，包括各类心理测验及咨询过程中咨询双方的面部表情、肢体语言。但在咨询过程中，这两类咨询技术并非独立使用，而是相互渗透、融合，这使得心理咨询灵活性强、实效性高。

1.“言语性”咨询技术

不论是何种情况下的心理咨询，都离不开参与性技术和影响性技术，这两类心理咨询技术构成了“言语性”咨询技术的主要方面。

（1）参与性技术。

①倾听技术。表达倾听需要咨询师完全接纳来访者，对来访者的表达要积极、认真、关注地听，并在倾听的同时适度地参与表达。“倾听”既可以表达对来访者的尊重，同时也能促进来访者的表达，使之在比较宽松和信任的氛围下诉说自己的问题及宣泄情绪，探索解决的办法，实现自我发展和成长。

②提问技术。提问技术包括开放式提问和封闭式提问。开放式提问没有预设的答案，需要来访者做出比较多且全面的阐述，以便咨询师从中尽可能多地收集相关信息。例如，你的家庭情况是怎样的？你对学习有着怎样的看法？封闭式提问正好与之相反，该提问有预设的答案，从而使咨询师可以明确某些问题。例如，你结婚了没有？你读了多少年的书？

③鼓励技术。咨询师协助、鼓励来访者进一步表达、自我探索，还可使用非常明确的语言，如“通过三次咨询，你已经解决了一部分问题，通过努力，你一定能解决自己的问题”。

④重复技术。该技术就是咨询师重复来访者某句不合理的话，即所表达的内容与事实、常理不符的话语，以此来引起来访者对该句话的注意与思考。

⑤内容反应技术。咨询师将来访者所说的零散话语进行整合，反馈给来访者，以此促进沟通，并协助来访者自我剖析。

⑥情感反应技术。与内容反映不同的是，它要求咨询师将来访者对该事件的情绪、情感进行整理反馈。

⑦具体化技术。来访者的语言表达有时候是混乱的、缺乏逻辑的，对自己的情绪、状况处于一种模糊的状态，这时候咨询师就要采用具体化技术，将这些不明确的问题具体化。

⑧参与性概述。该技术是咨询师将整个谈话、咨询过程中来访者的问题、情绪、言语、非言语性的内容全部重新整理并反馈给来访者，让其有一次回顾、调整的机会。

（2）影响性技术。

①面质技术。存在心理问题的来访者在说明自己的问题时可能伴随有语言表达前后不一致、理想与现实不一致等情况。咨询师凭借经验可以迅速找到这些矛盾，对来访者表达出自己的质疑并对其进行面质。

②解释技术。来访者对自身情况不明白或者对咨询师存在怀疑时，咨询师需要根据心理学理论与自己的经验对其进行解释说明。

③指导技术。该指导是咨询师向来访者直接进行行为、语言上的指示，有明确的要求。

④情感表达技术。该技术不同于情感反应，是咨询师将自己的情感、情绪向来访者进行表达，以此影响来访者。

⑤内容表达技术。该技术使用较为广泛，是咨询师将信息、建议、解释传递给来访者，以此影响来访者。可以说，所有的影响性技术都可以看作内容表达。

⑥自我开放技术。自我开放指的是咨询师的自我开放，咨询师将自己的类似经历、情绪情感透露给来访者，增进彼此的理解，促进谈话的顺利进行。

⑦影响性概述。在整个谈话接近尾声时，咨询师可以使用该技术，将自己所说的话进行整理并向来访者表达，促进来访者对该次谈话的理解并加深印象。

当然，除了以上技术，常用的还有合理情绪疗法、阳性强化法等。合理情绪疗法中的修通阶段是咨询师帮助来访者转变不合理情绪的重要阶段，在这一阶段中，咨询师需要采用多种技术，以合理的信念代替原先不合理的信念，协助来访者减轻情绪症状。阳性强化法就是以积极奖励的方法促进来访者某种行为的反复出现，是一种重要的行为矫正技术。

2.“非言语性”咨询技术

“言语性”咨询技术在心理咨询过程中发挥着重要的作用，而“非言语性”咨询技术也扮演着重要的角色，发挥着不可替代的作用。“非言语性”咨询技术包括心理测验技术，面部表情和肢体语言理解技术等。

（1）心理测验技术。心理测验是心理测量的工具，以心理学的理论、方法为原则，对人的心理、行为状况做出量化评估。通过心理测验，咨询师可以清晰地了解来访者的心理状况、行为方式及人格特点。常见的心理测验有以下四种。

①智力测验。来访者的智力水平在一定程度上能够反映出其精神情况。该类测验就是对人的智力水平进行评估测量，主要有韦氏成人智力测验、联合瑞文测验、中国比内测验等。

②人格测验。人格测验也称个性测验，主要测量个体行为独特性和倾向性等特征。常用人格问卷有明尼苏达多项人格测验、卡氏 16 种人格因素测验、艾森克人格问卷等。

③心理与行为问题评估。该类测量量表可以帮助来访者评定出自身症状的轻重程度及治疗后的变化情况，包括抑郁量表、焦虑量表和躁狂量表等。

④应激与相关问题评估。在该类测验中，生活事件量表适用的人群较宽，既可以指导正常人了解自己的精神负荷，维护身心健康，提高生活质量，又可以甄别高危人群，预防精神疾病和身心疾病；社会支持评定量表可以了解受测者社会支持的特点及其与心理健康水平、精神疾病和各类躯体疾病的关系；应对方式问卷可以反映出个体或群体在面对某一事件时的应对方式和应对行为特点，以此解释该个体或群体的成熟程度。

心理测验是心理咨询的重要补充，它承担着对受测者某一方面或整体进行把握的职责，它可以从另一个角度去认识、理解受测者。心理咨询师可以借助心理测验了解大学生的认知、情绪、性格和行为。心理辅导人员可以参照测验结果，与之前所得信息与自己的判断进行比对，避免主观臆断，从而更为科学、合理、有针对性地进行诊断和辅导。但是，尽管心理测试是心理学研究的必要手段，但它只是辅助性手段。人是不断成长、变化的，心理测试只能提供个体在进行测试的那个时间点的状况特点，这也是心理测验的一个局限性。

（2）面部表情和肢体语言理解技术。来访者不会一开始就将自己的问题告诉咨询师，咨询师需要通过观察来访者的微表情和肢体语言去探索挖掘、理解来访者所隐藏的问题。同时，咨询师需要在咨询过程中表现出一些表情与动作，如咨询师的目光注视、面部微笑、身体动作等，这些细节可以使来访者感受到咨询师的积极关注与热情，有利于来访者敞开心扉，进一步探索个人问题。

（二）心理咨询技术的特性

不论是言语性的参与性技术、影响性技术，还是非言语性的指导技术、心理测验，它们都具有共同的特性。

1. 主体互动性

在进行心理咨询之前，心理咨询师对来访者要进行全面的了解，通过恰当的会谈、心理测验掌握来访者的基本信息。在咨询过程中，来访者需要被心理咨询师在尊重的基础之上无条件地接纳，这样来访者才会敞开心扉。心理咨询师应借助心理咨询技术与来访者之间建立和谐的咨询关系，否则就会产生阻碍咨询的不良因素，如来访者所产生的阻抗、依赖、移情等。也就是说，在整个咨询过程中，咨询双方都应该是主体，一个要体现引导、指导的主体性，另一个要体现积极配合、主动探索的主体性。

2. 教育指导性

来访者通常是因为自己处于困境、无法处理好自己所经历的事件，渴望得到他人的帮助、正确的指导，才前来咨询。当心理咨询师得知来访者的问题后，应根据相关的心理学原理及心理咨询技术对来访者进行有针对性的帮助和指导。因此，心理咨询技术具有很强的教育指导性。心理咨询所应用的每一种方法技术都有它的理论支撑、临床记录和反复多次的实验，容易被来访者所接受，对解决他们的心理问题具有实践意义。

3. 非医疗性

学校里所引入的心理咨询技术多为心理测验、心理沟通、素质拓展等心理学方法，一般是通过心理调适、心理咨询来改善情绪、改变认知、调整行为方式，因此不具有医疗性。学校中一般不会使用厌恶疗法、生物反馈疗法、催眠等采用药物的疗法和物理疗法，更注重“人”的人文关怀，这些关怀体现在实际咨询中就表现为咨询师对来访者热情、真诚，对其耐心说服、正面引导、积极鼓励，从而促进来访者在认识态度上的矫正及健康心理的塑造。

主题活动

在社会发展飞速的今天，压力与动力同时存在，人们的心理状态也随之改变，这时，我们就需要对自己的心理状态有一个正确的认知，在出现问题时，积极主动地进行心理咨询，找到解决问题的方法，逐渐走出阴霾。

（一）活动设计

活动名称	活动目标	活动流程	活动要求
SDS自我测评	通过心理测试，对自己的心理状态有正确的认识	填写SDS抑郁自评量表（表14–1）并计分，对照标准了解自己的心理状态	认真测评，如实记录并打分

（二）活动流程

1. 在评定前，受测者需将整个量表的填写方法及每条问题的含义弄明白，然后做出独立的、不受任何人影响的自我评定。

2. 集中进行测评并根据SDS抑郁自评量表的标准计分（见表14–1）。

表14–1　SDS抑郁自评量表

序号	项目	偶有	少有	常有	持续
1	我觉得闷闷不乐，情绪低沉	1	2	3	4
2	我觉得一天之中早晨最好	4	3	2	1
3	我一阵阵哭出来或觉得想哭	1	2	3	4
4	我晚上睡眠不好	1	2	3	4
5	我吃得和平常一样多	4	3	2	1
6	我与异性亲密接触时和以往一样感到愉快	4	3	2	1
7	我发觉我的体重在下降	1	2	3	4
8	我有便秘的苦恼	1	2	3	4
9	我心跳比平常快	1	2	3	4
10	我无缘无故地感到疲惫	1	2	3	4
11	我的头脑和平常一样清楚	4	3	2	1
12	我觉得经常做的事情并没有困难	4	3	2	1
13	我觉得不安而平静不下来	1	2	3	4
14	我对未来抱有希望	4	3	2	1
15	我比平常容易生气激动	1	2	3	4
16	我觉得做出决定是容易的	4	3	2	1
17	我觉得自己是个有用的人，有人需要我	4	3	2	1

续表

序号	项目	偶有	少有	常有	持续
18	我的生活过得很有意思	4	3	2	1
19	我认为如果我死了，别人会生活得更好	1	2	3	4
20	平常感兴趣的事我仍然感兴趣	4	3	2	1

打分结束后，把20个项目中的各项分数相加，即得到总粗分，然后将总粗分乘以1.25以后取整数部分，就得到了标准分。

3. 按照中国常模结果，SDS标准分的分界值为53分，其中53～62分为轻度抑郁，63～72分为中度抑郁，72分以上为重度抑郁。

需要注意的是，SDS抑郁自评量表并不能作为诊断抑郁症的最终依据，仅能作为一项参考指标而非绝对标准。抑郁症的诊断还应根据咨询者的病程、社会功能损害程度和主观摆脱能力，以及临床症状特别是要害症状的程度来诊断划分。

4. 进行正规、有效的心理咨询，解决心理问题。

（三）活动分享

1. 你认为现在的自己心理状态如何？你怎样保持自己良好的心理状态？在生活中你有抑郁的倾向吗？

2. 你对抑郁症的认识是什么？你认为心理治疗能解决抑郁症吗？如果你患有抑郁症，你会采用心理咨询的方式解决吗？

（四）活动反思

在这个复杂的社会中，面对自己时，我们缺少对于自身心理的探寻，在我们意识到自身的改变时，我们并没有深入探索而导致心理状态进一步不良发育。SDS抑郁自评量表让我们更加坦诚地面对自己，打开心扉，走出孤独的阴影，超越自我。

反思与探究

1. 引起心理问题的原因是什么？
2. 你能依靠自己解决心理问题吗？
3. 你认为需要心理咨询就意味着意志薄弱或容易崩溃吗？
4. 假如你有心理问题，是否说明你与正常人不一样？

5. 心理咨询师能一眼就看出你的问题吗？心理咨询一定能解决你的心理问题吗？

||| 延伸阅读

1. 陈选华 . 大学生心理学基础 [M]. 合肥：中国科学技术大学出版社，2004.

2. 胡凯 . 大学生心理健康概论 [M]. 长沙：中南大学出版社，2004.

3. 吴远，郝文清 . 心理学与大学生思想政治教育 [M]. 南京：河海大学出版社，2004.

4. 李晓凤 . 心理咨询与社会工作 [M]. 武汉：武汉大学出版社，2005.

5. 李浪 . 咨询心理学 [M]. 吉林：吉林文史出版社，2006.

||| 好好学习

1. 把保障人民健康放在优先发展的战略位置

要把人民健康放在优先发展战略地位，努力全方位全周期保障人民健康，加快建立完善制度体系，保障公共卫生安全，加快形成有利于健康的生活方式、生产方式、经济社会发展模式和治理模式，实现健康和经济社会良性协调发展。

——2020 年 9 月 22 日，习近平在教育文化卫生体育领域专家代表座谈会上的讲话

2. 以改革创新为动力推进健康中国建设

要加大心理健康问题基础性研究，做好心理健康知识和心理疾病科普工作，规范发展心理治疗、心理咨询等心理健康服务。

——2016 年 8 月 20 日，习近平在全国卫生与健康大会上的讲话

编 后 语

大学生心理健康教育是新形势下加强和改进大学生思想政治教育工作的重要内容，如何加强对大学生的人文关怀和心理疏导，培育大学生理性平和的健康心态，切实强化“心理育人”的效果和作用，是破解当前大学生心理健康难题的关键。编写组依据《高等学校学生心理健康教育指导纲要》《高等学校课程思政建设指导纲要》，以及《全面加强和改进新时代学生心理健康工作专项行动计划（2023—2025）年》等文件精神，从满足教育教学改革实际需要出发，以心理健康教育基本理论为基础，不仅设计了丰富全面的教学内容，系统地介绍了心理健康相关理论知识，还配套了灵活多样的教学形式，为心理健康实践提供了有效的方法。不仅为高校教师课程教育提供了素材，也为学生自学提供了支持。

本书是吉林工程技术师范学院“课程思政”教材建设项目的研究成果之一，从理论和实践两个层面，探索“三全育人”理念下，高校心理健康教育与专业教育、思想政治教育、社会实践教育等多层次、多角度、多维度融合，培养学生成为拥有健全人格和健康心理素质的新时代大学生。从论证、组稿到出版凝聚了众多人的辛勤汗水，再次感谢给予本书出版大力支持的单位和同志们，感谢专家指导委员会提出的宝贵建议。本书由王旭总体设计、统筹与编校，王鹤、付国华负责章节设计，具体章节编写、素材选定分工如下。

第一章、第二章：谢林；第三章、第十二章：徐珊珊、王旭；第四章、第十章：李婧雯；第五章、第六章：姚聪、王旭；第七章、第十三章：王鹤；第八章、第九章：包洪亮、王旭；第十一章：付国华；第十四章：董琛。

由于编写时间和编者水平有限，书中如有不足之处，敬请各位读者予以指正，并提出宝贵意见和建议。